U0647888

国家社会科学基金重点项目《推进协商民主
广泛多层制度化发展研究》(批准号：14AZZ004)
最终研究成果

推进协商民主
广泛多层制度化发展研究

TUIJIN XIESHANG MINZHU
GUANGFAN DUOCENG ZHIDUHUA FAZHAN YANJIU

张峰 等◎著

人民出版社

目 录

第二编　推进协商民主广泛发展

第三编　推进协商民主多层发展

第四编　推进协商民主制度化发展

导　言

中国共产党第十八次全国代表大会报告明确指出："健全社会主义协商民主制度。社会主义协商民主是我国人民民主的重要形式。要完善协商民主制度和工作机制，推进协商民主广泛、多层、制度化发展。"① 中国共产党带领中国人民长期追求并创造出来的人民民主新形式第一次有了"社会主义协商民主"这个新概括；中国共产党将社会主义协商民主提高到完善国家政治制度的高度来认识；中国共产党作出了构建社会主义协商民主体系的重大战略部署。这为破解"发展什么样的民主、怎样发展民主"这道不仅在中国而且在世界都公认的难题，提供了思想引领，指明了努力方向。这无疑在中国民主政治发展史上具有里程碑意义。

中共十八大以来，以习近平同志为核心的党中央继续深化对社会主义协商民主的认识，在社会主义协商民主全面展开的实践基础上形成了许多新的重大理论成果。2017 年 10 月，在中共十九大报告中，习近平总书记作了集中概括，指出："协商民主是实现党的领导的重要方式，是我国社会主义民主政治的特有形式和独特优势。要推动协商民主广泛、多层、制度化发展，统筹推进政党协商、人大协商、政府协商、政协协商、人民团体协商、基层协商以及社会组织协商。加强协商民主制度建设，形成完整的制度程序和参与实践，保证人民在日常政治生活中有广泛持续深入参与的权利。"② 明确昭示了中国共产党重点发展社会主义协商民主的决心和信心，展现了协商民主在中

① 《十八大以来重要文献选编》（上），中央文献出版社 2014 年版，第 21 页。

② 《十九大以来重要文献选编》（上），中央文献出版社 2019 年版，第 27 页。

国特色社会主义新时代的广阔发展前景。

当代中国为什么要重点发展社会主义协商民主呢？这里面包含着习近平总书记贯通历史、现实和未来，事关党和国家工作全局，破解人类政治文明发展难题的深思熟虑。

其一，协商民主体现人民民主的真谛，是解决新时代我国社会主要矛盾的金钥匙。

在中国共产党的历代领导人中，习近平总书记第一个提出并回答了人民民主的真谛问题。他在庆祝人民政协成立65周年大会上的讲话中指出："在中国社会主义制度下，有事好商量，众人的事情由众人商量，找到全社会意愿和要求的最大公约数，是人民民主的真谛。"[①] 这是一个十分深刻的思想，实质上是解决中国共产党执政如何实现人民当家作主的问题。中国共产党不是替人民作主，而是保证和支持人民当家作主，为此就要切实保障人民行使民主权利。在社会主义中国，人民的民主权利主要是民主选举、民主决策、民主管理、民主监督的权利。民主选举权利的实现要靠实行选举民主，而民主决策、民主管理、民主监督权利的实现则要靠协商民主。习近平总书记指出："人民是否享有民主权利，要看人民是否在选举时有投票的权利，也要看人民在日常政治生活中是否有持续参与的权利；要看人民有没有进行民主选举的权利，也要看人民有没有进行民主决策、民主管理、民主监督的权利。"[②] 从古今中外的实践看，人民当家作主的主要方式是代议制民主，即通过依法选举、让人民的代表来参与国家生活和社会生活的管理，这固然十分重要，但不是唯一方式。通过选举以外的制度和方式让人民参与国家生活和社会生活的管理，也是十分重要的。邓小平同志曾提出"在政治上创造比资本主义国家的民主更高更切实的民主"[③]，现在看来，这种民主就是协商民主。着眼于实现人民最广泛、最有效的政治参与这一最大追求，人民的民主

① 《十八大以来重要文献选编》(中)，中央文献出版社2016年版，第73页。

② 《十八大以来重要文献选编》(中)，中央文献出版社2016年版，第73页。

③ 《邓小平文选》第二卷，人民出版社1994年版，第322页。

协商权利有着特殊的重要性。因此，中共十九大报告提出“保证人民依法实行民主选举、民主协商、民主决策、民主管理、民主监督”①，第一次把“民主协商”列入人民的民主权利，具有非常重要的意义。

中国特色社会主义进入新时代，我国社会主要矛盾已经从“人民日益增长的物质文化需要同落后的社会生产之间的矛盾”转化为“人民日益增长的美好生活需要和不平衡不充分的发展之间的矛盾”。关于社会主要矛盾的这一新概括仍然是在人民需要上做文章，是用人民美好生活需要来丰富和扩大人民需要的内涵。“美好生活需要”是更广泛更全面的需要，不仅有物质文化需要层次的提升，更有向政治领域的拓展和延伸，更准确地说是实现人的全面发展。因此，习近平总书记在中共十九大报告中指出：“人民美好生活需要日益广泛，不仅对物质文化生活提出了更高要求，而且在民主、法治、公平、正义、安全、环境等方面的要求日益增长。”② 我们靠什么来满足人民在民主方面日益增长的需要呢？主要靠协商民主。人民通过选举、投票行使民主权利固然重要，但容易出现在投票时被唤醒、投票后就进入休眠期的形式主义问题，而协商民主则是人民能够持续而直接地进行政治参与的民主形式。党和国家的决策事关人民的根本利益，决策失误是最大的失误。我们怎样才能保证决策正确呢？还是要靠协商民主。同人民群众商量着办事，能够既集中民智又凝聚民力，可以广泛达成决策和工作的最大共识，有效克服决策中情况不明、自以为是的弊端，使决策真正得到人民群众拥护、真正得到贯彻实施，从而真正为人民造福。发展人民民主，不是搞民粹主义，既要尊重多数，又要照顾少数，广泛畅通各种利益要求和诉求进入决策程序的渠道，就能避免简单票决造成赢者通吃甚至极端情况下多数人暴政而少数人抗争的混乱局面。“有事好商量”，是中国人化解矛盾分歧寻求最大公约数的常见方式，体现了对协商对象的尊重和协商主体的平等，内在地蕴含着政治行为的文明，在逐步实现全体人民共同富裕的新时代是需要大力提倡的。

---

① 《十九大以来重要文献选编》（上），中央文献出版社 2019 年版，第 26 页。

② 《十九大以来重要文献选编》（上），中央文献出版社 2019 年版，第 8 页。

其二，协商民主在中国有根有源有生命力，是能为人类政治文明贡献的中国智慧和中国方案。

习近平总书记在中共十九大报告中指出：协商民主“是我国社会主义民主政治的特有形式和独特优势”①。他在庆祝人民政协成立65周年大会上的讲话中曾指出：“协商民主是中国社会主义民主政治中独特的、独有的、独到的民主形式。”②他也曾用形象的语言说：“社会主义协商民主在我国有根、有源、有生命力。”③这明确地表明，协商民主是中国的特产，是可以为人类政治文明贡献的中国智慧和中国方案。

一讲到民主（Democracy），“德先生”，人们总会想到最早在古希腊城邦国家雅典自由民中间产生的自由选举。由此也总会把选举理解为民主的基本形式甚至是唯一形式。毋庸讳言，就选举民主而言，中国古代确实是乏善可陈。毛泽东同志坦言：“中国是有缺点的，而且是很大的缺点，这个缺点，一言蔽之，就是缺乏民主。”④邓小平同志也说：“旧中国留给我们的，封建专制传统比较多，民主法制传统很少。”⑤如若不是这样，也就不会有五四运动时期最早接受西方文明的志士仁人引入“德先生”（民主）和“赛先生”（科学）的呼唤。

但是，中国是不是在民主问题上就一无是处呢？是不是对人类政治文明就毫无贡献呢？非也。中华民族在长达五千年的文明进程中形成了天下为公、兼容并蓄、求同存异等优秀政治文化，并且在统治阶级内部进行朝议之类的协商活动，为协商民主在中国的产生奠定了深厚的文化基础。孔子曰：“大道之行也，天下为公，选贤与能，讲信修睦。”这一核心理念是中国古代协商文化的精髓，也是中国古代协商实践的出发点。

---

① 《十九大以来重要文献选编》（上），中央文献出版社2019年版，第27页。

② 《十八大以来重要文献选编》（中），中央文献出版社2016年版，第74页。

③ 《习近平关于社会主义政治建设论述摘编》，中央文献出版社2017年版，第73页。

④ 《毛泽东文集》第三卷，人民出版社1996年版，第168页。

⑤ 《邓小平文选》第二卷，人民出版社1994年版，第332页。

1945 年 7 月，毛泽东同志和黄炎培先生在延安进行了一次关于历史周期率的对话，史称“窑洞对”。黄炎培先生向毛泽东提出了一个“其兴也勃焉，其亡也忽焉”的历史周期率的问题。毛泽东回答：“我们已经找到新路，我们能跳出这周期率。这条新路，就是民主。只有让人民来监督政府，政府才不敢松懈。只有人人起来负责，才不会人亡政息。”① 毛泽东同志之所以对中国共产党跳出历史周期率有信心、有底气，是因为中国共产党找到了一条民主新路。中国共产党不仅在陕甘宁边区等抗日根据地实现不论党派、民族、性别、宗教、财产等差别的自由平等的民主选举，而且创造了“三三制”政权这一协商民主的新形式，形成了新民主主义议事精神，开创了我国协商民主的先河。延安的民主氛围给黄炎培先生留下了深刻印象。他说：“中共军队每到一地方，必首先争取民众。现时他们所用的方法，是使民众站起来，聚拢来，让他们自由投票选出他们所认为满意的人，做这一地方的乡长或其他公职。”他由衷地感叹：“只有大政方针决之于公众，个人功业欲才不会发生。只有把每一地方的事，公之于每一地方的人，才能使地地得人，人人得事。把民主来打破这周期率，怕是有效的。”②

1949 年 9 月，中国共产党同各民主党派、无党派民主人士一道召开中国人民政治协商会议第一届全体会议，完成了协商建立新中国大业，标志着中国共产党领导的多党合作和政治协商制度的形成，也标志着中国协商民主有了制度载体。改革开放以来，中国在政治体制上的不断创新，党的十三大提出“建立社会协商对话制度”，党的十八大提出“健全社会主义协商民主制度”。回顾近代以来中国政治发展道路的探索，可以毫无愧色地说：社会主义协商民主是中国共产党和中国人民的伟大创造。

当前世界范围内不同政治发展道路竞争博弈非常激烈，其特点就是政治制度模式的较量。一些自视为民主楷模的西方国家，总想通过所谓的“颜色革命”，对其他国家的政治制度特别是政党制度发难，把不同于他们的政治

① 黄炎培：《八十年来》附《延安归来》，中国文史出版社 1982 年版，第 157 页。

② 黄炎培：《八十年来》附《延安归来》，中国文史出版社 1982 年版，第 146、157 页。

制度和政党制度打入另类，煽动民众搞街头政治。其常用的手法就是把多党竞选、全国直选的民主模式作为不二选择，向发展中国家推销输出。应当承认，这样的图谋已经奏效，实行这样的民主模式的国家越来越多，甚至已经波及了伊斯兰世界这个按邓小平同志预言最不可能实行美国所谓民主制度的世界五分之一人口。但结果并不好，这些盲目照搬西方民主模式的国家，可谓经济滑坡，民不聊生，政局动荡，恶斗不断，宗教极端势力和恐怖主义势力猖獗，自己的国家陷入万劫不复的灾难深渊，也使西方发达国家反受其累。有鉴于此，习近平总书记在十九大报告中告诫全党、昭示人民："世界上没有完全相同的政治制度模式，政治制度不能脱离特定社会政治条件和历史文化传统来抽象评判，不能定于一尊，不能生搬硬套外国政治制度模式。"①

面对世界上的民主困境，难道就没有其他的选择？有，这就是发轫于中国并在中国全面展开的协商民主。习近平总书记在十九大报告中指出：中国特色社会主义进入新时代，"意味着中国特色社会主义道路、理论、制度、文化不断发展，拓展了发展中国家走向现代化的途径，给世界上那些既希望加快发展又希望保持自身独立性的国家和民族提供了全新选择，为解决人类问题贡献了中国智慧和中国方案。"② 中国是世界上最大的发展中国家，而且坚持走社会主义道路。中国经济发展的成功，背后有适合自己国情的政治制度支撑。这说明推动一个国家实现现代化，并不只有西方制度模式这一条道。中国以协商民主为鲜明特色的政治发展道路，既保持了民族独立又实现了快速发展，是用事实宣告了"历史终结论"的破产，宣告了各国最终都要以西方制度模式为归宿的单线式历史观的破产，这对世界上广大发展中国家具有极大的影响力和感召力。正是由于协商民主是能够为解决人类民主问题贡献的中国智慧和中国方案，习近平总书记在十九大报告中将协商民主精神应用于构建人类命运共同体，倡导"要相互尊重、平等协商"，"要坚持以对

① 《十九大以来重要文献选编》（上），中央文献出版社 2019 年版，第 25 页。

② 《十九大以来重要文献选编》（上），中央文献出版社 2019 年版，第 8 页。

话解决争端、以协商化解分歧”①。

其三，协商民主在中国呈现全面展开的态势，显示出广泛多层制度化发展的前景。

习近平总书记在十九大报告中谈到十八大以来的五年我国民主法治建设的历史性成就，专门提到“社会主义协商民主全面展开”②。这是一个实事求是的评价。2014 年 9 月在庆祝中国人民政治协商会议成立 65 周年大会上的重要讲话中，习近平总书记大篇幅地集中阐述社会主义协商民主。2015 年初中共中央下发《关于加强社会主义协商民主建设的意见》，当年中共中央办公厅连续印发《关于加强人民政协协商民主建设的实施意见》、《关于加强政党协商的实施意见》、《关于加强城乡社区协商的意见》三个配套性文件。这样大密度地部署发展社会主义协商民主的动作，是前所未有的。社会主义协商民主迎来了蓬勃发展、全面推进的新局面。

过去一谈到协商民主，人们总会想到只是人民政协的事情。其实这个理解是不全面的。习近平总书记明确要求：“社会主义协商民主，应该是实实在在的、而不是做样子的，应该是全方位的、而不是局限在某个方面的，应该是全国上上下下都要做的、而不是局限在某一级的。因此，必须构建程序合理、环节完整的社会主义协商民主体系，确保协商民主有制可依、有规可守、有章可循、有序可遵。”③社会主义协商民主是个大概念，是中国社会主义民主政治的鲜明特色，需要各政党、国家权力机关、行政机关、人民政协、人民团体、社会组织、基层组织共同来做。习近平总书记在十九大报告中重申：“要推动协商民主广泛、多层、制度化发展，统筹推进政党协商、人大协商、政府协商、政协协商、人民团体协商、基层协商以及社会组织协商。”④

① 《十九大以来重要文献选编》(上)，中央文献出版社 2019 年版，第 41 页。

② 《十九大以来重要文献选编》(上)，中央文献出版社 2019 年版，第 3 页。

③ 《十八大以来重要文献选编》(中)，中央文献出版社 2016 年版，第 77 页。

④ 《十九大以来重要文献选编》(上)，中央文献出版社 2019 年版，第 27 页。

各协商渠道，都要明确自己在协商民主体系中的地位，突出自己协商工作的重点，共同为发展社会主义协商民主作出贡献。政党协商是中国共产党同民主党派的政治协商，是多党合作的主要形式，是我国政党关系和谐的重要体现，协商工作的重点是中共重要文件、宪法法律地方性法规的制定修改建议，国家和地方领导人建议人选等。人大协商是各级人大在依法行使职权的同时在重大决策之前根据需要进行的协商，协商工作的重点是立法协商。政府协商是围绕有效推进科学民主依法决策而开展的行政协商，协商工作的重点是经济社会发展重大问题、重大公共利益或重大民生问题。政协协商是围绕团结和民主两大主题而开展的政治协商，协商工作的重点是国家大政方针和地方的重要举措以及政治、经济、文化和社会生活中的重要问题。人民团体协商是围绕做好新形势下党的群众工作而开展的协商，协商工作的重点问题是涉及群众切身利益的实际问题，特别是事关特定群体权益保障问题。基层协商是基层组织为更好解决人民群众的实际困难和问题，及时化解矛盾纠纷，促进社会和谐稳定而开展的民主协商，协商工作的重点是涉及人民群众利益的大量基层决策和工作。社会组织协商是实现政府治理和社会自我调节、居民自治良性互动而开展的协商，协商工作的重点是适合由社会组织提供的公共服务和解决的事项。总之，只有把各协商渠道的作用都发挥出来，才能上下互动、左右相联，形成多样化、立体化、程序合理、环节完整的协商民主体系。

其四，协商民主在中国有人民政协专门协商机构，彰显具有中国特色的制度安排的巨大优势。

习近平总书记在中共十九大报告中指出：“人民政协是具有中国特色的制度安排，是社会主义协商民主的重要渠道和专门协商机构。”[①] 这两句话集中概括了人民政协的性质和地位。人民政协是哪里来的？它是一届全国政协代行全国人民代表大会职权，完成协商建国的历史使命而产生的；它是一届

---

① 《十九大以来重要文献选编》（上），中央文献出版社 2019 年版，第 27 页。

全国人民代表大会召开后人民政协作为统一战线组织和协商机关而存留和发展起来的。在世界上中国政协独树一帜，找不到类似的政治组织。正是在这个意义上说，人民政协是具有中国特色的制度安排。因此，做好人民政协工作，首先要清楚人民政协的性质定位。人民政协是统一战线的组织，是多党合作的重要机构，是人民民主的重要实现形式，不属于权力机关；人民政协不是参议院，不是西方那种分权机构，也不是反对党发出不同声音的地方，而是各党派团体和各族各界人士发扬民主、参与国是、团结合作的重要平台。正是由于人民政协这种特有的性质，使它能够在中国特色社会主义民主政治建设中发挥独特的作用。

人民政协的独特作用主要体现在社会主义协商民主中的作用。习近平总书记在庆祝人民政协成立 65 周年大会上的讲话中，强调充分发挥人民政协作为协商民主重要渠道的作用，同时进一步提出“人民政协要发挥作为专门协商机构的作用”①。十九大报告正式将这两个作用合一，提出人民政协“是社会主义协商民主的重要渠道和专门协商机构”②。在我国社会主义协商民主体系中，人民政协不仅是重要协商渠道，而且是专门协商机构。协商渠道是多种的，而专门协商机构是唯一的。这赋予了人民政协在新时代发展社会主义协商民主中更重要的职责，是对人民政协地位和作用的极大提升。中共十九届四中全会通过的《中共中央关于坚持和完善中国特色社会主义制度 推进国家治理体系和治理能力现代化若干重大问题的决定》，提出“完善人民政协专门协商机构制度”③，表明了人民政协在中国特色社会主义制度和国家治理体系中的重要地位，为充分发挥人民政协专门协商机构作用、推进国家治理体系和治理能力现代化，指明了工作重点和努力方向。

习近平总书记在中共十九大报告中指出：“人民政协工作要聚焦党和国

---

① 《十八大以来重要文献选编》（中），中央文献出版社 2016 年版，第 70 页。

② 《十九大以来重要文献选编》（上），中央文献出版社 2019 年版，第 27 页。

③ 《中共中央关于坚持和完善中国特色社会主义制度 推进国家治理体系和治理能力现代化若干重大问题的决定》，人民出版社 2019 年版，第 12 页。

家中心任务”①。这是对新时代人民政协工作总要求。习近平总书记多次强调，人民政协要坚持议大事、抓大事，自觉立足大局，紧紧围绕大局，聚焦“五位一体”总体布局、协调推进“四个全面”战略布局，紧扣党和国家中心工作履职尽责，做到政治协商聚焦大事、参政议政关注实事、民主监督紧盯难事，建真言、谋良策、出实招。贯彻落实这一重要要求，人民政协就要围绕中心、服务大局，自觉服务于决胜全面建成小康社会、开启全面建设社会主义现代化国家新征程这个最大的大局，使各项履职活动更加契合中心任务，更加符合决策需要，更加体现人民心声，更加彰显人民政协在服务改革发展稳定全局的独特价值，为实现中华民族伟大复兴的中国梦作出无愧于新时代新要求的贡献。

---

① 《十九大以来重要文献选编》（上），中央文献出版社 2019 年版，第 27 页。

第一编　协商民主总论

协商民主是在中国共产党领导下，人民内部各方面围绕改革发展稳定重大问题和涉及群众切身利益的实际问题，在决策之前和决策实施之中开展广泛协商，努力形成共识的重要民主形式。这一民主形式既不是从中国古代社会继承下来的，也不是从西方资本主义国家引进过来的，而是中国共产党和中国人民的伟大创造，是中国社会主义民主政治中独特的、独有的、独到的民主形式。

协商民主为什么会产生于中国，有其独特的历史文化原因，也有其坚实的制度基础和深刻的理论创新。习近平总书记在庆祝中国人民政治协商会议成立 65 周年大会上的讲话中概括为“五个源自”：“源自中华民族长期形成的天下为公、兼容并蓄、求同存异等优秀政治文化，源自近代以后中国政治发展的现实进程，源自中国共产党领导人民进行革命、建设、改革的长期实践，源自新中国成立后各党派、各团体、各民族、各阶层、各界人士在政治制度上共同实现的伟大创造，源自改革开放以来中国在政治体制上的不断创新”。[①] 这为我们深刻认识协商民主在中国产生与发展的历史必然性，形成在中国特色社会主义新时代推进协商民主广泛多层制度化发展的基本思路，提供了清晰的线索，有了明确的基本遵循。

---

① 《十八大以来重要文献选编》（中），中央文献出版社 2016 年版，第 74 页。

第一章　协商民主的中华历史文化资源

协商民主之所以产生于中国，根本原因之一在于它具有深厚的中华历史文化资源，也就是习近平总书记所概括的“中华民族长期形成的天下为公、兼容并蓄、求同存异等优秀政治文化”。他指出：“中华文明绵延数千年，有其独特的价值体系。中华优秀传统文化已经成为中华民族的基因，植根在中国人内心，潜移默化地影响着中国人的思想方式和行为方式。今天，我们提倡和弘扬社会主义核心价值观，必须从中汲取丰富营养，否则就不会有生命力和影响力。”①这个道理用在发展社会主义民主政治上也是适用的。每一种民主形式都延续着历史文化的基因，都需要找到适合的文化土壤，才能生根发芽。社会主义协商民主，只有传承中华文明历史的基因，植根于中华文化肥沃土壤，才能长成参天大树。中国古代协商文化集中体现了传统政治文化的特质，而中国传统政治文化又对发展社会主义协商民主具有独特的深远影响和重要意义。

一、中国传统政治文化的特质

中国传统政治文化由于受中国社会文明发展道路以及社会政治结构、经济结构、地理环境的影响，形成了自己鲜明的特点，概括起来说，就是重民本、重和谐、重伦常、重稳定，由此衍生出天下为公、兼容并蓄、求同存异等协商文化的核心理念。

---

① 《习近平谈治国理政》第一卷，外文出版社 2018 年版，第 170 页。

（一）重民本

中国传统政治文化具有浓厚的非宗教的、理性主义的特点，重视人的地位和作用。孔子曰“天地之性，人为贵”（《孝经》），强调现世人生的意义，高度评价人类在宇宙中的地位和作用，认为在天地人之间，以人为中心。一方面，用人间之事去附会天之规律，把人的行为归依于天的意志的实现，以获得一个虚拟的理论依据。另一方面，又往往把主体的伦常和情感灌注于“天道”，并将其人格化，使其成为想象中与人相似的物体。“天”成了理性和道德的化身。天人之间人为主导，人是目的。管子提出：“夫霸王之所始也，以人为本。本理则国固，本乱则国危。”（《管子·霸言》）这里所说的“以人为本”实际上是“以民为本”，是在江山社稷与民众的关系上强调民的基础性作用。《尚书》说：“民可近，不可下。民为邦本，本固邦宁。”孟子言：“民为贵，社稷次之，君为轻。”得民的关键在得民心，“得其民有道：得其心，斯得民矣。”荀子也说：“天之生民，非为君也。天之立君，以为民本。”“君者，舟也；庶人者，水也。水则载舟，水则覆舟。”意即民众是国家的根本，国家兴亡、政权得失皆取决于民心的向背。为做到以民为本，就要秉持天下为公的理念。孔子曰：“大道之行也，天下为公，选贤与能，讲信修睦。”（《礼记·礼运》）这一核心理念是中国古代协商文化的精髓，也是中国古代协商实践的出发点。

（二）重和合

“和合”最早出现于《国语·郑语》：“商契能和合五教，以保于百姓者也。”《管子》亦云：“畜民以道，则民和；养之以德，则民合。和合故能习，习故能谐，楷习以悉，莫之伤也。”和合表现在人与自然的关系上，就是“天人合一，万物一体”，认为人类社会在大自然中生成并发展，是大自然的一部分，所以人与自然相通相应，息息相关，是个统一体。《中庸》云：“致中和，天地位焉，万物育焉。”和合思想更多表现在人与人之间关系上。《论语·学而》云：“礼之用，和为贵。”孟子说：“天时不如地利，地利不如人和。”（《孟子·公孙丑下》）为了达至“人和”的境界，儒家主张，个人修身养性，要讲究“心平气和”之工；与人交往，要恪守“和而不同”之法；应对潮流，要坚持“和而不流”之则；治理国家，要追求“政通人和”之理；与国交往，要“亲仁善邻”、“协和万邦”。这些观点实际上已成为中国古代协商文化的重要内容和重要方式。

（三）重伦常

中国传统政治文化是一种伦理型文化，无论是儒家的三纲领（明明德、亲民、止于至善）八条目（格物、致知、正心、诚意、修身、齐家、治国、平天下），还是道家的修道积德，无不以道德实践为第一要义。通过道德实践，可以提高人的道德修养，从而达到社会整体关系的良性互动——君仁臣忠，父慈子孝、夫敬妇从、兄友弟恭、朋友有信。从积极意义上看，由此形成了中国传统政治文化的重伦常、讲秩序的价值观。从消极意义上看，也容易为君权至上的专制主义寻找一个道德“庇护所”。中华传统政治文化重伦常的特点，在协商文化上集中表现为“诚信”思想。诚信，即诚实守信。诚信的基本内涵和要求就是真实不妄、诚实不欺、言行一致、信守承诺。《礼记·乐记》说：“著诚去伪，礼之经也”。孔子曰：“自古皆有死，民无信不立。”（《论语·颜渊》）墨子说：“诚信者，天下之结也。”（《墨子》）孟子说：“诚者，天之道也；诚之者，人之道也。”（《孟子·离娄上》）荀子说：“君子养心莫善于诚。”（《荀子·修身》）诚信是协商的一个原则，本着诚信进行协商，协商才能取得实效。

（四）重稳定

中国传统政治文化是一种大陆型的农业文化。“日出而作，日入而息，凿井而饮，耕田而食”（《乐府诗集·击壤歌》），简单重复的生产方式形成了安土重迁、好常恶变的文化心态，决定了中国传统政治文化具有注重实际、追求稳定的特点。注重实际、追求稳定的特点在文化上的意义是双重的。一方面，产生于农业文明的中国传统文化注重实际，执着于人间世道的实用探求，为中国传统政治文化的繁荣与发展奠定了一个坚实基础；另一方面，也束缚了文化的手脚，带来了文化的滞守性。唯其稳定不易变，才带来5000年从未中断传统的荣耀，也使我们承受其所带来的前进之不易，为克服蹈常习故要付出沉重的代价。与这种重稳定的特点相适应，中国传统文化把长久以致永恒当作价值判断的重要尺度。《周易》讲“可大可久之”，《中庸》讲“悠久成物”，《老子》讲“天长地久”，政治上追求“长治久安”，用品上追求“经久耐用”，宗教上追求“长生不老”，种族上追求“绵延永续”。这种重稳定的特点，反映在协商文化上是把协商作为实现国家长治久安的重要手段。“有事好商量”这一在生活中处理矛盾分歧使用频率最高的语言，成了中国人重视协商而不是争斗的生动写照。

二、中国古代的协商制度与实践

中国传统政治文化重民本、重和合、重伦常、重稳定的特质以及由此而生的协商文化，形成了中国古代的协商制度，支撑着中国古代丰富的协商实践。中国古代的协商虽然没有上升到“民主”的高度，但对于发展社会主义协商民主仍不失为丰厚的历史文化资源。

（一）中国古代协商的性质——以优化君主专制为宗旨

中国古代社会长期实行皇权至上的封建专制，不可能产生现代意义上的民主。抗日战争时期毛泽东曾作出一个明确判断：“中国是有缺点的，而且是很大的缺点，这个缺点，一言以蔽之，就是缺乏民主。”① 类似的判断，邓小平也提出过，他曾指出：“旧中国留给我们的，封建专制传统比较多，民主法制传统很少。”② 这些判断是符合中国古代社会实际的。汉语“民主”一词最早出现在先秦典籍《尚书》中，原话是“天惟时求民主，乃大降显于成

① 《毛泽东文集》第三卷，人民出版社1996年版，第168页。

② 《邓小平文选》第二卷，人民出版社1994年版，第332页。

汤。”意思是说，上天这时为民求得主人，于是就降大任于商汤王，使之成为主人。可见这里讲的“民主”，不是民作主，而是民之主，就是君主。中国古代社会虽然讲民本，却是以君主为核心的，以加强君权强调集权专制为主要特征，主要是维护统治者的利益。在这一点上，汉代大儒董仲舒是始作俑者。他认为大一统首先是指政治上统一于“受命而王”的天子。如果说，董仲舒主张的还是一种绝对君权的“王道政治”。那么汉朝以后，历代君王在沿袭“秦汉之制”的同时，却不断强化君主专制统治，进而形成长达数千年集权的封建政体。习近平总书记指出：“秦始皇统一中国后的二千多年间，发生了多少朝代更替，但‘普天之下，莫非王土；率土之滨，莫非王臣’的社会观念始终没有改变，君主专制制度始终没有改变。”①在这样集权体制之下，协商的前提是以优化君主专制为宗旨，解决的是皇权的稳定和长治久安问题，这显然不是现代意义上的协商民主。

当然，统治者想要维护自己的统治地位，实现长治久安，就必须广泛吸取不同的建议和意见，以作出对自己有利的、合理的、正确的决策，这样就形成了一系列中国古代的协商制度和协商理念。

（二）中国古代协商的制度性安排

中国古代的协商政治有悠久的历史。最早可追溯到我国自原始社会时期就出现氏族会议，而最具代表性的是禅让制。“禅”意为“在祖宗面前大力推荐”，“让”指“让出帝位”。这是一种推举产生国家或部落首领的制度。禅让制在很大程度上体现的是一种“贤人政治”，主张选取德才兼备的人作为首领。禅让制的产生说明我国当时社会出现了带有协商属性的政治实践形式。李君如认为，东西方社会有两种不同的政治文化传统。在中国是“实行禅让制，选人以德才兼备为标准，决策采取协商的方式”②。“重大问题的决策都经酋长会议，由尧、舜这样的部落领袖与酋长们协商决定，实行的是协

① 习近平：《论坚持全面深化改革》，中央文献出版社 2018 年版，第 90 页。

② 李君如：《走中国特色社会主义政治发展道路》，《探索与争鸣》2011 年第 9 期。

商民主而非选举（票决）民主。”但李君如也承认，“中国这种协商民主的传统在夏禹之后逐步转变为专制主义的方式方法，虽然‘协商’在一定范围内仍长期发挥作用，但离开了‘民主’的‘协商’并非我们所讲的协商民主。”①

自殷周以来中国就有着“议政”协商的实践，并且将这种活动固定化为一套政治制度，进而使参与协商上升为政治参与者的一种伦理义务和人格精神。至先秦，中国古代政治家总结出了“谋及庶人”（《尚书·洪范》）、“询于刍荛”（《诗经·大雅·板》）的政治经验；《尚书·周官》中提到“议事以制，政乃不迷”，对于“议政”在统治中的重要意义已有明确认识。西周时召公谏厉王止谤时论述了“导民使言”的治国方略，他说：“防民之口，甚于防川，川壅而溃，伤人必多，民亦如之。是故为川者，决之使导；为民者，宣之使言。”（《国语·周语上》）召公将被压抑的民意比作决堤的河水，因此主张必须畅通渠道引导民意合理地表达，避免社会矛盾的激化。而著名的“周召共和”，就是统治阶级内部进行协调采取联合执政的方式来共同管理国家的一项首创，开启了中国历史上共和行政的先例，具有里程碑的意义。②

（三）协商方式的多样性

中国古代产生了多种多样的协商方式，为后人所称道和传颂，概括而言，主要是集议和谏议两种。

集议，是指由君主或君主责成某一官员或某一机构召集中央有关官员，对某些重大问题集中讨论、议决的一种方式。参加人员是皇帝领导下的朝廷官员，协商主要集中在决策层和统治阶级内部。在协商中朝廷官员可以自由发表自己的观点和意见，议论的事情绝大部分是国家大事。战国时期，各诸侯国君礼贤下士，对一些重大问题常召集大臣讨论、决议。汉代时期，出现了比较完备的集议制度，集议的内容常是一些如民政、法制、官制、边事等重大问题。最典型的例子是发生在西汉时期的“盐铁会议”。汉武帝时期，

---

① 李君如：《协商民主在中国——中国特色协商民主理论的思考》，《中共天津市委学校学报》2014 年第 4 期。

② 崔明浩、马慧亮：《中国协商文化思想起源与制度传承》，《哲学文稿》2015 年第 6 期。

把盐和铁的专卖权收归国有，实行盐铁国家专卖，这在一定程度上增加了国家的财政收入，但这一政策的实行也造成了民间经济的凋敝。汉武帝之后的统治者长期奉行这一政策，最终引起了商业利益集团的强烈反对和抵制，迫使当时的汉昭帝于始元六年（公元前 81 年）举行了历史上著名的“盐铁会议”。以霍光为首主张放松国家对工商业垄断的一派同以桑弘羊为首坚持官营政策的一派，在相对平等的基础上进行了公平的协商和激烈的辩论，形成了双方都能够接受的政策，即取消酒类专卖和部分地区的铁器专卖。这是中国古代利用协商方式解决多元利益冲突的一次经济协商会议，同时也是利用协商的形式来处理经济事务的一次典型示范。到唐代，集议制度进一步完备，并用法律的形式作了规定。《大唐六典》卷八载：“凡下之通于上，其制有六……四曰议。谓朝之疑事，下公卿议。理有异同，奏而裁之。”到宋代，集议制度更加完备，形式更多样化。宋代的集议主要有朝堂集议、三省集议、侍从台谏集议等形式。由此可见，在中国封建社会，善理政的君主，都注意运用官僚群体的智慧来进行统治，而集议制度则能使官僚群体的智慧得到发挥。在集议时，官僚们可以不论官位大小进行平等论争，在一定程度上体现了统治阶级内部最高层次的相对于专制而言的民主。

朝议是集议制度的经常性体现。朝议是古代君主听朝的一种主要形式，皇帝用来充分汲取众臣的智慧来解决治国理政中遇到的各类难题。朝议作为一种协商式决策形式和一种内部调节机制，在决定国家重大事务时常常发挥着重要作用。例如，秦朝郡县制的设立，就是通过朝议来实现的。秦朝初始，在地方实行什么样的行政制度问题上产生了分歧，出现了分封制和郡县制的争议。丞相王绾等人主张继续实行先前的分封制。在朝议的过程中，廷尉李斯提出了实行郡县制的建议，大臣展开激烈交锋。秦始皇最终听取了李斯的建议，实行郡县制，开创了中央集权制度，从根本上铲除了诸侯王国分裂割据的祸根，对巩固国家统一，促进社会发展起了积极作用。由此可见，朝议是一种制衡专制、避免政治决策失误的重要协商形式，协商的传统也是靠其而沿袭下来的。尽管这对封建专制的抑制是有限的，却在一定程度上唤醒了协商的意识、促成了协商的传统。

谏议，是给君王的建议、奏折等。以谏为职的官员称作谏官。在中国古代的君臣关系中，臣僚必须履行自己的“言责”，即“匡正君非，谏诤得失”，有对君主提出建议、规劝乃至批评的义务。进谏的职责通常由谏议大夫和给事中共同承担。谏议大夫，专掌议论。给事中负责宫廷事务，但实际上也负有进谏使命。谏议包括奏议和封驳。奏议是指向皇帝提出批评性的意见，通常采取书面形式。封驳是指，当谏官认为敕令或其他包含有皇帝旨意的文件不妥时，加封后退回，以示异议。如唐代的谏官有权力驳回明显不合理的诏书。秦汉时期给事中与谏议大夫等言官已问世；魏晋南北朝时期谏官系统开始规范化、系统化，南朝建立了专门负责规谏的集书省；唐朝时期谏官组织分隶中书、门下两省；宋元时期监察和谏议职权开始混杂，趋向合一，明清时期谏议制度基本并入监察制度中，谏议制度急剧衰落并逐步消失。君主要符合“兼听明辨”的君德要求，只有做到集思广益、虚怀纳谏的君主才能称得上“明君”，否则将会远播恶名于后世，甚至丧国亡身。谏议制度对于过于集中的皇权，具有一定的纠偏作用。这一点在唐朝尤为明显。如“一代名相”魏徵，以直言敢谏而闻名，提出“兼听则明，偏信则暗”，向唐太宗李世民面陈谏议有五十次之多，呈送奏疏十一件，一生的谏诤多达“数十余万言”，辅佐创建“贞观之治”大业，为后人所称道。

集议制和谏议制是中国古代重要的制度性协商形式。从确立这样制度的实际效果来看，集议制和谏议制的设置有利于克服专制集权带来的束缚，能够有效地抑制权力不受约束、不受监督带来的盲目性，同时也有助于打破信息封锁、畅通信息渠道。在严格意义上来说，集议制和谏议制并不能成为真正的协商民主，但是在协商的过程中表现出来的追求共同之善的目的和参与协商、直言敢谏的精神却带有浓郁的协商文化色彩。这也成为中国协商传统在制度文化上的显现。

此外，协商的形式还有在政权体制外的士人“清议”、基层“乡议”等形式。在政权体制之外，知识分子也有议政的实践活动，他们聚集于学校、书院、讲会、党社等，针砭时弊、反抗暴政，形成了“清议”，这是一种具有影响力的社会舆论，甚至能够发动群众性运动直接干预政治。在传统社会最基层的“乡”一级，公共事务主要依靠宗族和乡绅的自治，“乡族自治”的主要形式是在宗族之内或乡绅之间进行协商讨论，这就是“乡议”，其主要功能是决定基层事务、调解社会矛盾、普及伦理教化、推举后备官吏等。这种乡议在很长历史时期实现了有效的社会治理，维持了基层社会的稳定。无论是在体制内还是在体制外，参加协商活动对于参与者都是一项道德义务，体现出儒家文化“尚德”特征的巨大影响，儒家伦理的基本原则在协商过程发挥着指导和制约作用，在理想层面指向圣贤人格的成就与仁政治世的实现。①

中国古代的协商实践，对我们今天发展协商民主是有重要借鉴意义的。习近平总书记曾以我国古代的协商范例指出：“古代尚有尧舜谏鼓谤木、大禹揭器求言、唐太宗兼听兼信等故事，我们共产党人更要有这样的理念和原则、气度和气魄。”② 但是，我们也要看到中国古代协商的局限性。集议制和谏议制虽然是具有民主协商精神的制度设计，但这些制度是由封建皇帝把持并以集权专制和舆论控制为前提的，所以在性质上它们更多的是维护君主专制统治的工具。在儒家的议事过程中，平等只能体现为精英讨论的平等，而在精英与民众之间是决然不存在平等关系的。同时，在中国古代的封建官僚体制下，官员被紧紧束缚在“君君臣臣”的主奴关系中，他们在政治体系中扮演的角色是皇帝意志的推行者和执行人。这种根深蒂固的人身依附关系，使个体的“人”无法以独立的人格出现在政治舞台上。

三、中国传统政治文化对发展社会主义协商民主的意义

价值观念的产生总是以一定的政治文化为依托的。中国的传统政治文化虽然在政治心理、政治运行机制、政治哲学等方面与现代协商民主理念有某

① 卢兴：《协商民主与中华优秀传统文化》，《光明日报》2015 年 4 月 5 日。

② 《十八大以来重要文献选编》（下），中央文献出版社 2018 年版，第 587 页。

些不一致之处，但总体而言，在价值取向上与协商民主的理念是相契合的。

俞可平认为，“协商民主，简单地说，就是公民通过自由而平等的对话、讨论、审议等方式，参与公共决策和政治生活”。①这一基本界定得到了学术界的普遍认可。我们不妨以此为基础来分析中国传统政治文化与现代协商民主的契合性。

从价值理想层面看，协商民主要体现自由、平等、理性的精神。美国学者乔舒亚·科恩曾提出理想的公共协商应该遵循自由、平等、理性原则和实现共识的目标。②当然，任何价值理想，不可避免地和实践有相当大的距离。理想是一种参照体系，不见得能够在实践中得到完全的实现，无论是在西方还是在中国。

中国特色社会主义协商民主，从形式上看具有多样性，主要有中国共产党与民主党派的政党协商，人民代表大会主导的立法协商，人民政府的行政协商，人民政协的政治协商，人民团体和社会组织的社会协商，基层群众自治的基层协商等。无论形式有何不同，但都体现了中国共产党的领导、国家的组织和运行以及人民管理国家事务的契合。从功能上看，协商民主对于中国这样规模巨大、结构多样的社会实现国家治理体系和治理能力现代化，起到全方位的支撑和推动作用。③

参与性、平等性、公共性、共识性、有序性等是中国社会主义协商民主的价值原则。中国传统政治文化的特质，协商民主的价值诉求，决定了中国传统政治文化与协商民主的价值诉求有相契合的一面。

（一）参与性

参与性是中国社会主义协商民主的价值原则之一。社会主义协商民主为

---

① 俞可平：《协商民主译丛总序》，见《协商民主：论理性与政治》，中央编译出版社 2006 年版，总序第 1 页。

② 詹姆斯·博曼、威廉·雷吉主编：《协商民主：论理性与政治》，陈家刚等译，中央编译出版社 2006 年版，第 56—57 页。

③ 林尚立：《协商民主是我国民主政治的特有形式和独特优势》，《求是》2014 年第 6 期。

人民群众扩大政治参与、反映意见诉求开辟广阔渠道，不是关起门来议事，而是敞开门来听政。有人认为协商是少数精英的事情，不赞成民众直接参与，其主要理由：一是民众直接参与会影响政治效率，公民的过多参与会导致政治效率低下；二是民众直接参与会影响政治稳定。显然这种观点有违民主的基本原则。协商民主的参与是民众参与而非精英参与，是直接参与而非间接参与。从时间存续上看，是政治过程的全程参与，而不是仅限于选出自己的代表来参与。不能把协商民主局限于党派团体之间或政协组织内部，局限于少数政治精英、代表人士之间，而要充分调动广大人民群众的政治参与热情。①

如何体认政治体系中的“人”的价值，是人民能否真正实现政治参与目的的关键。中国传统政治文化重民本，在江山社稷与民众之间强调“民惟邦本，本固邦宁”、“水能载舟，亦能覆舟”，强调民心向背是政治统治兴衰的关键，这对我们今天实现民众广泛参与协商民主是有重要启示的。

中国传统政治文化在人与神之间，强调以人为本；天地人之间，强调以人为中心，彰显了人的主体精神。但遗憾的是，从这样的人本主义中并没有生发出民主的思想，更多的是民本主义思想。这种民本主义思想，显然是为民作主，而不是现代意义上的民主。在本质内涵上，民本是一个道德概念，它所表征的是一种道德诉求，而民主是一个政治概念，它所表征的是一种政治诉求；在主体上，民本以君为主体，民主以人民为主体；在价值目标上，民本的出发点是以优化君主专制为宗旨，解决国家政权的稳定和长治久安问题，而民主是以否定专制制度为使命，并通过对领导人、政府权力的制约，防止社会政治权力被少数人所滥用，从而达到保护大多数人利益的目的。可见，民本思想虽然源远流长，但中国老百姓从来没有体验过什么是真正的“民主”、“民权”，至多也就是民本思想下的开明专制罢了。正确认识君主民本思想的时代局限性，增强主权在民意识，对于提升协商民主的主体地位，

① 张献生、吴茜：《关于健全社会主义协商民主的几个问题》，《中国统一战线》2014 年第 3 期。

充分调动广大人民群众的政治参与热情，改变权力依附观念，仍然具有重要意义。

然而，中国传统政治文化强调“水能载舟，亦能覆舟”，民为政本，对今天认识民众在协商民主中的重要地位有文化支撑作用。我们要明白，政治权力并非国家之本，国家之本是人民。协商的主体是广大人民，协商不是少数人的游戏，协商的目的为了广大人民的根本利益，而不是维护个别人或个别既得利益集团的利益。

（二）平等性

平等性也是中国协商民主的一个价值原则。社会主义协商民主强调平等。在当代中国，平等的主要体现：一是由宪法确认的公民基本权利平等；二是机会平等、规则平等和形式平等；三是再分配中的补偿原则，加大社会保障力度，逐步实现形式平等与实质平等的有机统一。目前，最为紧迫的是要保障起点平等、机会平等、规则平等。就协商民主强调平等性而言，平等不仅体现为投票权的平等，更体现为主体地位、参与机会、协商程序等更为复杂的平等。协商民主中的平等，首先意味着法律意义上的主体地位平等。主体平等是协商民主进行的前提，平等是协商的先在条件，以平等作为前提，使协商民主体现为民众参与的普遍性、常态性，最终演进为一种民主习惯和生活方式。协商民主能得以实施，还必须使协商主体有参与机会的平等；还要保证协商过程中程序的平等，讨论问题的权利平等。此外，要警惕由于现实社会中存在着巨大的分化和不平等，使协商沦为少数权势群体的游戏。

协商民主主体地位的平等，参与机会、协商程序的平等，所有这一切首先是建立在求同存异以及对不同意见尊重的基础上的。中国传统政治文化推崇“和而不同”，可以为协商民主提供了重要价值支撑。

中国传统文化所谓提倡的和，不是不承认矛盾，不承认差别，相反，恰恰是以承认矛盾和差别为前提的，即“和而不同”。“君子和而不同，小人同而不和。”（《论语·子路》）以这种理念看协商民主，正是由于不同政党、民族、阶层、集团等协商主体在目标、利益共同性的基础上存在着多样性、差异性，存在着“不同”，协商才有其存在的必要，包容“不同”是协商民主的应有之义。在协商民主中追求“同而不合”的想法和做法，其结果必然是导致逐渐形成不良政治生态环境，表面一致而实不和谐，掩盖客观存在的矛盾。

以我国政党协商为视点，多党合作制度的设计本身，就体现了包容“不同”的理念。各民主党派是组织独立的政党。坚持“和而不同”，执政的中国共产党在同民主党派协商的过程中，就应充分尊重民主党派的政治自由和组织独立。协商民主需要有包容“不同”的雅量。

（三）公共性

公共性也是中国协商民主的一个重要价值原则。协商民主强调公共性，是因为协商民主是一个公共决策的过程，协商的内容多为事关国计民生和广大人民群众利益的公共事务或公共政策，协商的共同性基础是公共利益。西方学者认为，“协商本身内在地具有一些可以增进个人公共意识的机制”①，“通过公开检视个人决策的结果和假设，协商民主将使人们清楚地看到，政治共同体的每个人都是更大社会的一部分，其福利有赖于其承担属于自身的那份集体责任的意愿。”② 这种认识是深刻的。我们通过协商，就是要让广大人民群众有当家作主的感觉，而不是感到是党和政府在为民作主；通过协商，要让广大人民群众感到党和政府是与人民群众商量办事，而不是替你办事。通过协商，让广大人民群众感到党和政府是在维护人民群众的根本利益，而不是与民争利。

协商的基础是公共利益。“协商不是要通过机制硬生生地聚合利益，而是基于多元的现实，通过为不同利益搭建相互沟通的平台，目标是让各个不同的个体利益在相互协调中尽量逼近公共利益。”③ 中国传统政治文化倡导天

---

① 约翰·S. 德雷泽克：《协商民主及其超越：自由与批判的视角》，中央编译出版社 2006 年版，第 39 页。

② 乔治·M. 瓦拉德兹：《“协商民主”》，《马克思主义与现实》2004 年第 3 期。

③ 张秀霞：《协商民主的价值追求与理论定位》，《人民论坛》2013 年第 18 期。

下为公、见利思义，为解决协商主体的利益与公共利益的矛盾，提供了重要价值支撑。

中国传统政治文化倡导“大道之行也，天下为公”，要求人们为了实现大同社会的理想而选贤与能，讲信修睦，从而实现社会和谐。当代中国协商民主的协商主体都秉持这一最高政治理念而协商合作。中国共产党始终信仰“大道之行，天下为公”。各民主党派之选择同共产党团结合作，也在于要回归和信守孙中山先生倡导的“天下为公”。正是这种天下为公的情怀、立党为公的境界，成为中国共产党与各民主党派长期团结合作政治协商的首要政治理念。无论是中国共产党执政施政，还是民主党派参政监督，都必须秉持公心。习近平总书记曾用两句古语形象地表达政党协商中的公道之理：“‘虚心公听，言无逆逊，唯是之从。’这是执政党应有的胸襟。‘凡议国事，惟论是非，不徇好恶。’这是参政党应有的担当。”①

中国传统政治文化主张“君子义以为上”（《论语·阳货》），号召人们努力去追求义，即社会公利，为社会多做贡献，用社会公利限制、约束膨胀了的个人私利。“见利思义”（《宪问》）是一种积极的社会本位的义利观。它为解决协商主体个体利益与公共利益的矛盾，提供了重要价值支撑。在当前市场经济的条件下，如何解决协商主体个体利益与公共利益的矛盾，做到义利兼顾呢？被誉为“日本近代资本主义经济的最高指导者”的涩泽荣一的“论语加算盘”思想能给我们启发。“打算盘是利，《论语》是道德”即“义”，义与利、道德与经济不是矛盾的，而是相互融合的，“抛弃利益的道德，不是真正的道德；而完全的财富、正当的殖利必须伴随道德”，这就是“义利合一”说。

（四）共识性

共识性在中国协商民主中也属于价值原则。社会主义协商民主强调凝聚共识。当然，共识是一定程度上的共识，是找到最大公约数，而不可能是协

① 《习近平关于社会主义政治建设论述摘编》，中央文献出版社 2017 年版，第 76 页。

商主体间认识的完全一致。为此，协商民主的目的就在于使每个人有同等的表达机会，协商各方能对少数人的观点、甚至彼此对立的观点给予包容，在包容的基础上形成多样化关怀，从而为合作创造条件。在这里，参与主体在关注公共利益的基础上，通过人与人之间的交往、沟通，彼此间不断剔除偏见，增进了解。在这种良性互动中，人们最终达成共识，并产生责任分担、利益分享的合作意图。即当公民具有理性并运用交叠理念进行政治活动时便可以参与民主生活当中，达成政治合作。①

由于协商主体的多元性、复杂性，以及协商内容的广泛性，为达成共识，就要求协商主体之间能够有相互包容、和谐相处。中国传统政治文化重和谐，推崇中和、中庸，强调利益主体的多元共存和发展，可以减少协商主体之间的摩擦和紧张情势，可以把具体协商运作过程中产生的矛盾和冲突控制在秩序的范围内，有利于最终达成共识。

中国传统政治文化认为，种种不同的事物聚在一起却能协调和谐、共生并存，互相促进，实现“和实生物”，这就是中和。如何才能达到中和呢?需要坚持中庸之道，以中庸为手段，达到中和的目的。中庸是要求处理问题不偏不倚，恰如其分，恰到好处。就协商民主来讲，也就是言之有度。从“中和”、“中庸”出发，由此形成了中国社会的群体和谐主义。在当代，中和中庸这一理念经过扩展与升华，可以为中国特色社会主义协商民主提供价值支撑。

协商民主基点是协商主体之间基于目标和利益的共同性，能够有相互体谅、兼容并蓄，协商的过程理性、有序。从协商主体角度看，中国社会主义协商民主的主体是十分广泛的，既包含中国共产党和八大民主党派成员以及无党派人士，也包括各阶层、社会团体等成员，还有广大普通群众。这样复杂的主体间协商之所以可能，最为重要的是有目标、利益的共同点。

以政党协商为视点，在多党合作制度的架构中，各民主党派与共产党之

---

① 刘春泽：《论协商民主理论价值原则的政治文化根源——以中西方政治文化比较为视角》，《学术交流》2011 年第 8 期。

所以能和谐相处，就在于他们有共同的目标和利益——中国特色社会主义事业，这是“和”的基础。为了实现共同的目标，民主党派作为参政党，是在承认并接受中国共产党的领导和执政地位的基础上参加国家政权，不以谋求执政地位作为自己的活动目标，而与执政党合作共事。这种关系可以说是既真诚合作，又互相监督，合作是基础，监督是为了更好地合作。失去了目标和利益的共同性，就不会有政党间的协商。当然，众多而复杂的协商主体必然有不同的利益诉求，有各种差异甚至矛盾，是必然的。因此，协商需要包容、需要体谅，协商结果的实现和达成，本身就是多样存在的一种中和、平衡。中和中庸理念可起到润滑剂的作用，可以减少协商主体之间的摩擦和紧张，以互相体谅、达成共识。

从协商过程看，社会主义协商民主是全方位、多层次的。纵向看，协商存在于从国家到地方乃至基层的所有重大事务的决策前、决策中、决策后的各个环节；横向看，协商既存在于各级政治协商的精英之间，也存在于参加基层的各种“听证会”、“恳谈会”的民众之中。然而无论是哪个方位和哪个层级的协商，都内含了各种多样性的存在，是不同意见、建议包括利益和矛盾的交锋和碰撞。中和中庸理念允许“多样”存在，对不同的意见、事物，持宽容的态度，力求“公允相待”，理性对待，可以把具体协商运作过程中产生的矛盾和冲突控制在秩序的范围内，达到中和的状态，最终达成兼容并蓄的理想状态。

（五）有序性

有序性也是中国协商民主的价值原则之一。社会主义协商民主体现在从政治制度到政治运行机制等多个层次上。从国家形态的民主看，人民代表大会制度、中国共产党领导的多党合作和政治协商制度，是协商民主的现实政治制度基础。在政治运行机制上，按照民主集中制原则，实行民主协商和多数表决相结合，体现了民主协商与民主决策的关系。社会主义民主的本质是人民当家作主。不同的民主形式，各有所长，又各有所短。在不同的场合，不同的条件下，依照能保证人民当家作主的本质要求，选择适当的民主形式。通过政治制度和政治运行机制，建构一套公共协商的制度、程序，规范协商过程，确保协商民主的有序性。

中国传统政治文化重伦常，重稳定、讲秩序，主张“礼法合治、德主刑辅”，为构建一套公共协商的制度、程序、规范，能够提供价值支撑。

中国传统政治文化重伦常、讲秩序，其特点就是用道德伦理的思维方式、价值原则以及情感需求来处理所碰到的一切政治问题。《孝经》记载，孝子要做三件事，是“事亲”、“事兄”、“家理”；要做好这三件事情，标准就是“三德”：“孝”、“悌”、“理”；然后要做三种迁移、转化，这便是“三移”：“忠可移于君”、“顺可移于长”、“治可移于官”。这是孔子设计的理想的线路，是由内而外，由家庭之内而推广到家庭之外，由家到社会到国到天下。这种伦常式政治文化，经过千百年的历史积淀，影响了国人的政治信仰、政治心理，以至于影响到协商主体政治理想和政治行为。这就是在协商的过程中，协商主体要以“治国、平天下”的胸襟，以伦常式的政治伦理构建协商秩序，最终达成共识。

中国传统政治文化总体而言是重人治而不重法治、重治术而不重制度，但也形成了一些值得继承的法制思想。如“命有司，修法制”（《礼记》），“抱法处势（权势）则治；背法去势则乱”（《韩非子·难势》）的思想。韩非子主张“以法为教”，使“境内之民，其言谈者必轨于法”（《韩非子·五蠹》），提出了“法不阿贵”，“刑过不避大臣，赏善不遗匹夫”（《韩非子·有度》），这是法律面前人人平等思想的萌芽。中国传统政治文化讲法制还表现为，强调“得刑以治”，治国不能没有法度，治国、治天下“不可须臾忘法”，必须“以法相治，以术相举”，“圣君任法而不任人”，“治民无常，唯法为治”。当然，他们认为，法制之立、之行，有待于圣君贤相，其法之实质在于律民，而不在于规定政治统治形式和确立政治运行的原则和制度，法的保障是术和势。尽管中国传统政治文化重法的思想有局限性，但他们强调“得刑以治”等法治思想可以为协商主体形成公共理性、公民德性、法制精神，为实现有序政治参与提供价值支撑。协商民主是协商主体的有序政治参与，要求参与主体具有公共理性、公民德性、法治精神；要求协商主体在公共理性支配下尊重彼此的利益，在法律制度框架内进行有序的政治参与；要求协商过程制度化、程序化，以实现政治参与是在法律制度框架内合法、有序开展。推进社会主义协商民主重在制度，当然仅有制度还不够，推进社会主义协商民主还要倡导法治精神，协商主体对法治要有敬畏之心，对法治没有敬畏的人做人做事是不会有底线的，没有法治规则的所谓协商民主也将成为投机者的乐园。领导干部要做尊法学法守法用法的模范，这是实现全面推进依法治国目标和任务的关键所在，也是社会主义协商民主有序发展的重要保障。

第二章　协商民主的产生及其在新民主主义时期和社会主义时期的运用

协商民主作为人民民主的一种形式，不是自古就有的，而是以毛泽东为代表的中国共产党人在继承和弘扬中华优秀政治文化的基础上，把马克思主义民主理论同中国实际相结合，带领中国人民在长期的革命斗争中创造出来的。正如习近平总书记在中共十九报告中所概括的，“我们党团结带领人民找到了一条以农村包围城市、武装夺取政权的正确革命道路，进行了二十八年浴血奋战，完成了新民主主义革命，一九四九年建立了中华人民共和国，实现了中国从几千年封建专制政治向人民民主的伟大飞跃。”① 这个人民民主的伟大飞跃就包括协商民主这一伟大创造。“我们党团结带领人民完成社会主义革命，确立社会主义基本制度，推进社会主义建设，完成了中华民族有史以来最为广泛而深刻的社会变革，为当代中国一切发展进步奠定了根本政治前提和制度基础，实现了中华民族由近代不断衰落到根本扭转命运、持续走向繁荣富强的伟大飞跃。”② 这个制度基础就包括作为我国一项基本政治制度的中国共产党领导的多党合作和政治协商制度。

一、中国共产党早期的协商民主实践

中国共产党最早的协商民主实践是在国民大革命时期与中国国民党第一

① 《十九大以来重要文献选编》（上），中央文献出版社 2019 年版，第 10 页。

② 《十九大以来重要文献选编》（上），中央文献出版社 2019 年版，第 10 页。

次合作的党际协商。

中国共产党成立之初受到共产国际的指导与帮助。在1922年初召开的远东会议期间，列宁会见中共与国民党代表，希望能促成国共两党合作，加强革命阶级内部的团结。[①]按照共产国际的指示，中共早期领导人李大钊多次与孙中山先生就重振国民党事宜进行畅谈，孙中山感到十分兴奋并亲自介绍李大钊加入中国国民党。[②]1922年6月，中国共产党发表《关于时局的主张》，指出帝国主义与封建军阀是造成当前中国人民苦难的根源，提出同国民党及其他革命派别召开联席会议，建立联合战线。[③]同年7月，中共二大召开，在通过民主革命纲领的同时，还与之配套通过了《关于“民主的联合战线”的决议案》，阐明了民主联合战线建立的必要性与组织方案。关于两党合作方式，孙中山主张接受共产党员以个人身份加入国民党，在国民党内部实行合作。8月召开的西湖会议决定在国民党进行改组的前提下同意此方案。[④]由此国共合作方式由党外合作转为党内合作。此后孙中山公开表明了国民党的联俄政策，共产国际阐述了党内合作与保持共产党独立性的合作指导意见，李大钊、陈独秀也发表文章论证两党合作的必要性与策略问题，为两党正式开展协商合作做了政治与思想上的铺垫。毛泽东于1923年4月在《新时代》创刊号上发表文章认为，“把国内各派势力分析起来，不外三派：革命的民主派，非革命的民主派，反动派。革命的民主派主体当然是国民党，新兴的共产派是和国民党合作的。”“共产党暂放弃他们最急进的主张，和较急进的国民党合作”。[⑤]1923年6月12日至20日，中共在广州召开三大。在共产国际的协调下，中共通过了国共“党内合作”的决定，即共产党员以个人名义加入国民党，但仍保持共产党组织的独立性。

国共两党以协商方式合作取得丰硕成果，主要表现为：改组与重建国民

---

① 《中国共产党统一战线史》，中共党史出版社、华文出版社2017年版，第7页。

② 《中国共产党统一战线史》，中共党史出版社、华文出版社2017年版，第9页。

③ 《建党以来重要文献选编》第一册，中央文献出版社2011年版，第98页。

④ 《中国共产党统一战线史》，中共党史出版社、华文出版社2017年版，第12页。

⑤ 《毛泽东文集》第一卷，人民出版社1993年版，第10页。

党组织，至国民党于1924年1月召开一大时，中共党员在国民党中执委及候补委员中占据四分之一，在中央党部各部门负责人中占据八分之三，为国民党中央注入了新鲜血液。在这些中共党员中，毛泽东当选为候补中央执委，并被任命为国民党中央宣传部的代理部长。创办黄埔军校与国民革命军，周恩来担任黄埔军校政治部主任，形成整套政工制度与方法，提升了学员和军队的战斗力。推动群众革命运动与北伐战争取得胜利，工人运动迎来第二次高潮，十个月内十万北伐军便击溃七十万北洋军阀军队。国共的第一次党际协商合作，采取统一战线的方式处理政党关系，成为我国协商政治实践的探索起点。但也存在相当程度的局限性，主要表现为：以共产党员加入国民党的党内合作的模式，国民党实质上占据了主导地位，难以形成地位平等的协商合作。毛泽东后来在1927年的“八七会议”上分析：“国民党问题在吾党是很长久的问题，直到现在还未解决。首先是加入的问题，继又发生什么人加入，即产业工人不应加入的问题。实际上不仅产业工人，即农民都无决心令其加入。当时大家的根本观念都以为国民党是人家的，不知它是一架空房子等人去住。其后像新姑娘上花轿一样勉强挪到此空房子去了，但始终无当此房子主人的决心。我认为这是一大错误。”① 另外，两党的协商合作也没有达成制度性安排，为此后国民党右派破坏合作导致国共合作破裂埋下了伏笔。中共党内凡国民革命的工作“一切经过国民党”的右倾思想，实际上放弃了中国共产党对协商民主的领导权，这是国共合作最终破裂的一个深层次思想根源。

中国共产党早期的协商民主实践，还表现为在土地革命时期苏维埃政权建设中的基层民主协商。

1931年11月7日至20日，中华苏维埃第一次全国代表大会在瑞金召开，选举产生中华苏维埃共和国中央执行委员会，宣布成立中华苏维埃共和国临时中央政府，毛泽东当选为中央执行委员会主席和中央执行委员会人民委员会主席。中华苏维埃共和国是中国历史上第一个全国性的工农民主政权，是

① 《毛泽东文集》第一卷，人民出版社1993年版，第46页。

中国共产党在局部地区执政的重要尝试。中华苏维埃共和国实行工农兵代表大会制度，分为乡（市）、区、县、省和全国五级。实行民主选举制度，各级工农兵代表大会代表和各级苏维埃政府均由选举产生。从 1931 年 11 月到 1934 年 1 月，中央根据地进行三次民主选举，并颁布了选举法细则。在选举中，许多地方参加选举的人占选民总人数的 80%以上，一些地方达到了 90%以上。[①] 就此而言，中国共产党的苏维埃政权建设主要运用的是选举民主形式。

但在苏维埃基层政权建设中，也运用了民主协商的形式，尽管当时并没有出现“协商民主”的概念。毛泽东认为，“乡苏维埃（与市苏维埃）是苏维埃的基本组织，是苏维埃最接近群众的一级，是直接领导群众执行苏维埃各种革命任务的机关。”“改善乡苏工作的方向，应该朝着最能够接近广大群众，最能够发挥群众的积极性与创造性，最能够动员群众执行苏维埃任务，并且最能够争取任务完成的速度，使苏维埃工作与革命战争、群众生活的需要完全配合起来，这是苏维埃工作的原则。”[②] 这一原则决定了苏维埃工作中要多运用讨论、商量的工作方法。总结许多乡苏维埃工作的创造，毛泽东明确了基层民主协商的一些主要方面。一是乡代表会议的民主协商。乡代表会议是全乡最高政权机关，要经过代表会议的讨论，来实行苏维埃的一切法令政策，完成苏维埃的各种任务。乡代表会议如何讨论呢？除每次代表会议只应讨论一个主要的问题，特别重要的是“讨论的问题要实际化”。“要按照各村的实际情形来讨论。”“讨论时要一项一项讨论，第一项得了结果，再讨论第二项。讨论的结果成为决议，写在记录簿上，下次好考查，主席团好督促。讨论不完的下次再讨论。”[③] 对于按照每村特点规定的任务，要特别提出来问某村的代表们一声“你们觉得这样规定好不好”，不能“只是一般的通

① 《中国共产党的九十年》（新民主主义革命时期），中共党史出版社、党建读物出版社 2016 年版，第 138—139 页。

② 《毛泽东文集》第一卷，人民出版社 1993 年版，第 343 页。

③ 《毛泽东文集》第一卷，人民出版社 1993 年版，第 348 页。

过”。[1] 显然这就是民主协商。二是村的民主协商。全村代表会议每十天开会一次，工作忙时可以五天开一次，主要讨论怎样完成乡代表会议交给本村的任务，解决本村居民中间互相救济问题及小的争执问题。最重要的是“实行每个代表分工领导居民群众的制度”。这个代表分工的办法，能够“很快吸收群众的意见提到村代表会议及乡代表会议上来，很快去解决群众中间的困难问题，真正有莫大的利益。但现在还有很多地方没有实行这个代表分工制度，一定要立即实行起来”[2]。每个代表要召集所管的居民开会。“这种会议用谈话的方式，代表就是会议的主席。”这种会议按规定每十天开一次。“在这种会议上，要引导群众发展相互间的批评”。“经过这种会议能够使苏维埃的决定很快传达到群众中去，使苏维埃工作争取更快的速度，使群众生活迅速改良，使群众斗争情绪很快提高。”村的民主协商还表现为：“每个代表在这种会议以外，还要拿出一些时间到所管的个人家去访问，看他们有什么需要解决的问题没有，看他们实行了苏维埃的决定没有，首先是到红军家属与最贫穷人民家中去访问，地主富农家里也要去看一看，看他们有什么不对的行为没有。”[3] 三是乡苏维埃与群众团体的民主协商。乡苏维埃要加强与乡的各种群体团体（如工会、贫农团、女工农妇代表会、反帝拥苏同盟、互济会、儿童团、劳动互助组等）的联系与帮助，依靠他们的努力去动员广大群众完成各种革命工作。乡苏维埃主席团及代表会议讨论同某个群众团体有关系的工作时，要邀请该团体的负责人来参加。各团体开会时，乡苏维埃也应派人去参加。村代表会议与村群众团体的关系也是这样。“乡苏主席团应同各群众团体负责人商量”[4]，解决会期等问题。毛泽东所概括的土地革命时期基层苏维埃民主协商这些经验和做法，是我国基层协商民主的雏形，生动地诠释了党的十八届三中全会关于协商民主“是党的群众路线在政治领域的重要体现”的重要论断。

---

① 《毛泽东文集》第一卷，人民出版社 1993 年版，第 349 页。

② 《毛泽东文集》第一卷，人民出版社 1993 年版，第 351 页。

③ 《毛泽东文集》第一卷，人民出版社 1993 年版，第 352 页。

④ 《毛泽东文集》第一卷，人民出版社 1993 年版，第 356 页。

二、中国共产党抗日民主政权建设中的协商民主

中国共产党独立自主地开展的协商民主实践产生于中国共产党领导的抗日民主政权建设。1939 年 1 月陕甘宁边区第一届参政会通过的《陕甘宁边区选举条例》规定，凡居住边区之人民，年满 18 岁者，无阶级、职业、男、女、宗教、民族、财产与文化程度之差别，经选举委员会登记，均有选举权和被选举权。这表明了中国共产党要实行的选举是彻底的无差别的民主选举，这在中国历史上是具有创新意义的。在实际的操作过程中，考虑到文盲在边区的居民中占有较大比例，为保证人人都能履行选举权，采用了投豆、画圈、画杠、燃香在纸上烧眼等多种选举办法。由此可见，中国共产党领导的抗日民主政权建设真正实行了选举民主。

中国共产党领导的抗日民主政权建设最显著的特点是实行“三三制”原则，这是中国共产党创造的协商民主的制度化形式。1940 年 3 月，毛泽东为中共中央起草的党内指示，明确地提出以“三三制”原则作为实现抗日民族统一战线政权的具体措施，指出：“根据抗日民族统一战线政权的原则，在人员分配上，应规定为共产党员占三分之一，非党的左派进步分子占三分之一；不左不右的中间派占三分之一。”① 并且分别阐述了这种“三三制”的意义：即共产党员虽然只占三分之一，但只要有共产党员在质量上具有的优越条件，就可以保证党的领导权，不必有更多的人数；党外进步分子联系着广大小资产阶级，使他们占三分之一，对于争取小资产阶级将有很大影响；给中间派以三分之一的位置，目的在于争取中等资产阶级和开明绅士。

中国共产党在抗日根据地实行“三三制”原则，有着长远的考虑，这就是建立统一战线政权。1940 年 7 月，毛泽东在延安高级干部讨论《中共中央关于目前形势与党内的政策的决定》的会议上所作的结论中提出：“在八路军与新四军区域：我们与其他党派、阶级在政权内的统一战线。”

① 《毛泽东选集》第二卷，人民出版社 1991 年版，第 742 页。

并且指出："目前是部分的统一战线政权，将来应该是全国的统一战线政权。"①"三三制"抗日民主政权实际上成了新中国成立后建立的工人阶级、农民阶级、小资产阶级、民族资产阶级及其他爱国民主分子的人民民主统一战线政权的雏形。民族统一战线的性质决定了中国共产党在"三三制"政权中要实行协商民主。毛泽东指出："民族统一战线是中国人民抗日救国的根本路线，在解放区，首先表现在各阶级各党派合作的'三三制'政府工作中。这一方面的工作，各地有做得好的，有做得差的，各地均应总结经验。共产党人必须和其他党派及无党派人士多商量，多座谈，多开会，务使打通隔阂，去掉误会，改正相互关系上的不良现象，以便协同进行政府工作与各项社会事业。"②

1941 年 5 月，中国共产党将"三三制"原则运用于陕甘宁边区第二届参议会选举，主要由毛泽东起草了《陕甘宁边区施政纲领》，并由中共中央批准实施。在这个施政纲领中，毛泽东表达了中国共产党实行"三三制"原则的诚意和决心，指出："本党愿与各党各派及一切群众团体进行选举联盟，并在候选名单中确定共产党员只占三分之一，以便各党各派及无党派人士均能参加边区民意机关之活动与边区行政之管理。在共产党员被选为某一行政机关之主管人员时，应保证该机关之职员有三分之二为党外人士充任，共产党员应与这些党外人士实行民主合作，不得一意孤行，把持包办。"③并且阐明了实行"三三制"原则在于保障人民的民主权利，指出："保证一切抗日人民（地主、资本家、农民、工人等）的人权，政权（指政治权利），财权及言论、出版、集会、结社、信仰、居住、迁徙之自由权。"④随后由陕甘宁边区带头，各根据地严格执行"三三制"原则，保证非共产党人士在政权中的地位。如 1941 年在陕甘宁边区召开的二届参议会一次会议，由于所提名的共产党员占候选人比例过大，谢觉哉等 12 名中共党员和萧劲光等 6 名中

① 《毛泽东文集》第二卷，人民出版社 1993 年版，第 290 页。

② 《毛泽东文集》第三卷，人民出版社 1993 年版，第 239 页。

③ 《毛泽东文集》第二卷，人民出版社 1993 年版，第 335 页。

④ 《毛泽东文集》第二卷，人民出版社 1993 年版，第 335 页。

共党员分别主动退出政府委员与参议员的候选人名单。在经投票选举产生的18名政府委员中，中共党员仍有7名，徐特立又当即表示退出。1942年3月，毛泽东为中共中央起草的决定草案中明确要求“三三制”广泛运用于抗日根据地各机构：“在各抗日根据地内，政府系统、参议会系统及民众团体的各级领导机关中，均应实行‘三三制’，共产党员只占三分之一，而使愿与我党合作的党外人员占三分之二。”① 这个文件虽未发出，但实际上各根据地已经是这样做了。中国共产党在“三三制”政权建设中表现出的大公无私、精诚合作的精神令党外人士深受感动，使得中国共产党开启的协商民主实践顺利进行。

中国共产党的“三三制”抗日民主政权建设在我国协商民主发展史上具有开创性意义。具体来说，主要是三个方面。

一是开创了协商民主施政的新方式。协商的本意是商量、讨论、沟通，就此而言，古今中外历来皆有协商行为和协商活动。但把协商作为民主的形式却不是从来就有的。由于民主涉及多数人决定的原则，过去总是把民主理解为选举或票决。但是还有没有其他形式能体现和保证人民当家作主呢？中国共产党在“三三制”抗日民主政权建设中产生了协商民主这一新形式，并将其作为共产党施政的主要方式。正如周恩来后来指出的：“‘三三制’有两个特点：一个就是共产党不一定要在数量上占多数，而争取其他民主人士与我们合作。任何一个大党不应以绝对多数去压倒人家，而要容纳各方，以自己的主张取得胜利。第二个特点就是要各方协商，一致协议，取得共同纲领，以作为施政的方针。这两特点是毛泽东同志‘三三制’的思想。”② 共产党为什么不要在数量上占多数，就是因为主要不是搞票决民主，而是要搞协商民主，这是共产党施政的特色。林伯渠说：“当遇到争议时要互相开诚布公，平心静气地商讨，不到万不得已时，不要轻易采取少数服从多数的表决形式。”③ 这种民主形式，后来周恩来明确概括为新民主主义的议事精神，指

---

① 《毛泽东文集》第二卷，人民出版社1996年版，第395页。

② 《周恩来选集》上卷，人民出版社1981年版，第253页。

③ 《林伯渠文集》，华艺出版社1996年版，第395页。

出："新民主主义的议事精神不在于最后的表决，主要是在于事前的协商和反复的讨论。"① 当然，既然是人民民主，选举或票决就是必要的。但中国共产党仍然注意在其中纳入协商的要素。如，作为"三三制"抗日民主政权中的民意机构与权力机关的参议会，按照边区参议会的组织条例，参议员主要由选举产生，但除了选举形式，参议员的产生仍有协商形式作为补充，在选举程序之外保留有聘请与商定的参议员名额的做法，如陕甘宁边区规定聘请社会政治文化等方面有名望者的比例不多于参议员总数的百分之十。

二是开创了以协商方式同党外人士真诚合作的优良传统。"三三制"政权不是象征性地将党外人士吸引进来当摆设，更重要的是在租息与土地、劳动与资本、战争动员等问题上发挥其实质性作用。为了实现与党外人士协商合作的目的，一方面需要共产党员以民主的精神、革命的热情与和蔼的态度去影响非党人士积极工作，坚决反对"以领导者自居"；另一方面也需要给予党外人士尊重和信任，放手让党外人士做职权范围内的事情，发挥其主动性，一律有职有权。毛泽东指出："必须将关心和倾听党外人员的意见和要求及向党外人员学习，作为每个共产党员的严重责任。一切党员，都有责任经常地将党外人员的意见和要求（不论是正确的或不正确的）反映到党内及各工作部门内，而一切党组织与一切工作部门的领导人员都有责任考虑这些意见和要求，并须适时地列入议事日程，加以讨论及解决。"② 在各抗日根据地的各级领导机关中，"共产党员必须与党外人员实行民主合作，倾听党外人员的意见，和他们一起，共同商量问题与决定问题，共同遵守少数服从多数、局部服从全体、下级服从上级的民主集中制，并须使党外人士有职有权，敢于说话，敢于负责。"③ 在协商过程中，如何对待党外人士的批评是一个非常重要的问题。毛泽东指出："任何愿与我党合作的党外人员，对我党和我党党员及干部都有批评的权利。除破坏抗战团结者的恶意攻击以外，一切善意批评，不论是文字的，口头的或其他方式的，党员及党组织都应虚心

① 《人民政协重要文献选编》（上），中央文献出版社、中国文史出版社2009年版，第33页。
② 《毛泽东文集》第二卷，人民出版社1996年版，第395页。
③ 《毛泽东文集》第二卷，人民出版社1996年版，第396页。

倾听。正确的批评，应加接受，即使其批评有不确当者，亦只可在其批评完毕，并经过慎重考虑之后，加以公平的与善意的解释。绝对不可文过饰非，拒绝党外人员的批评，或曲解善意批评为攻击，而造成党外人员对党的过失缄口不言的现象。”① 当然，批评是双向的，在协商过程中也会有中共党员对党外人士的批评。如何正确地开展这种批评，毛泽东提出了“诤友”这一多党合作的重要概念。他说：“与我党共事的党外人员在工作中发生过失时，有关的党组织和党员必须加以慎重考虑，采取适当方式，以诤友的态度，适时地诚恳地告诉他以所犯过失的真确事实及正当理由，并与他协商改正的办法，帮助他改正过失。决不可采取缄默不言、听其积累或当面不说、背后议论的态度，须知这种态度只会妨碍合作与不利于党外人员的。”② 特别是毛泽东提出了“平等”这一重要的协商原则，指出：“在各抗日根据地内，凡与我党共事的党外人员，在法律上是与共产党员完全平等的。”③ 这是中国共产党后来界定我国民主党派“法律地位平等”的最早根据。共产党人的这种真诚合作的诚意，使得党外人士积极建言献策，发挥应有的作用。如边区参议员李鼎铭等人提出的精兵简政提案，在经过会议讨论后认为十分中肯，便作为边区政府的重要行政原则贯彻实施。

三是开创了协商民主的丰富形式。会议协商与会下协商相结合是“三三制”抗日民主政权协商民主的基本形式。谢觉哉作为边区政府与参议会负责同志，认为会议是民主制度的具体实施形式。会议必须要开好，如果开不好，不仅不会促进民主，反而会成为人民的负担。因此会前需要做好充分准备，会上充分讨论，不能勉强让他人服从党的指令。④ 会下讨论也是协商民主的协商途径。之所以也要采取这种方式，主要是因为当时党外人士并不习惯于在会议上讨论争论问题。另外运用会下协商的方式也有利于形成决议。如果在会上对于不成熟的议案针锋相对地辩论，不仅不利于解决分歧，还容

① 《毛泽东文集》第二卷，人民出版社 1996 年版，第 397 页。

② 《毛泽东文集》第二卷，人民出版社 1996 年版，第 397—398 页。

③ 《毛泽东文集》第二卷，人民出版社 1996 年版，第 398 页。

④ 《谢觉哉文集》，人民出版社 1989 年版，第 349 页。

易演变成僵局。而通过会下协商，可以将相关决策酝酿到相当成熟的程度，促进会上决议的形成。会议协商的形式主要有三种：首先是各级参议会。参议会在会前准备与会中讨论环节充分体现了协商原则。在会前准备阶段，政府工作报告的内容应与党外人士沟通商量，使他们克服“摆设与做客”的心理包袱；在准备提案时，应充分与群众进行沟通，通过座谈会等多种途径将群众意见整理成提案。在会议进行过程中，“质问与讨论”环节则更是充分体现了协商品质，因此要充分保证非党人士发言时间，共产党员要耐心倾听。其次是乡级“一揽子会议”，这是“三三制”政权在乡镇级别的表现形式。在召开乡参议会时，乡政府委员、村干部、共产党干部都要到会，共同议事、共同决定，分工执行。林伯渠认为这种一揽子会是群众的马克思主义创造，没有教条与形式，能够办好事，解决了问题。① 此外，还有小型的“一揽子会”，主要讨论的是征粮等临时性或专门性议题。讨论某种专门性问题便要增加相关专门人员参会，因整体参会人数少，会议形式方便灵活。再次是民主座谈会，这是中共同党外代表人士就不特定议题征求意见的方式。虽然民主座谈会没有在召开周期、座谈议题等方面形成制度化规定，但这恰恰成了民主座谈会的灵活性优势。其最大的特点在于议题集中，会议收效好。如 1942 年西北局召开高级干部会议讨论政府工作报告与财经问题时，邀请了边区党外人士共同参与讨论。1943 年林伯渠主持召开党外人士参加的民主座谈会，向他们介绍了西北局会议情况。1944 年 7 月，边区参议会常驻会和边区政府召开联席会议，决定运用非党民主人士座谈会的方式，听取非党民主人士对政府工作和其他各方面工作意见，作为政府制定政策，确定工作方针和改进工作的参考。② 各边区民主座谈会相继开始组织起来，成为抗战时期协商民主的载体。

抗日战争时期，中国共产党除了通过“三三制”抗日民主政权建设进行协商民主实践之外，还积极参与了国民政府设立的政治参与机构——国民参

---

① 《抗日战争时期陕甘宁边区统一战线和三三制》，陕西人民出版社 1989 年版，第 485 页。

② 宋金寿、李忠全：《陕甘宁边区政权建设史》，陕西人民出版社 1990 年版，第 249 页。

政会的协商。1938 年 3 月，国民党临时全国代表大会作出建立国民参政会的决定。尽管国民参政会有调查权咨询权却没有最终决定权、对施政有询问权却没有硬性的监督权，但因其是政治民主方面的进展，中国共产党仍以积极的态度参与其中。1938 年 6 月 16 日，毛泽东、秦邦宪、陈绍禹、董必武、林伯渠、吴玉章、邓颖超 7 名中共党员被国民党政府以“文化团体代表”的身份聘请为国民参政会参政员。1938 年 7 月 6 日，第一届国民参政会第一次大会召开。中共向参政会提出保卫西北各项条件，其中重要一项是“要求承认陕甘宁边区，保持边区已有的民主制度及民众已得到的土地、牲畜、房屋，确定疆界”。①1939 年 9 月，国民参政会第一届第四次会议根据中国共产党和其他党派民主人士的提议，通过了要求国民党政府明令定期召集国民大会实行宪政的决议。这对中国共产党获取法律地位是有积极意义的。9 月 24 日，毛泽东在同美国记者斯诺的谈话中指出：“这就是中国还不是一个宪政国家，也还不是一个有法律的国家的明证。现在全国人民都要求结束训政，实行宪政，就是为了这个原故。”② 在整个抗战时期，国民参政会是唯一由国家政权设立的“常设性、相对稳定”的协商载体。只有通过这个载体，中共与各民主党派才能参与全国性的政治事务，实质上赋予了中共和各民主党派的战时合法地位。中国共产党积极利用国民参政会提供的政治参与途径，表达自己的政治主张。如 1944 年 9 月 5 日，董必武、林伯渠出席第三届参政会第三次大会，提出这次大会应着重讨论国共谈判、召开国是会议、成立各党派民主联合政府等问题。③ 毛泽东后来回顾说：“为着打败日本侵略者和建设新中国，为着防止内战，中国共产党在取得了其他民主派别的同意之后，于一九四四年九月间的国民参政会上，提出了立即废止国民党一党专政、成立民主的联合政府一项要求。无疑地，这项要求是适合时宜的，几个月内，获得了广大人民的响应。”④ 但总体上看，国民参政会由于在政治

---

① 《毛泽东年谱（一八九三——一九四九）》中卷，中央文献出版社 1993 年版，第 84 页。

② 《毛泽东文集》第二卷，人民出版社 1996 年版，第 241 页。

③ 《毛泽东年谱（一八九三——一九四九）》中卷，中央文献出版社 1993 年版，第 542 页。

④ 《毛泽东选集》第三卷，人民出版社 1993 年版，第 1051 页。

参与的有效性上止步不前，最终还是没有在中国协商民主发展过程中起多大作用。

三、中国人民政治协商会议协商建国的协商民主

新民主主义革命时期，协商民主在政治领域最主要的表现形式是政治协商会议。政治协商会议起初是抗日战争胜利后于1946年1月召开的有国民党、共产党、其他党派和社会贤达参加的政治协商会议，史称“旧政协”。但由于旧政协的主导方国民党没有执行政协协议的诚意，从而导致国共合作的破裂。中国共产党走上了通过召开新政协联合各民主党派建立新民主主义国家政权的道路。新中国成立后，毛泽东曾说：“政协机构也还存在，这个名字原是蒋介石的，蒋介石不要，我们要。”① 正是通过运用政治协商会议这一形式，协商民主在中国有了建立中华人民共和国这一最伟大的成果。

（一）“旧政协”的意义及其影响

抗日战争胜利前夕，毛泽东提出建立联合政府的主张，指出：“现在唯一挽救时局的办法，就是要求国民政府与国民党立即结束一党专政的局面，由现在的国民政府立即召集全国各抗日党派、各抗日部队、各地方政府、各民众团体的代表，开紧急国是会议，成立各党派联合政府，并由这个政府宣布并实行关于彻底改革军事、政治、经济、文化各方面的新政策。”② 政治协商会议是中国共产党早就主张的党派会议，体现了中国共产党历来倡导的协商民主精神。周恩来指出：“党派会议、联合政府都是中共提出的。”③ 甚至更明确地指出：“政协就是党派会议，在政协决议中承认了联合政府。照政协的决议改组的政府，就是联合政府。”④

① 《毛泽东年谱（一九四九——一九七六）》第二卷，中央文献出版社2013年版，第166页。

② 《毛泽东文集》第三卷，人民出版社1996年版，第214页。

③ 《周恩来选集》上卷，人民出版社1980年版，第253页。

④ 《周恩来选集》上卷，人民出版社1980年版，第256页。

1945 年 8 月抗日战争胜利后，毛泽东、周恩来等中共代表应国民党邀请赴重庆参加谈判，提出迅速召开有各党各派和无党派人士代表参加的政治会议问题。经过双方代表多次谈判，国民党方面同意召开政治会议，邀集各党派代表及社会贤达协商国是，讨论和平建国方案及召开国民大会各项问题，但反对使用党派会议或政治会议的名称。国民党代表王世杰提议使用“政治协商会议”作为即将召开的会议名称，得到了包括中国共产党在内的各民主党派的赞同。于是，“政治协商会议”这一概念正式产生，并写进了《国共双方代表会谈纪要》（即“双十协定”）。1946 年 1 月，国民政府在重庆召开政治协商会议（即“旧政协”），与会者包括五个方面的代表，中国国民党、中国共产党、中国民主同盟、青年党和社会贤达。中国共产党和民盟密切配合，与国民党展开“有理、有据、有节”的斗争，开创了中国各政治主体试图以政治协商方式解决中国政治问题的先河。国民党以抗战主要功臣自居，继续一贯的专制独裁政策，试图建立一党独大的政党格局。在旧政协的筹备过程中，国民党始终限制各民主党派和民主人士参加政协会议。中国共产党坚持建立民主联合政府的目标，一直积极争取和民盟的合作，并且在旧政协召开之前积极争取民盟参与会议的许可。国民党方面，为了防止中共和民盟结成牢固的联盟，拉拢民盟的组成单位之一——青年党，并怂恿其从民盟中分离，以独立的身份参加政协会议。在代表席位的分配上，青年党要求在民盟的 9 个席位中占据 5 个，使民盟陷入尴尬的境地。为了替民盟争取更多的席位，中共主动让出自己的两个席位。经过中共的争取和协调，席位最终确定为国民党 8 名，共产党 7 名，民盟 9 名，青年党 5 名，社会贤达 9 名。由此民盟的席位在各党派中数量最多，民盟对中共极为感激，虽然中共自身席位减少，但是中共和民盟结成了牢固的合作伙伴关系，在会议谈判期间进行了密切的配合。具体表现在三个方面，其一，在会议过程中对对方提出的议案无条件的支持；其二，在会议间隙，中共代表和民盟代表以及社会贤达经常聚在重庆特园交换意见、商议对策；其三，在会议之外，中共更加重视和其他民主党派的联系，包括当时的九三学社筹备会、中国民主建国会以及 20 多个民主团体和社会组织，并在重庆建立了政治协商会议陪都各界协进会，跟进政协会议的进程并对政协会议产生影响。

相反，国民党从旧政协召开的时候起，就没有把政治协商会议及其取得的成果当回事。蒋介石在政协会议上曾经作出过四项诺言：保障人民自由；保障各党派合法地位；实行普选；释放政治犯。但这些诺言无一得以兑现。在政治协商会议召开期间就发生了“沧白堂打人”事件。政协会议后不久，又发生了“较场口事件”。更为严重的是，在政治协商会议之后召开的国民党二中全会，在蒋介石主持下通过了很多违反政协协议的决议。为此，周恩来发表了关于国民党二中全会的谈话，指出国民党的做法，“这是完全违反政协协议的。”“与政协会议、各党各派、社会贤达、全国人民以及友邦的期望完全背道而驰。”① 如国民党二中全会通过了推翻政协商定的“宪法修改原则”的五项决议，周恩来指出：“其目的就是推翻政协修改宪草的原则，不受政协拘束。”②

1946 年 6 月 26 日，国民党军向中原解放区大举进攻，全面内战爆发。中共中央提出重新召开政治协商会议的主张。7 月 7 日，中共中央发表《为纪念“七七”九周年宣言》（即“七七”宣言），呼吁：“重开政治协商会议，改组国民党一党专政的政府为民主联合政府。”毛泽东表示：“主张国内开各党派在内的政治协商会议，不论何人，只要赞成政协者均表欢迎。”③

1946 年 11 月，国民党撕毁政治协商会议决议，单方面宣布召开“国民大会”，遂使旧政协解体。但中国共产党继承协商民主的传统，主张坚持政协路线。12 月 9 日，毛泽东同三位西方记者谈话，指出：“‘中国共产党现在的方针仍然是尊重政治协商会议的路线，并为恢复一月停战协定的位置而奋斗，现在召开的非法的分裂的国民大会，应该解散。’现在政治协商会议的所有协定都让他们破坏了，他们政治上召开‘国大’，军事上发动全面进攻。”④ 这里提到了一个重要概念是“政治协商会议的路线”。随后周恩来对

---

① 《周恩来文选》上卷，人民出版社 1980 年版，第 227 页。

② 《周恩来文选》上卷，人民出版社 1980 年版，第 228 页。

③ 《毛泽东文集》第四卷，人民出版社 1993 年版，第 144 页。

④ 《毛泽东文集》第四卷，人民出版社 1993 年版，第 203 页。

政协路线作了解释，说："政协路线就是毛泽东同志《论联合政府》的路线，这将是今后长时期的奋斗目标。为什么我们现在的口号不叫政协决议而叫政协路线呢？因为政协决议已被他们破坏。""决议是要变的，但路线不能变，党派协商、共同纲领、联合政府是不能变的。""政协这一条路线，我们还是不变的，不能放弃的。"① 这一认识为中国共产党召开新政协作了思想认识上的准备。毛泽东同志后来在中国人民政治协商会议第一届全体会议上的开幕词中指出："我们的会议之所以称为政治协商会议，是因为三年以前我们曾和蒋介石国民党一道开过一次政治协商会议。那次会议的结果是被蒋介石国民党及其帮凶们破坏了，但是已在人民中留下了不可磨灭的印象。"②

（二）民主党派响应中共"五一口号"，筹备召开新政协

在人民解放战争初期，民主党派及其所联系的一些民主人士曾经幻想在国民党的大地主、大资产阶级专政和中国共产党领导的人民民主专政之外，另找所谓第三条道路。但在国民党政府的打压下，他们选择了同中国共产党合作的道路。1947 年 10 月，国民党政府宣布中国民主同盟为"非法团体"，强制民盟总部宣布解散。其他民主党派也都遭到国民党反动派的迫害，不能在国民党统治区公开活动。1947 年 11 月 3 日，毛泽东在修改新华社时事评论《蒋介石解散民盟》时指出："民盟方面，现在应该得到教训，任何对美国侵略者及蒋介石统治集团（或其中的某些派别）的幻想，都是无益于自己与人民的，应当清除这种幻想，而坚决地站到真正的人民民主革命方面来，中间的道路是没有的。如果民盟能够这样做，则民盟之被蒋介石宣布为非法并不能损害民盟，却反而给了民盟以走向较之过去更为光明的道路的可能性。"③1948 年 1 月 1 日，李济深等在香港成立中国国民党革命委员会；1 月 5 日，沈钧儒等在香港召开中国民主同盟一届三中全会，宣布恢复民盟总

① 《周恩来选集》上卷，人民出版社 1980 年版，第 256 页。

② 《人民政协重要文献选编》（上），中央文献出版社、中国文史出版社 2009 年版，第 42—43 页。

③ 《毛泽东文集》第四卷，人民出版社 1996 年版，第 314 页。

部，继续政治斗争。这两个党派当时都接受了中国共产党关于时局的主张，发表宣言，主张联合中共和其他民主党派，推翻蒋介石独裁政权。民盟全会明确提出，决不对反动集团存有丝毫幻想，在人民与反人民、民主与反民主的问题上绝不能有中立的态度，中间路线是行不通的。

1948 年人民解放战争进入决战阶段，五一节前夕中共中央发布“五一口号”。其中毛泽东重新拟定的第五条号召：“各民主党派、各人民团体、各社会贤达迅速召开政治协商会议，讨论并实现召集人民代表大会、成立民主联合政府。”① 这一口号迅即得到各民主党派、无党派民主人士热烈响应，李济深等联名于 1948 年 5 月 5 日从香港发出给毛泽东并转解放区全体同胞的电报，表示拥护中国共产党提出的迅速召开政治协商会议的主张。这主要是因为这一号召说出了他们的心声和共同愿望：建立一个独立、民主、和平、统一的新中国。政治协商会议这一形式，也是各民主党派、无党派民主人士积极响应中共中央“五一口号”的重要原因。如 1948 年 6 月 9 日致公党在响应“五一口号”的宣言中认为：“这次新政协的召开，无疑我们得承认中共是领导者和政协是实现民主联合政府的首要步骤和基础，各方面提出自己需要的政治主张和具体方案，集思广益产生一个完整的共同政治纲领，是完全合理发展的必要步骤。”6 月 19 日，民盟发表《现阶段工作纲领》，指出当务之急是建立民主统一战线，召开政协会议，建立民主联合政府。6 月 25 日，民革发表宣言支持拥护“五一口号”，坚信政治协商会议将会成功。

中国共产党提出召开新政协，目的是“讨论并实现召集人民代表大会，成立民主联合政府”，也就是说，召开政协会议是为召开人民代表大会作准备，通过人民代表大会来成立民主联合政府，建立新中国。也就是说，为了召开人民代表大会，在实施过程中先要召开政治协商会议。为此，毛泽东在发布“五一口号”第二天，致函中国国民党革命委员会主席李济深和中国民主同盟负责人沈钧儒，提出：“在目前形势下，召集人民代表大会，成立民主联合政府，加强各民主党派、各人民团体的相互合作，并拟订民主联合政

① 《人民政协重要文献选编》（上），中央文献出版社、中国文史出版社 2009 年版，第 1 页。

府的施政纲领，业已成为必要，时机亦已成熟。国内广大民主人士业已有了此种要求，想二兄必有同感。但欲实现这一步骤，必须先邀集各民主党派、各人民团体的代表开一个会议。在这个会议上，讨论并决定上述问题。此项会议似宜定名为政治协商会议。一切反美帝反蒋党的民主党派、人民团体，均可派代表参加。不属于各民主党派、各人民团体的反美帝反蒋党的某些社会贤达，亦可被邀参加此项会议。此项会议的决定，必须求得到会各主要民主党派及各人民团体的共同一致，并尽可能求得全体一致。会议的地点，提议在哈尔滨。会议的时间，提议在今年秋季。并提议由中国国民党革命委员会、中国民主同盟中央执行委员会、中国共产党中央委员会于本月内发表三党联合声明，以为号召。”① 他的这一思路得到了民主党派的赞同。

1948 年 10 月初，新政协的筹备工作开始。关于召开新政协的目的是为召开全国人民代表大会作准备，还是直接成立新中国的临时中央政府的问题提了出来。10 月 10 日，毛泽东在为中共中央起草关于九月会议的通知中指出:“召集政治协商会议的口号，团结了国民党区域一切民主党派、人民团体和无党派民主人士于我党周围。现在，我们正在组织国民党区域的这些党派和团体的代表人物来解放区，准备在一九四九年召集中国一切民主党派、人民团体和无党派民主人士的代表们开会，成立中华人民共和国临时中央政府。”② 这里有了通过新政治协商会议成立临时中央政府的初步想法。10 月 11 日，毛泽东为中共中央起草致东北局电，指示邀集到达哈尔滨的民主人士，开始召开新政协的协商。按照原来的设想，新政协只是起过渡性的作用，还是要通过人民代表大会来建立中央政府。在协商过程中，民主人士章伯钧、蔡廷锴认为，按照当时国内形势，尚有未解放的地区，此时召集人民代表大会不现实。因此提出:“新政协即等于临时人民代表会议，即可产生临时中央政府”。中共接受了这个建议，在 11 月 3 日给东北局的指示电中说：依据目前形势的发展，临时中央人民政府有很大可能不需经全国临时人民代

---

① 《毛泽东文集》第五卷，人民出版社 1996 年版，第 90 页。

② 《毛泽东选集》第四卷，人民出版社 1991 年版，第 1347 页。

表会议，即迳由新政协会议产生。在形成的《中国人民民主革命纲领草稿》第二稿中规定："由新政协直接选举临时中央政府。"①

但中共也不是简单地接受党外人士的建议，而是有更深刻的考虑。一个最重要的变化是，不是把新政协当作临时人民代表会议，而是使其代行全国人民代表大会职权，不是产生临时中央政府，而是产生正式的中央政府。1949 年 1 月 8 日，毛泽东同志在《目前形势和党在一九四九年的任务》中提出："一九四九年必须召集没有反动派代表参加的以完成中国人民革命任务为目标的各民主党派各人民团体的政治协商会议，宣告中华人民民主共和国的成立，组成共和国的中央政府，并通过共同纲领。"②1 月 22 日，民主党派及无党派人士沈钧儒、李济深等 55 人发表声明，公开表示"愿在中共领导下，献其绵薄，共策进行，以期中国人民民主革命之迅速成功，独立、自由、和平、幸福的新中国之早日实现"。③3 月 5 日，中共中央召开七届二中全会，批准关于召开没有反动分子参加的新的政治协商会议及成立民主联合政府的建议。

中国人民政治协商会议代行全国人民代表大会职权，是迅速建立新中国政权的需要。是以普选方式建政还是以协商方式建政，是当时面临的一种重大选择。普选方式建政，其路径是自下而上推进，先由地方逐级召开人民代表大会通过选举建立地方政权，然后通过全国性普选召开全国人民代表大会建立中央政权，不仅需要经历很长时间，而且还可能出现地方政权形成后进行统一的困难，甚至会出现联邦制国家的局面。周恩来就此指出："将来人民代表大会，是要经过普选方式来产生的。关于普选，本来应该做到普遍的、平等的、直接的、不记名的投票，但这对中国现在的情况来说，是非常困难的。""关于直接选举的问题，中国是全世界人口最多的国家，直接选举目前实在不容易办到。"④ 而协商方式建政，其路径是自上而下的推进，先通过在

---

① 《胡乔木回忆毛泽东》，人民出版社 1994 年版，第 548 页。

② 《毛泽东文集》第五卷，人民出版社 1996 年版，第 234 页。

③ 《人民政协重要文献选编》（上），中央文献出版社、中国文史出版社 2009 年版，第 6 页。

④ 《人民政协重要文献选编》（上），中央文献出版社、中国文史出版社 2009 年版，第 39 页。

国家最高层次进行政治协商建立中央政权，然后在中央集中统一的领导下有序推进地方政权建设，不仅简便易行，而且符合我国历史上形成的中央集权的政治文化传统，能够保证国家的团结统一。因此，中国共产党选择运用“通过协商方式产生的”人民政治协商会议来建立新中国的政权，不仅是简便易行的，而且是具有鲜明中国特色的，是具有高度政治智慧的伟大创造。①

（三）中国人民政治协商会议第一届全体会议协商建国

在中国共产党领导下，经各方协商，新政协筹备会议于1949年6月15日在北平召开。在筹备会上毛泽东指出：“中国共产党、各民主党派、各人民团体、各界民主人士、国内少数民族和海外华侨都认为：必须打倒帝国主义、封建主义、官僚资本主义和国民党反动派的统治，必须召集一个包含各民主党派、各人民团体、各界民主人士、国内少数民族和海外华侨的代表人物的政治协商会议，宣告中华人民共和国的成立，并选举代表这个共和国的民主联合政府，才能使我们的伟大的祖国脱离半殖民地的和半封建的命运，走上独立、自由、和平、统一和强盛的道路。”② 会议一致通过了《新政协筹备会组织条例》，根据条例选举毛泽东为常务委员会主任，周恩来、李济深、沈钧儒、郭沫若、陈叔通为副主任，李维汉为秘书长。

新政协的筹备充分体现了协商民主的精神。新政协在产生过程中积极运用民主协商方式，实行大会小会相结合、会上会下相结合、会内会外相结合的方式，充分调动各界人士的积极性创造性主动性，集思广益、畅所欲言，保证了各项筹备工作的圆满完成。仅就召开各类会议而言，据不完全统计，在筹备会成立后的三个多月时间内，共召开筹备会全体会议2次、常委会8次、小组会13次、筹备会党组会和党组干事会2次，临时召开的各类小型座谈会、有关专门委员会多次。在新政协的单位代表名单这一关键问题上，按照新政协筹备会组织条例的规定，逐个审查被提名的代表，并进行了反

① 张峰：《论人民政协制度的国家制度性质》，《统一战线学研究》2019年第5期。

② 《人民政协重要文献选编》（上），中央文献出版社、中国文史出版社2009年版，第16—17页。

复协商研究。“时常为了某个代表适当与否而函电往返，斟酌再四，费时达数周之久。”① 直到9月20日即大会开幕前一天，筹备会常委会才将各党派、团体等45个单位和各类代表共662人名单最终确定下来。政协筹备过程中充分细致的协商，既是对新民主主义议事精神的继承发展，也是中国协商民主形成过程中的重要环节。

在筹备召开新政协的协商过程中，一个重要变化是改名。9月17日筹备会第二次全体会议，正式决定将“新政治协商会议”（新政协）定名为“中国人民政治协商会议”。周恩来就此解释说：“政协是沿用了旧的政治协商会议的名称，但以它的组织和性质来说，所以能够发展成为今天这样的会，决不是发源于旧的政协。”② 主要原因在于它是党的统一战线的组织形式。“肯定地说，这一组织便是中国共产党过去所主张的民族民主统一战线的形式。它绝对不同于旧的政治协商会议，旧的政治协商会议已经让国民党反动派破坏了。可是大家都熟悉这一组织形式，所以今天我们沿用了这个名称，而增加了新的内容。”③

1949年9月21日，中国人民政治协商会议第一届全体会议在北京召开。毛泽东宣布：“现在的中国人民政治协商会议是在完全新的基础之上召开的，它具有代表全国人民的性质，它获得全国人民的信任和拥护。因此，中国人民政治协商会议宣布自己执行全国人民代表大会的职权。”④ 这次会议制定、审议并通过了《中国人民政治协商会议共同纲领》和《中国人民政府组织法》、《中国人民政治协商会议组织法》三部重要文件，会议还讨论并一致通过了国旗、国歌、国都、纪年四个决议案。会议选举了中国人民政治协商会议全国委员会，宣告中华人民共和国正式成立。

中国人民政治协商会议第一届全体会议虽然只有短短的10天，但这种通过各方协商凝心聚力的协商建国方式却在中国历史乃至世界历史上留下了

---

① 秦立海：《1949年新政协筹备纪事》，《文史精华》2005年第8期。

② 《人民政协重要文献选编》（上），中央文献出版社、中国文史出版社2009年版，第34页。

③ 《人民政协重要文献选编》（上），中央文献出版社、中国文史出版社2009年版，第35页。

④ 《人民政协重要文献选编》（上），中央文献出版社、中国文史出版社2009年版，第43页。

浓墨重彩的一笔。毛泽东评价说:“新政协各方面的人都有,没有人说开得不好的,主要是工作小心谨慎,与人协商,与人为善。新政协给全国做了一个榜样。”① 这个榜样就是标志着社会主义协商民主的初步形成,特别是在协商民主建设的一些主要方面具有开创性意义。

首先,开创了中国共产党同各民主党派政党协商新局面。新中国实行协商民主,是由新中国政权性质所决定的。在 1949 年 6 月发表的《论人民民主专政》一文中,毛泽东明确指出即将建立的新中国的性质为:工人阶级(经过中国共产党)领导的以工农联盟为基础的人民民主专政国家,并指出人民的内涵即工人阶级、农民阶级、小资产阶级和民族资产阶级。人民民主专政就是这四个革命阶级的联合专政。而这种联合专政的形式,决定了需要协调处理好人民内部矛盾,本质上是不同阶级间利益的协调,特别是处理好同主要由民主党派来代表的小资产阶级、民族资产阶级关系,这便需要通过政党合作和协商进行协调。新成立的中央人民政府是一个有各民主党派和无党派民主人士参加的联合政府。在中央人民政府委员会 6 位副主席中,宋庆龄、李济深、张澜三位是民主人士;在 56 名政务委员中,中共党员 27 人,非中共人士 29 人。政务院 21 个部委中,26 名非中共人士担任部长或副部长。这个政府的组成,充分体现了多党合作。政协第一届全体会议也是政党协商的典范。会议始终充满了热烈欢庆、民主协商的气氛。来自共产党、民革、民盟等各个方面的 80 多位代表先后在大会上发言,纷纷为新中国的成立建言献策,贡献自己的政治智慧。非中共人士的一些重要意见建议,只要有道理并且可行,都会得到采纳。例如关于新政权的国号问题,毛泽东等中共领导人过去的文件和著作中曾经使用过“中华人民共和国”的名称,但 1948 年 11 月 25 日达成协议的关于新政协的文件使用了“中华人民民主共和国”的名称。在协商讨论中,民主人士张奚若等人提出,不如用“中华人民共和国”,因为人民共和国已经有了民主的意思,没有必要再重复了。周恩来解释说:“在中央人民政府组织法的草案上去掉了中华人民民主共和国的‘民

① 《毛泽东文集》第六卷,人民出版社 1999 年版,第 13 页。

主'二字，去掉的原因是感觉到'民主'与'共和'有共同的意义，无须重复，作为国家还是用'共和'二字比较好。"[①] 这个意见得到了中共领导人和多数代表的赞同，得到了通过。一届全体会议还创造了提案这一协商方式，共收到代表提案 14 件，先由代表提案审查委员会审查，提出审查意见，经主席团常务委员会讨论决议。其中有两个提案内容大致相同，合并为第一类提案。一是郭沫若、李济深、沈钧儒、黄炎培、马叙伦等 44 人提出的《请以大会名义急电联合国否认国民党反动政府代表案》，二是黄琪翔、张难先等 16 人提出的《请以中国人民政治协商会议第一届全体会议名义电告联合国大会，郑重声明否认国民党反动政府案》。这两个提案被称为"人民政协历史上的第一件提案"。更为重要的是，这个提案的办理速度也是最快的。9 月 29 日全体会议一致通过主席团关于代表提案审查的报告。主席团常务委员会认为中国人民政治协商会议所选举的中华人民共和国中央人民政府为唯一能代表中国人民之政府，应由政府发出声明，否认国民党政府所派出席联合国会议所有代表的代表资格。"因此，以上两案应交中央人民政府执行"。根据这一决议，11 月 15 日，中华人民共和国外交部部长周恩来代表中国政府分别致电联合国秘书长、联合国大会主席，正式要求联合国立即取消"中国国民政府代表团"参加联合国的一切权力。由于提出第一案的代表中有相当一部分是民主党派领导人，如李济深为民革领导人，沈钧儒为民盟领导人，黄炎培为民建领导人，马叙伦为民进领导人。因此，这一提案也可以视为人民政协历史上的第一个民主党派联合提案。单独的民主党派提案也在这次会议上产生了，这就是致公党以该党名义提交的《由中央人民政府研究和实行护侨政策案》，被誉为"第一份党派提案"。总之，中国人民政治协商会议第一届全体会议的召开，标志着人民政协这一实行多党合作和政治协商的重要机构的建立，使多党合作和政治协商有了重要的组织平台，因此，也标志着中国共产党领导的多党合作和政治协商制度这一基本政治制度的确立。

其次，确立了社会主义协商民主的基本原则。一届政协的政治协商，形

① 《人民政协重要文献选编》(上)，中央文献出版社、中国文史出版社 2009 年版，第 37 页。

成了平等议事、求同存异、体谅包容的原则，体现社会主义协商民主所应有的基本要素——平等与包容。平等首先体现在法律地位和政治关系上、新政协参加单位的名额分布上以及参与机会上的平等。参加新政协的 45 个单位和 1 个特邀单位中，虽然中共影响力最大，但中共的代表名额和民盟、民革一样多，均为 16 人，候补 2 人，这在一定程度上体现出协商的平等性。在各党派平等关系的问题上中共领导人有很多论述，如刘少奇指出："中国共产党以一个政党的资格参加人民政治协商会议，与参加政协的各方面的代表进行协商时，是完全平等的。"① 中国共产党坚持平等，相应地就要在协商中尊重党外人士。1950 年 6 月，在全国政协一届二次会议上，周恩来对共产党员提出了三条要求：一是在政治待遇、物质生活方面"对共产党员与党外人士应一视同仁"，"对党外人士不得歧视"；二是"要上下一致、内外一致"，"凡是要在广大群众中做的事情，就应该真诚坦白地向党外人士谈清楚。对党外人士要和蔼真诚，不要虚伪"；三是"要让党外人士做到'知无不言，言无不尽'，使他们在各种会议上敢于说话。"② 中共领导人不仅是这样说的，而且是这样做的，以坚持协商平等性实实在在地得到了民主党派和无党派人士的拥护和支持。

包容性也是社会主义协商民主所体现的特性。实行协商民主的过程中要求同存异、兼容并蓄，争取最大的团结、凝聚最强的力量。包容既体现在组织上的包容，又体现在利益上的包容。组织上的包容是针对当时部分共产党员认为民主党派应与共产党从"有距离"逐步变为"无差别"，以实现政治上的统一。这种观点没有搞清楚民主党派的性质，也没有处理好统一战线中"同"与"异"的关系。对此，周恩来认为："各民主党派中都有而且必须有进步分子，这样才能与我们很好合作。但不能把民主党派搞成纯粹进步分子的组织。若都是进步分子，还有什么意义呢？里面必须包括广大中间分子及一部分右翼分子。"③ 利益上的包容即允许民主党派表达自身的利益诉求，以

① 《刘少奇选集》上卷，人民出版社 1981 年版，第 433 页。

② 《周恩来统一战线文选》，人民出版社 1984 年版，第 188—189 页。

③ 《周恩来统一战线文选》，人民出版社 1984 年版，第 171—172 页。

协商促共识。周恩来认为，“每个党派都有自己的历史，都代表着各自方面的群众。有人要求民主党派都和共产党一样，如果都一样了，则共产党和民主党派又何必联合呢？正因为有所不同，才需要联合。如果各民主党派的思想作风都和共产党一样，又何必有这几个党派存在呢？”① 正是因为中共领导人有这样的认识，在政治协商过程中，各界各方的利益诉求和意见建议都能得到充分表达，对党和国家的重大方针政策都能参与协商讨论，提出批评、建议。在协商讨论问题时，允许和鼓励发表各种意见，既尊重多数人的共同主张，也照顾少数人的合理要求。

再次，创造了立法协商新实践。“立法协商”的概念是中共十八大以后才正式提出来并写进中共中央的重要文献中的，但立法协商的实践却是新中国成立之初创造出来的，这就是全国政协第一届全体会议一致通过了三部创立人民共和国的重要法案，即《中国人民政治协商会议共同纲领》、《中国人民政治协商会议组织法》、《中华人民共和国中央人民政府组织法》。其中，《共同纲领》起了临时宪法作用。人民政协《组织法》明确规定了政协的性质和职权。中央人民政府《组织法》对中央人民政府委员会及所辖政务院、军事委员会、最高法院和最高检察署的职权和政务院的机构设置作了规定。

新中国成立之初，中国共产党就意识到了法制建设的重要性，在废除中华民国旧法统的同时，积极运用新民主主义革命时期根据地法制建设的成功经验，抓紧建设社会主义法治。当时，还来不及召开全国人民代表大会制定中华人民共和国宪法，于是就采取了一个极为重要的举措，先行通过全国人民政协制定《中国人民政治协商会议共同纲领》，起临时宪法作用。这不仅填补了新中国成立时宪法缺失的空白，而且还创造出了以政治协商形式制定宪法的立法协商新实践。尽管《共同纲领》还不是一部正式的宪法，但不管从内容上还是从法律效力上看都具有国家宪法的特征，起了临时宪法的作用。它是新中国成立初期团结全国人民共同前进的政治基础和战斗纲领，对

① 《周恩来统一战线文选》，人民出版社 1984 年版，第 163 页。

于巩固人民政权，加强革命法制，维护人民民主权利，以及恢复和发展国民经济方面起着指导作用。它的许多基本原则在制定1954年宪法时都得到了确认和进一步发展，因而在我国宪法史上有着重要的历史意义。尽管《共同纲领》最后是以全体会议票决方式通过的，但在起草过程中的充分协商是其显著特点。《共同纲领》是由以周恩来为组长、许德珩为副组长的筹备会第三小组负责起草的。先由该小组的中共方负责起草草案初稿。初稿写出来后，除各单位自己讨论外，又经过七次反复讨论和修改，包括由先后到达北平的政协代表五六百人分组讨论两次，第三小组本身讨论三次。形成草案后并经筹备会常务委员会第五次会议讨论修改，又交筹备会全体代表与到达北平的会议代表分组讨论。常委会第六次会议在广泛吸收各方面意见的基础上，将修改草案提交筹备会第二次全体会议审议，基本通过后提交政协第一届全体会议审议。这种反反复复的上上下下的充分协商，保证了《共同纲领》作为临时宪法应有的质量，得到了一致通过。

中国人民政治协商会议第一届全体会议的召开，也标志着人民政协制度的确立，人民政协作为国家协商机构的形成，使协商民主在中国有了正式的组织载体。周恩来指出："人民政协全国委员会，便是同中央人民政府协议事情的机构。一切大政方针，都先要经过全国委员会协议，然后建议政府施行。"人民政协协商大政方针的职能，将长期存在。随着普选由个别地方推广到全国，召开全国人民代表大会，"那时中国人民政治协商会议全体会议，才不再代行全国人民代表大会的职权，但是它仍将以统一战线的组织形式而存在，国家的大政方针，仍要经过人民政协进行协商。"①"就是在普选的全国人民代表大会召开以后，政协会议还将对中央政府的工作起协商、参谋和推动的作用。"②1954年9月一届全国人大召开后，中共中央作出了保留人民政协的重大决策，使其发挥作为各党派协商机关的作用。毛泽东指出："人民代表大会是权力机关，有了人大，并不妨碍我们成立政协进行政

① 《人民政协重要文献选编》(上)，中央文献出版社、中国文史出版社2009年版，第36页。

② 《人民政协重要文献选编》(上)，中央文献出版社、中国文史出版社2009年版，第52页。

治协商。各党派、各民族、各团体的领导人物一起来协商新中国的大事非常重要。”①“政协不仅是人民团体，而且是各党派的协商机关，是党派性的机关。”② 按照这一性质定位，人民政协成为政党协商的基本组织形式，新中国成立后的重要事项大都是在政协进行协商的。

四、新中国成立初期的协商民主实践

新中国成立初期的协商民主实践主要体现在土地改革、资本主义工商业改造、宪法制定等重大运动和活动中。

（一）土地改革中的协商民主

新中国成立前，有1.25亿人口的老解放区已经进行了土地改革，约占全国1/3的农民解决了土地问题，而占全国2/3的农民还被束缚于封建土地制度之下，需要通过土地改革来完成这一遗留的任务。1950年6月召开的中共七届三中全会提出，在三年内有计划、有秩序地完成新区的土地改革。由此开始了全国范围内的土地改革。土地改革过程中的协商民主主要表现在三个方面。

首先，注意运用政协会议的平台进行协商。1950年6月14日至23日全国政协一届二次会议召开，会议的中心议题是土地改革，希望通过一个土地改革法案，经中央人民政府批准后付诸实施。毛泽东在开幕词中表示了与党外人士协商的诚意，指出：“凡有意见都可发表，凡有提案都可付审议，只要能行者都应采纳。”③ 刘少奇代表中共中央作《关于土地改革问题的报告》，阐明土地改革的意义和方针政策。经过大会、小会以及各种形式的会议协商讨论和辩论，在要不要进行土改问题上基本达成共识。民主党派及其他民主人士不仅表示赞成土改，而且还主动要求参加土改。如农工民主党

① 《建国以来毛泽东文稿》第四册，中央文献出版社1990年版，第633页。

② 《建国以来毛泽东文稿》第四册，中央文献出版社1990年版，第634页。

③ 《人民政协重要文献选编》(上)，中央文献出版社、中国文史出版社2009年版，第116页。

主席章伯钧代表民主党派提出《各民主党派参加土地改革的建议案》，会议讨论后一致同意。依据这个建议，政协全国委员会工作会议与各民主党派总部商洽，达成了各民主党派参加土地改革工作的协议。随后在土地改革过程中，除了当地的骨干和积极分子参加以外，各地还组织了有党政军干部、民主人士、知识分子等组织的土改工作队。①

其次，充分听取民主党派意见，完善土地改革实施方案。在全国政协一届二次会议上，黄炎培、李济深、陈叔通、沈钧儒 4 人联名提出《请先就各大行政区，各择若干县或乡实行土地改革》一案，认为土地改革在全国推行，无论干部数量和工作经验均恐不够，请先于少数地区实行，然后逐步推广。这个意见得到了采纳。中共中央和中央人民政府作出大体计划，要求从 1950 年冬季开始在约 1 亿农业人口的地区进行土地改革，其余约 1.64 亿农业人口的地区，大部分在 1951 年秋后进行，小部分在 1952 年秋后进行。对于各少数民族聚居、约 2000 万人口的地区，分别根据工作情况与群众的觉悟程度，另定时间进行。②

再次，畅通社会各群体利益表达渠道，完善有关政策规定。新中国成立后的土地改革与此前的土地改革在政策上的一个重大变化，就是将征收富农多余土地财产的政策改变为保存富农经济的政策。这一政策的变化是中共主动提出来的，但得到了民主党派领导人的肯定和响应。民盟主席张澜在发言中表示，新区土改“保存富农经济，不动富农的土地财产”可以早日恢复农村经济，可以增加农村生产，可以为国家工业化开辟道路，也可以有利于孤立地主，中立富农，保护中农和小土地出租者。③ 由于侨乡华侨土地改革具有特殊的复杂性，在全国政协一届二次会议上，著名华侨代表司徒美堂提出

① 《中华人民共和国史稿》第一卷（1949—1956），人民出版社、当代中国出版社 2012 年版，第 57 页。

② 《中华人民共和国史稿》第一卷（1949—1956），人民出版社、当代中国出版社 2012 年版，第 58 页。

③ 《在政协全国委员会二次会议十七日大会上民盟主席张澜的发言》，《人民日报》1950 年 6 月 20 日。

了“关于华侨土地问题的几点意见”，主张对“华侨土地”采取较为和缓的态度，特别是对一般华侨和在海外与蒋匪帮搅在一起的华侨的土地要区别对待。[①]这一建议得到了中共中央的高度重视，先是在《土地改革法》中规定“华侨所有的土地和房屋，应本照顾侨胞利益的原则”。随后1950年11月6日政务院专门颁布《土地改革中对华侨土地财产的处理办法》，规定了在没收、征收和分配土地中对华侨地主适当照顾的具体政策。[②]正是由于对土地改革法草案的制定过程进行了充分协商，才在全国政协一届二次会议上得以顺利通过。由于通过民主协商制定和实行正确的方针政策，新中国成立后的土地改革进行得比较顺利。到1952年底，全国大陆地区的土地改革基本完成。到1957年底，除新疆、西藏等少数民族聚居的地区外，其他牧区和渔区、林区也基本上完成了土地改革。[③]

（二）资本主义工商业社会主义改造中的协商民主实践

对私营工商业进行社会主义改造的任务，是从1952年在酝酿过渡时期总路线过程中开始的。1952年10月25日，周恩来同一些资本家代表及有关人员进行座谈时说，“和平转变，是要经过一个相当长的时间，而且要转变得很自然，‘水到渠成’。如经过各种国家资本主义的方式，达到阶级消灭，个人愉快。”[④]与会资本家代表对此表示赞同。1953年春，李维汉带领中央统战部调查组，先后到民族工商业比较集中的武汉、南京、上海等地进行调查。5月，调查组写出调查报告《资本主义工业中的公私关系问题》，提出：“国家资本主义的各种形式（其中一部分将由低级向高级发展），是我们利用和限制工业资本主义的主要形式，是我们将资本主义工业逐步纳入国

① 《司徒美堂》，中国致公出版社2001年版，第23—24页。

② 《中华人民共和国史稿》第一卷（1949—1956），人民出版社、当代中国出版社2012年版，第55页。

③ 《中华人民共和国史稿》第一卷（1949—1956），人民出版社、当代中国出版社2012年版，第60页。

④ 《周恩来统一战线文选》，人民出版社1984年版，第238页。

家计划轨道的主要形式，是我们改造资本主义工业使它逐步过渡到社会主义的主要形式。”[①]6 月 15 日和 19 日，中央政治局召开会议，讨论该调查报告，形成中央文件，确定对资本主义工商业实行利用、限制和改造的方针。具体步骤分为两步：第一步，用三五年时间，将私营工商业基本上引上国家资本主义轨道；第二步，再用几个五年计划的时间，完成社会主义改造，实现国有化。

中共中央政治局作出决定后，毛泽东亲自主持了同民主党派、工商界人士的多次协商活动，创造了我国社会主义协商民主的典型范例，由此也产生了毛泽东关于协商民主的经典论述：“我们政府的性格，你们也都摸熟了，是跟人民商量办事的，是跟工人、农民、资本家、民主党派商量办事的，可以叫它是个商量政府。”[②] 毛泽东亲自主持的协商活动大体可分为三个阶段。[③]

1. 第一阶段：工商业改造决策实施前的协商

以国家资本主义形式对资本主义工商业进行社会主义改造，是新中国成立之初中国共产党与民主党派、无党派民主人士达成的共识，见之于具有临时宪法性质的《共同纲领》第三十一条之规定：“国家资本与私人资本合作的经济为国家资本主义性质的经济。在必要和可能的条件下，应鼓励私人资本向国家资本主义方向发展，例如为国家企业加工，或与国家合营，或用租借形式经营国家的企业，开发国家的富源等。”[④] 资本主义工商业的社会主义改造，是把这一方针明确起来并逐步地具体化，用今天的话说，就是重大改革于法有据。

1953 年 7 月 29 日，中共中央政治局召开扩大会议。毛泽东提出：“要有计划、有步骤、有准备地变私人资本主义为国家资本主义，大体上要用三年

① 《建国以来重要文献选编》第 4 册，中央文献出版社 1993 年版，第 215—216 页。

② 《毛泽东文集》第七卷，人民出版社 1999 年版，第 178 页。

③ 张峰：《工商业社会主义改造：协商民主实践的范例》，《纵横》2019 年第 7 期。

④ 《人民政协重要文献选编》（上），中央文献出版社、中国文史出版社 2009 年版，第 86 页。

到五年时间。”[①] 中共党内就此统一了思想认识。但毛泽东认为仅此是远远不够的，他说：“社会主义改造是很纷繁的，各种工作就要协商。”[②] 特别是要与民主党派、民族资产阶级协商。他坦诚相告，“现在是协商办事，这样大的事情，与全国人民有关的大事，当然要协商办理。如果大家不赞成，那就没有办法做好。”[③]

为此，1953 年 9 月 7 日，毛泽东在颐年堂约请陈叔通、黄炎培、李济深、章伯钧等十位党外人士谈话，作了题为《改造资本主义工商业的必经之路》的重要讲话。这也是新中国成立后中共领导人同民主党派领导人直接进行的一次最高层次的政党协商。随后 9 月 8 日至 11 日召开全国政协常委会第四十九次会议（扩大），继续在政协进行更大范围的协商。这次协商主要解决对工商业社会主义改造的认识问题，主要是三个问题。

一是稳步推进的问题。毛泽东认为：“经过国家资本主义完成对私营工商业的社会主义改造，是较健全的方针和办法。”强调：“稳步前进，不能太急。将全国私营工商业基本上（不是一切）引上国家资本主义轨道，至少需要三年至五年的时间，因此不应该发生震动和不安。”[④] 由于有些资本家对国家保持很大的距离，仍然没有改变唯利是图的思想，有些工人前进得太快，不允许资本家有利可图，因此应当对这两方面的人进行教育，使他们逐步地（争取尽可能快些）适应国家的方针政策，这样就能走上国家资本主义的轨道。

二是让资本家有利可图的问题。毛泽东计算了国家资本主义企业的利润分配：所得税 34.5%，福利费 15%，公积金 30%，资方红利 20.5%。指出存在的问题：“现在多数公私合营厂的缺点（主要是资方无权和不发红利）必须改正，否则将阻塞国家资本主义的道路。”针对有些工商业者担心这次工商业改造是不是又要来个“小五反”。毛泽东明确说：“没有所谓‘小五反’，

① 《毛泽东文集》第六卷，人民出版社 1999 年版，第 289 页。
② 《毛泽东文集》第六卷，人民出版社 1999 年版，第 386 页。
③ 《毛泽东文集》第六卷，人民出版社 1999 年版，第 488 页。
④ 《毛泽东文集》第六卷，人民出版社 1999 年版，第 291 页。

也没有所谓‘突然’，这点应当说清楚。”① 也就是说，要给私营工商业者吃个定心丸。

三是强调自愿原则。毛泽东同志指出：“实行国家资本主义，不但要根据需要和可能（《共同纲领》），而且要出于资本家自愿，因为这是合作的事业，既然合作就不能强迫。”② 因此，既要反对遥遥无期的思想，又要反对急躁冒进的思想。

1953 年 9 月 15 日，毛泽东在怀仁堂约请盛丕华、荣毅仁、包达三、郭棣活、胡厥文五位工商界著名代表人物谈话，再次听取工商界人士对走社会主义道路的反映。毛泽东同志表示，国家资本主义“不只看工农同意，工商界也要同意，要有百分之九十以上的人赞同”。希望资本家把问题提出来，由大家商量解决。③

随后民主协商也在不同层次深入开展。比较重要的协商活动有：1954 年 8 月 23 日，一届政协第 59 次常委会召开。民建中央、全国工商联负责人，省、自治区、直辖市协商委员会和民主党派、工商联地方组织负责人，公私合营企业有关部门负责人以及部分工商界人士列席会议。会议讨论《公私合营工业企业暂行条例（草案）》。该条例经政务院 223 次政务会议通过，对以“协商”的方式实行公私合营作了明确规定，要求从清产核资到人事安排再到公私关系都要“协商进行”或“协商处理”。1954 年 12 月 4 日至 1955 年 1 月 8 日，全国扩展公私合营工业计划会议在北京召开。根据各地工商业代表（特别是上海、天津的代表）反映私营工业从 1954 年下半年以来发生了很大的困难问题，会议根据中央指示，对当时私营工业的生产情况进行了分析，研究了安排私营工业的方针和措施，讨论了制定今后扩展公私合营工作计划。1954 年 12 月 30 日至 1955 年 1 月 5 日，根据周恩来指示，召集出席二届政协一次会议的 63 名工商界委员、中央各有关部门负责人、出席扩展

① 《毛泽东文集》第六卷，人民出版社 1999 年版，第 293 页。

② 《毛泽东文集》第六卷，人民出版社 1999 年版，第 292 页。

③ 逄先知、金冲及主编：《毛泽东传（1949—1976）》，中央文献出版社 2003 年版，第 432—434 页。

公私合营工业计划会议的各省、市代表共130余人举行座谈。陈云代表中共中央和国务院提出了关于国家在社会主义改造中调整工商业公私关系的方针政策。

2. 第二阶段：工商业改造决策实施中的协商

1955年私营工商业社会主义改造蓬勃开展起来，但也出现了一些新情况新问题。如荣毅仁反映："现在工商业者在政治、工作、利润等方面都有些问题。政治上有些距离，工作上职权有问题，利润方面有些比较困难。"这些问题引起了毛泽东的重视，为此亲自主持召开两次协商座谈会。第一次是10月27日，约集工商业代表陈叔通、章乃器、李烛尘、黄长水、胡子昂、荣毅仁等座谈资本主义工商业社会主义改造的相关问题，是小规模的座谈会。第二次是10月29日，在中南海怀仁堂召开关于工商业改造问题的座谈会，参加座谈的有全国工业联合会执委会委员，在京的中共中央委员和候补委员，各人民团体、政府各部门的负责人等，是规模较大的座谈会。这两次座谈会，协商的议题主要是解决深层次的思想认识问题。

一是关于私营工商业改造的时间问题。针对有的人担心搞得太快，毛泽东提出"瓜熟蒂落、水到渠成"。他认为，社会主义改造需要通过三个五年计划基本完成，还有个尾巴甚至要拖到十五年以后，不可急于求成。改变资本主义私有制，"要经过几个步骤：第一个步骤，加工订货；第二个步骤，公私合营；第三个步骤，到那个时候我们再议嘛。究竟哪一年国有化，我们总是要跟你们商量嘛。国有化不会是像扔原子弹那样扑通下地，全国一个早上就全部实现，而是逐步地实现的。"① 这样就把工商业的社会主义改造时间跟私营工商业者交了底。

二是民族资产阶级的命运问题。毛泽东认为，中国的民族资产阶级，总的说来，基本上是做了好事，有益于国计民生。经过这几年，整个工商界是有进步的，各民主党派的工作是有进步的，基本情况是好的，是向着社会主义改造的道路上前进了一步的。作这样一个总的估计，是合乎事实的，是需

① 《毛泽东文集》第六卷，人民出版社1999年版，第498页。

要的。针对有人担心对民族资产阶级会不会像对官僚资产阶级、地主阶级一样来对待，毛泽东认为，对官僚资本实行的是全部没收、一个钱不给的办法，而对民族资本家实行的是由工人阶级替他们生产一部分利润从而把整个阶级逐步转过来的办法。“这是两个办法，一个恶转，一个善转；一个强力的转，一个和平的转。”[①] 对地主，在一定时期要剥夺他们的政治权利，改变成分后才可恢复公民权。而对民族资产阶级则是要安排好，一个是工作岗位，一个是政治地位。形象地说，“不外是一个饭碗，一张选票，有饭碗不会死人，有选票可以当家做主”[②]。关于民族资产阶级的出路，毛泽东认为，社会主义改造完成了，大家都领薪水，资产阶级不见了，都成了工人阶级，这是好事。“过去有钱的人吃香，现在似乎是要当一当工人阶级才舒服的样子。你们想当工人阶级有没有希望呢？是一定有希望的，我们可以开一张支票给你们。这是一个光明的政治地位，光明的前途。把个体私有制和资本主义私有制废除了，社会上就剩下工人阶级、农民阶级和知识分子。整个民族只有到那个时候才更有前途，更有发展希望。”[③]

三是建立社会主义新制度的意义问题。毛泽东认为，“我们现在是要改变社会制度。”[④] 建立社会主义新制度的目标远大、前途光明。我们目标是要使我国比现在大为发展，大为富，大为强。现在，我国又不富，也不强，还是一个很穷的国家。“但是，现在我们实行这么一种制度，这么一种计划，是可以一年一年走向更富更强的，一年一年可以看到更富更强些。而这个富，是共同的富，这个强，是共同的强，大家都有份”。[⑤] 具体来说，我们的目标是要赶上美国，并且要超过美国。他展望：“哪一天赶上美国，超过美国，我们才吐一口气。现在我们不像样子嘛，要受人欺负。我们这样大一个国家，吹起来牛皮很大，历史有几千年，地大物博，人口众多，但是一年

① 《毛泽东文集》第六卷，人民出版社 1999 年版，第 499 页。
② 《毛泽东文集》第六卷，人民出版社 1999 年版，第 491 页。
③ 《毛泽东文集》第六卷，人民出版社 1999 年版，第 500 页。
④ 《毛泽东文集》第六卷，人民出版社 1999 年版，第 493 页。
⑤ 《毛泽东文集》第六卷，人民出版社 1999 年版，第 495 页。

才生产二百几十万吨钢，现在才开始造汽车，产量还很少，实在不像样子。所以，全国各界，包括工商界、各民主党派在内，都要努力，把我国建设成为一个富强的国家。"① 毛泽东这种高瞻远瞩的气魄，具有极大的震撼力，激励起民族资产阶级积极投身工商业的社会主义改造的热情。

四是发挥核心人物的带动作用。私营工商业社会主义改造，形象地说就是"共产"，但对"共产"很多私营工商业者不理解。毛泽东认为，"共产"这个事情是好事情，没有什么可怕的。为此就需要争取其中的核心人物，发挥其带动作用。他说："我想劝一些人，每个大中城市有那么几十个、百把两百个觉悟比较高的核心人物，经过他们去说服大多数人，这样比我们去说更好。要有一些人早些下决心拥护共产，因为迟早是要共产的。"② 他得知各大城市工商界都有学习的组织，感到很高兴。希望参加学习的人应该逐步地扩大，每个城市要有几千人，要逐步地有更多的人来学习应该学习的东西。把大中小资本家几百万人，小商小贩几千万人最后引导走到社会主义这条路上，不再动摇。"首先就要先有先进分子不动摇，然后逐渐使更多的人把怀疑、犹豫、动摇减少。工商业的社会主义改造，总是要有秩序有步骤地进行，这样看起来慢，实际上反而快。" ③

毛泽东的这两次讲话，在党外人士中引起了热烈反响，陈叔通、荣毅仁、黄长水、胡子昂等先后发言，纷纷表示做好准备，迎接社会主义改造高潮的到来。随后全国工商联执委会一届二次会议于 1955 年 11 月 1 日至 2 日召开，一致通过《告全国工商界书》。12 月 8 日，毛泽东邀集出席全国工商联第二届会员代表大会的各省市代表团负责人座谈，敞开心扉，就怎样摆脱资本家的难处，征询他们的意见。他表示：要说服工人，不要损害资本家的利益，这对整个国家是有利的。12 月 12 日、14 日、15 日、16 日、18 日中央人民政府委员会连续举行第 24 次、25 次、26 次、27 次、28 次会议，就国家的经济工作、对资本主义的方针与政策进行讨论，形成共识。

① 《毛泽东文集》第六卷，人民出版社 1999 年版，第 500 页。

② 《毛泽东文集》第六卷，人民出版社 1999 年版，第 489 页。

③ 《毛泽东文集》第六卷，人民出版社 1999 年版，第 502—503 页。

3. 第三阶段：工商业改造结束前夕的协商

从 1956 年开始，资本主义工商业社会主义改造进入全行业公私合营阶段，速度大大超过人们的意料，但在公私关系、人事安排、工资待遇、定股定息以及小商小贩的安排等问题上也出现了一些新情况。为了保证工商业改造圆满成功并解决后续问题，1956 年 12 月毛泽东又亲自主持了两次协商活动，一次是 7 日同民建和工商联负责人谈话，一次是 8 日在全国工商联第二届会员代表大会召开之前同工商界人士谈话。这两次谈话毛泽东主要谈了四个问题。

一是民族资产阶级状况问题。毛泽东坦率承认，"我对资本家的看法比过去有了进步，以前认为改造很困难"。[①] 资本家学习的热情很高，特别是自我批评，原来是共产党的方法，民主党派如民建也用了这个方法。工人阶级同民族资产阶级的矛盾是非对抗性的，"民建、工商联、民主党派同我们是合作的，看不到对抗。"[②] 但也要看到，资产阶级还有两面性，一面进步，一面落后。我们的任务是又鼓励又批评，如车之两轮、鸟之两翼。因此，就有一个任务，就是学习。他希望，"在资本家中要宣传把个人的事情和国家的事情联系起来，提倡爱国主义，总要想到国家的事情。"[③]

二是关于定息问题。定息是我国资本主义工商业实行全行业公私合营后，对民族资本家的生产资料进行赎买的一种形式。毛泽东认为，赎买就要真正的赎买，不是欺骗的。中国民族资产阶级实际上本钱也不大，工业私股资金只有 17 亿元，折合美金 7 亿元不到。共产党不想在这上面省几个钱，要赎买就全部赎买。可以虎头蛇尾，七年虎头，五年蛇尾，到第三个五年计划。如果还需要延长，到第四个五年计划还可以拖下去。考虑到想快点摘帽的是占 90%的拿的定息是很少的中小资本家，而拿定息较多的是占 10%的大的资本家，毛泽东提出："我们团结的主要对象、定息的主要对象是大的资本家，这些人是主客不是陪客。小的资本家是附属性质，替大的

① 《毛泽东文集》第七卷，人民出版社 1999 年版，第 174 页。

② 《毛泽东文集》第七卷，人民出版社 1999 年版，第 170 页。

③ 《毛泽东文集》第七卷，人民出版社 1999 年版，第 177 页。

资本家加工订货，不起主导作用。我们不要使对国家经济起重要作用的人的利益受到损害。”① 他提出建议，把中小资本家不划入资产阶级的范围，叫做小资产阶级，资方代理人叫上层小资产阶级，愿意放弃定息就放弃，不愿意放弃的就拿下去。“解决这个问题有一个原则，就是要解决问题，不要损害资本家的利益，特别是不要损害大资本家的利益。”② 不要让大资本家感到面子上不光彩。他算了笔账，定息一年只有一亿二千五百万元，少则只有一亿一千万，七年总计不到八个亿。“这个钱没有送给日本人、美国人，是送给中国人的。总之肥水没有落入外人田，是‘楚弓楚得’，是国家的购买力，也是公债推销的对象，还可以用来开工厂，可以从各方面来考虑。”③ 如此推心置腹地交谈，使工商业者理解中国共产党实行这样的政策的诚意。

三是工商业社会主义改造后仍然保留一些私营经济的问题。毛泽东认为，自由市场基本性质是资本主义的，“因为社会有需要，就发展起来。要使它成为地上，合法化，可以雇工。”他把这叫做新经济政策，并且怀疑俄国新经济政策结束得早了，到现在社会物资还不充足。他提出：“还可以考虑，只要社会需要，地下工厂还可以增加。可以开私营大厂，订个协议，十年、二十年不没收。华侨投资的，二十年、一百年不要没收。可以开投资公司，还本付息。可以搞国营，也可以搞私营。可以消灭了资本主义，又搞资本主义。”④ 毛泽东的这些考虑，对我国改革开放后发展私营经济和外资经济无疑是重要启示。

四是社会主义改造结束后的目标问题。毛泽东认为，“革命是为建设扫清道路。革命把生产关系和上层建筑加以改变，把经济制度加以改变，把政府、意识形态、法律、政治、文化、艺术这些上层建筑加以改变，但目的不在于建立一个新的政府、一个新的生产关系，而在于发展生产。”⑤ 我们现在

① 《毛泽东文集》第七卷，人民出版社1999年版，第169页。
② 《毛泽东文集》第七卷，人民出版社1999年版，第179页。
③ 《毛泽东文集》第七卷，人民出版社1999年版，第181页。
④ 《毛泽东文集》第七卷，人民出版社1999年版，第170页。
⑤ 《毛泽东文集》第七卷，人民出版社1999年版，第182页。

只有400多万吨钢，明年500万吨，再搞五年也只有1000多万吨钢，要赶上美国1亿吨钢，还要四五十年才有希望。还要办学校，让全国人民至少要初中毕业，再过多少年，让所有的人都能够大学毕业。我们的一切工作就是为了达到这个目的。为此他表示："我希望各位朋友引导参加会议的这一千多人，把目标向着生产方面。我们要有几十年的时间才能在生产上、科学上、文化上翻身，所以我们要团结一切可以团结的人。"①

在毛泽东这些思想指导下，到1956年底，全国绝大部分地区基本上实现了对资本主义工商业的社会主义改造，资本主义工业中占产值99.6%、占职工总数99%的企业已转变为公私合营企业，个体和私营商业总户数的82.2%和从业人员85.1%转变为国营、合作社营、公私合营商业或合作商店、合作小组。社会主义经济制度在中国大陆地区建立起来。

我国工商业的社会主义改造是成功的。改革开放后邓小平评价说："我国资本主义工商业社会主义改造的胜利完成，是我国和世界社会主义历史上最光辉的胜利之一。这个胜利的取得，是由于中国共产党领导全体工人阶级执行了毛泽东同志根据我国情况制定的马克思主义政策，同时，资本家阶级中的进步分子和大多数人在接受改造方面也起了有益的配合作用。"②"资产阶级分子改造成为劳动者，这个历史任务已经基本完成。这是中国共产党、毛主席最大的贡献。对民族资产阶级采取赎买政策，不仅使我国在经济上没有遭到破坏，充分利用了他们原来的资产，而且达到了改造的目的。"③资本家的配合作用在很大程度上是中共通过发扬协商民主来实现的。毛泽东、周恩来、刘少奇、陈云等中共领导人带头运用会议、谈话、书信等多种形式同工商业者进行协商，充分听取他们的意见建议，充实和完善改造方案。而且地方在社会主义改造的具体实践中也注意加强协商和讨论，用说服教育的办法来解决思想认识问题，使得改造的过程比较顺利。当然，在协商中也存在一些问题，主要是：把资产阶级当作要消灭的阶级，因而不能用平等的原则

① 《毛泽东文集》第七卷，人民出版社1999年版，第182页。

② 《邓小平文选》第二卷，人民出版社1994年版，第186页。

③ 《邓小平论统一战线》，中央文献出版社1991年版，第161页。

来同资本家进行协商；协商中主要是听取高层的进步的资本家的意见，这种有限的高层意见未必能代表广大资本家的心声；实践中有急于求成的情绪，搞得过于粗糙，以致出现了“白天敲锣打鼓，晚上抱头痛哭”的现象。协商中的这些问题，导致对小商贩也搞公私合营，急于进行全行业的改组，毛泽东曾提出的在社会主义占绝对优势的条件下，允许搞一些私营资本主义经济，作为社会主义经济的补充的想法并没有付诸实践，反而是形成了“一大二公”的纯之又纯的社会主义公有制经济模式。这些问题在改革开放后才得到解决。

（三）制定中华人民共和国第一部宪法过程中的协商民主

中国人民政治协商会议《共同纲领》具有临时宪法性质，但毕竟不是正式的宪法。为结束以《共同纲领》暂代国家宪法的过渡状态，中共中央决定，以 1952 年第一届政协期满为契机，向全国政协常委会提出召开全国人民代表大会、制定宪法的建议。

1952 年 12 月 24 日，一届政协全国委员会常委会举行第 43 次会议，周恩来代表中国共产党提议，以全国政协名义向中央人民政府委员会建议：按照《中央人民政府组织法》的有关条款规定，在 1953 年召开全国人民代表大会和地方各级人民代表大会，并着手起草宪法草案。包括各民主党派代表在内的政协常委会组成人员一致同意这个提议。1953 年 1 月 12 日，一届政协全国委员会常委会举行第 44 次会议，听取并讨论政务院总理周恩来关于召开全国人民代表大会及地方各级人民代表大会的决议草案的说明，同意这个决议草案。1 月 13 日，中央人民政府委员会召开第 20 次会议，讨论政协常委会的建议。会议一致通过召开全国人民代表大会和地方各级人民代表大会的决议，并决定成立以毛泽东为主席的宪法起草委员会，委员由中国共产党与党外民主人士共同组成，在 32 名委员中党外民主人士有 13 位。

1953 年 12 月 24 日，毛泽东率中共中央成立的宪法起草小组赴杭州开始工作。1954 年 3 月 9 日，宪法起草小组形成四读稿。3 月中旬，中央政治局连续召开三次扩大会议进行讨论修改，并决定提交政协常委会讨论。3 月

16 日，一届政协全国委员会常委会第 53 次会议研究组织宪法草案的准备工作。会议决定邀请各民主党派、人民团体的负责人和各界人士组成 17 个小组，讨论宪法草案初稿。3 月 23 日，宪法起草委员会第一次会议在中南海勤政殿召开，毛泽东主持会议。刘少奇、周恩来、陈云、董必武、邓小平等中共领导人和宋庆龄、李济深、何香凝、沈钧儒、马寅初、马叙伦、陈叔通、张澜、黄炎培、程潜等民主人士共 26 人出席。毛泽东代表中共中央将宪法草案初稿提交宪法起草委员会讨论，并在讲话中指出，这个初稿可以小修改，可以大修改，也可以推翻另拟初稿。会议接受宪法初稿，决定对宪法草案展开讨论。①3 月 25 日，中共中央发出《关于讨论中华人民共和国宪法草案初稿的通知》，指示各省市以上领导机关、各民主党派、各人民团体在 4、5 两个月的时间内，分组进行讨论，并在讨论中将修改的意见汇报宪法起草委员会，以便进行对草案初稿的修改与完善。政协全国委员会对宪法草案的讨论，从 3 月 25 日至 5 月 5 日，共进行 40 天，参加者 500 多人，开会 260 次，平均每组开会 15 次，最多者达 20 多次。各组发言热烈、认真，提出意见和疑问除重复者外，达 3900 多条。② 各地党委组织各方面人士进行的讨论，共计有 8000 多人参加，共提出 5900 条意见。③5 月 27 日至 6 月 11 日，宪法起草委员会连续召开了六次会议对宪法草案初稿的全部条文进行逐节逐句的修改，最后一致通过中华人民共和国宪法草案。6 月 14 日，毛泽东主持中央人民政府委员会第 30 次会议，一致通过《中华人民共和国宪法草案》。

中华人民共和国宪法的起草过程是一次大规模的立法协商实践，中国共产党不仅重视党内协商，而且也极为重视与党外民主人士及社会各界代表人士的协商，听取并采纳他们的合理意见和建议。党外人士比较重要的建议

---

① 《中华人民共和国史稿》第一卷（1949—1956），人民出版社、当代中国出版社 2012 年版，第 213 页。

② 《政协全国委员会和各大区、省、市宪法草案初稿座谈圆满结束》，《人民日报》1954 年 5 月 30 日。

③ 《中华人民共和国史稿》第一卷（1949—1956），人民出版社、当代中国出版社 2012 年版，第 214 页。

有：针对草案中“台湾地区除外”的字样，张治中建议删除，认为台湾问题是一时的，台湾总是要收复的，宪法是永久的，可不必在宪法上面这样写出。这一建议被采纳，毛主席说：不写出来也可以。① 关于草案中“国家保护公民的劳动收入”的提法，资产阶级担心剥削得来的生活资料没有保障，强烈要求将“劳动收入”改为保护公民的“合法收入”，并明确保护资本家个人财产的继承权。② 这些建议与要求得以采用，该条款改为“国家保护公民的合法收入”，并增加“国家依照法律保护公民的私有财产的继承权”的条款。黄炎培主张中央人民政府为最高执行机关，中央以下各级一律称人民政府。③ 这一意见被采用，“地方各级人民委员会即地方各级人民政府”写入宪法。在讨论“公民有受教育的权利”时，黄炎培、邵力子主张在本条内加上国家鼓励私人办学的意思。经讨论后，起草委员会部分地接受了这一建议，加上了“国家设立并且逐步扩大各种学校和其他文化教育机关，以保证公民享受这种权利”。由于党外民主人士的意见受到重视，他们对宪法制定过程中的民主协商给予了很高的评价。在中央人民政府委员会第三十次会议上，宋庆龄说：“宪法草案初稿在几个月中，曾经过八千余人的讨论和修改，并将要再经过全国人民的学习和讨论。这是充分地发扬了民主制度。”李济深说：“这个宪法草案是由中共中央提出初稿。经过政协全国委员会和各地方的详细讨论，充分地吸收了各方面代表人物的意见，公布后还要在全国人民中展开广泛讨论；经全国人民代表大会通过，就要成为我国有史以来的第一个宪法。从这一个宪法的产生过程，也说明了它深刻的民主性。”黄炎培说：“这部宪法，将是中国自有历史以来第一部人民的宪法。”许德珩说：“这个宪法草案，体现了全国人民的要求，体现了全国人民的高度的利益，所以这个宪法是人民的宪法。”④

---

① 张治中：《解放十年来的活动点滴》，《文史资料选辑》合订本 40 卷 117 辑，中国文史出版社 1999 年版，第 37—38 页。

② 李维汉：《回忆与研究》（下），中央党史资料出版社 1986 年版，第 796 页。

③ 许汉三编：《黄炎培年谱》，文史资料出版社 1985 年版，第 254 页。

④ 《拥护中华人民共和国宪法草案》，《人民日报》1954 年 6 月 15 日。

特别值得肯定的是，宪法制定过程中不仅在高层党外民主人士中进行协商，而且在基层群众中开展了广泛协商，可以说是新中国成立后中国共产党开展的第一次大规模的社会协商，具有广泛的群众性，体现了协商的民主性质。毛泽东在宪法起草时就设想将宪法草案公布，交全国人民讨论四个月，认为“现在的草案也许还有缺点，还不完全，这要征求全国人民的意见了。”①1954 年 6 月 14 日，中央人民政府委员会第 30 次会议，在通过《中华人民共和国宪法草案》的同时作出《关于公布中华人民共和国宪法草案的决议》。宪法草案公布前后，各地相继成立宪法草案讨论委员会及分会确定具体工作。为有效帮助群众更好地了解学习宪法草案，全国各省市组织配备了相应数量的报告员或宣传员，利用多种形式展开宣传活动。在此基础上，各地区的宪法草案讨论委员会及分会和各单位的领导干部积极领导和组织群众讨论宪法草案讨论。7 月下旬以后，全国各界群众利用各种各样的形式相继展开对宪法草案逐章逐条讨论。参加讨论的有国营与私营企业的工人、店员和工程技术人员，有国家机关工作人员，有生产合作社的社员，有大中学校的教职员工和学生，还有科学、新闻、文学、艺术、医务界人士、街道居民、私营工商业者，以及宗教界人士。宪法草案公布后的近三个月时间里，全国有 1.5 亿人参加宪法草案的讨论，占全国人口的 1/4，提出 118 万条修改和补充意见。9 月 8 日，毛泽东主持召开宪法草案委员会第八次会议，根据各地汇交的意见对宪法草案作最后一次讨论修改，并提交中央人民政府委员会第 34 次会议通过。对于宪法草案讨论中人民群众提出的意见，宪法起草委员会给予了充分重视，合理与科学地予以采纳，如序言最后一段中的“互相尊重领土主权的原则”改为“互相尊重主权和领土完整的原则”。第 3 条中“各民族都有发展自己的语言文字的自由”，充实为“各民族都有使用和发展自己的语言文字的自由”。第 23 条中“全国人民代表大会代表名额和代表产生办法，由选举法规定”中间，增加“包括少数民族代表的名额和产生办法”。第 31 条全国人民代表大会常务委员会行使的职权中“撤销国务院

① 《毛泽东文集》第六卷，人民出版社 1999 年版，第 325 页。

和下级人民代表大会同宪法、法律和法令相抵触的决议和命令”，改为“撤消国务院的同宪法、法律和法令相抵触的决议和命令”，“改变或撤消省、自治区、直辖市国家权力机关的不适当的决议”。

1954年9月14日，全国各地人民代表云集北京，在第一届全国人大会议之前集中起来发表对宪法草案的修改与补充意见。针对人大代表提出的意见，中央人民政府决定召开临时会议，对宪法草案作再一次的修改。一些代表提出应该把“我国的第一个宪法”改为《中华人民共和国宪法》。毛泽东认为这个建议好。因为过去中国的宪法有九个（不包括草案），所以说这个宪法是“我国的第一个宪法”，不妥，它是《中华人民共和国宪法》，则名副其实，“改了比较好。”①1954年9月15日，中华人民共和国第一届全国人民代表大会第一次会议在北京中南海怀仁堂开幕。刘少奇代表宪法起草委员会作《关于中华人民共和国宪法草案的报告》。从9月16日开始，全国人民代表对宪法草案和宪法草案报告进行了5天的反复讨论。根据人大代表所提意见，对宪法草案又作了修改。9月20日，与会的1197名人民代表，以无记名投票方式一致通过《中华人民共和国宪法》。《中华人民共和国宪法》的制定，是中国共产党自觉地将协商民主运用于立法实践取得的伟大成果，是中国共产党和全国人民共同智慧的结晶。这种充分发扬民主的精神在世界制宪史上是少见的。正如毛泽东所评价的：“这个宪法草案所以得人心，是什么理由呢？我看理由之一，就是起草宪法采取了领导机关的意见和广大群众的意见相结合的方法。”“过去我们采用了这个方法，今后也要如此。一切重要的立法都要采用这个方法。”②

（四）新中国成立初期协商民主的基本经验

总结新中国成立初期中国共产党开展协商民主实践的经验，大致有以下三个方面。

① 《20世纪中国实录》第四卷，光明日报出版社1997年版，第4062页。

② 《毛泽东文集》第六卷，人民出版社1999年版，第325页。

一是对发展协商民主有高度自觉的认识。

中国共产党在新民主主义革命的实践中，确定了人民民主专政的国体。按照毛泽东的设想，人民民主专政由两方面所组成：对人民的敌人即帝国主义的走狗即地主阶级和官僚阶级以及代表这些阶级的国民党反动派及其帮凶们实行专政。“对于人民内部，则实行民主制度，人民有言论集会结社等项的自由权。选举权，只给人民，不给反动派。这两方面，对人民内部的民主方面和对反动派的专政方面，互相结合起来，就是人民民主专政。”[①] 新中国成立初期的人民，包括工人阶级、农民阶级、城市小资产阶级和民族资产阶级。“人民民主专政”的政府是各进步阶级的联合政府，内在地蕴含着协商民主的要求。因此，毛泽东把人民政府叫做“商量政府”。周恩来也强调：“凡是重大的议案提出来总是事先有协商的，协商这两个字非常好，就包括这个新民主的精神。”[②]“新民主主义的议事精神不在于最后的表决，而在于事前的协商和反复的讨论。”[③] 正是由于中共领导人对发展协商民主有如此清醒而明确的认识，才能够将其自觉地运用于新中国初期的各项重要运动中，并取得了明显的成就。

二是充分发挥人民政协作为协商机关的重要作用。

一届全国政协代行全国人民代表大会职权，既是国家权力机关，又是政治协商机构，在发展协商民主方面起了极为重要的作用。1954 年 9 月第一届全国人民代表大会第一次会议召开后，人民政协的存留成了一个有争议的问题。有种观点认为，政协只有作为国家权力机关才重要，否则就没有存在的必要。为此，毛泽东等中共领导人作了大量的解释说服工作。毛泽东说：“政协的性质有别于国家权力机关——全国人民代表大会，它也不是国家的行政机关。有人说，政协全国委员会的职权要相等或大体相等于国家机关，

---

① 《毛泽东选集》第四卷，人民出版社 1991 年版，第 1475 页。

② 政协全国委员会研究室编：《老一代革命家论人民政协》，中央文献出版社 1997 年版，第 17 页。

③ 政协全国委员会研究室编：《老一代革命家论人民政协》，中央文献出版社 1997 年版，第 50 页。

才说明它是被重视的。如果这样说，那末共产党没有制宪之权，不能制定法律，不能下命令，只能提建议，是否也就不重要了呢？不能这样看。如果把政协全国委员会也搞成国家机关，那就会一国二公，是不行的。要区别各有各的职权。”① 毛泽东明确把人民政协叫做“各党派的协商机关”，并认为其作用是协商新中国的大事，这既是对人民政协协商建国历史功绩的肯定，也对人民政协的政党协商功能的确认。新中国成立初期，有过中共中央领导人直接与民主党派中央领导人进行协商座谈的事例，但这种协商并无制度性规定，并且也不以政党协商的名义进行。这一时期人民政协是政党之间的主要协商平台，许多后来被列为政党协商内容的事项都是在政协协商的。如中华人民共和国宪法草案、中华人民共和国婚姻法、中央人民政府委员会历次会议的重要议案，在正式通过前都经过人民政协协商。新中国进行的一切重大运动、颁布的重要政策法令都经过全国政协全体会议或常务委员会扩大会议协商。政府有关部门也经常把政策、法令、条例送到政协全国委员会有关各组进行研究讨论。中央人民政府关于部门的变更增减也预先提到政协常委会协商。可以说，这一时期人民政协切实发挥了作为各党派协商机关的作用。②

关于人民政协协商什么的问题，毛泽东、周恩来在阐述人民政协的任务时提出了一些设想。值得重视的是三个方面的协商：一是协商国际问题。对于这个问题，周恩来作了进一步的解释：“第一个任务：协商国际问题。过去这类事做得不少，刚才我在开始报告时举了一些例子，今后仍将继续进行这种协商，并且还会发展。这是我们政协要进行的第一个大任务。”③ 确定人民政协的这一协商任务，是与人民代表大会的职权相联系的。全国人民代表大会的职权首先是决定战争和和平的问题。但决定这个问题之前要在全国人民政协进行协商，要对外发表宣言。这里已经蕴含了重大决策之前进行充分协商的要求。与人民政协协商国际问题相关的是人民政协的对外交往工作。对

---

① 《人民政协重要文献选编》(上)，中央文献出版社、中国文史出版社 2009 年版，第 200 页。
② 张峰：《如何认识人民政协是专门协商机构》，《中国政协理论研究》2018 年第 4 期。
③ 《人民政协重要文献选编》(上)，中央文献出版社、中国文史出版社 2009 年版，第 206 页。

外交往要有对等的交往对象。人民政协的对外交往对象虽然没有明确规定，但约定俗成的是定位于其他国家的上议院或参议院。其次是协商候选名单。毛泽东说：“对全国人民代表大会代表和地方同级人民代表大会代表的候选人名单以及政协各级委员会组成人员的人选进行协商，它有这种权利。”① 周恩来进一步解释说：“第二个任务：协商全国人民代表大会代表或地方同级人民代表大会代表的候选名单。这项任务在第一届全国人民代表大会选举中已经这样做了，今后仍要继续这样做。同时，要对政协本身的名单进行协商，或者增加，或者变更，或者将来第三届全国委员会改选等等。”② 这里，毛泽东认为政协有协商人大代表候选人名单“这种权利”，周恩来表示“今后仍要继续这样做”。最后是重大立法建议的协商。毛泽东在说明保留政协进行政治协商的必要性时举例说宪法草案就是经过协商讨论使得它更为完备的，并且认为“宪法的实施问题，巩固人民民主制度问题，政协可以向人大常委会和国务院提意见”③。我国第一部宪法，不仅先是一届全国政协向中央人民政府提出建议后开始起草的，而且在制定过程中也是在政协进行充分协商的。这是我国立法协商的成功实践，其经验值得重视。从毛泽东、周恩来关于人民政协的政治协商设想中，我们不难发现，他们从来都是把政协和人大的职能通盘安排的，既考虑了二者之间的区别和分工，也考虑到了二者的功能互补和协作。实际上是为我国的政治架构设想了一种有中国特色的“两会”制。这种“两会”制根本不是刻意模仿别国政治模式的结果，而是因人大成立又保留政协自然形成的，是毛泽东等老一辈革命家着眼于我国社会主义民主政治建设的需要而产生的颇具匠心的伟大创造。④

正是由于中共对人民政协政治协商职能的高度重视，使得人民政协在新中国成立初期的协商民主实践中发挥了突出作用。一届全国政协期间（1949年10月—1954年12月），召开常委会议64次，二届全国政协头两年（1954

---

① 《人民政协重要文献选编》(上)，中央文献出版社、中国文史出版社2009年版，第201页。

② 《人民政协重要文献选编》(上)，中央文献出版社、中国文史出版社2009年版，第206页。

③ 《毛泽东文集》第六卷，人民出版社1999年版，第387页。

④ 张峰：《论我国“两会”制的特点和优势》，《人民政协报》2006年12月22日。

年12月—1956年12月）召开常委会议32次，合计96次，次数之多，为人民政协历史上少有。中央人民政府委员会历次会议的重要议案，在正式通过前都要经过人民政协协商。可以说，协商民主在人民政协的这一时期得到充分的实践体现。

三是充分运用多种协商载体和方式广泛开展协商。

除了全国人民政协这一协商民主的主要平台和载体之外，中国共产党还综合运用多种载体和方式广泛开展协商。概括起来，主要有以下几种：

各界人民代表会议及协商委员会。1954年9月一届全国人大召开之前，各界人民代表会议是地方层面的一种政权组织形式，同时也是地方的协议机关。像全国政协一样，各界人民代表会议也代行地方人民代表大会职权，实际上是全国政协的地方组织。关于这一点，周恩来说得很明确："现在各地召开的各界代表会议，实际上就是地方的政治协商会议，也可以说就是中国人民政治协商会议的地方委员会。我们要通过这个组织来进行地方的统一战线工作。"① 各界人民代表会议是向人民代表大会的过渡形式。刘少奇在北京市第三届人民代表会议上指出：各界人民代表会议"是地方各级人民代表大会召开之前人民参政的一种形式，其代表由推选、聘请、商定及选举等方式产生。它先是地方各级人民政府传达政策、联系群众的协议机关，后曾代行地方各级人民代表大会的职权"②。协商是各界人民代表会议的基本功能。"会议进行要采用充分的协商方法，代表们有充分发言的权利，能够毫无顾虑地提出任何意见和批评。"③ 各界人民代表会议的协商实际上是后来的人大协商的雏形。

协商委员会是各界人民代表会议闭会期间的执行机构。"人民代表会议闭会后，协商委员会继续协助政府推行政策法令，协商并提出对政府工作的建议"。④ 协商委员会的协商内容比较广泛，包括地方的政治、经济、文化、

① 《周恩来统一战线文选》，人民出版社1984年版，第137页。

② 《建国以来刘少奇文稿》第一册，中央文献出版社2005年版，第76页。

③ 《建国以来重要文献选编》第1册，中央文献出版社1992年版，第156页。

④ 《建国以来重要文献选编》第1册，中央文献出版社1992年版，第156页。

社会等事务，各民主党派、人民团体、民主人士内部的关系问题，各界人民代表会议的相关事宜。1949 年 11 月 13 日北京市率先成立协商委员会。此后全国其他各大城市纷纷成立协商委员会。协商委员会的性质是地方的协商机关。"协商委员会不是政权机关，也不是政府的隶属机关，而是协商、建议机关，它对政府的关系是协商、建议和协助政府联系人民推动工作的关系。在同各民主党派和人民团体的关系上，协商委员会不是他们的领导机关，而是它们的协商和团结合作的机关，协商各民主党派和人民团体的一切带共同性的或互相有关的事情，取得协议，共同推行，而不是干涉它们的内部事务。"① 新中国初期的重大政治运动在地方层面多是通过各界人民代表会议协商委员会协商推动的。

最高国务会议。1954 年 9 月颁布的《中华人民共和国宪法》规定，中华人民共和国主席在必要的时候召开最高国务会议，由中华人民共和国副主席、全国人民代表大会常务委员会委员长、国务院总理和其他有关人员参加，协商和研究国家重大问题。最高国务会议是各民主党派、各人民团体成员参政议政、民主协商的重要渠道。最高国务会议在最初的大约 10 年间，共召集了 20 次会议。协商的大多是关乎国家政治、经济、外交、军事乃至思想、学术领域的大政方针。许多重大决策都是经过最高国务会议讨论协商后作出的，如关于延长发放资本家定息的决定；关于农业发展纲要四十条的决定等。最为著名的是 1957 年 2 月 27 日召开的最高国务会议第十一次（扩大）会议，1800 多人参加，仅全国政协委员就多达 621 人。毛泽东在会上作了《关于正确处理人民内部矛盾的问题》重要讲话，阐述了关于两类社会矛盾的学说，并提出中国共产党与民主党派实行"长期共存、相互监督"的方针。最高国务会议是新中国成立初期高层政治协商的载体，具有政治协商特别是政党协商的性质。

政务会议。政务院是 1949 年 10 月 21 日至 1954 年 9 月 27 日期间"国家政务的最高执行机关"。政务会议是政务院经常召开的工作会议，共召开

① 朱训、郑万通主编:《中国人民政协全书》上卷，中国文史出版社 1999 年版，第 238 页。

224 次政务会议。新中国成立初期，政务会议也是协商民主的载体。周恩来指出："政务院的政务会议每星期召开一次，有关文件等也交非党人士审查，一切指示、法令也要他们修改。这样，不仅不会动摇我们的政策，而且还会完善我们的政策。这些政策法令是经过他们讨论同意的，事后他们也会更好地进行宣传解释。"① 除了政务会议上的协商，政府有关部门也通过政务院经常把政策、法令、条例送到政协全国委员会有关各组进行研究、讨论。可以说，这种政务会议的协商实质上具有行政协商的性质。

五、反右派斗争扩大化协商民主的曲折进程

1957 年的反右派斗争，起因于中国共产党的整风运动。1956 年 9 月召开的中国共产党第八次全国代表大会，提出"在我国进入社会主义建设时期以后，进一步地扩大国家的民主生活，开展反对官僚主义的斗争，有迫切的、重要的意义"②。刘少奇在八大政治报告中也指出：为了消除中国共产党的缺点和错误，"我们也应当善于从各民主党派和无党派民主人士的监督和批评中得到帮助。"③1957 年 3 月 12 日，毛泽东在全国宣传工作会议上宣布："现在共产党中央作出决定，准备党内在今年开始整风。"④4 月 30 日，毛泽东召集最高国务会议第 12 次（扩大）会议，出席会议的有党和国家领导人、各民主党派负责人、无党派民主人士，共 44 人。毛泽东在会上讲了共产党的整风问题，表示热诚欢迎民主党派和无党派民主人士帮助共产党整风。5 月 1 日，《中国共产党中央委员会关于整风运动的指示》在《人民日报》公开发表，标志着全党范围内的整风运动正式开始。

整风初期，毛泽东大力倡导并告诫全党要正确对待党外人士的公开批评，认为这对于改进党和政府的工作极为有益，能否正确对待这些批评，是

---

① 《周恩来统一战线文选》，人民出版社 1984 年版，第 175 页。

② 《中国共产党第八次全国代表大会文献》，人民出版社 1957 年版，第 815 页。

③ 《人民政协重要文献选编》(上)，中央文献出版社、中国文史出版社 2009 年版，第 283 页。

④ 《毛泽东文集》第七卷，人民出版社 1999 年版，第 274 页。

关系整风运动成败的关键。5 月 4 日，中共中央发出《关于继续组织党外人士对党政所犯错误缺点展开批评的指示》，指出："最近两个月以来，在各种党外人士参加的会议上和报纸刊物上所展开的关于人民内部矛盾的分析和对于党政所犯错误缺点的批评，对于党与人民政府改正错误，提高威信，极为有益，应当继续展开，深入批判，不要停顿或间断。"[①] 按照中共中央的指示，中央统战部从 5 月 8 日至 6 月 3 日，邀集各民主党派负责人和无党派人士举行座谈会 13 次，发言 70 余人次。5 月 15 日至 6 月 8 日，中央统战部和国务院第八办公室联合邀请全国工商界人士举行座谈会 25 次，发言 108 人次。5 月 4 日至 23 日，《光明日报》编辑部分别在上海、广州、兰州、沈阳等九大城市邀集各地部分民主人士和高级知识分子举行座谈会，会后随即报道了发言内容。

在整风运动中，有极少数别有用心的人利用帮助共产党整风的机会，肆意散布各种从根本上反对党反对社会主义的言论，例如攻击共产党的领导是"党天下"，主张"轮流坐庄"，甚至提出"请共产党下台"；认为社会主义改造后国内社会"一团糟"，历次政治运动"都是共产党整人"，甚至说"毛主席他们混不下去了，该下台了"等等。这些言论对青年学生产生了不良影响，大学校园开始张贴大字报。5 月 15 日毛泽东写了《事情正在起变化》的文章，发给党内高级干部阅读，提出："最近这个时期，在民主党派中和高等学校中，右派表现得最坚决最猖狂。""我们还要让他们猖狂一个时期，让他们走到顶点。他们越猖狂，对于我们越有利益"。[②] 从 5 月中旬到 6 月初，中共中央政治局和书记处多次开会，讨论和制定反击右派的策略。其中最重要的一条，就是让右派进一步暴露，让他们任意鸣放，党员暂不发言，后发制人。[③]6 月 6 日，中共中央指示：各省市一级机关、高等学校及地市一级机关用大鸣大放方法的整风，请即加紧进行。6 月 8 日，中共中央发出《组织力

① 《毛泽东文集》第七卷，人民出版社 1999 年版，第 296 页。

② 《建国以来毛泽东文稿》第六册，中央文献出版社 1992 年版，第 470—471 页。

③ 《中华人民共和国史稿》第二卷（1956—1966），人民出版社、当代中国出版社 2012 年版，第 37 页。

量反击右派分子的猖狂进攻》的指示，号召广大党团积极分子及中间群众起而对抗，反击右派。当天，《人民日报》发表题为《这是为什么?》社论。反右派斗争由此在全国正式开始。

6月26日至7月15日，一届全国人大四次会议在北京举行。会议期间，在大会报告、发言和小组讨论等活动中，积极开展了对右派言行的批判。7月1日，《人民日报》发表社论《文汇报的资产阶级方向应当批判》，公开点名批判章伯钧和罗隆基的“章罗同盟”。7月2日，《文汇报》发表社论《向人民请罪》，“承认这几个月确确实实成了章罗联盟向无产阶级猖狂进攻的喉舌”。各民主党派加紧整风，重点是“整资产阶级右派的反革命路线”，并在揭发、批判本系统右派言论的同时，开始对右派分子及其组织进行清查。7月9日，毛泽东在上海干部会议上发表《打退资产阶级右派的进攻》的讲话，指出这次反右派斗争的性质，主要是政治斗争。对右派的斗争不能松劲，还要继续一个时期的狂风暴雨。①8月1日，中共中央发出《关于深入开展反右斗争的指示》，提出一方面正向地县两级展开，另一方面又必须在中央一级和省市自治区一级各单位深入地加以挖掘。并且，把定为右派分子的人列入敌我矛盾的范畴，这就不可避免地导致严重扩大化。据中共十一届三中全会后改正被错划的“右派分子”的结果表明，实际上全国划定的右派分子共计55万余人，其中97%以上是错划的并已予以改正。②

反右派斗争严重扩大化，给党和国家的政治生活造成了极大的伤害，同时也给新中国成立以来蓬勃开展的协商民主带来了严重的不良影响，甚至使之停滞。具体来说，主要是三点：

一是改变了中共八大关于中国社会主要矛盾的论断，严重混淆两类不同性质的矛盾，使得协商民主的理论依据发生动摇。1957年2月，毛泽东在最高国务会议上作了《如何正确处理人民内部的矛盾》的报告，指出在社会

① 《中华人民共和国史稿》第二卷（1956—1966），人民出版社、当代中国出版社2012年版，第51页。

② 《中华人民共和国史稿》第二卷（1956—1966），人民出版社、当代中国出版社2012年版，第52页。

主义改造基本完成以后正确处理人民内部矛盾已成为国家政治生活的主题，对人民内部矛盾，只能采取民主的方法，即讨论的方法、批评的方法、说服教育的方法。这实际上是在人民内部实行协商民主的重要理论依据。但经过反右派斗争，毛泽东的认识发生了根本性的变化。他在1957年9月20日至10月9日召开的中共八届三中全会上，总结说："现在的主要矛盾是什么呢？主要矛盾就是社会主义和资本主义，集体主义和个人主义，概括地说，就是社会主义和资本主义两条道路的矛盾。"① 这样，中共八大关于中国社会主要矛盾的正确论断开始改变，阶级斗争成为国家政治生活的主题。阶级斗争既然是社会的主要矛盾，那么必然在国家的政治生活中就会有大量的表现，就会把大量人民内部的问题错误地作为敌我矛盾来处理。例如，1957年5月中旬，李维汉向中央常委汇报民主党派、无党派民主人士座谈会上反映出来的意见时，说到有位高级民主人士说党外有些人对共产党的尖锐批评是"姑嫂吵架"，毛泽东说：不对，这已不是姑嫂，是敌我。② 随后毛泽东在《一九五七年夏季的形势》文章中指出："在我国社会主义革命时期，反共反人民反社会主义的资产阶级右派和人民的矛盾是敌我矛盾，是对抗性的不可调和的你死我活的矛盾。"③ 既然矛盾的性质是敌我矛盾，而且是不可调和的、你死我活的斗争，那就谈不上用民主协商的办法来处理，只能是无情斗争、残酷打击。本来，在整风之初，中共中央和毛泽东对待来自党外人士的批评，不管如何尖锐，甚至是错误的意见，均持"有则改之，无则加勉"的欢迎态度。但到了7月1日毛泽东起草的《人民日报》社论《文汇报的资产阶级方向应当批判》，就成了"'言者无罪'对他们不适用。"④ 这样一来，毛泽东一再提倡的包容不同意见甚至反对意见的协商民主精神也就放弃了。

二是把一大批与党真诚合作而又敢于谏言的党外人士打成右派，使得协商民主实际上偃旗息鼓。在整风运动中，民主党派和无党派人士积极响

---

① 《毛泽东年谱》（一九四九——一九七六）第三卷，中央文献出版社2013年版，第223页。

② 李维汉：《回忆与研究》（下），中共党史资料出版社1986年版，第834页。

③ 《建国以来毛泽东文稿》第六册，中央文献出版社1991年版，第543页。

④ 《建国以来毛泽东文稿》第六册，中央文献出版社1991年版，第533页。

应中共中央的号召，对党和政府提出了大量的批评、意见和建议，涉及党内骄傲情绪、洋教条、盲目冒进、党政不分、法制不完备、办大学要依靠专家学者、党内外干部要一视同仁等问题。这些批评和意见绝大部分是正确的、中肯的。5月16日中共中央发出的《关于对待当前党外人士批评的指示》曾作出判断："党外人士对我们的批评，不管如何尖锐……基本上是诚恳的，正确的。这类批评占百分之九十以上，对于我党整风，改正缺点错误，大有利益。"① 但是后来却不分青红皂白把所有对共产党的工作和党的干部提出的批评意见，都视为反党反社会主义的右派言论，把对社会主义的现实和理论产生的思想认识问题，都作为反党反社会主义的敌我问题来处理。特别是把许多同共产党长期合作的朋友、许多有才能的知识分子、许多有经营管理经验的工商业者，错划为右派分子，致使其长期蒙冤受难。在反右派斗争中，民主党派受到了重大打击。据有关资料，民盟成员中有四分之一被划为右派。这不仅伤害许多同党长期合作、颇为爱国民主人士，而且也损害了党与非党、共产党与民主党派已经建立起来的民主协商的优良传统。我国协商民主的发展进程由此进入低潮，甚至中断。接下来出现的"大跃进"、人民公社化运动，中国共产党在指导思想上犯了"左"的错误，而且长期得不到切实纠正，无疑跟反右派斗争扩大化造成的对协商民主的严重伤害有关。

三是把反右派斗争中出现的大鸣、大放、大辩论、大字报的"四大自由"确立为社会主义民主的基本形式，使得协商民主被取代。1957年5月19日，北京大学学生最早在校园内张贴出大字报。中共中央认为大字报可以揭露问题，暴露右派，锻炼群众，利多害少，加上从右派手中接过来"大鸣、大放"的武器，于是在北京、上海、天津等地的一些高校先后出现了大鸣、大放、大辩论、大字报的高潮。采用"四大"的运动方法，是反右派斗争严重扩大化的一个重要因素。1975年制定的《中华人民共和国宪法》肯定"文化大革命"理论与实践，第十三条把"大鸣、大放、大辩论、大字报"作为"人民群众

① 《毛泽东年谱》（一九四九——一九七六）第三卷，中央文献出版社2013年版，第156页。

创造的社会主义革命的新形式”确定下来，并规定“国家保障人民群众运用这种形式”。正是由于在反右派斗争后的一段时间里，把“四大”理解为中国独创的社会主义民主形式，客观上导致中国共产党创造的最能体现“人民民主真谛”的协商民主未能得到充分运用。

1957年反右派斗争之后，我国协商民主进入低谷，但并没有完全消失，仍然在人民政协和多党合作中存在并延续。周恩来、刘少奇等党和国家的领导人仍然提出了一些值得重视的思想认识。如，周恩来1958年11月29日在民主党派和无党派民主人士座谈会上提出：“民主党派在共产党领导下，在宪法赋予的权利和义务范围内，有政治自由和组织独立性。”“民主党派的政治自由、组织独立，在社会主义的范围内，按社会发展规律办事，天地很大，可做的事很多，个人活动范围也很大。”特别就协商问题指出：“对社会发展规律，共产党也不能说都认识到了。尽管大的原则方面掌握了，但是具体问题还常常难于掌握。所以我们大家遇事总是要多商量。”“各党派有事找统战部商量，也是需要的。各党派朋友之间也要互相商量。总之，彼此要推心置腹，要有最基本的信任。”①

由于1957年反右派斗争扩大化，造成国内阶级关系的紧张。1958年经济工作中的“左”的错误，更加重了这种紧张关系。1959年到1961年，我国国民经济发生严重困难。为了战胜困难，需要扩大和发扬党外民主，尤其是缓解在反右派斗争受到伤害的党外知识分子的情绪。为此，1962年3月2日，周恩来发表了关于知识分子的讲话。他明确肯定新中国成立以来我国大多数知识分子已经有了根本的转变和极大的进步，认为1957年以来“知识分子受到了锻炼和考验”，虽然对右派的反击是必要的，“但这决不会动摇我们党在整个历史时期对知识分子的根本政策和战略方针，决不会改变无产阶级同其他劳动人民的联盟。”他明确表示：“对右派，还要给他们工作，还要容纳在统一战线之内，有的还在政协嘛。我们要团结最大多数的人，能

---

① 《人民政协重要文献选编》(上)，中央文献出版社、中国文史出版社2009年版，第306—307页。

改造的改造过来，不能改造的孤立起来。"[①] 特别是针对党能够领导一切的问题，他说："关于党如何进行领导，存在着各种想法。解决这个问题，必须在中央领导下提出一套办法来，征求党外朋友的意见。"[②] 关于如何对待知识分子，他强调要信任他们、帮助他们、改善关系、解决问题，并特别指出："一定要承认过去有错误。对于党与非党的关系、领导与被领导的关系、上级与下级的关系、各部门之间的协作关系，会上有些意见批评得很对。各级领导要以老老实实、实事求是的态度，承认错误，改正错误，有则改之，无则加勉。""凡是党和政府方面犯的错误都要改正。改要有实际行动。"[③] 周恩来的这次讲话以及随后在《政府工作报告》中肯定知识分子是"属于劳动人民的知识分子"，对于纠正反右派斗争扩大化错误、发挥知识分子为社会主义事业服务的作用，有着非常重要的意义。

1962 年 4 月 18 日在三届全国政协第三次会议上，周恩来提出："为着更好地实行民主集中制，我们首先要扩大和发扬民主生活，这也是我们人民民主统一战线要担当的任务。""在具体政策上持有不同的意见，与其说应该允许，毋宁说我们欢迎。在人民内部有一些对立面的意见，这对我们的进步是有好处的。"[④] 在这次会议上，有 200 多位委员发言，提了 400 多件提案。尽管这样，周恩来认为还会有一些保留的意见没有说出来。"因为过去一个时期说得少，批评得少。现在我们大开言路，开了以后，是否会发生问题呢？有这种想法的人，我们应当允许他们保留意见，应当等待。"[⑤] 他明确表示，"我们是政协机关，可以同时提出各种不同的意见，争论的结果，不一定得出一致的结论，可将不同的意见提交有关方面"。"这些不同意见的提出，表现了'百花齐放、百家争鸣'的方针在这里的贯彻。"[⑥]"我们共产党员要多

① 《人民政协重要文献选编》(上)，中央文献出版社、中国文史出版社 2009 年版，第 324 页。
② 《人民政协重要文献选编》(上)，中央文献出版社、中国文史出版社 2009 年版，第 325 页。
③ 《人民政协重要文献选编》(上)，中央文献出版社、中国文史出版社 2009 年版，第 328 页。
④ 《人民政协重要文献选编》(上)，中央文献出版社、中国文史出版社 2009 年版，第 336 页。
⑤ 《人民政协重要文献选编》(上)，中央文献出版社、中国文史出版社 2009 年版，第 337 页。
⑥ 《人民政协重要文献选编》(上)，中央文献出版社、中国文史出版社 2009 年版，第 339 页。

听不同的意见，才能多知道各方面的意见。不同的意见不一定都对，但你要听了才有比较。”①

刘少奇于1962年1月27日代表中共中央向扩大的中央工作会议提出的书面报告中指出：政协、民主党派、工商联“这些是我们党联系群众、发扬人民民主的不同组织形式，它们在不同的方面起着重要的作用。我们党应该认真地而不是形式地发挥这些组织的作用，应该学会经过这些组织来活跃人民群众的民主生活，加强人民民主统一战线。党的各级组织，都应该尊重这些组织的成员充分发表意见的民主权利，经常地向他们了解各方面的情况，加以研究，吸取他们的有益的意见，来改进我们的工作。党的政策和决定，只能用说服的方法，而不能用强制的方法，使这些组织接受。有关人民群众利益的问题，应该分别地交给有关的组织进行讨论。在作出决定以前，要有充分的酝酿，允许自由发表不同的意见。”②

1963年1月中共中央召开了扩大的中央工作会议，即七千人大会。这次大会强调实行民主集中制，在党内外发挥民主，从而把党内外广大群众的积极性调动起来，使我国社会主义建设过程中遇到的困难较快地得到克服，在党的领导下准备进行同过去时代的斗争形式有着许多不同特点的伟大的斗争，保证了党和国家伟大事业的顺利进行。

令人遗憾的是，从1966年开始的长达10年之久的“文化大革命”，使党和国家的政治生活遭受严重挫折，作为多党合作和政治协商机构的人民政协停止办公，民主党派停止活动，协商民主遭受严重挫折。但协商民主精神并没有灭绝，仍然在我国政治生活中发挥一定作用。如在“文革”中夺权斗争中，1967年2月16日毛泽东审阅批准的中共中央军委《关于军队夺权范围的规定》指出：在夺权斗争中，真正的无产阶级革命派组织之间互相发生争执时，要通过民主协商来解决，绝不能武斗。③在建立各级革命委员会

① 《人民政协重要文献选编》(上)，中央文献出版社、中国文史出版社2009年版，第340页。

② 《人民政协重要文献选编》(上)，中央文献出版社、中国文史出版社2009年版，第313页。

③ 《毛泽东年谱》(一九四九——一九七六)第六卷，中央文献出版社2013年版，第54—55页。

的过程中，中共中央有关文件也强调：要同本单位革命群众进行充分的民主协商。[①]特别是四届全国人大代表的产生运用了协商方式。1973年10月毛泽东圈阅的周恩来报送的四届人大筹备工作报告说：四届人大2700名代表，除尚有两名机动数外，均已协商选出。[②]正是基于这样的实践，1975年1月召开第四届全国人民代表大会第一次会议通过的“七五宪法”，在第三条规定“各级人民代表大会代表，由民主协商选举产生”。作出这样的规定，固然有“文革”期间人大代表的选举操作上的困难，但也反映了协商民主历史传统的延续。1978年3月召开的第五届全国人民代表大会第一次会议通过的我国“七八宪法”，在第二十一条规定：“全国人民代表大会由省、自治区、直辖市人民代表大会和人民解放军选出的代表组成。代表应经过民主协商，由无记名投票选举产生。”这里表达了协商和选举相结合的意图，在一定意义上也体现了我国社会主义协商民主在曲折发展中的持久生命力。

① 《毛泽东年谱》（一九四九——一九七六）第六卷，中央文献出版社2013年版，第267页。

② 《毛泽东年谱》（一九四九——一九七六）第六卷，中央文献出版社2013年版，第501页。

第三章　改革开放以来社会主义协商民主的发展

社会主义协商民主产生于新中国成立后各党派、各团体、各民族、各阶层、各界人士在政治制度上共同实现的伟大创造，但它的成熟和发展却是得益于改革开放以来中国在政治体制上的不断创新。

一、中国共产党关于社会主义民主的新认识与建立社会协商对话制度

改革开放之初，以邓小平同志为核心的党的第二代中央领导集体对“文化大革命”中党所犯严重错误进行了深刻反思，形成了发展社会主义民主的新认识，为社会主义协商民主的恢复与发展奠定了重要的理论基础。这些新认识主要表现在三个方面。

（一）深刻总结“文化大革命”的教训，既指出了“民主太少”的问题，也指出了“大民主”的实质是无政府主义的问题

十一届三中全会前夕，1978 年 12 月 13 日在中央工作会议上，邓小平作了题为《解放思想，实事求是，团结一致向前看》的讲话，提出了“民主是解放思想的重要条件”的论断，明确指出：“当前这个时期，特别需要强调民主。因为在过去一个相当长的时间内，民主集中制没有真正实行，离

开民主讲集中，民主太少。”[①]“长期缺乏政治民主”。[②]1979 年 3 月 30 日在理论工作务虚会上，邓小平再次指出：“在民主的实践方面，我们过去作得不够，并且犯过错误。”[③]“我们过去对民主宣传得不够，实行得不够，制度上有许多不完善，因此，继续努力发扬民主，是我们全党今后一个长时期的坚定不移的目标。”[④]总结历史的经验教训，邓小平提出了一个极为重要的论断：“没有民主就没有社会主义，就没有社会主义的现代化。”[⑤]充分说明了民主对于社会主义的极端重要性。邓小平的这些论断在 1981 年 6 月中共十一届六中全会通过的《关于建国以来党的若干历史问题的决议》中得到了确认：“逐步建设高度民主的社会主义政治制度是社会主义革命的根本任务之一。建国以来没有重视这一任务，成了‘文化大革命’得以发生的一个重要条件，这是一个沉痛的教训。”

当时面临的最大问题是解放思想，让大家敢讲话。为此，邓小平提出：“我们要创造民主的条件，要重申‘三不主义’：不抓辫子，不扣帽子，不打棍子。在党内和人民内部的政治生活中，只能采取民主手段，不能采取压制、打击的手段。宪法和党章规定的公民权利、党员权利、党委委员的权利，必须坚决保障，任何人不得侵犯。”[⑥]民主，不仅在党内要实行，也要在群众中实行。为此，就有一个正确对待群众意见的问题。邓小平认为：“群众提了些意见应该允许，即使有个别心怀不满的人，想利用民主闹一点事，也没有什么可怕。要处理得当，要相信绝大多数群众有判断是非的能力。一个革命政党，就怕听不到人民的声音，最可怕的是鸦雀无声。”[⑦]

说“文化大革命”缺乏民主，但“文化大革命”又是以大鸣、大放、大辩论、大字报这种所谓“大民主”为明显特征的，由此涉及对这种“四大”

---

① 《邓小平文选》第二卷，人民出版社 1994 年版，第 144 页。

② 《邓小平文选》第二卷，人民出版社 1994 年版，第 145 页。

③ 《邓小平文选》第二卷，人民出版社 1994 年版，第 168 页。

④ 《邓小平文选》第二卷，人民出版社 1994 年版，第 176 页。

⑤ 《邓小平文选》第二卷，人民出版社 1994 年版，第 168 页。

⑥ 《邓小平文选》第二卷，人民出版社 1994 年版，第 144 页。

⑦ 《邓小平文选》第二卷，人民出版社 1994 年版，第 144—145 页。

究竟是什么性质、具有什么作用的重新认识。邓小平明确指出："现在把历史的经验总结一下，不能不承认，这个'四大'的做法，作为一个整体来看，从来没有产生积极作用。应该让群众有充分权利和机会，表达他们对领导的负责的批评和积极的建议，但是'大鸣大放'这些做法显然不适宜于达到这个目的。"① 这种"四大"貌似"大民主"，其实并不是真正的民主。邓小平主张取消宪法中关于"四大"的规定，并指出："取消宪法中关于'四大'的规定，并不是说不要发扬社会主义民主，而是由于多年的实践证明，'四大'不是一种好办法，它不利于安定，也不利于民主。"② 因此，经中共中央建议，1980 年五届全国人大常委会第十四次会议作出决议，将宪法有关"四大"的条文取消。

（二）着眼于肃清封建主义残余影响，明确提出使民主制度化法制化的发展方向

邓小平探寻了"文革"期间我国民主缺失的历史根源。他认为，权力过于集中于个人或少数人手里，"这种现象，同我国历史上封建专制主义的影响有关"。③ 我们这个国家有几千年封建社会的历史，长期缺乏民主和法制。旧中国留给我们的，封建专制传统比较多，民主法制传统比较少。解放以后，我们也没有自觉地、系统地建立保障人民民主权利的各项制度，法制很不完备，也很不受重视。由此导致，"我们过去的一些制度，实际上受了封建主义的影响，包括个人迷信、家长制或家长作风，甚至包括干部职务终身制。"④ 由此，邓小平提出了一个非常深刻并且具有战略意义的思想："必须使民主制度化、法律化，使这种制度和法律不因领导人的改变而改变，不因领导人的看法和注意力的改变而改变。"⑤

---

① 《邓小平文选》第二卷，人民出版社 1994 年版，第 257 页。
② 《邓小平文选》第二卷，人民出版社 1993 年版，第 276 页。
③ 《邓小平文选》第二卷，人民出版社 1994 年版，第 329 页。
④ 《邓小平文选》第二卷，人民出版社 1994 年版，第 348 页。
⑤ 《邓小平文选》第二卷，人民出版社 1994 年版，第 146 页。

邓小平提出“使民主制度化、法律化”，是总结我们党的历史经验教训得出的一个重要结论。他认为，我们党过去发生的各种错误，固然与某些领导人的思想、作风有关，但更重要的是制度上的原因。“制度好可以使坏人无法任意横行，制度不好可以使好人无法充分做好事，甚至会走向反面。”①斯大林严重破坏社会主义法制的问题，毛泽东当年虽然说过，这样的事件在英、法、美这样的西方国家不可能发生，但我们对法制并没有重视起来，特别是“文化大革命”内乱使法制遭到严重破坏。正是制度和法制的两大缺失，导致党的领导在相当一个时期受到了损害。由此，邓小平提出了一个极为重要的论断：“领导制度、组织制度问题更带有根本性、全局性、稳定性和长期性。这种制度问题，关系到党和国家是否改变颜色，必须引起全党的高度重视。”②对邓小平的这一思想，习近平总书记评价很高，指出：“邓小平同志反复强调制度问题，想得是很深的。他考虑的不仅是要解决好制约党和国家事业发展的体制机制弊端问题，而且是要解决好事关党和国家长治久安的制度现代化问题。”③

（三）针对资产阶级自由化思潮，提出划清社会主义民主与资产阶级民主的区别

十一届三中全会后，在解放思想、拨乱反正的过程中，邓小平进一步回答了在中国需要建设什么样的民主的问题。邓小平提出“一定要向人民和青年着重讲清楚民主问题。”并且指出：“什么是中国人民今天所需要的民主呢？中国人民今天所需要的民主，只能是社会主义民主或称人民民主，而不是资产阶级的个人主义的民主。”④“我们大陆讲社会主义民主，和资产阶级民主的概念不同。”⑤他专门就政党制度指出：“资本主义国家的多党制有什么好

---

① 《邓小平文选》第二卷，人民出版社 1994 年版，第 333 页。

② 《邓小平文选》第二卷，人民出版社 1994 年版，第 333 页。

③ 习近平：《论坚持全面深化改革》，中央文献出版社 2018 年版，第 92 页。

④ 《邓小平文选》第二卷，人民出版社 1994 年版，第 175 页。

⑤ 《邓小平文选》第三卷，人民出版社 1993 年版，第 220 页。

处？那种多党制是资产阶级互相倾轧的竞争状态所决定的，它们谁也不代表广大劳动人民的利益。”①因此，中国发展民主，不能照搬西方的多党竞选、三权分立、两院制。必须立足于发挥我们自己的优势，坚持和完善人民代表大会制度、中国共产党领导的多党合作和政治协商制度等政治制度。

当然，不能照搬西方的政治制度并不妨碍我们吸收和借鉴包括西方资本主义国家在内的人类政治文明的优秀成果。邓小平认为，“要弄清什么是资本主义。资本主义要比封建主义优越。有些东西不能说是资本主义的。”②他展望：“我们的制度将一天天完善起来，它将吸收我们可以从世界各国吸收的进步因素，成为世界上最好的制度。”③他认为，改革并完善党和国家制度，“需要认真调查研究，比较各国的经验，集思广益，提出切实可行的方案和措施。”④

邓小平把发展社会主义民主摆在实现社会主义现代化的战略高度来认识。他明确提出：“我们进行社会主义现代化建设，是要在经济上赶上发达的资本主义国家，在政治上创造比资本主义国家的民主更高更切实的民主，并且造就比这些国家更多更优秀的人才。”⑤也就是说，社会主义现代化至少包括两个方面，经济上的现代化和政治上的现代化。鉴于发达的资本主义国家在经济上已经实现了现代化，我们的任务就是要赶上他们。而政治上的现代化要求更高，是要超过他们的问题。资本主义国家已有的作为人类政治文明成果的民主形式，我们要有，而且做得更切实，这就是民主选举；资本主义国家没有的民主形式，我们也要创造出来，做得更高，这就是发展独具中国特色的社会主义民主形式。⑥这种更高更切实的民主形式是什么？着眼于实现社会主义现代化，邓小平强调发挥人民政协的民主协商作用，指出：

① 《邓小平文选》第二卷，人民出版社 1994 年版，第 267 页。

② 《邓小平文选》第二卷，人民出版社 1994 年版，第 351 页。

③ 《邓小平文选》第二卷，人民出版社 1994 年版，第 337 页。

④ 《邓小平文选》第二卷，人民出版社 1994 年版，第 336 页。

⑤ 《邓小平文选》第二卷，人民出版社 1994 年版，第 322 页。

⑥ 张峰：《破解民主难题走好民主新路——中国特色社会主义协商民主要义分析》，《四川省社会主义学院学报》2015 年第 2 期。

“中国的社会主义现代化建设事业，继续需要政协就有关国家的大政方针、政治生活和四个现代化建设中的各项社会经济问题，进行协商、讨论，实行相互监督，发挥对宪法和法律实施的监督作用。”① 他的这一思想，对于我国发展以协商民主为特色的社会主义民主，特别是党的十三大提出的“建立社会协商对话制度”，具有重要指导意义。

1987 年 10 月 25 日，中国共产党第十三次全国代表大会召开。十三大报告最大的亮点是把政治体制改革提上全党议程，提出了包括建立社会协商对话制度在内的重要举措。十三大报告认为，邓小平 1980 年 8 月在中央政治局扩大会议上所作的《党和国家领导制度的改革》的讲话，是进行政治体制改革的指导性文件。邓小平在这篇讲话中的一些重要观点，都在十三大报告中予以重申。比如，在发展民主问题上，邓小平一贯主张“两个不搞”：一个是不搞“文革”式的“大民主”；另一个是不搞西方的资产阶级民主。据此，十三大报告强调：“我们的现代化建设面临着复杂的社会矛盾，需要安定的社会政治环境，决不能搞破坏国家法制和社会安定的‘大民主’。人民代表大会制度，共产党领导下的多党合作和政治协商制度，按照民主集中制的原则办事，是我们的特点和优势，决不能丢掉这些特点和优势，照搬西方的‘三权分立’和多党轮流执政。”

在十三大报告中，“建立社会协商对话制度”是作为政治体制改革的第五项内容提出来的，其主要目的是坚持党的群众路线，正确处理人民内部矛盾特别是利益矛盾。十三大报告指出：“正确处理和协调各种不同的社会利益和矛盾，是社会主义条件下的一个重大课题。各级领导机关的工作，只有建立在倾听群众意见的基础上，才能切合实际，避免失误。领导机关的活动和面临的困难，也只有为群众所了解，才能被群众所理解。群众的要求和呼声，必须有渠道经常地顺畅地反映上来，建议有地方提，委屈有地方说。这部分群众同那部分群众之间，具体利益和具体意见不尽相同，也需要有互相沟通的机会和渠道。因此，必须使社会协商对话形成制度，及时地、畅通

① 《邓小平文选》第二卷，人民出版社 1994 年版，第 187 页。

地、准确地做到下情上达，上情下达，彼此沟通，互相理解。”

十三大报告提出“建立社会协商对话制度”，主要是解决三大问题：一是“社会协商对话制度化”，提出“当前首先要制定关于社会协商对话制度的若干规定，明确哪些问题必须由哪些单位、哪些团体通过协商对话解决”。实际上制定有关协商民主规定的任务经历了一个漫长的过程，直到2015年初中共中央颁发《关于加强社会主义协商民主建设的意见》才基本完成。二是明确协商民主与党的群众路线的关系，提出“建立社会协商对话制度的基本原则，是发扬‘从群众中来、到群众中去’的优良传统，提高领导机关活动的开放程度，重大情况让人民知道，重大问题经人民讨论”。这一重要认识对于党的十八届三中全会确定“社会主义协商民主是中国共产党的群众路线在政治领域的重要体现”这一基本定性，有重要的启示。三是社会协商对话要多层次、多渠道开展，提出“对全国性的、地方性的、基层单位内部的重大问题的协商对话，应分别在国家、地方和基层三个不同的层次上展开。各级领导机关必须把它作为领导工作中的一件大事去做。要进一步发挥现有协商对话渠道的作用，注意开辟新的渠道。”这一重要认识对于党的十八届三中全会进一步提出“推进协商民主广泛多层制度化发展”这一战略任务，具有非常重要的先导性意义。值得注意的是，十三大报告把群众团体也作为社会协商对话渠道，提出“群众团体也要改革组织制度，转变活动方式，积极参与社会协商对话、民主管理和民主监督”。

在社会协商对话制度中，人民政协是当时已有的重要渠道。十三大报告在政治体制改革的第六项内容“完善社会主义民主政治的若干制度”中对人民政协提出了要求，指出：“人民政协是包括各民主党派、各人民团体和社会各方面代表的爱国统一战线组织。要加强政协自身的组织建设，逐步使国家大政方针和群众生活重大问题的政治协商和民主监督经常化。要坚持‘长期共存、互相监督，肝胆相照、荣辱与共’的方针，完善共产党领导下的多党合作和协商制度，进一步发挥民主党派和无党派爱国人士在国家政治生活中的作用。”

二、人民政协作为协商民主重要渠道的作用得到充分发挥

1978年2月，第五届政协全国委员会第一次会议在北京举行，邓小平当选为第五届全国政协主席，人民政协在停顿十年之后得到恢复。在改革开放新时期，社会主义协商民主的发展主要体现为人民政协充分发挥作为协商民主重要渠道的作用，在实践和理论上不断创新。以人民政协开展民主协商的丰富经验为基础，社会主义协商民主建设取得新进展，主要体现在以下几个方面。

（一）人民政协体现出中国共产党的民主协商精神

党的十一届三中全会以后，我国进入改革开放和现代化建设的新时期，统一战线和人民政协也进入新的发展阶段。以邓小平为主席的第五届全国政协结束长达10多年的瘫痪状态，重新开展工作。五届全国政协委员人数为1988人，比“文革”前的四届全国政协委员增加三分之二。五届全国政协一次会议在协商民主上开了好头，邓小平在闭幕式上的讲话中评价说，“我们这次会议开得很好。各方面人士济济一堂，共商国事。大家精神振奋，心情舒畅，讨论得很热烈，提出了许多好的意见，体现了我们党历来主张的民主协商精神。”[①]“民主协商精神”是邓小平为人民政协指出的精神引领，指导人民政协发挥民主协商和监督作用。五届全国政协发扬民主协商精神，取得了许多重要的协商成果。如在推动拨乱反正方面，政协委员提出为1976年“天安门事件”平反，为“二月提纲”正名，为吴晗的历史剧《海瑞罢官》昭雪，先后召开24次知识分子问题座谈会，就落实知识分子政策问题提出许多建议，促成了相关问题的解决。在促进现代化建设方面，政协委员实地考察宝钢建设工程，提出的相关建议被采纳；提出开发上海浦东的建议，对

① 《人民政协重要文献选编》(中)，中央文献出版社、中国文史出版社2009年版，第349页。

中央作出开发开放浦东战略决策产生了积极影响。在促进祖国和平统一方面，1980年2月全国政协发表《致台湾同胞春节慰问信》，希望台湾各界人士敦促国民党当局接受中国共产党关于和平解决台湾问题的主张，首先实现通邮、通商、通航。在开展国际交往方面，先后邀请日本内阁总理大臣大平正芳、民主柬埔寨联合政府主席诺罗敦·西哈努克亲王在政协礼堂发表演讲。1981年11月，王首道副主席率全国政协代表团访问美国。在人民政协自身建设方面，为适应统一战线工作逐步深入到基层的需要，1983年1月中共中央办公厅发出《关于县（市）和市辖区设立政协问题的通知》。

1983年6月4日至22日，全国政协六届一次会议在北京举行，邓颖超当选为全国政协主席。六届全国政协委员2039人，委员的构成较之五届全国政协有很大的变化和发展，主要表现为非中共党员占了委员的大多数，知识分子的数量大幅度增加，台胞联谊会和港澳同胞被新列为政协的参加单位。这一变化决定了人民政协要更好地开展民主协商。1984年5月12日在六届全国政协二次会议上，邓颖超提出“要充分贯彻民主协商的精神。一切重大问题和需要协商的工作，都必须经过认真的协商，加以解决”。[①] 她就政治协商问题作了深入阐述，指出：“政治协商，是我国发扬社会主义民主和正确处理统一战线内部关系的一种重要方式。我们国家的大政方针和各族人民政治生活中的重要问题需要经过政治协商，广泛听取各方面的意见。我国统一战线内部关系的各种问题，也是经过政治协商进行调整和解决的。这种协商是民主的、平等的、真诚的，不敷衍应付，不强加于人，而是经过反复商量，充分交换意见，集思广益，真正达到政治上的一致或基本一致。在协商前，要做好准备工作，使参加协商的各方面了解有关的情况和材料，并有充分的时间进行考虑或酝酿。在协商中，要认真听取各方面的意见。凡是能够采纳的都应当采纳。对不能采纳的，也要说明情况和理由。最后如果有人仍然坚持不同意见，还允许保留。即使是讲错了，也应当采取‘言者无罪，闻者足戒’的态度。共产党员要善于同各民主党派和无党派人士协商办

① 《人民政协重要文献选编》(中)，中央文献出版社、中国文史出版社2009年版，第443页。

事，而不能采取简单的行政手段，更不能以领导者自居，摆出高人一等的架子。各级政协都应当加强和改进政治协商的工作，切实克服这方面存在的缺点。”①

六届全国政协的新阵容生动体现了“大团结、大统一、囊括一切代表人物”的方针，在民主协商方面又有新的建树。如六届政协一次会议恢复了大会发言的会议协商形式，有 7 位委员在大会上发表意见。全国政协会同中共中央统战部和各民主党派中央组成 8 个调查组分赴各地进行调查，为平反冤假错案，落实统一战线政策努力工作。1984 年 7 月，年近八旬的赵朴初副主席率调查组，冒着酷暑，在陕西、四川、湖北了解落实宗教政策的情况。在知情出力、建言献策方面，就长江三峡水利枢纽工程这样关乎国计民生的重大项目，全国政协六届一次会议后，先后有 3400 多名全国政协委员联名提出了有关三峡工程的提案达 600 余件，有 50 多位委员直接参加了论证和审查工作。从 1986 年到 1988 年，国务院又召集全国政协委员张光斗等 412 位专业人士，分 14 个专题对三峡工程进行全面重新论证。1986 年 3 月，全国政协委员、全国人大代表中的著名科学家王大珩、王淦昌、陈芳允、杨嘉墀 4 人上书中共中央《关于跟踪研究外国战略性高技术发展的建议》。邓小平做出“此事宜速作决断，不可拖延”的重要批示，在充分论证的基础上，1986 年 11 月中共中央、国务院转发《高新技术研究发展计划》，即“863 计划”。1985 年，全国政协委员侯仁之、阳含熙、郑孝燮、罗哲文联名提案，呼吁中国加入联合国教科文组织《保护世界文化和自然遗产公约》。提案提交后，得到各方的高度重视。当年 11 月，第六届全国人大常委会第十三次会议决定批准我国加入该公约，从此拉开了我国世界文化和自然遗产保护事业的大幕。

1988 年 3 月 24 日至 4 月 10 日，全国政协七届一次会议在北京举行，李先念当选为全国政协主席。就任伊始，李先念指出：“人民政协是我国政

① 《人民政协重要文献选编》(中)，中央文献出版社、中国文史出版社 2009 年版，第 440—441 页。

治体制中发扬社会主义民主的重要组织形式。”“在国家生活中，我们一定要贯彻民主协商的精神。人民政协要采取各种形式，为委员参政议政创造良好的条件，使各方面人士能够直言不讳地把各种意见、要求、批评和建议充分反映出来，并且经过必要的程序，使大家所关心的问题得到合理的解决。”① 七届全国政协工作的一个亮点，是进一步加强自身建设。1989 年 1 月，中共中央批准了《政协全国委员会关于政治协商、民主监督的暂行规定》，全国政协还制定了一系列相互配套的工作制度，如《政协全国委员会常务委员会工作规则》、《全国政协专门委员会组织通则》、《全国政协提案工作条例》、《全国政协委员视察简则》等，使人民政协的各项工作有规可依、有章可循、有案可查，走上规范化、制度化的轨道。

1993 年 3 月 14 日至 27 日，全国政协八届一次会议在北京举行，李瑞环当选为全国政协主席，此后在 1998 年 3 月 3 日至 14 日召开的全国政协九届一次会议，他连任全国政协主席。李瑞环把“民主协商精神”提升为“民主协商方式”，指出：“人民政协所实行的民主协商方式，有助于充分吸纳各民主党派的意见，使共产党的领导作用和民主党派的参政议政作用同时得到发挥；有助于拓宽人民群众发表意见的渠道，做到既尊重多数人的共同意愿又照顾少数人的合理要求；有助于在团结稳定的前提下发扬民主，在发扬民主的过程中巩固和发展团结稳定的政治局面。这种民主协商方式，是我国民主政治建设的一大创造，也是我国社会主义民主制度的一大特色、一大优势。”② 八届、九届政协 10 年间，人民政协运用民主协商方式，围绕国计民生建言献策，成效显著。如全国政协办公厅建立了反映社情民意信息制度，在全国各省市自治区建立了多处社情民意信息联系点，《人民政协报》开辟反映社情民意的专版。八、九两届全国政协共反映人民群众提出的意见建议等社情民意信息 3.5 万多篇。如 1995 年在全国政协八届三次会议上，黄景

① 《人民政协重要文献选编》（中），中央文献出版社、中国文史出版社 2009 年版，第 456—457 页。

② 《人民政协重要文献选编》（中），中央文献出版社、中国文史出版社 2009 年版，第 524—525 页。

均等5位委员共同提交了《关于尽快在最高人民检察院设置反贪污贿赂总局的提案》。一个月后，有关部门正式回函答复："完全赞同您的建议。"同年11月，最高人民检察院反贪污贿赂总局正式挂牌。如1999年3月在全国政协九届二次会议上，王翔委员提交了《关于高考考期适当提前的建议案》，建议高考时间提前至6月初为宜。2001年，教育部做出把高考从7月提前到6月的决定，2003年正式实施。

2003年3月3日至14日，全国政协十届一次会议在北京举行，贾庆林当选为全国政协主席。5年后的2008年3月，在全国政协十一届一次会议上，贾庆林连任全国政协主席。贾庆林提出"人民政协实行民主协商、求同存异的工作原则"，并且阐述了这一原则的具体实施问题，指出："在人民政协的各种会议和活动中，鼓励委员充分地、如实地反映各界群众的意愿和呼声，提倡知无不言、言无不尽的风气，既听取和反映支持的、赞同的意见，也听取和反映不同的、批评的意见。需要对协商的问题作出决议时，坚持在充分协商后以少数服从多数原则进行表决，并在不违反章程规定的重大原则前提下，允许保留意见。人民政协的这种工作原则，有利于广开言路、集思广益、尊重多数、照顾少数，促进决策科学化、民主化。"① 十届全国政协进一步改进大会发言工作。全国政协办公厅把广大人民群众关注的热点难点问题汇编成册，供政协委员撰写大会发言时参考。在全国政协十届一次和二次会议上，政协部分参加单位和政协委员，紧紧围绕改革、发展、稳定大局建言献策，就经济建设、落实科学发展观、实施科教兴国战略、解决"三农"问题、深化国有企业改革、就业和社会保障问题、西部大开发和民族地区发展、国家粮食安全战略等问题作了大会发言，提出了有重要参考价值的意见和建议，受到中共中央、国务院及有关部门的高度重视。2008年，十一届政协的提案达到26674件，是1978年五届政协的7倍多。十一届政协的社情民意信息15995件，是1993年八届政协的近39倍。其中有些提案产生了重要影响。如2008年10月底政协委员黄少良提出近万字的提案，建议设立

① 《人民政协重要文献选编》(下)，中央文献出版社、中国文史出版社2009年版，第784页。

国务院食品安全委员会，废除食品免检制度。2009 年 2 月 28 日，全国人大高票通过的食品安全法，规定“国务院设立食品安全委员会”。如 2011 年 4 月下旬，全国政协外事委员会调研组赴广东进行专题调研，形成《进一步提高对外开放水平，促进经济发展方式转变》的调研报告，认为应支持广东建设以前海、横琴、南沙为核心区，开放型服务经济为主体的新经济增长带。后国务院正式批复同意在珠海市横琴新区实行比经济特区更优惠的政策，以构建粤港澳紧密合作新载体，重塑珠海发展新优势。这一决策，后来发展为粤港澳大湾区建设被列为“推动香港、澳门融入国家发展大局”的重大举措。

（二）明确提出社会主义民主的两种形式

1980 年 8 月 28 日，五届全国政协三次会议召开。这次会议的一个明显特点是列席第五届全国人大第三次会议，参加有关国家政治生活和经济建设等重要方针的讨论。由此，人大会议和政协会议同期召开，并成为定制，被形象地简称为“两会”。这种两会并开的做法，为中共中央领导人提出社会主义民主的两种基本形式提供了实践上的依据。

在邓小平提出人民政协体现“民主协商精神”的基础上，江泽民提出人民政协是“民主协商机构”的概念，指出：“人民政协作为民主协商机构和统一战线组织，继续在国家政治生活中发挥重要作用。”[①] 提出这一新概念的主要原因在于人民政协的协商已不限于各党派的协商，而是更大范围的协商，要放到我国政治体制的格局中来认识。这就涉及政协与人大、政府的关系。[②]1990 年 3 月 18 日，江泽民在参加七届全国人大三次会议、全国政协七届三次会议的党员负责同志会议上，就发扬社会主义民主中政协与人大、政府的关系指出：“人民政协在我国政治生活中具有不可替代的作用，它与人大、政府互为补充、相辅相成。在我们这个幅员辽阔、人口众多、多民

① 《人民政协重要文献选编》（中），中央文献出版社、中国文史出版社 2009 年版，第 596 页。

② 张峰：《如何认识人民政协是专门协商机构》，《中国政协理论研究》2018 年第 4 期。

族、多党派的社会主义国家里，关系国计民生的重大问题，要通过人民政协进行协商，广泛听取各民主党派、人民团体和各界人士的意见，由人民代表大会行使国家权力进行决策，由人民政府执行实施。这样一种政治体制集中体现了我国广泛的人民民主，对于我们实现决策科学化、民主化，避免或减少决策失误，保证各项方针政策贯彻执行，都具有十分重要的意义。因此，党中央特别强调人民政协在发扬社会主义民主方面的作用，要求通过这条民主渠道经常倾听各方面意见。”① 这里江泽民提出了一个重要观点，即政协协商、人大决策、政府执行的政治体制，蕴含着决策之前先行协商的重要原则。因此他要求，“各级党委和政府就重大事务作出决策以前，凡是应该同人民政协进行协商的，都要同人民政协协商。对于人民政协提出的意见、建议和批评，要认真对待。”② 这里讲的是“同人民政协协商”，而不是“在人民政协协商”。江泽民后来又一次指出：“按规定应该同人民政协协商的问题，一定要在决策之前同人民政协协商，并在协商中认真听取各方面意见。这应该成为各级党委工作的一项制度长期坚持下去，不因班子交替和人员改变而改变。”③ 这一提法后来发生了变化。如 1998 年 3 月 3 日，在参加九届全国人大、全国政协九届一次会议的党员负责同志会议上江泽民说：“按中央规定应该在人民政协协商的重大问题，要虚心听取人民政协意见和建议，接受各界人士民主监督。”④ 变化的主要原因是，人民政协是一个协商平台，而不是一个协商方意义上的协商主体。同人民政协协商，容易引起不必要的误解。

1991 年 3 月 23 日，江泽民在参加七届全国人大三次会议、全国政协七届三次会议的党员负责同志会议上，提出了社会主义民主的两种形式的观点：“人民通过选举、投票行使权利和人民内部各方面在选举和投票之前进行充分协商，尽可能就共同性问题取得一致意见，是我国社会主义民主的两

① 《人民政协重要文献选编》(中)，中央文献出版社、中国文史出版社 2009 年版，第 489 页。
② 《人民政协重要文献选编》(中)，中央文献出版社、中国文史出版社 2009 年版，第 490 页。
③ 《人民政协重要文献选编》(中)，中央文献出版社、中国文史出版社 2009 年版，第 521 页。
④ 《人民政协重要文献选编》(中)，中央文献出版社、中国文史出版社 2009 年版，第 583 页。

种重要形式。这是西方民主无可比拟的，也是他们无法理解的。两种形式比一种形式好，更能真实体现社会主义社会人民当家作主的权利。”① 并且他明确把这两种民主形式分别同人大、政协联系起来，指出：“加强社会主义民主，一个是国家权力机关的民主，即人民代表大会制度建设，一个是统一战线范围内的民主，这两者都至关重要、不可缺少。我们要在加强人民代表大会制度建设的同时，通过人民政协和其他渠道广泛听取各民主党派以及其他各方面意见和建议，接受各方面批评监督，真正做到集思广益，做到国家大事由大家来出主意想办法、由大家来办。”②

2004 年 8 月 24 日，贾庆林在全国政协纪念邓小平同志诞辰一百周年暨邓小平关于人民政协理论研讨会上，重申了江泽民关于两种民主形式的观点：“人民通过选举、投票行使权利与人民内部各方面在选举、投票之前进行充分协商，尽可能就共同性问题取得一致意见，是我国社会主义民主的两种重要形式。”③

2004 年 9 月 21 日，在庆祝政协成立五十五周年大会上，中共中央总书记胡锦涛提出：“坚持和完善人民政协这种民主形式，既符合社会主义民主政治的本质要求，又体现了中华民族兼容并蓄的优秀文化传统，具有鲜明的中国特色，是我国社会主义民主政治的一大优势。”④ 他要求：“各级党委和政府要结合自身实际，把作出重大决策前进行民主协商作为重要民主程序切实搞好。”⑤ 并且提出，“要大力加强人民政协理论研究工作，为人民政协事业更好地发展提供理论指导。”⑥“要通过广泛深入的协商和讨论，使党的主张成为各民主党派、人民团体和各族各界人士的共识，团结人民政协各参加

---

① 《人民政协重要文献选编》(中)，中央文献出版社、中国文史出版社 2009 年版，第 506 页。

② 《人民政协重要文献选编》(中)，中央文献出版社、中国文史出版社 2009 年版，第 509—510 页。

③ 《人民政协重要文献选编》(下)，中央文献出版社、中国文史出版社 2009 年版，第 739 页。

④ 《人民政协重要文献选编》(下)，中央文献出版社、中国文史出版社 2009 年版，第 749—750 页。

⑤ 《人民政协重要文献选编》(下)，中央文献出版社、中国文史出版社 2009 年版，第 754 页。

⑥ 《人民政协重要文献选编》(下)，中央文献出版社、中国文史出版社 2009 年版，第 755 页。

单位和广大政协委员为实现党提出的共同目标和任务而奋斗。”①

2005 年 7 月 8 日，贾庆林在十届全国政协十次常委会上指出：“人民政协作为我国政治生活中发扬社会主义民主的重要形式，具有不可替代的作用。通过这种民主形式，在国家权力机关决策之前，人民内部各方面还可以进行充分的讨论协商，尽可能就共同性问题取得一致意见。我国各种民主形式的有机结合、相辅相成，有利于各党派、各团体、各阶层、各方面人士广泛、有序地参与国是，形成融洽和谐、生动活泼的政治局面。”② 也正是在这次会议上，开创了就国家大政方针和重要问题在决策前进行协商的专题民主协商会的新形式。十届、十一届全国政协共举行了 11 次专题协商会。内容涉及制定“十一五”规划、落实国家中长期科学和技术发展规划纲要、推进西部大开发、加快广西北部湾经济区开发与建设、加强文化建设等专题，围绕防止经济增长过热和通胀、统筹城乡发展、加快发展方式转变和结构调整、扩大内需、深化文化体制改革、加强和创新社会管理等专题。

2006 年 2 月 8 日颁发的《中共中央关于加强人民政协工作的意见》，正式把社会主义民主的两种重要形式规定下来，提出：“人民通过选举、投票行使权利和人民内部各方面在重大决策之前进行充分协商，尽可能就共同性问题取得一致意见，是我国社会主义民主的两种重要形式。坚持和完善人民政协这种民主形式，既符合社会主义民主政治的本质要求，又体现了中华民族兼容并蓄的优秀文化传统，具有鲜明的中国特色。发展社会主义民主政治，建设社会主义政治文明，要善于运用人民政协这一政治组织和民主形式。”③ 并且规定了人民政协政治协商的主要内容：“国家和地方的大政方针以及政治、经济、文化和社会生活中的重要问题；各党派参加人民政协工作的共同性事务，政协内部的重要事务以及有关爱国统一战线的其他重要问题。”由此同中国共产党与民主党派的政治协商的内容相区别。规定了人

① 《人民政协重要文献选编》(下)，中央文献出版社、中国文史出版社 2009 年版，第 757 页。

② 《人民政协重要文献选编》(下)，中央文献出版社、中国文史出版社 2009 年版，第 782—783 页。

③ 《人民政协重要文献选编》(下)，中央文献出版社、中国文史出版社 2009 年版，第 793 页。

民政协政治协商的主要形式："政协全体会议，常务委员会会议，主席会议，常务委员专题协商会，政协党组受党委委托召开的座谈会，秘书长会议，各专门委员会会议，根据需要召开的由政协各组成单位和各界代表人士参加的内部协商会议。"① 同时人民政协的参政议政也涉及"协商讨论"。

2007 年 11 月，国务院新闻办公室发表《中国的政党制度》白皮书，将社会主义民主的两种形式简称为"选举民主"和"协商民主"，并且指出："选举民主与协商民主相结合，是中国社会主义民主的一大特点。在中国，人民代表大会制度与中国共产党领导的多党合作和政治协商制度，有着相辅相成的作用。人民通过选举、投票行使权利和人民内部各方面在作出重大决策之前进行充分协商，尽可能取得一致意见，是社会主义民主的两种重要形式。选举民主与协商民主相结合，拓展了社会主义民主的深度和广度。经过充分的政治协商，既尊重了多数人的意愿，又照顾了少数人的合理要求，保障最大限度地实现人民民主，促进社会和谐发展。"这是国家文件中第一次明确使用"协商民主"概念。

（三）人民政协的职能得到丰富和完善

1980 年 9 月，政协章程修改工作开始。这是继 1978 年 2 月五届政协一次会议修改政协章程之后，又一次修改政协章程。政协章程的修改与我国"八二宪法"的制定大体上是同步的。1982 年 12 月 4 日五届全国人大五次会议通过的《中华人民共和国宪法》在序言中对人民政协的作用予以确认："中国人民政治协商会议是有广泛代表性的统一战线组织，过去发挥了重要的历史作用，今后在国家政治生活、社会生活和对外友好活动中，在进行社会主义现代化建设、维护国家的统一和团结的斗争中，将进一步发挥它的重要作用。"但对人民政协的性质，则主要是在 1982 年 12 月五届全国政协五次会议上通过的《中国人民政治协商会议章程》中予以规定。除了"中国人民政治协商会议是中国人民爱国统一战线的组织"已有的性质，新增的规定

① 《人民政协重要文献选编》(下)，中央文献出版社、中国文史出版社 2009 年版，第 795 页。

是："中国人民政治协商会议是我国政治生活中发扬社会主义民主的一种重要形式，根据中国共产党同各民主党派和无党派人士'长期共存、互相监督'，'肝胆相照、荣辱与共'的方针，对国家的大政方针和群众生活的重要问题进行政治协商，并通过建议和批评发挥民主监督作用。"① 这实际上初步明确了人民政协的两大主要职能即政治协商和民主监督。

政治协商和民主监督制度化的工作也在加快推进，并取得了重大成果。1989年1月27日，七届全国政协常务委员会四次会议通过了《中国人民政治协商会议关于政治协商、民主监督的暂行规定》，第一次明确了政治协商的主要内容。协商的内容不仅广泛，而且具体。实际上是把后来作为政党协商的内容都纳入进来，并且跟人民代表大会的决策衔接起来，体现了改革创新的精神。同时明确了政治协商的主要形式有："政协全国委员会的全体会议，常务委员会议，主席会议，常务委员专题座谈会，各专门委员会会议，根据需要召开的各党派、无党派爱国人士、人民团体、少数民族人士和各界爱国人士的代表参加的协商座谈会等，以及应邀列席全国人大及其常委会的有关会议。"并且提出"政治协商一般应在决策之前进行"。②

1989年3月七届全国政协二次会议召开。《中国人民政治协商会议关于政治协商、民主监督的暂行规定》得到了落实。全体政协委员列席了七届人大二次会议，听取和讨论了李鹏总理的政府工作报告和其他重要报告，比较集中地讨论了治理经济环境、整顿经济秩序的问题。委员们畅所欲言，如实肯定了在改革开放和经济建设中取得的成绩，也提出了中肯的批评和积极的建议。因此，李先念主席在闭幕词中着重谈了协商问题。他说："人民政协的重要职能就是政治协商和民主监督。我们要充分发挥人民政协的这个职能，多多倾听人民群众的呼声，认真听取各方面的意见，以便掌握全面情况，提出正确的建议。决策之道，多谋善断。中共中央和国务院以及有关部

① 《人民政协重要文献选编》（中），中央文献出版社、中国文史出版社2009年版，第407—408页。

② 《人民政协重要文献选编》（中），中央文献出版社、中国文史出版社2009年版，第466—467页。

门，经常把一些有关国家大政方针和广大群众关心的重大问题提到政协来协商，我们要认真负责地提建议、出主意。”①

1994 年 3 月八届全国政协二次会议通过修订的《中国人民政治协商会议章程》，主要变化有：在总纲规定人民政协是爱国统一战线组织之后，增加“是中国共产党领导的多党合作和政治协商的重要机构”，进一步明确了人民政协的性质及其在国家政治生活中的地位和作用。第二条明确政协“主要职能是政治协商和民主监督”，并对政治协商和民主监督的主要内容、形式和程序作了规定：“政治协商是对国家和地方的大政方针及政治、经济、文化和社会生活中的重要问题在决策之前进行协商和就决策执行过程中的重要问题进行协商。”“民主监督是对国家宪法、法律和法规的实施，重大方针政策的贯彻执行、国家机关及其工作人员的工作，通过建议和批评进行监督。”同时在政治协商和民主监督的主要职能后面加上“组织参加本会的各党派、团体和各族各界人士参政议政”。写上这句话的目的是表明：“政协除了是共产党和各民主党派进行合作协商的机构以外，还是参加本会的各人民团体、各族各界代表人士参与对国家大政方针和群众生活的重要问题的协商讨论，并通过建议和批评发挥民主监督作用的重要组织。”② 也就是说，人民政协的协商不限于政党之间的协商，还涉及人民团体的协商以及其他方面的协商，具有更大的广泛性。同时也为把参政议政纳入人民政协的主要职能作了准备和铺垫。

1995 年 1 月 13 日，中共中央转发政协全国委员会党组提出的、经八届全国政协九次常委会通过的《政协全国委员会关于政治协商、民主监督、参政议政的规定》，正式将参政议政作为人民政协的第三项职能，并明确：“参政议政是政治协商和民主监督的拓展和延伸。”参政议政的内容与形式除政治协商、民主监督的规定之外，“还包括选择人民群众关心、党政部门重视、政协有条件做的课题，组织调查和研究，积极主动地向党政领导机关提出建

① 《人民政协重要文献选编》(中)，中央文献出版社、中国文史出版社 2009 年版，第 471 页。

② 《人民政协重要文献选编》(中)，中央文献出版社、中国文史出版社 2009 年版，第 553 页。

设性的意见；通过多种方式，广开言路，广开才路，充分发挥委员专长和作用，为改革开放和社会主义现代化建设献计献策等。”①

与此同时，人民政协主要职能进一步细化的工作也在进行。1995 年 6 月 5 日，在八届全国政协第十三次常务委员会会议上，李瑞环提出“有组织有计划地把政治协商引向深入”，主要是做好三项工作：一是“制定协商计划”，“现在需要协商的问题很多，关键是从实际出发，加强同有关部门的沟通与衔接，选好题目，拟定一个时期的协商方案，认真组织实施。”二是“做好协商准备”，“围绕议题，了解情况，搜集材料，研究方案，使协商有的放矢，意见有理有据，切实可行。”三是“改进协商形式”，“在充分运用现行协商形式的基础上，针对不同层次内容，探索、创造新的形式，采用大范围讨论、小范围座谈、公开协商、内部沟通等灵活多样的办法，使协商活动开展得更加生动活泼、卓有成效。”②

2004 年 3 月 7 日，全国政协十届二次会议修订政协章程，主要变化是：把人民政协“是我国政治生活中发扬社会主义民主的重要形式”放到人民政协性质中来表述，丰富了人民政协性质的内涵。在人民政协主要职能中增写一款关于参政议政内容的表述：“参政议政是对经济社会发展中的重大问题以及人民群众普遍关心的问题，开展调查研究，反映社情民意，进行协商讨论。通过调研报告、提案、建议案或其他形式，向中国共产党和国家机关提出意见和建议。”这实际上是丰富了政协协商的形式。

三、多党合作事业取得重大进展

1989 年中国发生了政治风波，党中央果断采取措施平息了动乱，维护了政局稳定。政治风波出现的一个重要原因，是资产阶级自由化的影响。有些坚持资产阶级自由化立场的人，想按照西方的多党制、轮流执政的思路来

① 《人民政协重要文献选编》(中)，中央文献出版社、中国文史出版社 2009 年版，第 559 页。
② 《人民政协重要文献选编》(中)，中央文献出版社、中国文史出版社 2009 年版，第 572 页。

搞政治体制改革，实质上是妄图否定人民群众当家作主的社会主义民主制度，实行西方资产阶级民主制度。比如，在这场动乱中有人说，中国的八个民主党派可以成为“准反对党”，说各民主党派同共产党的关系可以是“小骂大帮忙”的关系，甚至说，如果民主党派的“尖锐意见比方励之还方励之，方励之就不起作用了”。① 在这样的情况下，如何规范中国共产党领导的多党合作和政治协商制度，如何界定民主党派的性质及其同中国共产党的关系，如何使民主党派切实有效地参与重大决策之前的协商，实行对党和政府工作的民主监督等问题突出起来。此前，民主党派也曾就共产党领导的多党合作问题提出建议。邓小平 1989 年 1 月 2 日批示：“可以组织一个专门小组（成员要有民主党派的），专门拟定民主党派成员参政和履行监督职责的方案，并在一年内完成，明年开始实行。”② 落实邓小平这个批示，加上总结吸取政治风波经验教训的需要，1989 年 12 月 30 日，中共中央制定并下发《中共中央关于坚持和完善中国共产党领导的多党合作和政治协商制度的意见》（以下简称 1989 年《意见》），即中发 1989 年 14 号文件。

1989 年《意见》在我国社会主义协商民主发展史上具有里程碑意义，明确了中国共产党领导的多党合作和政治协商制度是我国一项基本政治制度，明确了我国民主党派的性质“是各自所联系的一部分社会主义劳动者和一部分拥护社会主义的爱国者的政治联盟，是接受中国共产党领导的，同中共通力合作、共同致力于社会主义事业的亲密友党，是参政党”③。以此为前提并在此基础上，就社会主义协商民主特别是政治协商提出了一些具有开创性的观点。

一是提出民主党派的作用是参政和监督，概括了民主党派参政的基本点是：“一个参加”即参加国家政权，“三个参与”即参与国家大政方针和国家领导人选的协商，参与国家事务的管理，参与国家方针、政策、法律、法规

---

① 《人民政协重要文献选编》（中），中央文献出版社、中国文史出版社 2009 年版，第 477—478 页。

② 《人民政协重要文献选编》（中），中央文献出版社、中国文史出版社 2009 年版，第 464 页。

③ 《人民政协重要文献选编》（中），中央文献出版社、中国文史出版社 2009 年版，第 480 页。

的制定执行。其中“参与国家大政方针和国家领导人选的协商”是政治协商的主要内容。

二是规定中共同民主党派进行政治协商的主要形式。首先是会议协商形式，有三种：民主协商会，“中共中央主要领导人邀请各民主党派主要领导人和无党派的代表人士举行民主协商会，就中共中央将要提出的大政方针问题进行协商。这种会议一般每年举行一次。”谈心会，“中共中央主要领导人根据形势需要，不定期地邀请民主党派主要领导人和无党派的代表人士举行高层次、小范围的谈心活动，就共同关心的问题自由交谈、沟通思想、征求意见。”座谈会，“由中共召开民主党派、无党派人士座谈会，通报或交流重要情况，传达重要文件，听取民主党派、无党派人士提出的政策性建议或讨论某些专题。这种会议大体每两月举行一次。重大事件随时通报。”其次是书面和约谈协商，“各民主党派和无党派人士可就国家大政方针和现代化建设中的重大问题向中共中央提出书面的政策性建议，也可约请中共中央负责人交谈。”① 这些协商形式的规定，除“有的座谈会亦可委托中共全国政协党组举行”，一般不同政协协商相交叉，标志着我国政党协商相对独立地开展起来，逐步发展成为我国社会主义协商民主的一个重要渠道。

三是鼓励和支持民主党派参与其他协商渠道的协商。就参与基层协商提出：“在有民主党派组织的基层单位，中共党组织应经常召开座谈会，认真听取民主党派的意见，发挥他们的作用。”② 就参与政府协商提出：“政府有关部门可就专业性问题同民主党派对口协商，在决定某些重大政策措施前，组织有关民主党派座谈，征求意见。”③ 当然，民主党派参与的其他协商渠道的协商，最重要的是政协协商。因为，“人民政协是我国爱国统一战线组织，也是共产党领导的多党合作和政治协商的一种重要组织形式。人民政协应当成为各党派、各人民团体、各界代表人物团结合作、参政议政的重要场

① 《人民政协重要文献选编》（中），中央文献出版社、中国文史出版社2009年版，第481—482页。

② 《人民政协重要文献选编》（中），中央文献出版社、中国文史出版社2009年版，第482页。

③ 《人民政协重要文献选编》（中），中央文献出版社、中国文史出版社2009年版，第484页。

所。”“在政协会议上，民主党派可以本党派名义发言、提出提案。”①

值得注意的是，1989年《意见》没有对中共同民主党派进行政治协商的内容作出具体规定，只是强调“政协全国委员会制定的《关于政治协商、民主监督的暂行规定》，应当认真贯彻执行”②。可以视为，这个《暂行规定》明确的协商内容也适用于中共同民主党派进行的政治协商。

1993年3月29日，八届全国人大一次会议通过《中华人民共和国宪法修正案》，在宪法序言第十自然段末尾增加“中国共产党领导的多党合作和政治协商制度将长期存在和发展”。这句话是由民建中央提出建议，为中共中央采纳，写进宪法的。这是中国共产党同民主党派进行政治协商的一个重要成果。

2000年12月4日，中共中央召开第十九次全国统战工作会议，江泽民发表题为《进一步开创统一战线工作的新局面》讲话。他概括我国政党制度的显著特征之一是：“共产党和各民主党派在国家重大问题上进行民主协商、科学决策，集中力量办大事。”③共产党为什么要同民主党派协商，是因为“各民主党派，成员来自不同的社会阶层和群体，负有更多地反映和代表他们所联系的各部分群众的具体利益和要求的责任”。他要求，“各级党委进行重大决策，要同民主党派和无党派人士进行协商。”④

2005年2月18日，中共中央颁发《关于进一步加强中国共产党领导的多党合作和政治协商制度建设的意见》（即中发2005年5号文件），主要对政治协商特别是政党协商作出了规定，提出“完善中国共产党同各民主党派的政治协商”。除了重申中国共产党同各民主党派的政治协商的形式，即会议协商和书面建议，主要是规定了协商的内容包括：“中共全国代表大会、中共中央委员会的重要文件；宪法和重要法律的修改建议；国家领导人的建议人选；关于推进改革开放的重要决定；国民经济和社会发展的中长期规划；

① 《人民政协重要文献选编》（中），中央文献出版社、中国文史出版社2009年版，第485页。
② 《人民政协重要文献选编》（中），中央文献出版社、中国文史出版社2009年版，第485页。
③ 《人民政协重要文献选编》（下），中央文献出版社、中国文史出版社2009年版，第634页。
④ 《人民政协重要文献选编》（下），中央文献出版社、中国文史出版社2009年版，第636页。

关系国家全局的一些重大问题；通报重要文件和重要情况并听取意见，以及其他需要同民主党派协商的重要问题等。"[①] 相比之下，这个文件对人民政协的政治协商的内容未作具体规定，实际上是把过去在政协协商的许多内容转交给了中国共产党同民主党派的政治协商。这个文件的另一重要建树，是对中国共产党同民主党派政治协商的程序作出了五个环节的规定：一是规划环节，"中共中央根据年度工作重点，研究提出全年政治协商规划"；二是通知环节，"协商议题提前通知各民主党派和有关无党派代表人士，并提供相关材料"；三是准备环节，"各民主党派应对协商议题集体研究后提出意见和建议"；四是协商环节，"在协商过程中充分发扬民主，广泛听取意见，求同存异，求得共识"；五是办理环节，"对民主党派和无党派人士提出的意见和建议要认真研究，并及时反馈情况"。[②] 除了政治协商，还涉及政府协商，提出"加强政府同民主党派的联系。国务院和地方各级政府根据需要召开有民主党派负责人和无党派人士参加的座谈会，就拟提交人民代表大会审议的政府工作报告、有关重大政策措施和关系国计民生的重大建设项目征求意见，通报国民经济和社会发展的有关情况。"[③] 关于协商的目的，提出"要善于通过广泛深入的协商和讨论，使中国共产党的主张成为各民主党派的共识"[④]。

四、新时代社会主义协商民主创新发展

中共十八大以来，以习近平同志为核心的中共中央高度重视社会主义协商民主建设，不仅社会主义协商民主理论正式形成并进一步完善，而且作为我国政治体制改革重要内容的协商民主实践也蓬勃开展，进一步开创了中国特色社会主义民主政治建设的新局面。

---

① 《人民政协重要文献选编》(下)，中央文献出版社、中国文史出版社2009年版，第763页。

② 《人民政协重要文献选编》(下)，中央文献出版社、中国文史出版社2009年版，第763页。

③ 《人民政协重要文献选编》（下），中央文献出版社、中国文史出版社2009年版，第764—765页。

④ 《人民政协重要文献选编》(下)，中央文献出版社、中国文史出版社2009年版，第770页。

（一）中共十八大报告提出“健全社会主义协商民主制度”

2012 年 11 月召开的中国共产党第十八次全国代表大会，在我国社会主义民主政治建设史上具有里程碑意义。十八大报告有一个非同寻常的地方，就是在社会主义民主政治建设部分专门列出一段讲“健全社会主义协商民主制度”，并且指出：“社会主义协商民主是我国人民民主的重要形式。要完善协商民主制度和工作机制，推进协商民主广泛、多层、制度化发展。通过国家政权机关、政协组织、党派团体等渠道，就经济社会发展重大问题和涉及群众切身利益的实际问题广泛协商，广纳群言、广集民智，增进共识、增强合力。坚持和完善中国共产党领导的多党合作和政治协商制度，充分发挥人民政协作为协商民主重要渠道作用，围绕团结和民主两大主题，推进政治协商、民主监督、参政议政制度建设，更好协调关系、汇聚力量、建言献策、服务大局。加强同民主党派的政治协商。把政治协商纳入决策程序，坚持协商于决策之前和决策之中，增强民主协商实效性。深入进行专题协商、对口协商、界别协商、提案办理协商。积极开展基层民主协商。”① 中共十八大报告提出了“社会主义协商民主制度”这个大概念，② 提出这一大概念的重大意义有三：

一是表达了社会主义协商民主的广泛性。民主形式是多样的。选举民主、协商民主、自治民主，都很重要，哪一个也不能少。没有选举民主，人民就没有决定权；没有协商民主，人民就没有发言权；没有自治民主，人民就没有管理权。但是哪一种民主形式都不是完美无缺的，都是有局限性的，都需要其他民主形式来补充。选举民主无疑是民主最重要、最根本的形式。没有选举民主的民主，很难说是完整的民主。但选举民主的发展又是非常艰难的。选举民主的发展方向是直接选举，我国是一个幅员辽阔、人口众多的大国，实行全国性的直接选举有相当大的难度。从世界范围来看，仓促实行

① 《十八大以来重要文献选编》（上），中央文献出版社 2014 年版，第 21 页。

② 张峰：《社会主义协商民主制度是个大概念》，《中国政协理论研究》2013 年第 3 期。

的全国范围内的竞争性直接选举，极易引发政局不稳乃至社会动荡。选举民主的这种缺陷，恰恰是协商民主所能弥补的。协商民主，能够广泛听取各方面意见，博采众长、广纳贤言，呈现你中有我、我中有你的局面，促成的决策能够达到多赢的结果。协商民主，是不同政治主体之间就涉及大政方针的重大政治理论或实践问题，或者是有关具体的政策问题，进行沟通、协商和讨论，尽可能形成共识，内在蕴含着政治行为文明。在当代中国，必须坚持选举民主和协商民主相结合，走出中国特色社会主义政治发展的新路子。十八大报告提出“推进协商民主广泛、多层、制度化发展”，把国家政权机关也作为协商民主的渠道，是为了强调国家政权机关也要善于运用协商民主的形式，以便选举民主（票决民主）更有效、更可靠、更顺利。政府实行行政民主，也要开展民主协商，如推行重大行政决策听证制度、与社会协商对话、举行决策听证会等。社会主义协商民主的广泛性，还表现为它的多层性。上至国家层面的协商，中至各省市区县各区域的协商，下到基层的协商，凡属于人民最关心最直接最现实的利益问题，都可以进行协商，上下互动，左右相连，从而呈现多样化、立体化的格局。十八大报告提出“积极开展基层民主协商”，是对改革开放以来我国基层民主政治建设新经验的充分肯定。

二是表达了中国共产党领导的多党合作和政治协商的基础性。中国共产党领导的多党合作和政治协商制度是我国的一项基本政治制度，社会主义协商民主制度是以其为基础的。十八大报告提出“社会主义协商民主制度”，并且对这一制度内涵的表述超出了中国共产党领导的多党合作和政治协商制度的范围，是为了在此基础上，倡导更为广泛的社会主义协商民主。制度有正式制度和非正式制度之分。正式制度是指有意识创造出来并通过国家正式确立的各类成文规则，非正式制度则是指人们在长期社会交往中逐步形成、并得到社会认可的一系列约束性规则。按照这种划分，中国共产党领导的多党合作和政治协商制度是正式制度，十八大报告提出“健全社会主义协商民主制度”的新要求，并不妨碍我们坚持中国共产党领导的多党合作和政治协商制度的基础性地位。因此，十八大报告用较大篇幅强调论述“坚持和完善中国共产党领导的多党合作和政治协商制度，充分发挥人民政协作为协商民主重要渠道作用”。依据中国共产党领导的多党合作和政治协商制度而开展的人民政协的协商民主和多党合作的协商民主，是社会主义协商民主的主干和重点，必须加强而不能削弱。不仅因为这是我国协商民主由以产生的发源地和充分应用的领域，也是因为只有做好了这些方面的协商，才能带动和促进社会主义协商民主在其他方面的广泛运用。政治协商有两种基本方式：一种是中国共产党同各民主党派的政党之间的协商，另一种是中国共产党在人民政协同各民主党派和各界代表人士的协商。十八大报告就这两种协商方式提出了共同的要求，就是“把政治协商纳入决策程序，坚持协商于决策之前和决策之中，增强民主协商实效性”。

三是表达了人民政协协商民主的创新性。社会主义协商民主是随着人民政协出现而产生的，是随着人民政协的政治协商实践而彰显出巨大优越性的，也是随着人民政协理论的发展而在理论上成熟起来的。没有人民政协，就没有社会主义协商民主。在这种意义上说，人民政协是社会主义协商民主的重要渠道。十八大报告提出推进协商民主“制度化”发展，是一项很高的要求。落实这一要求的基本思路是加强程序化制度建设。各地党委要总结加强人民政协制度建设的新鲜经验，尽快形成全国性的政治协商规程，使人民政协的政治协商以及其他方面的民主协商健康有序规范地开展起来。社会主义协商民主的多渠道特点，决定了必须增强各协商渠道的协调性。其中一个重要方面就是人民政协加强与其他协商渠道的合作协商。十八大报告明确要求：“深入进行专题协商、对口协商、界别协商、提案办理协商。”这对人民政协的协商民主的方式方法创新提出了很高的要求。人民政协要以改革创新精神来认真研究并扎实开展这些方面的协商。

（二）中共十八届三中全会明确协商民主在国家治理体系中的重要地位

2013 年 10 月召开的中共十八届三中全会通过的《中共中央关于全面深化改革若干重大问题的决定》，提出全面深化改革的总目标：“完善和发展中国特色社会主义制度，推进国家治理体系和治理能力现代化。”推进国家治理体系和治理能力现代化有多方面的内容，其中一个重要途径，就是全面深入地推进协商民主。协商民主以完善和发展中国特色社会主义制度为保障，以保证人民当家作主为根本，以扩大公民有序政治参与为重点，是实实在在的具有巨大优势的民主，是我们实现国家治理体系和治理能力现代化的重要步骤。[①] 十八届三中全会在社会主义协商民主建设问题上，主要有六个创新亮点：

一是全面深化改革的总目标，明确了协商民主在国家治理体系中的重要地位。对协商民主重要地位的理解，要放到全面深化改革的总目标中来认识。完善和发展中国特色社会主义制度，最重要的是完善和发展我国的社会主义政治制度，其中包括中国共产党领导的多党合作和政治协商制度这一基本政治制度。十八届三中全会《决定》以“推进协商民主广泛多层制度化发展”，对发展社会主义协商民主作出了一系列制度性安排。国家治理体系是在党领导下管理国家的制度体系，国家治理能力是运用国家制度管理社会各方面事务的能力。国家治理体系和治理能力的现代化，从根本上说，就是坚持人民主体地位，最广泛地动员和组织人民依法管理国家事务和社会事务、管理经济和文化事业。而协商民主就是能够起这样作用的民主形式。协商民主是一种求同存异的包容性民主，有利于政局的稳定，内在地蕴含着政治行为文明。实现国家治理体系和治理能力的现代化，不能不把发展协商民主作为重点。这便是《决定》在“加强社会主义民主政治制度建设”一部分用较大篇幅谈协商民主的重要原因。[②]

二是我国协商民主特点和优势，展示了协商民主大有作为的光明前景。十八届三中全会《决定》指出：“协商民主是我国社会主义民主政治的特有形式和独特优势，是党的群众路线在政治领域的重要体现。”文字不多，内涵深刻，是对协商民主特点和优势的新概括。协商民主是从哪里来的？既

① 叶小文、张峰：《协商民主与国家治理》，《光明日报》2013 年 12 月 28 日。

② 张峰：《明确协商民主在国家治理体系中的重要地位》，《人民政协报》2014 年 1 月 22 日。

不是从外国搬来的，也不是我国封建社会留下来的，而是中国共产党长期追求和发展民主而创造的民主形式。协商民主之所以能在我国产生并具有强大的生命力，也在于它有丰厚的文化土壤，体现了中华民族和而不同、兼容并蓄的优秀文化传统。关于协商民主是我国社会主义民主政治的独特优势，习近平总书记在关于《决定》的说明中指出："推进协商民主，有利于完善人民有序政治参与、密切党同人民群众的血肉联系、促进决策科学化民主化。"① 协商民主，有利于完善人民有序政治参与。发展社会主义民主政治，必须更加注重健全民主制度、丰富民主形式，从各层次各领域扩大公民有序政治参与。协商民主，是人民参政议政的过程，能够广泛听取各方面意见，博采众长、广纳贤言，促成的决策能够达到多赢的结果，从而在增强社会活力的基础上保持社会和谐稳定。更重要的是，协商民主能够更好地体现人民当家作主。人民当家作主，就是人民是国家的主人，参与制定国家的大政方针政策，在国家的各项决策中起决定性作用。协商民主是党的群众路线在政治领域的重要体现。我们党长期形成的"一切为了群众、一切依靠群众，从群众中来，到群众中去"的群众路线，是我们党的生命线和根本的工作路线。这一路线要求，党必须全心全意为人民谋利益，必须尊重人民的主体地位，必须广泛听取群众意见，必须调动人民的巨大力量。所有这一切落实到政治领域，就是广泛实行协商民主。《决定》把"涉及群众切身利益的实际问题"作为在全社会广泛开展的协商内容，具有鲜明的指向性。改革开放以来，我国形成了利益多样化的格局。科学统筹兼顾各方面利益，需要正确把握最广大人民根本利益、现阶段群众共同利益、不同群体特殊利益的关系。这就需要最广泛、最充分的协商，运用协商民主的方式建立形式多样、规范有序、畅通高效的诉求表达渠道，让群众能依法有序理性表达诉求，话有处说、冤有处诉、问有处答，并且通过平等的对话、沟通、商量、协调等办法来解决利益问题，化解社会矛盾，从而使党的群众路线真正得到贯彻落实，进一步密切党同人民群众的

① 《十八大以来重要文献选编》（上），中央文献出版社 2014 年版，第 504 页。

血肉联系。[①]

三是全社会开展广泛协商，展现了协商民主的广泛应用性。十八届三中全会《决定》指出："在党的领导下，以经济社会发展重大问题和涉及群众切身利益的实际问题为内容，在全社会开展广泛协商，坚持协商于决策之前和决策实施之中。"深刻揭示了发展协商民主的领导力量、协商的内容和基本原则。协商民主必须在党的领导下来进行。党的领导是发展社会主义民主政治的根本保证，也是协商民主形式健康有序运用的重要前提。协商民主是中国共产党长期探索形成的，党也必须善于运用协商民主来健全民主制度、丰富民主形式，发展更加广泛、更加充分、更加健全的人民民主。协商民主的内容是经济社会发展重大问题和涉及群众切身利益的实际问题。经济社会发展的重大问题很多，涉及群众切身利益的实际问题也不少。这表明，凡是事关我国经济社会发展的重大问题，经济的、政治的、文化的、社会的、生态的问题，凡是涉及群众切身利益的实际问题，如教育、就业、收入、社保、医疗、住房、环保等，都需要通过民主协商来解决。坚持协商于决策之前和决策实施之中，是协商民主的一个重要原则。决策之前进行协商，有利于集中民智，实现决策的科学化、合理化，使决策的效益覆盖全体社会成员。决策实施之中进行协商，有利于集中民力，使决策更加完善、更有执行力，解决决策实施中的具体问题。[②] 协商民主在国家权力中枢和社会公众之间建立起一道桥梁，既能够优化国家权力结构，增强政治体系的开放性，又能够更好地代表和维护人民群众的根本利益。协商民主具有包容性强、社会面广、吸纳度高的特点，有利于增进共识、增强合力、扩大参与，是科学民主决策的重要工作机制。[③]

四是协商民主体系建设，搭建了协商民主的广阔平台。十八届三中全会《决定》指出："构建程序合理、环节完整的协商民主体系，拓宽国家政权机关、政协组织、党派团体、基层组织、社会组织的协商渠道。深入开展立法

① 叶小文、张峰：《协商民主与国家治理》，《光明日报》2013 年 12 月 28 日。

② 张峰：《明确协商民主在国家治理体系中的重要地位》，《人民政协报》2014 年 1 月 22 日。

③ 叶小文、张峰：《协商民主与国家治理》，《光明日报》2013 年 12 月 28 日。

协商、行政协商、民主协商、参政协商、社会协商。加强中国特色新型智库建设，建立健全决策咨询制度。”这明确了协商民主体系的基本要求、协商渠道和协商类型以及决策咨询制度建设。在协商民主体系中，国家政权机关、政协组织、党派团体、基层组织、社会组织都是重要的协商渠道，都应该发挥应有的作用。选举民主和协商民主相结合，是具有中国特色的双重民主架构，是社会主义民主的一大特点，是我国政治体制的独创性优势之所在。国家政权机关通过表决进行重大决策之前，广泛开展协商，充分吸收对国家、对人民有利的意见和建议，进一步优化决策方案，有利于在尊重多数人意愿的同时，照顾少数人的合理意见和要求，在保证人民根本利益得到切实维护的前提下使社会各方利益最大化。社会组织作为协商渠道，有利于改进社会治理方式，激发包括社会团体、行业组织、中介机构、志愿者团体等在内的各种社会组织活力，建立社会参与机制，协调社会关系，解决社会问题。《决定》要求：“深入开展立法协商、行政协商、民主协商、参政协商、社会协商。”这五种类型的协商划分，蕴含着分类实施的要求。人大、政府、政协、党派团体、基层组织和社会组织，分别承担或主导与自身职责相关的协商，有分工，也有相互配合。我国的协商民主具有多层次性，上至国家层面的协商，中至各省市区县、各区域的协商，下到基层的协商，凡属于经济社会发展重大问题，人民最关心最直接最现实的利益问题，都可以进行协商，从而形成上下互动，左右相连，呈现多样化、立体化的格局。这也是当代中国的协商民主优势之所在。协商民主多层发展，基层民主协商是重点。相比于高层或上层的代表或精英人士的协商，基层民主协商是老百姓能直接感受到的协商，是事关群众切身利益的协商，是在全社会培育民主协商之风的基础和温床。因此，《决定》强调：“开展形式多样的基层民主协商，推进基层协商制度化，建立健全居民、村民监督机制，促进群众在城乡社区治理、基层公共事务和公益事业中依法自我管理、自我服务、自我教育、自我监督。”①

① 叶小文、张峰：《协商民主与国家治理》，《光明日报》2013 年 12 月 28 日。

五是发挥统一战线在协商民主中的重要作用，促进政党关系、民族关系的和谐。十八届三中全会《决定》指出：“发挥统一战线在协商民主中的重要作用。完善中国共产党同各民主党派的政治协商，认真听取各民主党派和无党派人士意见。中共中央根据年度工作重点提出规划，采取协商会、谈心会、座谈会等进行协商。完善民主党派中央直接向中共中央提出建议制度。贯彻党的民族政策，保障少数民族合法权益，巩固和发展平等团结互助和谐的社会主义民族关系。”政治协商是我国协商民主的发源地和充分应用的领域，是我们党的传统优势，是社会主义协商民主的基本阵地。只有进一步搞好政治协商，才能带动和促进协商民主在其他方面广泛运用。在这种意义上，中国共产党领导的政治协商对我国整个协商民主发展具有牵引作用。为完善这种政治协商，需要增强协商的计划性和形式的丰富性。特别是要总结新经验，拓展新渠道。《决定》提出“完善民主党派中央直接向中共中央提出建议制度”，既是政治协商的开拓创新之举，也是对民主党派提出的新要求，为民主党派在协商民主建设中发挥更大更好作用提供了新的制度平台。①协商民主的一个重要原则是在尊重多数的基础上照顾少数。我国是一个多民族国家，55个少数民族在总人口的比重仅为8.49%。协商民主有利于贯彻党的民族政策，保障少数民族合法权益，巩固和发展平等团结互助和谐的社会主义民族关系。②

六是发挥人民政协作为协商民主重要渠道作用，使之发挥示范带动效应。十八届三中全会《决定》指出：“发挥人民政协作为协商民主重要渠道作用。重点推进政治协商、民主监督、参政议政制度化、规范化、程序化。各级党委和政府、政协制定并组织实施协商年度工作计划，就一些重要决策听取政协意见。完善人民政协制度体系，规范协商内容、协商程序。拓展协商民主形式，更加活跃有序地组织专题协商、对口协商、界别协商、提案办理协商，增加协商密度，提高协商成效。在政协健全委员联络机构，完善委

① 叶小文、张峰：《协商民主与国家治理》，《光明日报》2013年12月28日。

② 张峰：《明确协商民主在国家治理体系中的重要地位》，《人民政协报》2014年1月22日。

员联络制度。”依据中国共产党领导的多党合作和政治协商制度而开展的人民政协的协商民主和多党合作的协商民主是社会主义协商民主的重点，必须加强而不能削弱。不仅因为这是我国协商民主的发源地和充分应用的领域，也是因为只有做好了这些方面的协商，才能带动和促进协商民主在其他方面广泛运用。发挥人民政协作为协商民主重要渠道作用主要有四个方面：一是重点推进政治协商、民主监督、参政议政制度化、规范化、程序化。主要是完善人民政协制度体系，规范协商内容、协商程序。二是增强协商的计划性。各级党委和政府、政协制定并组织实施协商年度工作计划，就一些重要决策听取政协意见。三是拓展协商民主形式，更加活跃有序地组织专题协商、对口协商、界别协商、提案办理协商，增加协商密度，提高协商成效。全国政协已经开展的双周协商座谈会就是继承好传统、增加协商密度的好形式。四是发挥政协委员的作用，主要是健全委员联络机构，完善委员联络制度。概括起来说，就是要切实增强协商实效，规范协商内容，提高协商能力，强化协商成果运用，更好地展现社会主义协商民主的优势和价值，努力构建多层次、全方位协商格局，让人民政协真正发挥出对社会主义协商民主的示范、带动、推动作用。

（三）习近平在庆祝中国人民政治协商会议成立65周年大会上的重要讲话谱写社会主义协商民主建设新篇章

2014年9月，习近平总书记在庆祝中国人民政治协商会议成立65周年大会上发表重要讲话，从全面认识社会主义协商民主是中国社会主义民主政治的特有形式和独特优势这一重大判断，深刻把握社会主义协商民主是中国共产党的群众路线在政治领域的重要体现这一基本定性，切实落实推进协商民主广泛多层制度化发展这一战略任务三个方面，科学回答了社会主义协商民主何以必要、何以重要、何以有效等重大理论和实践问题，是中国特色社会主义实践和理论的新篇章。①

① 叶小文、张峰：《协商民主：中国特色社会主义新篇章》，《光明日报》2014年9月23日。

一是从保证和支持人民当家作主看协商民主何以必要。人民民主的实质，就是人民当家作主。中国共产党执政，不是代替人民当家作主，而是保证和支持人民当家作主。习近平总书记指出："人民是否享有民主权利，要看人民是否在选举时有投票的权利，也要看人民在日常政治生活中是否有持续参与的权利；要看人民有没有进行民主选举的权利，也要看人民有没有进行民主决策、民主管理、民主监督的权利。"① 选举投票是人民的权利，包括民主决策、民主管理、民主监督在内的政治参与也是人民的权利，而且是必不可少的权利。要把"实现人民最广泛、最有效的政治参与"作为最大追求，在我国，就要保障人民民主权利是持续行使，而不是一时一事。习近平总书记指出："保证和支持人民当家作主，通过依法选举、让人民的代表来参与国家生活和社会生活的管理是十分重要的，通过选举以外的制度和方式让人民参与国家生活和社会生活的管理也是十分重要的。"② 选举民主是人民通过选举出自己的代表进行授权委托参与国家和社会生活的管理，是间接性的而非直接性的政治参与。而且选举民主具有阶段性的特点，用政治学的术语讲是一种起点民主或断点民主。由此就会产生在投票之后或非选举期间人民如何行使权利的问题，也就是习近平总书记所指出的"人民只有在投票时被唤醒、投票后就进入休眠期"的问题。协商民主则能使人民持续而直接地进行政治参与。

二是从坚持贯彻党的群众路线看协商民主何以重要。社会主义协商民主，是党的群众路线在政治领域的重要体现。回顾中国共产党的历史和新中国的历程，之所以能够取得事业的成功，靠的是始终保持同人民群众的血肉联系、靠的是"跟人民商量办事"的好传统。"商量办事"曾经被周恩来称为"新民主主义的议事精神"，今天，"在中国社会主义制度下，有事好商量，众人的事情由众人商量，找到全社会意愿和要求的最大公约数，是人民民主的真谛。"③ 现在人们思想活动的独立性、选择性、多样性、差异性明显增

① 《十八大以来重要文献选编》（中），中央文献出版社 2016 年版，第 73 页。

② 《十八大以来重要文献选编》（中），中央文献出版社 2016 年版，第 74 页。

③ 《十八大以来重要文献选编》（中），中央文献出版社 2016 年版，第 7 3 页。

强，人民群众需求的多层次、多方面、多样化的特征更加明显，今天要商量办事复杂起来了。这就要更耐烦、更细致、更频繁、更深入地商量。涉及全国各族人民利益的事情，要在全体人民和全社会中广泛商量；涉及一个地方人民群众利益的事情，要在这个地方的人民群众中广泛商量；涉及一部分群众利益、特定群众利益的事情，要在这部分群众中广泛商量；涉及基层群众利益的事情，要在基层群众中广泛商量。中国共产党来自人民、服务人民，党的人民性决定了党必须紧紧依靠人民治国理政、管理社会。习近平总书记指出："全心全意为人民服务，始终代表最广大人民根本利益，是我们能够实行和发展协商民主的重要前提和基础。"① 执政时间长了，最大的危险就是脱离群众。"为官"时间久了，最易忽略的就是群众的呼声。对于群众正常、合理、善意的批评和监督，不论多么尖锐，我们都要欢迎，不仅"忠言不能逆耳"，更要"敏于行"。作为执政者，我们党政治智慧的增长、治国理政本领的增强，无不源于人民群众的实践。坚持把实现好、维护好、发展好最广大人民根本利益，作为我们一切工作的出发点和落脚点。重大工作和重大决策识民情、接地气，以人民群众利益为重、以人民群众期盼为念，知民情、解民忧、纾民怨、暖民心，这些都离不开多商量、会商量。②

三是从推进协商民主广泛多层制度化发展看协商民主何以有效。协商民主要切实管用、作用实在，就要上下互动、左右相连，形成多样化、立体化、程序合理、环节完整的体系。习近平强调："社会主义协商民主，应该是实实在在的、而不是做样子的，应该是全方位的、而不是局限在某个方面的，应该是全国上上下下都要做的、而不是局限在某一级的。"③ 如何使社会主义协商民主实实在在推进，习近平强调了三点：其一，坚持协商于决策之前和决策实施之中的重要原则。"协商就要真协商，真协商就要协商于决策之前和决策之中，根据各方面的意见和建议来决定和调整我们的决策和工作。"其二，坚持使协商成果真正有用的制度保障。"从制度上保障协商成果

① 《十八大以来重要文献选编》（中），中央文献出版社 2016 年版，第 75—76 页。

② 叶小文、张峰：《协商民主：中国特色社会主义新篇章》，《光明日报》2014 年 9 月 23 日。

③ 《十八大以来重要文献选编》（中），中央文献出版社 2016 年版，第 77 页。

落地，使我们的决策和工作更好顺乎民意、合乎实际。”其三，坚持在全社会开展广泛协商的发展方向。“要通过各种途径、各种渠道、各种方式就改革发展稳定重大问题特别是事关人民群众切身利益的问题进行广泛协商，既尊重多数人的意愿，又照顾少数人的合理要求，广纳群言、广集民智，增进共识、增强合力。”① 如何使社会主义协商民主全方位展开，习近平强调了三点：其一，拓宽协商渠道，将十八届三中全会概括的五种渠道细化为中国共产党、人民代表大会、人民政府、人民政协、民主党派、人民团体、基层组织、企事业单位、社会组织、各类智库等十种协商渠道。其二，丰富协商类型，深入开展政治协商、立法协商、行政协商、民主协商、社会协商、基层协商等多种协商。其三，建立健全协商方式，包括提案、会议、座谈、论证、听证、公示、评估、咨询、网络等多种方式，不断提高协商民主的科学性和实效性。如何使协商民主真正落实，切实“落地”，习近平总书记强调了基层民主协商的工作重点，指出：“涉及人民群众利益的大量决策和工作，主要发生在基层。要按照协商于民、协商为民的要求，大力发展基层协商民主，重点在基层群众中开展协商。”② 群众利益无小事，协商民主如果不从基层搞起来，就难显现出它的作用，获得广泛的民意基础，保持持久的生命力。协商民主是人民群众的民主权利。宪法规定的公民言论自由的基本权利，中共十八大报告提出保障人民的“表达权”，都应落实到人民群众在协商活动中的发言权。如何开展基层民主协商？习近平总书记强调三点：一是凡是涉及群众切身利益的决策都要充分听取群众意见，通过各种方式、在各个层级、各个方面同群众进行协商。二是要完善基层组织联系群众制度，加强议事协商，做好上情下达、下情上传工作，保证人民依法管理好自己的事务。三是要推进权力运行公开化、规范化，完善党务公开、政务公开、司法公开和各领域办事公开制度，让人民监督权力，让权力在阳光下运行。

推进协商民主广泛多层制度化发展，要坚持发挥人民政协在发展协商民

① 《十八大以来重要文献选编》（中），中央文献出版社 2016 年版，第 77 页。

② 《十八大以来重要文献选编》（中），中央文献出版社 2016 年版，第 78 页。

主中的重要作用。习近平总书记指出:“人民政协要发挥作为专门协商机构的作用,把协商民主贯穿履行职能全过程,推进政治协商、民主监督、参政议政制度建设,不断提高人民政协协商民主制度化、规范化、程序化水平,更好协调关系、汇聚力量、建言献策、服务大局。”① 人民政协是我国“专门协商机构”这一新提法,反映了我们党对人民政协性质、作用的认识不断深化,突出了人民政协在发展社会主义协商民主中的重要作用。在我国协商渠道是多种的,但专门协商机构只有一个,就是人民政协,这赋予了人民政协更大更多更高的协商职责。人民政协在推动协商民主广泛多层制度化发展、在实现国家治理体系和治理能力现代化的作用是不可替代的。②

(四)《中共中央关于加强社会主义协商民主建设的意见》就加强社会主义协商民主建设作出总体部署和顶层设计

2015 年初,经中共中央政治局会议审议通过下发《中共中央关于加强社会主义协商民主建设的意见》(以下简称《意见》),全面总结了我国多党合作和政治协商的成功经验,着眼于推进协商民主广泛多层制度化发展,建设社会主义政治文明,推进国家治理体系和治理能力现代化,就加强社会主义协商民主建设作出了总体部署和顶层设计。③

1. 围绕什么是协商民主的问题,深刻阐述社会主义协商民主的基本内涵、发展历程、定性定位

《意见》在总结我们党历次有关文件关于协商民主的认识基础上,给协商民主下了一个严谨的定义:“协商民主是在中国共产党领导下,人民内部各方面围绕改革发展稳定重大问题和涉及群众切身利益的实际问题,在决策之前和决策实施之中开展广泛协商,努力形成共识的重要民主形式。”这一定义明确了协商民主的领导者是中国共产党,协商的主体是人民内部各方

---

① 《十八大以来重要文献选编》(中),中央文献出版社 2016 年版,第 70 页。

② 张峰:《如何认识人民政协是专门协商机构》,《中国政协理论研究》2018 年第 4 期。

③ 张峰:《为社会主义民主政治注入新活力——深入学习〈中共中央关于加强社会主义协商民主建设的意见〉》,《人民政协报》2015 年 2 月 11 日。

面，协商的内容是改革发展稳定重大问题和涉及群众切身利益的实际问题，协商的基本要求是在决策之前和决策实施之中开展广泛协商，协商的目的是努力形成共识。从对协商民主的各基本要素均有所明晰角度看，这是一个关于协商民主的科学定义，为发展社会主义协商民主提供了基本遵循。

关于协商民主的形成和发展，《意见》强调："社会主义协商民主是中国共产党和中国人民的伟大创造，源自中国共产党领导人民进行革命、建设、改革的长期实践。"协商民主在我国具有深厚的文化基础即中华民族长期形成的天下为公、兼容并蓄、求同存异等优秀政治文化，理论基础即马克思主义中国化的理论成果毛泽东思想和中国特色社会主义理论体系，实践基础即改革开放以来中国在政治体制上的不断创新，制度基础即我国根本政治制度人民代表大会制度、基本政治制度中国共产党领导的多党合作和政治协商制度、民族区域自治制度以及基层群众自治制度。特别是党的十八大和十八届三中全会深刻总结我国社会主义民主政治建设的经验和规律，作出健全社会主义协商民主制度、推进协商民主广泛多层制度化发展的重大战略部署，为发展中国社会主义民主政治丰富了形式，拓展了渠道，增加了内涵。

关于协商民主的定性定位，《意见》开宗明义地强调：社会主义协商民主，"是中国社会主义民主政治的特有形式和独特优势，是党的群众路线在政治领域的重要体现，是深化政治体制改革的重要内容。"进一步更具体地概括出了加强协商民主建设的"五个有利于"的独特优势："有利于扩大公民有序政治参与、更好实现人民当家作主的权利，有利于促进科学民主决策、推进国家治理体系和治理能力现代化，有利于化解矛盾冲突、促进社会和谐稳定，有利于保持党同人民群众的血肉联系、巩固和扩大党的执政基础，有利于发挥我国政治制度优越性，增强中国特色社会主义道路自信、理论自信、制度自信。"更为明确地提出了在加强协商民主建设过程中坚持贯彻党的群众路线的具体要求，如把涉及群众切身利益的实际问题作为协商民主的主要内容，把更好保障人民群众的知情权、参与权、表达权、监督权作为加强协商民主建设的基本原则之一，就人大协商提出密切代表同人民群众联系，就政府协商提出加强与群众代表的沟通协商，就人民团体协商提出围绕做好新形势下党的群众工作开展协商，就基层协商提出更好解决人民群众的实际困难和问题，就党对协商民主建设的领导提出尊重群众首创精神，等等。深化政治体制改革，是党的十八届三中全会提出的全面深化改革的重大任务之一，《意见》明确作出协商民主“是深化政治体制改革的重要内容”的定位，意义重大。我国的改革历来是全面改革，政治体制改革不断取得新进展，但也存在着民主法治建设同扩大人民民主和经济社会发展的要求不完全适应，社会主义民主政治的体制、机制、程序、规范以及具体运行上不完善的问题，需要积极稳妥推进政治体制改革，重要内容就是加强协商民主建设，为发展中国特色社会主义民主政治注入新的活力。

2. 围绕为什么要加强协商民主建设的问题，明确加强协商民主建设的目的原则、重大关系

在新的历史条件下，之所以要加强协商民主建设，是形势所迫、问题倒逼。《意见》提出我们要面对的“四个新”：一是改革开放进程中利益格局深刻调整的新形势。改革是一场巨大的利益调整，虽然改革开放以来社会各阶层群众的生活水平都有明显提高，但贫富差距过大的趋势并没有根本扭转，还存在着数量庞大的低收入群体，运用协商民主平衡社会利益的任务依然很重。二是社会新旧矛盾相互交织的新变化。改革的过程就是解决我国发展面临的一系列突出矛盾的过程，但在现阶段社会矛盾处在多发期，旧的矛盾尚未解决，新的矛盾又产生出来，并且呈现出胶着状态，依靠协商民主化解社会矛盾的办法更加有效。三是市场经济条件下思想观念多元多样的新情况。在市场经济的大潮中，各种思想文化相互激荡，人们思想活动的独立性、选择性、多变性、差异性明显增强，价值取向日益多样化，通过协商民主引导社会舆论的工作格外重要。四是世界范围内不同政治发展道路竞争博弈的新挑战。当今国际思想政治领域斗争深刻复杂，西方一些敌对势力把我国发展壮大视为对其价值观和制度模式的挑战，加紧对我国进行思想文化渗透和政治模式输出，斗争的实质是不同政治发展道路的选择，发展协商民主彰显中国特色社会主义政治发展道路巨大优越性非常必要。

《意见》在科学判断形势的基础上，提出了加强协商民主建设的指导思

想和基本原则，深刻阐述了加强协商民主建设的现实必要性，概括起来说，主要是三个关系：一是协商民主与人民当家作主的关系。《意见》提出，加强协商民主建设，要以保证人民当家作主为根本，有利于扩大公民有序政治参与、更好实现人民当家作主的权利。人民当家作主，是社会主义民主的实质。实现人民当家作主，就必须保证人民依法有效管理国家事务、管理经济和文化事业、管理社会事务，保证人民的基本政治权利得到落实。人民进行民主选举的权利表现为选举权，人民进行民主决策、民主管理、民主监督的权利表现为知情权、参与权、表达权、监督权。因此，《意见》强调：坚持广泛参加、多元多层，更好地保障人民群众的知情权、参与权、表达权、监督权。这些权利的实现和保障，需要运用协商民主这一重要民主形式，这是加强协商民主建设的根本目的。二是协商民主与推进国家治理体系和治理能力现代化的关系。加强协商民主建设，是实现国家治理体系和治理能力现代化的重要方面和必然要求。国家治理现代化的核心问题是制度建设，为党和国家事业发展、为人民幸福安康、为社会和谐稳定、为国家长治久安提供一整套更加成熟更加定型的系统完备、科学规范、运行有效的制度体系。其中就包括社会主义协商民主制度。《意见》在强调坚持和完善我国根本政治制度和基本政治制度的前提下，提出“不断健全和完善社会主义协商民主制度”的总要求，并提出建立健全一些重要的程序性制度，如民主党派中央直接向中共中央提出建议制度，法律法规规章起草征求人大代表意见制度，人民政协协商座谈会制度、知情明政制度、委员联络制度，企事业单位民主管理制度，党领导协商民主建设的工作制度、决策咨询制度等，同时提出加强协商民主的一系列机制建设。随着这些制度建设的要求得到落实，必将有力推进国家治理体系和治理能力现代化进程。三是协商民主与党的领导的关系。党的领导是中国特色社会主义最本质的特征，也是加强协商民主建设的根本保证。一方面，协商民主有利于坚持党的领导，通过推进协商民主可以改善党的领导、加强党的领导、巩固党的执政地位。另一方面，加强协商民主建设，也必须坚持党的领导，充分发挥党总揽全局、协调各方的领导核心作用，把握正确方向，形成强大合力，确保有序高效开展。《意见》专门用一部分阐述加强和完善党对协商民主建设的领导，要求各级党委高度重视协商民主建设，对职责范围内各类协商民主活动进行统一领导、统一规划、统一部署；要求建立健全党领导协商民主建设的工作制度，建立党委统一领导、各方分工负责、公众积极参与的领导体制和工作机制，加强统筹协调，认真研究制定协商规划，解决协商民主建设的重大问题；要求支持鼓励协商民主建设探索创新，建立健全多种协商方式，加强中国特色新型智库建设，加强协商民主理论研究；要求营造协商民主建设良好氛围，自觉把协商民主建设贯彻于各领域，健全党内民主制度，加强正确舆论引导，树立协商民主建设先进典型，发挥好示范引领作用。

3. 围绕怎样加强协商民主建设的问题，统筹协调各协商渠道，完善程序，突出重点，体现特色

构建程序合理、环节完整的协商民主体系，推进协商民主广泛多层制度化发展，是加强协商民主建设的重要目标。为此，必须统筹协调各协商渠道的协商活动，以形成强大合力，确保有序高效。按照我国的政治组织架构来划分，协商渠道主要有 7 个，分别是政党协商、人大协商、政府协商、政协协商、人民团体协商、基层协商以及社会组织协商。从构建完善的协商民主体系来看，这 7 个协商渠道都要发挥作用，缺一不可，但从各自的主要职能和开展协商活动的发育成熟程度来看，又不能等量齐观、齐头并进，必须有区别地对待。因此，《意见》将这 7 个协商渠道区分为三种情况，明确提出："继续重点加强政党协商、政府协商、政协协商，积极开展人大协商、基层协商、人民团体协商，逐步探索社会组织协商。"同时要求："发挥各协商渠道自身优势，做好衔接配合"。这是一个科学合理的部署，既照顾到了全面性，又突出了重点性。

各协商渠道开展协商活动，都要把握协商工作规律，遵循协商程序。《意见》坚持从实际出发，按照科学合理、规范有序、简便易行、民主集中的要求，规范了"五步"协商程序，即制定协商计划、明确协商议题和内容、确定协商人员、开展协商活动、注重协商成果运用反馈。协商活动按照这五步程序来进行，才能确保有序务实高效。

《意见》根据各类协商的特点和实际需要，合理确定了各自的协商内容和方式，明确了协商工作的重点。关于政党协商。政党协商是中国共产党同民主党派的政治协商，是我们的传统优势，是开展比较早也比较好的协商。因此，政党协商的重点是继续加强，主要表现为继续探索规范政党协商形式，如完善协商的会议形式、约谈形式、书面沟通协商形式。特别是要加强政党协商保障机制建设，包括知情明政机制、协商反馈机制，支持民主党派加强协商能力建设。关于人大协商。人大协商是各级人大在依法行使职权同时在重大决策之前根据需要进行的协商，这种协商实践虽然早已有之，但用“人大协商”的概念进行规范还是新事情，因此《意见》提出“积极开展人大协商”。人大协商的重点是立法协商，因此要深入开展立法工作中的协商，包括健全法律法规起草协调机制，健全立法论证、听证、评估机制，健全法律法规草案公开征求意见和公众意见采纳情况反馈机制。关于政府协商。政府协商是围绕有效推进科学民主依法决策而开展的行政协商，也是已经做起来的事情，因此《意见》提出的要求是“扎实推进政府协商”。政府协商的重点是增强协商的广泛性、针对性，既要坚持社会公众广泛参与，又要对专业事项坚持专家咨询论证。要合理确定协商范围，涉及经济社会发展重大问题、重大公共利益或重大民生的，重视听取社会各方面的意见和建议。涉及特定群体利益的，加强与相关人民团体、社会组织以及群众代表的沟通协商。要完善政府协商机制，包括做好政府信息公开工作，完善意见征集和反馈机制，规范听证机制，建立健全决策咨询机制。关于人民团体协商。人民团体是党和政府联系人民群众的桥梁和纽带，围绕做好新形势下党的群众工作开展协商，《意见》提出的基本要求是“认真做好人民团体协商”。人民团体协商要解决的重点问题是涉及群众切身利益的实际问题，特别是事关特定群体权益保障问题，因此要建立完善人民团体参与各渠道协商的工作机制，组织引导群众开展协商，健全直接联系群众工作机制，拓展联系渠道和工作领域。关于基层协商。基层协商是基层组织为更好解决人民群众的实际困难和问题，及时化解矛盾纠纷，促进社会和谐稳定而开展的民主协商。虽然基层协商实践活动在一些地方已经自发地开展起来，并且出现了一些先进典型，但作为制度化规范性的基层协商尚在探索试验过程之中，因此，《意见》对基层协商提出了“稳步推进”的基本要求，并且分别就推进乡镇、街道的协商，推进行政村、社区的协商，推进企事业单位的协商，明确了协商的内容、协商的组织形式、协商的机制等。关于社会组织协商。在我国社会组织协商是一个新事物，需要有一个经过试验积累经验的过程，并且与其他协商渠道有一定的交叉性，因此《意见》没有对其单独分类表述，提出“探索开展社会组织协商”，要求坚持党的领导和政府依法管理，健全与相关社会组织联系的工作机制和沟通渠道，引导社会组织有序开展协商，更好为社会服务。同时要求相关协商渠道吸纳社会组织参与协商。

加强社会主义协商民主建设，人民政协具有不可或缺的重要作用。《意见》把政协协商列为继续重点加强的三个协商渠道之一，并且明确提出“充分发挥人民政协作为协商民主重要渠道和专门协商机构的作用”，充分体现了党中央对人民政协和政协协商的高度重视。《意见》对政协协商的总要求是“进一步完善”，这既是对政协协商已有成绩的肯定，也是对政协协商提出的新要求。如何进一步完善，一是明确政协协商的主要内容，主要包括国家和地方的大政方针以及政治、经济、文化和社会生活中的重要问题，各党派参加人民政协工作的共同性事务，政协内部的重要事务，以及有关爱国统一战线的其他重要问题等。二是完善政协会议及其他协商形式，包括改进政协通过会议进行协商的形式，更加灵活、更为经常地开展专题协商、对口协商、界别协商、提案办理协商，探索网络议政、远程协商等新形式，增加集体提案比重，提高提案质量，建立交办、办理、督办提案协商机制。三是加强政协协商与党委和政府工作的有效衔接，规范协商议题提出机制，规范年度协商计划的制定，健全知情明政制度，规范党委和政府领导及部门负责人参加政协协商活动，完善协商成果采纳、落实和反馈机制。四是加强人民政协制度建设，包括研究制定规范政治协商、民主监督、参政议政的具体意见，在条件成熟时对政协界别适当进行调整，完善委员推荐提名工作机制，研究制定政协委员管理的指导性意见，建立健全委员联络机构，完善委员联络制度。同时，人民政协还有与其他协商渠道衔接配合、积极参与的任务，特别是积极组织人民团体参与协商、视察、调研等活动。

《中共中央关于加强社会主义协商民主建设的意见》下发后，以习近平同志为核心的党中央高度重视文件配套和贯彻落实工作，一年之内先后下发三个实施意见，分别是2015年6月中共中央办公厅印发的《关于加强人民政协协商民主建设的实施意见》，7月中共中央办公厅、国务院办公厅印发的《关于加强城乡社区协商的意见》，十八届五中全会前夕印发的中共中央办公厅《关于加强政党协商的实施意见》。这些实施意见把《中共中央关于加强社会主义协商民主建设的意见》的总体要求进一步具体化，不仅表明社会主义协商民主在理论上进一步成熟，而且在实践上不断完善，为推进社会主义协商民主广泛多层制度化发展提供了有力的指导，掀起了社会主义协商民主建设新高潮。

第四章　社会主义协商民主建设的基本思路

中共十八大以来，以习近平同志为核心的党中央提出加强社会主义协商民主建设的一系列新思想、新论断、新部署，结合我国理论界关于社会主义协商民主研究的理论成果，形成社会主义协商民主建设的基本思路。习近平总书记在中共十九大报告中指出："要推动协商民主广泛、多层、制度化发展，统筹推进政党协商、人大协商、政府协商、政协协商、人民团体协商、基层协商以及社会组织协商。加强协商民主制度建设，形成完整的制度程序和参与实践，保证人民在日常政治生活中有广泛持续深入参与的权利。"并且强调："人民政协是具有中国特色的制度安排，是社会主义协商民主的重要渠道和专门协商机构。"① 依据这一基本精神，我们可以把社会主义协商民主建设的基本思路概括为：以解决协商民主建设中存在的突出问题为导向，以实现国家治理体系和治理能力现代化为目标，以推进协商民主广泛多层制度化发展为途径，构建中国社会主义协商民主体系。

一、社会主义协商民主建设过程中存在的突出问题解析

中共十八大以来，社会主义协商民主建设形成高潮，并取得了明显的成就。但在理论和实践上也存在一些突出问题，影响和制约社会主义协商民主

① 《十九大以来重要文献选编》（上），中央文献出版社 2019 年版，第 27 页。

的健康发展。概括起来，主要有以下三个方面：

（一）认识的不全面问题

对协商民主的认识不全面问题，主要是不把协商民主当作民主的一种形式。

在我国“协商民主”的概念形成较晚。在我国理论界，主要是对 2006 年《中共中央关于加强人民政协工作的意见》提出的“人民内部各方面在重大决策之前进行充分协商，尽可能就共同性问题取得一致意见”进行简要概括才提出来的，正式写进中共中央文献则是在 2012 年中共十八大报告中。在国际上，尽管 20 世纪 80 年代，西方学者已经提出了“deliberative democracy”（直译“审慎民主”），但将其翻译成“协商民主”也是进入新世纪后的事情。因此，“协商民主”作为民主的基本形式之一，长期未成为广泛的共识。一谈到民主，人们想起的还是“选举”。由于不把协商民主当民主的认识比较普遍，导致一些人对改革开放以来我国协商民主实践取得的重大进展视而不见，认为我国的政治体制改革停滞不前，导致在民主政治建设过程中不重视民主协商活动，协商民主建设未广泛开展起来。

这种不把“协商民主”当作民主形式的认识，有其历史的原因，与“民主”一词的本意有关。“民主”（Democracy）一词源于希腊文。古希腊的历史学家希罗多德在《历史》一书中第一次提到了“民主”（demokratia），该词由 demoe 即“人民”和 kratos 即“权力”、“统治”、“治理”这两个词根合成，基本含义是“人民的统治”。长期以来，一直认为选举是民主的基本形式，甚至是唯一形式。这种认识古希腊的雅典一直延续到了现代。西方政治学家基本上是这样认为的。例如，约瑟夫·熊彼特认为：“民主方法就是那种为做出政治决定而实行的制度安排，在这种安排中，某些人通过争取人民的选票而取得做决定的权力。”亨廷顿认为：“民主政治的核心程序是被统治的人民通过竞争性的选举来挑选领袖。”乔·萨托利也认为：“民主是择取领导的竞争方法的副产品，竞争的选举产生民主。”当然，这种观点现在也受到了挑战，例如，英国前首相布莱尔发表的文章，标题就是：《民主已死？——

真正的民主体制不仅仅是赋予民众投票权》。①

协商与民主相结合，或者说把协商作为民主的一种形式，完全是现代的事情。在这一点上，西方左翼政治学家功不可没。20 世纪 80 年代，西方发达国家出现了“deliberative democracy”，其本意是“审慎民主”，中央编译局将其翻译为“协商民主”。这种译法是这个词汇具有的含义之一，与我国早已有的协商民主实践相照应，易于为我国读者所理解接受，自然有其道理。但由此也造成了一定误解，似乎西方国家早就有协商民主，并引起了对“协商民主是中国社会主义民主政治的特有形式”这一判断的质疑。为此，有必要作些澄清。西方左翼学者提出“审慎民主”是为了弥补西方代议制民主存在的弊端，而非创造出一种新的民主形式来取而代之。西方“审慎民主”研究目前还主要处于理论上的探讨，远未达到付诸实践程度，更未形成制度性的规定。它和我国大力发展的社会主义协商民主不可同日而语。当然，我们也要看到，西方“审慎民主”理论热的出现，客观上展现了协商民主有可能作为一种新型民主潮流而出现的趋势。西方学者关于“审慎民主”的许多研究成果，特别是程序性设计方面，对于我国加强协商民主建设有一定的借鉴意义。②

在对协商民主的认识上，不把协商民主当民主是主要的倾向，但同时也存在着相反的另一种倾向，就是把协商民主理解成民主的唯一形式。造成这种理解的原因之一，是对习近平总书记提出的“协商民主是中国社会主义民主政治中独特的、独有的、独到的民主形式”的误解。之所以说协商民主是中国独特、独有、独到的，旨在强调协商民主产生于中国的历史必然性，并不能将协商民主理解为民主的唯一形式。民主的实质是人民当家作主，为了保证和支持人民当家作主，就必须保障人民享有广泛而持续的政治权利，使人民不仅要有进行民主选举的权利，也要有进行民主决策、民主管理、民主监督的权利，并且要避免投票后就进入休眠期的形式主义问题。按照我国宪

---

① 托尼·布莱尔在《纽约时报》2014 年 12 月 4 日刊发文章，原标题：Is Democracy Dead? For True Democracy, the Right to Vote Is Not Enough.

② 张峰：《协商民主建设八个重要问题解析》，《中国特色社会主义研究》2015 年第 2 期。

法规定，公民的基本政治权利主要是两个方面：一是选举权和被选举权，二是言论、出版等方面的自由。前者涉及选举民主，后者涉及协商民主。公民言论自由在很大程度上表现为人民在协商活动中的表达权，并且具有持续性、直接性的政治参与特点。因此，发展人民民主，选举民主和协商民主两种形式都需要，不能只把选举民主当民主而排斥或低估协商民主的作用，也不能因为今天重点发展协商民主就将其当作民主的唯一形式而忘记发展选举民主的任务。事实上，协商民主与选举民主（或票决民主）一般都不是独立存在的，而是相互结合的，并且只有在结合中才能发挥其应有的效力和作用。①

（二）发展的不平衡问题

尽管党中央一再要求“在党的领导下，以经济社会发展重大问题和涉及群众切身利益的实际问题为内容，在全社会开展广泛协商”，但协商民主的发展却很不平衡。协商民主的 7 个主要渠道，政党协商、人大协商、政府协商、政协协商、人民团体协商、基层协商以及社会组织协商，由于主要职能不同和发育成熟程度不同，开展协商活动呈现出很大差别。

开展协商活动最多最好的是两个传统的协商渠道，即政党协商和政协协商。在中央社会主义学院以民主党派和无党派人士为主要对象的问卷调查中，有 94%的人曾经参与过民主协商。其中，参加过政党协商的占 31.2%；参加过行政协商的占 29.5%；参加过政协协商的占 60.5%；参加过社会组织协商的占 18.6%；参加过基层民主协商的占 28.4%。排第一、二位的是政协协商和政党协商。调查还显示，参与民主协商的主要渠道，有 62.9%的被访者是通过政协，59.6%的被访者是通过民主党派，11.1%的被访者是通过商会或社团，10.5%的被访者是通过工商联，还有 15.3%的被访者是通过其他渠道。

政府协商是围绕有效推进科学民主依法决策而开展的行政协商，也是

① 张峰：《协商民主建设八个重要问题解析》，《中国特色社会主义研究》2015 年第 2 期。

开展协商活动比较多的协商渠道。在中央社会主义学院的问卷调查中，近30%的受访者参加过行政协商，有较高比例，排序第三。政府协商之所以能够开展起来，关键在于对行政协商的重要性有比较广泛的共识。有 80.1%的被访者认为“行政协商是政府科学决策的必要前提”，有 77.8%的被访者认为“行政协商是建设法治政府和服务型政府的必然要求”。而认为“行政只能协调，不能协商”的仅有 6.7%的被访者，认为“行政协商可有可无”的仅有 2.5%的被访者。当然，对政府协商的成效也不可高估。特别是政府独立开展的协商活动，如价格听证会，多以“造成价格上涨”而收场，饱受诟病。关于当前行政协商运作不佳的主要原因，54.6%的被访者认为是政府操控性太强，42.5%的被访者认为是政府不重视，37.7%的被访者认为是协商主体不明确，18.3%的被访者认为是公众没有参与热情。这些意见大体能够反映群众对政府协商的看法。

人大协商是各级人大在依法行使职权的同时在重大决策之前根据需要进行的协商，这种协商实践虽然早已有之，但用“人大协商”的概念进行规范，则是 2015 年年初下发的《中共中央关于加强社会主义协商民主建设的意见》首次提出的。由于人民代表大会是我国的立法机构，人大协商的特色和重点便是立法协商。因为立法协商很有争议，也就很难开展起来。在中央社会主义学院的问卷调查中，对于人民政协是否有必要参与立法协商，有 45.4%的人认为“非常有必要”，46.9%的人认为“有必要”，合计超过 90%。但在实践中政协参与立法协商却很难落实。“立法协商”是中共十八届三中全会《决定》提出来的，要求“深入开展立法协商”。中共十八届四中全会《决定》提出：“充分发挥政协委员、民主党派、工商联、无党派人士、人民团体、社会组织在立法协商中的作用。”2015 年 3 月全国人大修订《立法法》，听取意见的范围已不明确包括人民政协、民主党派。此事在政协委员、民主党派中引起了强烈的不同反响。作为立法机构的人大和作为专门协商机构的政协各执一词，都有道理。人大方面认为，我国不搞“两院制”，人大是我国的立法机构，如果在立法问题上要同政协协商，政协也就有了立法权，成了第二院。政协方面认为，人民政协是我国专门协商机构，立法协商是要健全立法机关和社会公众沟通机制，连普通群众都参与，为何不可以听取政协意见。这个问题怎么解决？我们的看法是，人大的立法事宜可以不必把听取政协、民主党派意见作为必经环节，但政党协商和政协协商中则应有立法协商。中共中央历次下发的关于统一战线和多党合作的重要文件都明确规定中国共产党同民主党派的政治协商的内容包括“宪法和重要法律的修改建议”。例如2015年5月下发的《中国共产党统一战线工作条例（试行）》规定政党的协商内容有：“宪法的修改建议，有关重要法律的制定、修改建议，有关重要地方性法规的制定、修改建议。”人民政协作为中国共产党领导的多党合作和政治协商的重要机构，也可以受中国共产党的委托开展立法协商工作，或者责成人大党组就法律法规修改听取政协意见。

基层协商是基层组织为更好解决人民群众的实际困难和问题，及时化解矛盾纠纷，促进社会和谐稳定而开展的民主协商。近些年来在一些地方搞了起来，形成了个别先进典型。这是一种可喜的现象。但是也要看到，这些在一定意义上说是自发搞起来的民主协商活动，存在着上无指导无所依归，傍无借鉴孤掌难鸣之类的问题。① 基层协商较为普遍开展起来，主要是集中在个别省份，如浙江、四川，就全国来说远未大规模地开展起来。在中央社会主义学院的问卷调查中，被调查者所在城市社区（乡村）经常开展民主协商的占24.5%，偶尔开展的占44.0%，没有开展的占16.9%，不知道的占14.4%。这大体能够反映出全国的状况。为促进基层协商民主发展，2015年7月中办、国办印发《关于加强城乡社区协商的意见》，但由于这个文件的起草者和实施主体是民政部门，实际上并未得到重视，没有发挥应有的指导作用。根据中央社会主义学院课题组的实地调查，目前基层协商民主开展比较好的地方，主要是两个部门发挥了较大作用：一是党委统战部门，一是人民政协。适应大统战的工作新格局，基层统战越来越重要，需要找到一个新的抓手，这就是基层协商民主建设。人民政协虽然没有基层组织，但人民政

---

① 张峰：《人民政协在构建协商民主体系中的地位和作用》，《中国政协理论研究》2014年第3、4期合刊。

协本身也有反映社情民意、协调利益关系而工作向基层下沉的需要，开展基层协商民主也有很大动力。近些年来，为适应基层统战工作的需要和基层民主协商发展的需要，一些地方已经进行了设立街道乡镇政协组织的试点，对于这种探索应当给予鼓励支持，待取得成功后加以推广，让人民政协也在发展基层民主协商中发挥应有的作用。①

人民团体协商是人民团体作为党和政府联系人民群众的桥梁和纽带，围绕做好新形势下党的群众工作开展的协商。但人民团体的协商实践从来不是独立开展的，一般来说是纳入人民政协协商来进行的。独立的人民团体协商可以说还没有全面开展起来，很难用好坏来评价。因此，搞好人民团体协商，要注意发挥人民政协的作用。《中共中央关于加强社会主义协商民主建设的意见》提出：“政协要充分发挥人民团体及界别委员的作用，积极组织人民团体参与协商、视察、调研等活动，密切各专门委员会和人民团体的联系。”

社会组织协商在我国是一个新事物。社会组织是指经各级民政部门登记注册，在政府、市场、社会之间发挥服务、沟通、协调等作用的非营利性组织，包括社会团体、基金会、民办非企业单位。社会组织协商包括内部和外部协商两个方面，内部协商是社会组织成员通过意见表达机制来凝聚力量、形成共识，外部协商是通过与政府的沟通协调机制反映民情、协同治理。适合由社会组织提供的公共服务和解决的事项，越来越多地要交由社会组织承担，因此要发挥其在沟通、对话、谈判、调解中的协商渠道和平台作用。目前，社会组织协商也未独立开展起来，一般来说都是参与了政府的行政协商。据中央社会主义学院课题组问卷调查，参加过社会组织协商的占 18.6%，有 23.4%的被访者通过社会组织推荐获得协商机会。这大体上能反映出全国的总体情况。随着社会组织在我国经济社会发展中的作用越来越大，社会组织协商也被重视起来。但如何开展，还需要进行深入的研究。《中

① 张峰：《人民政协在构建协商民主体系中的地位和作用》，《中国政协理论研究》2014 年第 3、4 期合刊。

共中央关于加强社会主义协商民主建设的意见》的征求意见稿，曾将社会组织协商单独作为一个部分，但在讨论过程中大家普遍认为这方面的经验不多也不成熟，遂将这一部分简化为一句话，附在基层协商之后，提出的要求是“探索开展”。

（三）实践的不深入问题

协商民主较之于选举民主（票决民主），其特点就在于具有更大的复杂性，不能简单地“一投了之”，而有必要反复讨论、反复沟通，取得共识后方可实施。正是在这个意义上说，协商民主是优质民主，体现着复杂性思维。因此，对协商民主的要求更高。

但在协商民主的实践过程中，存在的突出问题是质量不高的问题。在中央社会主义学院的问卷调查中，被调查者对其参加过的协商活动进行评价，平均分为 58.9 分，尚不足 60 分，而满分是 100 分。具体来说，对参与过的协商的质量，24.8%的被访者认为“有一定质量，且质量在不断提高中”，24.6%的被访者认为“有协商总比没有协商好，从这个意义上说，协商还是有一定意义的”，有 19.5%的被访者认为“流于形式、没有实际意义”，13.2%的被访者认为“有协商，无结果”，12.2%的被访者认为“场面会多，没有实质内容”，5.7%的被访者认为“有协商，无民主”。总的来说，约有半数的协商民主参与者承认已开展的协商民主有一定质量，但也有半数的参与者对协商民主的质量明确表示不满意。

人民政协协商是我国协商民主的主干部分，相对其他协商渠道来说是做得比较好的。但参与协商者还是表示不大满意。在中央社会主义学院的问卷调查中，关于人民政协作为协商民主的重要渠道，认为它作用发挥很好的仅占 16.0%，认为一般的占 61.7%，认为不太好的占 18.1%，认为没有发挥作用的占 4.1%。关于人民政协的政治协商最需要改进的地方，有 53.8%的人认为是“协商成果的应用”，15.8%的人认为是“协商程序的合理”，15.6%的人认为是“协商形式的改进”，14.8%的人认为是“协商内容的丰富”。

政党协商是中共各级党委直接开展的与各民主党派和无党派人士的政

治协商，一般来说也是做得比较好的。但在中央社会主义学院的问卷调查中，仅有40%的被访者对政党协商的现状表示满意。具体来说，对于中国政党协商的现状，39.7%的被访者认为“有政党协商，且发挥了重要作用”，52.2%的被访者认为“有政党协商，但没什么用处”,3.2%的被访者认为“无政党协商”，4.8%的被访者表示不清楚。关于当前政党协商存在的最大问题，45.1%的被访者认为是政党之间地位不平等，42.6%的被访者认为是政治协商程序不规范，12.3%的被访者认为是民主党派能力不适应。政党协商是执政的中国共产党与作为参政党的民主党派之间的协商，发挥好民主党派的作用至关重要。但在问卷调查中，关于参政党在当前政党协商中的实际地位，仅有18.7%的被访者认为“能够与执政党进行有效协商，并取得良好效果”，63.4%的被访者认为“虽然是政党协商的主体之一，但协商基本上是被动的，取得效果有限”，15.5%的被访者认为“虽然参政党是政党协商的主体之一，但基本上没有多少机会参与政党协商”，2.5%的被访者表示不清楚。针对这些突出问题，关于政党协商的努力方向，就要像习近平总书记所要求的那样，协商首先要有诚意，认认真真、满腔热情听取意见和建议，要避免协商的随意性，不能想起了、有空了、拖不过去了才协商。其次，要完善政党协商的内容和形式，建立健全知情和反馈机制，增加讨论交流的平台和机会。再次，协商中不要各说各话、流于形式，要有互动、有商量，使协商对凝聚共识、优化决策起到作用。

协商民主质量不高的问题在其他协商渠道也有所反映。例如，有超过75%的人认为，协商民主在社区乡镇基层开展得最差。64.9%的被调查者认为协商民主和老百姓的生活关系很密切，承认基层协商民主的重要性。关于如何发展基层协商民主，有76.8%的人认为发展基层民主协商的关键是党和政府的重视，65.4%的人认为关键是协商制度的制定和贯彻，50.1%的人认为是群众的协商民主意识，还有27.9%的人认为是发挥人民政协的作用。对于基层社会协商最亟须解决的问题，53%的人认为是“协商主体的平等性”，13.6%的人认为是“协商主体的言论自由”，8.7%的被访者认为是“协商议题的广泛性”，24.7%的被访者认为是“维护群众利益”。关于当前行政协商最需要解决的问题，42.1%的被访者认为是完善相应法律制度，24.9%的被访者认为是协商过程公开透明，15.8%的被访者认为是建立专门执行机构确保协商结果的落实，13.0%的被访者认为是建立协商章程，仅有4.2%的被访者认为是加强党委领导。62.3%的被访者认为行政协商的实施有必要纳入法治程序，25.4%的被访者认为行政协商的实施应接受公众和媒体及社会力量的监督，9.6%的被访者认为行政协商的实施应作为行政部门绩效考核的一部分，仅有2.6%的被访者认为行政协商的实施不必纳入法治程序。至于人大的立法协商、人民团体和社会组织的社会协商，基本上没有相对独立地开展起来，自然也就谈不上提高质量的问题。

二、以实现国家治理体系和治理能力现代化为目标

我国的改革，从来都是全面改革，既有经济体制改革，也有政治体制改革。但在不少人的印象里，与经济体制改革突飞猛进相比，政治体制改革总是显得差强人意，甚至给人停滞不前之感。应当说，这是一种误解。经济成功的背后，都有政治因素特别是政治制度支撑着。正如习近平总书记所分析的，国际上对中国道路、中国模式的讨论增多、肯定增多。这不仅意味着我国走出了一条不同于西方国家的成功发展道路，而且形成了一套不同于西方国家的成功制度体系。我们用事实宣告了“历史终结论”的破产，宣告了各国最终都要以西方制度模式为归宿的单线式历史观的破产。我们的国家治理体系和治理能力总体上是好的，是有独特优势的，是适应我国国情和发展要求的。我们要自信中国特色社会主义制度的优势、韧性、活力、潜能。但是为什么国内外总有人非议中国共产党“只搞经济体制改革，不搞政治体制改革”，党内外为什么总有一些同志疑虑政治体制改革滞后呢？其中一个重要原因，就是我国的政治体制改革的目标不明晰，社会主义民主政治建设的重点不突出。而这个问题，正是党的十八届三中全会通过的《关于全面深化改革若干重大问题的决定》所要解决的。十八届三中全会《决定》不仅明确提出“紧紧围绕坚持党的领导、人民当家作主、依法治国有机统一深化政治

体制改革”的基本要求，而且在“加强社会主义民主政治制度建设”部分合理布局了深化政治体制改革的战略重点、优先顺序、主攻方向、工作机制、推进方式。完全有理由说，《决定》是中国共产党人遵循历史唯物主义基本原理，不断适应经济基础发展完善上层建筑，深化政治体制改革的重要宣示。①

搞政治体制改革，坚持和改善党的领导、坚持和完善中国特色社会主义制度，是最核心的一条。偏离了这一条，就南辕北辙了。我们要着眼于充分发挥我国社会主义政治制度优越性，开拓出一条有鲜明特色的政治发展道路。这条道路的显著标志就是社会主义协商民主。协商民主以完善和发展中国特色社会主义制度为保障，以保证人民当家作主为根本，以扩大公民有序政治参与为重点，是实实在在的具有巨大优越性的民主。习近平总书记在关于十八届三中全会《决定》的说明中认为，“推进协商民主广泛多层制度化发展”是“政治体制改革的重要内容”。十分清楚地表明了我国政治体制改革必须把发展社会主义协商民主作为重点选择。

理解社会主义协商民主的重大意义，必须将其放到全面深化改革的总目标中来认识。中共十八届三中全会《决定》最大亮点就是提出了全面深化改革的总目标：“完善和发展中国特色社会主义制度，推进国家治理体系和治理能力现代化。”这既是全面改革的总目标，更是政治体制改革的目标。国家治理体系是在党领导下管理国家的制度体系，国家治理能力是运用国家制度管理社会各方面事务的能力。推进国家治理体系和治理能力现代化，也就是要形成现代国家治理体系和治理能力。现代国家治理体系和治理能力，至少要有“三化”的要求：制度化，公平化，有序化。社会主义协商民主也有“三治”的性质：法治，善治，理治。协商民主这“三治”与现代国家治理的“三化”是一种高度契合的关系。正因为如此，协商民主才成为实现国家治理现代化的重要方面，成为我国发展社会主义民主政治的重点选择。《中

① 叶小文、张峰：《协商民主与现代国家治理的高度契合》，《中国政协理论研究》2014 年第 1 期。

共中央关于加强社会主义协商民主建设的意见》指出，协商民主“有利于促进科学民主决策、推进国家治理体系和治理能力现代化”，清楚地表明了这一点。

（一）协商民主是一种法治，契合了现代国家治理的制度化要求

法治是与人治相对而言的。这里所说的法治是广义上的，不仅是指依照法律办事，也是指用制度管权、管事、管人。正是在这种意义上，党的十八大报告将“中国特色社会主义法律体系”纳入“中国特色社会主义制度”的范畴。十八届四中全会通过《关于全面推进依法治国若干重大问题的决定》，进一步提出“加强社会主义协商民主制度建设”。

习近平在十八届三中全会上的讲话中指出：“国家治理体系和治理能力是一个国家制度和制度执行能力的集中体现。”① 也就是说，推进国家治理体系和治理能力现代化的核心问题是完善和发展中国特色社会主义制度。中国特色社会主义制度是多方面的，但最基本的是中国特色社会主义政治制度。

协商民主在我国国家政治制度中有其重要地位。作为协商民主之制度支撑的中国共产党领导的多党合作和政治协商制度，是我国的一项基本政治制度。我国宪法规定：“中国共产党领导的多党合作和政治协商制度将长期存在和发展。”这是我国宪法中唯一一处从政治制度层面规定中国共产党领导地位的表述，要深刻认识这一表述的重大意义。我国宪法中关于中国共产党的领导地位，除了历史性陈述外，主要体现在统一战线、人民政协和多党合作制度上的规定。由此，也显示出人民政协、多党合作和政治协商制度对于坚持和保证党的领导在制度层面的重要性。② 中国共产党的领导地位是我国宪法确立的，因此和维护宪法权威不仅不矛盾，而且是其必然要求。我国宪法确立了在历史和人民选择中形成的中国共产党的领导地位，宪法是中国共

---

① 习近平：《论坚持全面深化改革》，中央文献出版社 2018 年版，第 46 页。

② 参见张峰：《人民政协与加强和改善党的领导》，杨崇汇、林智敏主编：《“总结人民政协事业 60 年的经验，推进新形势下的人民政协工作”课题研究成果集》，中国文史出版社 2010 年版，第 508 页。

产党领导地位和执政地位的根本法律保证，中国共产党没有理由不遵守、执行宪法，没有理由不坚决维护宪法法律权威。坚决维护宪法权威，就是维护中国共产党的领导地位。坚持党的领导地位，就必须坚持依宪治国、依宪执政。①

协商民主在党的重要文献中有制度性要求。中共十八大报告提出“健全社会主义协商民主制度。社会主义协商民主是我国人民民主的重要形式。要完善协商民主制度和工作机制，推进协商民主广泛、多层、制度化发展。”十八届三中全会《决定》又以“推进协商民主广泛多层制度化发展”，对发展社会主义协商民主作出了一系列制度性安排，必将大大推进社会主义协商民主制度更加成熟、更加定型的进程。

作为制度形式的协商民主，是中国共产党在长期的革命、建设、改革的过程中创造的。民主的实质，是人民当家做主。协商民主体现了社会主义民主的这一核心价值理念。共产党执政就是领导和支持人民当家做主，最广泛地动员和组织人民依法管理国家事务和社会事务、管理经济和文化事业，实现人民最广泛、最有效的政治参与。人民的民主权利，不应仅仅限于阶段性的投票选举，而应更多地表现为经常性地对国家决策的参与权和表达权。只有就经济社会发展重大问题和涉及群众切身利益的实际问题广泛开展民主协商，广纳群言、广集民智，才能最大限度地增进社会共识，增强实现共同奋斗目标的合力。同时也才能有效地克服少数人说了算的人治现象，形成人人来负责、上下按制度办事的社会共治的良好局面。

协商民主要发展，制度建设是关键。协商民主的优势在于制度的力量，薄弱环节也在于程序性制度的缺失。实体性制度重要，程序性制度同样重要。程序性制度是实体性制度得以实施的重要保障。2009 年 10 月，中共广州市委颁布《政治协商规程（试行)》，是全国出现的第一个关于政治协商的制度性规定，具有先行先试的特点。“变政策性协商为制度性协商”，是这个

① 张峰：《正确认识党的领导和依法治国的关系》，《北京日报》2014 年 11 月 3 日；《正确认识党的领导和社会主义法治的关系》，《人民日报》2014 年 12 月 31 日。

《规程》的首要价值之所在。[①] 此后一些省级党委也相继推出了政治协商规程或加强政治协商工作的意见、办法，在协商民主制度化建设方面取得了突破性进展，是加强协商民主程序性制度建设的积极尝试。需要在认真总结成功经验基础上，形成全国性的协商民主规程，使各种民主协商健康有序规范地开展起来。2015 年初《中共中央关于加强社会主义协商民主建设的意见》，在协商民主制度化发展上迈出新步伐。

协商民主是一种法治，就要于法有据。这就涉及协商民主要不要立法的问题。首先，可以肯定的是要坚定不移地推进协商民主法治化。推进协商民主法治化，是全面推进依法治国、建设社会主义法治国家的需要。中共十七大和十八大都提出了“实现国家各项工作法治化”的任务。特别是中共十八届四中全会通过的《关于全面推进依法治国若干重大问题的决定》进一步提出“推进社会主义民主政治法治化”。社会主义协商民主是中国社会主义民主政治的特有形式和独特优势，人民政协是协商民主重要渠道和专门协商机构。推进社会主义民主政治法治化，就要推进人民政协工作法治化，包括政协民主监督的法治化。以人民政协的民主监督为例，只有实现法治化的民主监督，赋予民主监督较强的约束力，才能从根本上解决民主监督职能的弱化问题，才能有力推进我国社会主义民主政治建设的进程。推进政协民主监督法治化，也有助于人民政协通过履行民主监督职能维护宪法法律权威、保证宪法法律实施。其次，推进协商民主法治化的进程要循序渐进。法治化包括法律化，但不限于法律化。协商民主法治化的进程可以按照中共十八届四中全会提出的思路分三步来推进。一是依照“大法治”的概念来理解协商民主的社会规范建设。十八届四中全会《决定》提出的建设中国特色社会主义法治体系的第一个体系是完备的法律规范体系，既包括法律、行政法规、地方性法规的法律体系，也包括市民公约、乡规民约、行业规章、团体章程在内的社会规范体系。依照这种“大法治”的概念来看，人民政协的章程、关于

① 张峰：《把政治协商纳入决策程序的切实之举——评〈中共广州市委政治协商规程（试行）〉》，《中国政协》2009 年第 10 期。

民主监督的工作规程性制度属于法律规范体系，当然也属于中国特色社会主义法治体系。因此，《决定》讲到人民政协是依章程履行职能，这也是法治化。① 制定政协民主监督规程，是人民政协工作法治化的重要方面，是可以尽快做起来的事情。二是按照法律化的方向使协商民主有法可依。具体来说，首先是宪法的修改中充实关于人民政协的表述，写上“政治协商、民主监督、参政议政职能”，使政协三项职能有宪法依据。其次是在相关法律中载入政协协商民主的法律条文。以政协民主监督为例，在党内法规和行政法规中明确民主监督的具体内容和具体事项，实现政协民主监督与其他监督形式的配合协调。这件事情在中共十八届六中全会通过的《中国共产党党内监督条例》中初步实现。《条例》首次明确规定：各级党委应当支持和保证“人民政协依章程进行民主监督”。总之，只有实现有法可依、有章可循，才能切实提高协商民主的实效性。

（二）协商民主是一种善治，契合了现代国家治理的公平化要求

现代国家治理不是等级森严、尊卑有差的服从式管理，而是人人平等、个个善为的共享式治理，必须坚持维护社会公平正义，以人为本、以民为本，最大限度地维护和实现全体人民的根本利益，充分保证人民平等参与、平等发展权利。十八届三中全会《决定》提出“以促进社会公平正义、增进人民福祉为出发点和落脚点”。公平正义是中国特色社会主义的内在要求。习近平总书记在十八届三中全会上指出：“不论处在什么发展水平上，制度都是社会公平正义的重要保证。我们要通过创新制度安排，努力克服人为因素造成的有违公平正义的现象，保证人民平等参与、平等发展权利。要把促进社会公平正义、增进人民福祉作为一面镜子，审视我们各方面体制机制和政策规定，哪里有不符合促进社会公平正义的问题，哪里就需要改革；哪个领域哪个环节问题突出，哪个领域哪个环节就是改革的重点。对由于制度安排不健全造成的有违公平正义的问题要抓紧解决，使我们的制度安排更好体

---

① 张峰：《人民政协在全面推进依法治国中应大展作为》，《人民政协报》2015 年 2 月 4 日。

现社会主义公平正义原则，更加有利于实现好、维护好、发展好最广大人民根本利益。”① 这清楚表达了现代国家治理的公平正义性质和要求。

协商民主本质上是有利于体现和维护社会公平正义的，在这种意义上说，是一种善治。善治的英文词是“good governance”，是20世纪90年代中期在国际社会开始使用的一个概念，也可以翻译成“良政”。“善治”、“良政”可以形象地表达国家治理现代化的目标。“善治”概念在中共十八届四中全会的《决定》中出现了，提出“良法是善治之前提”。而“良政”概念是习近平在中央统战工作会议上讲到协商民主时使用的。他就一些同志把同党外人士协商看成是自找麻烦，指出：“我看，搞政治就要不怕麻烦，不怕麻烦才能有良政。天下哪有不麻烦的政治呢？更不要说治理一个十三多亿人口的大国。”② 这里清楚地表明了协商民主与良政、善治的关系。协商民主强调求同存异，能够包容差异性，公正地对待不同利益群体的合法利益与合理要求，寻求社会最大公约数，谋求互利共存，体现了宽容的人文精神。尊重多数，照顾少数，是现代民主的两大原则。如果说票决民主奉行的是尊重多数的原则，那么协商民主更多地体现的是照顾少数。在健全的民主实践中，尊重多数和照顾少数都是必不可少的。如果单是实行票决民主，按照多数决定原则行事，就会造成赢者通吃的局面，在极端情况下甚至导致多数人的暴政。且不论一些发展中国家照搬西方政治制度模式搞所谓竞争性选举，社会动荡，政局失控，民不聊生，国将不国，即便是我国也有过“文化大革命”搞所谓“大民主”而致使相当一部分社会群体遭受迫害的教训。改革开放以来，我国形成了利益多样化的格局。更全面更科学地统筹兼顾各方面利益，正确把握最广大人民根本利益、现阶段群众共同利益、不同群体特殊利益的关系，是党的群众工作面临的新课题。一些社会群体，尽管放在全社会看是少数，但也有与其他群体不同的正当的利益和诉求。我们不能因其少数，就可以忽略不计，也不能因其与多数相左，就

① 习近平：《论坚持全面深化改革》，中央文献出版社2018年版，第53页。

② 《十八大以来重要文献选编》（中），中央文献出版社2016年版，第558页。

可以置若罔闻。因为这是对他们不公正的。协商民主体现了平等的精神，强调政治共同体成员之间的互相理解和互相尊重，通过协商、交流和对话，建立和巩固团结合作所需要的社会信任基础。因此，要善于运用协商民主的方式，建立形式多样、规范有序、畅通高效的诉求表达渠道，让社会各群体都能依法有序理性表达诉求，话有处说、冤有处诉、问有处答，并且通过平等的对话、沟通、商量、协调等办法来解决利益问题，化解社会矛盾，维护和实现社会的公平正义。①

（三）协商民主是一种理治，契合了现代国家治理的有序化要求

治国理政，必须“立治有体，施治有序”。现代国家治理，不是鸦雀无声、万马齐喑，也不是各行其是、杂乱无章，而是要“加快形成科学有效的社会治理体制，确保社会既充满活力又和谐有序”。正如习近平总书记指出的，“要处理好活力和有序的关系，社会发展需要充满活力，但这种活力又必须是有序活动的。死水一潭不行，暗流汹涌也不行。”② 十八届三中全会《决定》用到“有序”一词多达 16 处，如整个社会要和谐有序，市场体系要竞争有序，提高跨境资本和金融交易可兑换程度要有序，对具备行政区划调整条件的县改市要有序，放开中等城市落户限制要有序，国际国内要素自由流动要有序，服务业领域开放要有序，公民参与立法途径要有序，人民群众参与司法渠道要有序，收入分配格局要合理有序，平安中国建设要确保社会安定有序，群众的诉求表达要畅通有序，甚至实现耕地、河湖休养生息也要有序。这诸多的有序，共同构成了国家治理的有序。这些有序的实现，都离不开一个根本的有序，这就是“从各层次各领域扩大公民有序政治参与”。协商民主的最大优势就是有利于完善人民有序政治参与。十八届三中全会《决定》就人民政协的协商民主提出“更加活跃有序地组织专题协商、对口协商、界别协商、提案办理协商，增加协商密度，提高协商成效。”所谓活

① 叶小文、张峰：《协商民主与现代国家治理的高度契合》，《中国政协理论研究》2014 年第 1 期。

② 习近平：《论坚持全面深化改革》，中央文献出版社 2018 年版，第 48 页。

跃，就是鼓励参与协商者讲真话，道实情，献良策，充分发表意见，甚至是不同意见的交流交锋。所谓有序，就是坚持协商原则，遵守协商程序，讲团结，守大局，不搞派别之争，不去哗众取宠，维护社会稳定。总之，活跃才有活力，有序才能有效。

为什么协商民主能够契合现代国家治理的有序化要求呢？原因在于协商民主是一种理治性民主。所谓理治性，就是以理服人而不是以势压人。以理服人在协商活动中表现为“善于用谈心说理的办法阐明重大问题的原则立场”。马克思曾说过：“理论只要能说服人，就能掌握群众；而理论只要彻底，就能说服人。所谓彻底，就是抓住事物的根本。”① 在许多情况下，“以势压人”是我们自己讲的道理并不彻底的无能表现。协商民主的理治性，还表现为协商过程的包容性，以自尊自信、理性平和的心态对待思想认识上的分歧。2015 年习近平总书记在中央统战工作会议上提出：“只要我们把政治底线这个圆心固守住，包容的多样性半径越长，画出的同心圆就越大。”② 搞协商民主的意义就在于包容丰富的多样性，包括不同的思想认识，甚至批评性的反对性的意见。对待不同的意见，不能根据是不是听着舒服来判断是非，而首先要看其出发点。“只要他们的出发点是好，即便说得尖锐一些，即便工作费时一些，也是十分有益的。良药苦口，忠言逆耳，我们共产党人要有这个胸襟和气度。”③ 对待别人的批评，正确的要听、要改正，不正确的要容、要引导。只有“容”，也就是有雅量，别人才有胆量同你讲心里话，你才能因势利导。特别是和党外知识分子打交道，应当多尊重和包容，多看他们对国家和社会的贡献，做到容人之异、容人之短、容人之失。协商民主的理治性，也表现为协商结果的吸纳度高，没有否决的程序，不具有排斥性，对于党和政府来说具有相当大的可控性，有利于社会的和谐稳定。

协商民主重在保障公民的言论自由。选举民主与协商民主，是社会主义

① 《马克思恩格斯选集》第 1 卷，人民出版社 1995 年版，第 9—10 页。

② 《十八大以来重要文献选编》（中），中央文献出版社 2016 年版，第 562 页。

③ 《十八大以来重要文献选编》（中），中央文献出版社 2016 年版，第 558 页。

民主的两种基本形式。对于保证人民当家作主来说，哪一个也不能少。没有选举民主，人民就没有决定权；没有协商民主，人民就没有发言权。坚持党的群众路线，就必须尊重人民的主体地位，必须广泛听取群众意见，哪怕是批评性的意见。而这一切离开了协商民主这一形式，便无法实现。对群众正常、合理、善意的批评和监督，不论多么尖锐，我们都欢迎，都不要不高兴，都不要压制，不仅要欢迎，而且要认真听取、切实加以改正。协商民主的要义，就是商量着办事。这不仅是听取意见的过程，也是理顺情绪的过程，体现了对各种协商主体的尊重，有利于在中国共产党的领导下实现全社会的大团结、大联合，促进国家治理的现代化。

三、以推进协商民主广泛多层制度化发展为根本路径

解决协商民主发展过程中的突出问题，实现国家治理体系和治理能力现代化的总目标，关键是要明确发展社会主义协商民主的根本途径，这就是党的十八大和十八届三中全会深刻总结我国社会主义民主政治建设的经验和规律，作出的“推进协商民主广泛多层制度化发展”的重大战略部署。

协商民主广泛多层制度化发展，关系到协商民主体系的完整架构形成。协商民主广泛发展，是协商民主体系的横向架构；协商民主多层发展是协商民主体系的纵向架构；协商民主制度化发展是协商民主体系的“四梁八柱”。只有在这三个方面同时用力，才能把当代中国的协商民主体系建立起来，从而形成上下互动，左右相连，呈现多样化、立体化的格局。①

协商民主广泛多层制度化发展也是解决发展社会主义协商民主突出问题的关键。如前所述，协商民主发展过程中存在着认识的不全面问题，解决的办法就是推进协商民主广泛发展；协商民主发展过程中存在着发展不平衡问题，解决的办法就是推进协商民主多层发展；协商民主发展过程中存在着实践的不深入问题，解决的办法就是推进协商民主制度化发展。

① 叶小文、张峰:《协商民主与国家治理》,《光明日报》2013 年 12 月 28 日。

（一）关于协商民主广泛发展

协商民主之所以要广泛发展，根本原因在于它是我国社会主义民主政治的特有形式和独特优势，适合于中国国情，具有强大的生命力和广阔的前景。“协商民主是我国社会主义民主政治的特有形式和独特优势”，是党的十八届三中全会作出的重大判断。这一判断，不仅要回答协商民主为什么产生于社会主义中国的问题，而且要解决社会主义协商民主具有什么优势的问题。关于社会主义协商民主的优势，可以从宏观和微观两个层面来认识。宏观优势是《中共中央关于加强社会主义协商民主建设的意见》所概括的“五个有利于”。微观优势是习近平总书记在庆祝人民政协成立 65 周年大会上的讲话所概括的“五个可以”：“可以广泛达成决策和工作的最大共识，有效克服党派和利益集团为自己的利益相互竞争甚至相互倾轧的弊端；可以广泛畅通各种利益要求和诉求进入决策程序的渠道，有效克服不同政治力量为了维护和争取自己的利益固执己见、排斥异己的弊端；可以广泛形成发现和改正失误和错误的机制，有效克服决策中情况不明、自以为是的弊端；可以广泛形成人民群众参与各层次管理和治理的机制，有效克服人民群众在国家政治生活和社会治理中无法表达、难以参与的弊端；可以广泛凝聚全社会推进改革发展的智慧和力量，有效克服各项政策和工作共识不高、无以落实的弊端。”① 这五个优势可以简要地概括为达成共识的优势、利益表达的优势、纠错机制的优势、广泛参与的优势、凝心聚力的优势。而且每一种优势都针对着一种弊端，具有鲜明的针对性。这充分说明了协商民主广泛发展的必要性。

协商民主作为独具中国特色的民主形式，应当在全社会加以推广。因此，党的十八届三中全会《决定》提出：“在党的领导下，以经济社会发展重大问题和涉及群众切身利益的实际问题为内容，在全社会开展广泛协商。”也就是说，要在全社会广泛运用协商民主这种形式，使之蔚然成风，以利于

① 《十八大以来重要文献选编》（中），中央文献出版社 2016 年版，第 76 页。

增进全社会的共识，凝聚全体人民的力量。

实现协商民主广泛发展，需要发挥各协商渠道的作用。协商渠道是协商民主的载体。关于协商渠道，十八大以来的中共中央文献分别有三个提法。先是党的十八届三中全会《决定》提出“五个渠道”：“拓宽国家政权机关、政协组织、党派团体、基层组织、社会组织的协商渠道。”① 接着是习近平总书记在庆祝政协成立65周年大会上的讲话，将协商渠道细化为“中国共产党、人民代表大会、人民政府、人民政协、民主党派、人民团体、基层组织、企事业单位、社会组织、各类智库”10个渠道。最后是《中共中央关于加强社会主义协商民主建设的意见》在充分吸收各方意见和理论界研究成果的基础上，归纳出7个主要协商渠道，分别是政党协商、人大协商、政府协商、政协协商、人民团体协商、基层协商以及社会组织协商。前两种概括实际上是协商民主的组织形式，作为渠道而言，第三种概括较为贴切准确。实现协商民主广泛发展，每个协商渠道都要发挥作用，否则就说不上“广泛”，但又不能不分重点、齐头并进。因此，《中共中央关于加强社会主义协商民主建设的意见》明确提出“继续重点加强”的是政党协商、政府协商、政协协商。② 之所以确定这三个协商渠道是重点，主要是考虑到其发育成熟程度和承担的主要职能。比如政党协商，即中国共产党同民主党派的政治协商，是我们的传统优势，是开展比较早也比较好的协商，因此要“继续加强”。比如政府协商，是围绕有效推进科学民主依法决策而开展的行政协商，也是已经做起来的事情，有的在政党协商中也涉及，如每年的政府工作报告要先行听取民主党派和无党派人士的意见，因此要“扎实推进”。比如政协协商，是中国共产党在人民政协同社会各界人士开展广泛的政治协商，是运用最多的比较成熟的民主形式，人民政协不仅是重要协商渠道，而且是我国唯一的专门协商机构，因此要“进一步完善”。

明确了重点加强的协商渠道，并不意味着其他协商渠道的作用就不重

---

① 《中共中央关于全面深化改革若干重大问题的决定》，人民出版社2013年版，第30页。

② 张峰：《协商民主建设八个重要问题解析》，《中国特色社会主义研究》2015年第2期。

要，可有可无。恰恰相反，实现协商民主广泛发展，就必须让那些显得薄弱的协商渠道也动起来，真正成为协商渠道。比如人大协商，虽然用“人大协商”的概念进行规范还是新事情，但这种协商实践却是早已有之，因此《中共中央关于加强社会主义协商民主建设的意见》对人大协商提出基本要求是“积极开展”。作为国家权力机关的人民代表大会，虽然是我国社会主义选举民主的主要载体，但也要充分运用协商民主。这既是对人民代表大会已经客观存在的民主协商实践的确认，也是对人民代表大会制度的与时俱进提出的新要求。选举民主和协商民主相结合，是具有中国特色的双重民主架构，是我国政治体制的独创性优势之所在。在人民代表大会通过表决进行重大决策之前，广泛开展协商，广泛吸收对国家、对人民有利的意见和建议，进一步优化决策方案，有利于在尊重多数人意愿的同时，照顾少数人的合理意见和要求，保障人民根本利益最大限度地实现。比如社会组织协商，在我国是一个新事物，需要有一个经过试验积累经验的过程，因此要“探索开展”。但对社会组织协商的重要性一定要充分认识到。社会组织作为协商渠道，有利于改进社会治理方式，激发包括社会团体、行业组织、中介机构、志愿者团体等在内的各种社会组织活力，建立社会参与机制，协调社会关系，解决社会问题。

实现协商民主广泛发展，还需要丰富协商民主形式。着眼于从各层次各领域扩大公民有序政治参与，十八届三中全会《决定》要求：“深入开展立法协商、行政协商、民主协商、参政协商、社会协商。”习近平总书记在庆祝政协成立 65 周年大会上的讲话中特意加上“政治协商”。这些协商类型的划分，蕴含着分类实施的要求。党委、人大、政府、政协、党派团体、基层组织和社会组织，要分别承担或主导与自身职责相关的协商。但分工也不是严格的，需要相互配合。有些协商，需要多渠道参与。比如立法协商，虽然是人大主导的，但重大立法建议也是政党协商的内容之一，政府起草一些重要法律法规的过程中视情可在政协听取意见，而且人大通过座谈、听证、评估、公布法律草案等扩大公民有序参与立法途径，实际上也是一种社会协商。

（二）关于协商民主多层发展

我国的协商民主是在各个层次上人民广泛的政治参与，需要从不同层面上展开。美国著名的未来学者奈斯比特，在其《中国大趋势》一书中提出，美国实行的西方式民主制度是一种“横向民主”。而中国实行的民主制度，则与中国的文化传统和国情相适应，是一种中国政府自上而下的指令与中国人民自下而上的参与相结合所形成的新政治模式，是与西方的“横向民主”不同的“纵向民主”。当然，正如前面关于协商民主广泛发展所述，中国并不是没有“横向民主”，但强调中国的“纵向民主”，的确是看到了中国协商民主的一个显著特点。中国的协商民主具有多层次性，上至国家层面的协商，中至各省市区县各区域的协商，下到基层的协商，凡属于经济社会发展重大问题，人民最关心最直接最现实的利益问题，都可以进行协商。这正是当代中国的协商民主优势之所在。目前，中国的协商民主确实存在着“上热、中温、下凉”的不合理状况，实现协商民主的多层发展是一项极为重要的任务。

国家、地方、基层是协商民主纵向的三个层面。实现协商民主多层发展，这三个层面都要发挥作用。协商民主的核心问题是人民群众利益问题。但利益又是分层次的，有全中国人民的共同利益，也有地方群众的局部利益，还有基层群众的具体利益。因此，习近平总书记在庆祝人民政协成立65周年大会上的讲话中指出：“涉及全国各族人民利益的事情，要在全体人民和全社会中广泛商量；涉及一个地方人民群众利益的事情，要在这个地方的人民群众中广泛商量；涉及一部分群众利益、特定群众利益的事情，要在这部分群众中广泛商量；涉及基层群众利益的事情，要在基层群众中广泛商量。”① 但我们也必须看到，这三个层面协商的主要内容和达到的主要目的是有区别的。国家层面的协商主要是就国家的大政方针政策开展的协商，其主要目的是形成普遍的共识。在这个意义上，我们可以把它叫做“共识性协

① 《十八大以来重要文献选编》（中），中央文献出版社2016年版，第73页。

商”。地方层面的协商主要是围绕地方经济社会发展的重要决策而开展的协商，其主要目的是实现决策的科学化、合理性、可行性。在这个意义上，我们可以把它叫做“决策性协商”。中共中央的有关文件已经注意到了国家层面的协商与地方层面的协商之间的这种区别。例如，《中共中央关于加强社会主义协商民主建设的意见》关于政协协商的主要内容是“国家和地方的大政方针”，而到中办印发《关于加强人民政协协商民主建设的实施意见》则改为“国家大政方针和地方的重要举措”。很显然，制定大政方针是国家层面的事情，地方层面是贯彻国家大政方针的举措。中共十八届六中全会通过的《关于新形势下党内政治生活的若干准则》进一步明确规定：“涉及全党全国性的重大方针政策问题，只有党中央有权作出决定和解释。”基层层面的协商主要是针对基层群众的具体利益或特殊利益问题而开展的协商，主要目的是改善民生和化解矛盾。在这个意义上，我们可以把它叫做“民生性协商”。当然，这三个层面的协商都开展好，在方式方法上也要有区别。国家层面的协商，为了达到广泛共识，就需要求同存异；地方层面的协商，为了使决策更为完善，就需要存同求异；基层层面的协商，为了平衡利益关系，兼顾不同民生诉求，就需要求同求异。

协商民主多层发展，基层民主协商是重点。道理很简单，相比于高层或上层的代表或精英人士的协商，基层民主协商是最直接的协商，是老百姓能直接感受到的协商，是事关群众看得见、摸得着的切身利益的协商。因此，十八届三中全会《决定》强调：“畅通民主渠道，健全基层选举、议事、公开、述职、问责等机制。开展形式多样的基层民主协商，推进基层协商制度化，建立健全居民、村民监督机制，促进群众在城乡社区治理、基层公共事务和公益事业中依法自我管理、自我服务、自我教育、自我监督。”这不仅是对改革开放以来我国基层党组织和政权组织所创造的丰富多彩的协商民主形式，如民主恳谈会、协商会、公民评议会、听证会、公民陪审团等新经验的充分肯定，也是把基层协商民主引向深入的新要求。基层群众自治制度是我国的一项基本政治制度，而基层民主协商则是实现基层群众自治的重要体现。

（三）关于协商民主制度化发展

协商民主大发展，制度建设是关键。推进国家治理体系和治理能力现代化，就是要适应时代变化，通过改革和创新，完善和发展中国特色社会主义制度，实现党、国家、社会各项事务治理制度化、规范化、程序化。其中一个重要方面是完善和发展中国特色社会主义各项政治制度，包括中国共产党领导的多党合作和政治协商制度这一基本政治制度。

十八届三中全会《决定》围绕中共十八大报告提出的“健全社会主义协商民主制度”的基本要求，着眼于完善协商民主制度和工作机制，提出了一系列创新举措和制度安排。其中最重要的是构建程序合理、环节完整的协商民主体系。具体来说，就是要加强程序性制度建设。程序性制度建设的概念是胡锦涛最早提出来的。他曾就党的制度建设指出：“要增强党内生活和党的建设制度的严密性和科学性，既要有实体性制度又要有程序性制度，既要明确规定应该怎么办又要明确违反规定该怎么处理，减少制度执行的自由裁量空间，推进党的建设科学化、制度化、规范化。”[①] 中国共产党领导的多党合作和政治协商制度是我国的一项基本政治制度，也是一项实体性制度，需要一系列程序性制度来保障、来实施。因此，要从制定程序性制度入手，切实加强协商民主的制度化、规范化、程序化建设。程序性制度作为协商民主的重要程序设计，对公权力进行了明确的规范和自我约束。它不但要求制定和适用规程的主体、也要求各级党政领导机关，按既定的规则和程序办事，使协商制度科学化、公开化、具体化，使协商过程可规范、可操作、可监督，避免因为领导人主观意志和集体走过场而使协商民主落空。程序性制度能够提供一个制度平台，把人民群众的政治参与纳入秩序轨道，使更多的社会成员和群众利益诉求得到有序反映。近些年来，许多地方党委在协商民主程序性制度建设方面迈出重大步伐。这些程序性制度的制定和实施实现了从“关心协商”到“必须协商”，从“可以协商”到“程序协商”，从“软办法”

① 《胡锦涛文选》第三卷，人民出版社 2016 年版，第 253 页。

到“硬约束”的转变，实现了政治协商制度建设的重大跨越，有力地促进了协商民主的蓬勃开展。①《中共中央关于加强社会主义协商民主建设的意见》和关于政协协商、政党协商、城乡社区协商的实施意见，都是程序性制度建设的最新重大成果，需要认真贯彻落实。

在协商民主制度建设中，工作机制的问题也很重要。工作机制是工作程序、规则的有机联系和有效运转。党的十八大报告提出：“要完善协商民主制度和工作机制，推进协商民主广泛、多层、制度化发展。”协商民主的工作机制有些已经初步建立起来，需要进一步完善；有些还未建立起来，需要进行探索创新创造。只有加强协商民主的一系列机制建设取得突破性进展，社会主义协商民主才能实现制度性发展，真正取得实效。

四、构建中国协商民主体系

党的十八届三中全会提出“构建程序合理、环节完整的协商民主体系”这一新的重大课题。《中共中央关于加强社会主义协商民主建设的意见》按照健全社会主义协商民主制度、推进协商民主广泛多层制度化发展的重大战略部署，分别就政党协商、人大协商、政府协商、政协协商、人民团体协商、基层协商、社会组织协商 7 个协商渠道提出了明确要求，为构建中国协商民主体系搭起基本框架。

所谓体系，是指一定范围内的相关事物按照一定的秩序和内部联系组合而成的整体，是不同系统组成的大系统。系统具有非加和性，能够产生整体大于部分相加之和的放大效应。协商民主只有成为一种健全的体系，发挥各协商渠道的作用，开展各种类型的协商，才能产生综合性效应，彰显其独特的优势，有力推进国家治理体系和治理能力现代化的进程。②

基于《中共中央关于加强社会主义协商民主建设的意见》关于社会主

① 张峰：《社会主义协商民主制度是个大概念》，《中国政协理论研究》2013 年第 3 期。

② 张峰：《人民政协在构建协商民主体系中的地位和作用》，《中国政协理论研究》2014 年第 3、4 期合刊。

义协商民主的科学定义，可以把中国协商民主体系表述为：由中国共产党领导的，以政党协商为引领的，以发挥人民政协作为专门协商机构作用来实现的，多渠道紧密配合、多层次广泛开展的一体化运作的体系。展开论述如下：

（一）中国共产党的领导

中国共产党的领导是中国特色社会主义最本质的特征，也是加强协商民主建设的根本保证。发展协商民主为什么要在中国共产党的领导下来进行，其历史根据在于：协商民主不是从来就有的，既不是从外国学来的、搬来的，也不是我国封建社会留下来的，而是中国共产党领导人民进行革命、建设、改革的长期实践中创造出来的。中国共产党既然能够创造出协商民主这一社会主义民主新形式，就有资格有能力领导和促进社会主义协商民主建设。

中国共产党在全国执政已 70 多年，并且有 9000 多万名党员，是名副其实的世界第一大党。但党的执政地位不是与生俱来的，也不是一劳永逸的。当前我国经济社会处于转型期，改革进入攻坚期和深水区，社会矛盾正值多发期和高发期，特别是党内腐败问题依然严重，成为对我们党执政地位的最大威胁。今天中国共产党面临的一个全新的问题，就是在日益复杂的国际国内环境下能不能坚持住党的领导、坚持和发展中国特色社会主义，这需要我们一代一代共产党人继续作出回答。党的领导是如何实现的呢？习近平总书记在中央统战工作会议上提出："民主和协商是实现党的领导的重要方式。通过发扬民主、广泛协商，可以使统一战线广大成员更加普遍地认同党的主张，更加自觉地团结在党的周围、跟党走。"① 这一重要论断在中共十九大报告中概括为"协商民主是实现党的领导的重要方式"。实行多党合作和政治协商，为我们党提供了通过讨论凝聚共识的平台，也提供了通过尊重别人、学习别人从而赢得尊重的渠道。中国共产党如何避免发生大的失误、犯大的

① 《十八大以来重要文献选编》（中），中央文献出版社 2016 年版，第 558 页。

错误，就要靠发展协商民主。因此，《中共中央关于加强社会主义协商民主建设的意见》明确要求：“党委领导同志要以身作则，带头学习掌握协商民主理论，熟悉协商民主工作方法，把握协商民主工作规律，努力成为加强协商民主建设的积极组织者、有力促进者、自觉实践者，通过推进协商民主改善党的领导、加强党的领导、巩固党的执政地位。”

加强协商民主建设，是党中央在新的历史条件下提出的新任务，涉及国家的各层级和社会的各方面，具有一定的探索性和创新性，必须坚持党的领导，充分发挥党总揽全局、协调各方的领导核心作用，把握正确方向，形成强大合力，确保有序高效开展。依据《中共中央关于加强社会主义协商民主建设的意见》，加强和完善党对协商民主建设的领导，主要是三个方面：一是思想上高度重视。中共各级党委要把协商民主建设纳入总体工作部署和重要议事日程，对职责范围内各类协商民主活动进行统一领导、统一规划、统一部署。要重视发挥协商对于党委决策的重要作用，做到协商于决策之前和决策实施之中，根据各方面的意见和建议来决定和调整决策和工作，从制度上保障协商成果落地，力求实效。二是制度上予以保障。建立党委统一领导、各方分工负责、公众积极参与的领导体制和工作机制。按照民主集中制原则进行协商，确保协商依法开展、有序进行，防止出现议而不决、决而不行的现象。加强统筹协调，认真研究制定协商规划，解决协商民主建设的重大问题，支持人大、政府、政协、党派团体、基层组织和社会组织依照法律法规和各自章程开展协商，有计划有步骤地推进协商活动。建立监督检查机制，保证协商民主建设真正落实。三是实践上探索创新。协商民主建设是一个不断发展的过程，政党协商、政协协商之外的其他方面协商都需要通过试验积累经验开拓发展，因此各级党委要加强领导和组织协调，鼓励探索创新。要注重协商的广泛性，综合运用提案、会议、座谈、论证、听证、公示、评估、咨询、网络、民意调查等多种协商方式，避免协商形式单一，重新造成文山会海的形式主义问题。要尊重群众首创精神，重视基层实践创造，注重对协商民主实践经验进行提炼总结，树立协商民主建设先进典型，发挥好示范引领作用。要加强协商民主理论研究，不断丰富和发展社会主义协商民主理论体系。

（二）政党协商的引领作用

政党协商是作为执政党的中国共产党同作为参政党的民主党派和无党派人士所进行的政治协商。新中国成立以来中国共产党同各民主党派和无党派人士的协商活动一直存在，但主要是依托人民政协这一多党合作的平台来进行的，在相当长的时间内并无固定的单独形式。直到 1989 年 12 月 30 日中共中央制定并下发《中共中央关于坚持和完善中国共产党领导的多党合作和政治协商制度的意见》，才正式规定了中共同民主党派进行政治协商的主要形式，包括民主协商会、谈心会、座谈会三种会议协商形式，以及书面和约谈协商形式，标志着我国政党协商相对独立地开展起来。

2005 年 2 月 18 日，中共中央颁发《关于进一步加强中国共产党领导的多党合作和政治协商制度建设的意见》，全面总结改革开放以来特别是 1989 年以来中国共产党同民主党派政治协商的经验，进一步明确中国共产党同各民主党派政治协商的内容。此后中共中央有关文件对协商内容的规定都是在此基础上略有调整。第一次明确政治协商有两种基本方式：一是中国共产党同各民主党派的政治协商，二是中国共产党在人民政协同各民主党派和各界代表人士的协商。同时规定中国共产党同各民主党派的协商程序大致分为三个阶段五个步骤来进行，基本实现了中国共产党同民主党派政治协商运作的程序化，保证我国的多党合作和政治协商有条不紊地进行。

2012 年中共十八大以来，以习近平同志为核心的党中央高度重视中国共产党同民主党派的政治协商，在制度化、规范化、程序化建设上取得重大进展，其重要标志是 2015 年初《中共中央关于加强社会主义协商民主建设的意见》第一次使用了“政党协商”的概念，规范了政党协商的会议形式以及约谈形式和书面沟通协商形式，完善了民主党派中央直接向中共中央提出建议制度，并就加强政党协商保障机制建设提出了明确要求。2015 年 12 月中共中央办公厅印发《关于加强政党协商的实施意见》，将《中共中央关于加强社会主义协商民主建设的意见》关于政党协商的要求进一步具体化并加以完善，对政党协商作出了界定，规定了政党协商的主要内容，规范了政党协商的形式，规范了政党协商的程序，提出了加强和完善党对政党协商的领导的要求。

政党协商是社会主义协商民主体系的重要组成部分，在 7 个协商渠道中排在首位，这不仅是因为政党协商是中国共产党直接领导和参与的协商，而且是因为我国是实行政党政治的国家，政党关系在国家政治生活中具有决定性意义。我国的政党政治的特色就体现为一党领导、多党合作，并且以政治协商作为共产党执政、多政党参政的基本方式。在世界政党政治中，执政党一般是与在野党相对应的概念。在没有政党竞争选举的情况下，一个政党长期执政并且没有被其他政党所取代的可能，一般是不被叫做“执政党”的，而是叫做“领导党”。在社会主义的中国，中国共产党既然是执政党，就需要明确与它相对应的其他类别的政党。1989 年底中共中央颁发的《关于坚持和完善中国共产党领导的多党合作和政治协商制度建设的意见》明确提出：“中国共产党是社会主义事业的领导核心，是执政党。各民主党派是各自所联系的一部分社会主义劳动者和一部分拥护社会主义的爱国者的政治联盟，是接受中国共产党领导的，同中共通力合作、共同致力于社会主义事业的亲密友党，是参政党。”“参政党”概念的提出，具有重大意义，它标志着中国存在着一种独具中国特色的新的类型的政党。之所以说它是新的类型的政党，主要在于它无法按现有的政党类别进行归类。它不以执掌政权为目的，不同于执政党，同时又参加国家政权，不同于其他国家的在野党。也就是说，在政不在野，参政不执政。这种类型的政党的出现，既是我国民主党派合乎历史逻辑发展的必然结果，也是中国共产党高度信任自己的亲密友党并促进其转型实现的伟大创造。2013 年 2 月 6 日，习近平总书记在中共中央举行的党外人士迎春座谈会上指出：“各民主党派是同中国共产党通力合作的中国特色社会主义参政党。”[①] 这是中共中央总书记第一次对我国各民主党派所作的定性定位，集中体现了我国政党研究的理论成果，具有非常深刻

① 《习近平关于社会主义政治建设论述摘编》，中央文献出版社 2017 年版，第 53 页。

的内涵和新意。提出“中国特色社会主义参政党”概念的深刻含义在于揭示了民主党派具有中国特色社会主义性质，意义重大。共产党的全称是“共产主义政党”（communist party），共产党与其他政党的根本区别在于“党的最高理想和最终目标是实现共产主义”。因此，中国共产党是中国工人阶级的先锋队，同时是中国人民和中华民族的先锋队。而民主党派是什么主义的政党呢？如何界定民主党派的主义性质，关键在于把握我国今天要干的事业，这就是社会主义。既区别于共产党的先进性，又能体现民主党派的进步性，民主党派只能定位于社会主义的政党。但是，国际上特别是西方国家有一类政党我们把它们叫做“社会党”，其实际名称是“socialist party”，翻译过来就是“社会主义政党”。我们把民主党派叫做“社会主义政党”，就有一个如何同社会党相区别的问题。好在我们搞的社会主义，不是民主社会主义或者别的什么社会主义，而是中国特色社会主义。这既是中国共产党在现阶段的基本纲领，也是包括民主党派在内的全体中国人民的共同理想。坚持和发展中国特色社会主义是相当长的一个时期中国共产党和民主党派共同的历史任务。把民主党派定位于“中国特色社会主义参政党”，有利于在共同思想政治基础之上加强中国共产党同各民主党派和无党派人士团结合作，共同致力于实现中华民族伟大复兴的中国梦。

我国是人民民主专政的社会主义国家，同这种国体相适应的政权组织形式是人民代表大会制度，同这种国体相适应的政党制度是中国共产党领导的多党合作制度。这两项制度的存在，都是由我国是人民民主专政的社会主义国家这一国体所决定的。只要我国实行人民民主专政、保持社会主义国家性质，就不能不把社会主义政治文明建设的重点放在坚持和完善人民代表大会制度和多党合作制度上。我国政党制度的显著特征是：共产党领导、多党派合作，共产党执政、多党派参政。这反映了人民当家作主的社会主义民主的本质，体现了我国政治制度的特点和优势，具有巨大的优越性和强大的生命力。中国特色政党制度是核心一元性和结构多元性的统一。这个特点保证了它一方面能够不断扩大政治参与以实现现代化对于强化政治结构的要求，充分考虑并保证各阶层、各群体和各政党的利益诉求和对国家政治生活的参与；另一方面又能有效地保证中国共产党的核心地位、政治威望和对国家的有效治理，从而使得政党制度产生了较强的向心力和聚合力，形成统一的意志。因此，中国特色政党制度既可避免多党制各政党政治主张的差异可能造成的政治不稳定，又可避免了一党制无视社会多元化利益需求，脱离社会现实的弊端，实现了政策选择的互动优势，使国家各项公共政策的输出更能反映社会的要求，也使得政党制度所依存的政治体系本身更具实践性和科学性。

开展政党协商是顺应改革开放以来我国社会结构新变化畅通利益表达渠道的需要。社会结构是指一个社会中各种社会力量之间所形成的相对稳定的关系。改革开放以来，我国社会结构从总体上说呈现出从简单的社会阶级结构向复杂的社会阶层结构变化的态势。不仅我国的工人阶级、农民阶级发生了新变化，而且还出现了许多新的社会阶层。2006 年 7 月，在全国统战工作会议上胡锦涛指出："改革开放后出现的新的社会阶层，主要由非公有制经济人士和自由择业的知识分子组成，集中分布在新经济组织、新社会组织之中。随着我国社会主义市场经济深入发展，这个群体呈现出快速增加的态势。"① 中国共产党是中国工人阶级的先锋队，同时是中国人民和中华民族的先锋队，代表着全中国人民的根本利益，其利益代表具有最广泛性，这是毋庸置疑的。但是我们也必须看到，利益代表是一种十分复杂的过程，是分层次的。2012 年，习近平在省部级主要领导干部社会管理及其创新专题研讨班上指出：作决策和实施决策，一定要更全面更科学地统筹兼顾各方面利益，坚持正确把握最广大人民根本利益、现阶段群众共同利益、不同群体特殊利益的关系，引导群众摆正个人利益和集体利益、局部利益和整体利益、当前利益和长远利益的关系，做到尽力而为、量力而行，办实事符合民意，做好事不超越民力。由此可以得知，根本利益、共同利益、特殊利益是有区别的。特别是表达不同群体的特殊利益，需要借助于多党合作制度的利益表达机制。这便是协商民主特别是政党协商所应有的作用。我国的各民主党派

① 《胡锦涛文选》第二卷，人民出版社 2016 年版，第 481—482 页。

是中国特色社会主义参政党，主张立党为公、参政为民，但也有自己联系的重点社会群体。各民主党派成员来自不同的社会阶层和群体，负有更多地反映和代表他们所联系的各部分群众的具体利益和要求的责任。参政党的利益表达作用要纳入党和政府主导的维护群众权益机制之中，着眼于畅通和规范群众诉求表达、利益协调、权益保障渠道，积极发挥民主党派作为党和政府联系群众的桥梁的作用，通过提案、建议、协商等形式，积极反映所联系的群众及其他群众最关心最直接最现实的利益问题，实现上情下达、下情上报，促进党和国家重大决策知民情、顺民心、合民意，使事关广大群众切身利益的矛盾纠纷得以调处化解。对待参政党的利益表达作用，执政党要有较大的宽容度，不能因其反映的只是部分群众的利益诉求就认为是眼光狭隘，更不能因其不周详而求全责备。让参政党比较多地表达一些特殊阶层和群体的利益要求，通过与参政党之间的合作和协商，有利于解决根本利益和特殊利益之间的矛盾，使各种具体的利益得到兼顾和尽可能的实现，从而增强中国共产党代表全体中国人民的根本利益的作用。①

（三）人民政协的基础示范作用

人民政协在构建协商民主体系中起什么作用呢？概括地说，是基础示范作用。这样说的理由在于：社会主义协商民主是伴随着人民政协的产生而形成的，是在人民政协的协商实践中得以充分体现的，是通过人民政协的工作而展现出其强大生命力的。可以说，人民政协是开展社会主义协商民主的重要阵地，具有强大的传统政治优势。构建中国协商民主体系，既不能撇开人民政协另搞一套，也不能把协商民主仅当作人民政协一家之事，而是要高度重视并充分发挥人民政协不可或缺的重要作用。② 这种基础示范作用主要表现为两个方面：

---

① 张峰：《论参政党在加强和创新社会管理中的作用》，《中央社会主义学院学报》2011 年第 5 期。

② 张峰：《人民政协在构建协商民主体系中的地位和作用》，《中国政协理论研究》2014 年第 3、4 期合刊。

1. 人民政协对构建协商民主体系起基础性作用

构建当代中国协商民主体系，不是没有条件的，条件就是人民政协的协商民主形式经过长期发展已经比较成熟，积累了丰富经验；它不是没有基础的，基础就是在中国共产党历代中央领导集体的正确领导下人民政协已经形成了比较完备的协商民主组织架构、工作规程、运作方式。构建中国协商民主体系，必须重视发挥人民政协的基础示范作用。

人民政协本身就是一个协商民主体系，是当代中国协商民主体系的缩影。体系的构建，涉及系统内部要素的整合，涉及各子系统的协调。如果说中国协商民主体系是一个大系统的话，那么人民政协的协商民主就是其中的一个子系统。但它又不是一个一般性的子系统，相对于其他子系统而言，它具有运行比较成熟、发育比较完善的特点，具有拓展并影响和决定大系统的可能性。这一点很有意义。恩格斯曾提出一个重要的思想，即个体的发展史往往是全体发展史的缩影，就像人的胚胎在母体里的成长过程是人类漫长进化的缩影一样，个人意识各个发展阶段“可以看作人类意识在历史上所经过的各个阶段的缩影”①。如果以此观点来看待人民政协的协商民主与中国协商民主体系的关系，何尝不是这样。中国的协商民主体系，由政党、政权机关、人民团体、基层组织、社会组织等协商渠道所构成，而人民政协以界别组成为特色，有比较完备的组织系统，实际上已经涉及各协商渠道的组织或个人，如中国共产党和各民主党派、无党派人士、人民团体，在不同层级上同时是人大代表的政协委员、政府及其部门官员、社会组织负责人、基层代表人士，等等。人民政协的这种具有巨大覆盖面的组织架构，为构建中国协商民主体系，提供了基础性的组织准备，是可资借鉴的一种体系设计。

人民政协有丰富的协商民主经验，可以为在党的领导下在全社会开展广泛协商提供有力的实践支持。政治协商是人民政协的第一大职能，政治协商的议题非常广泛，既有国家和地方的大政方针政策，也有政治、经济、文化、社会生活中的重要问题，还有党委和政府认为需要进行协商的有关重

① 《马克思恩格斯选集》第四卷，人民出版社 1995 年版，第 219 页。

要问题，实际上已经基本涵盖了十八届三中全会《决定》指出的在全社会进行广泛协商的两大类问题：经济社会发展重大问题和涉及群众切身利益的实际问题。以十一届全国政协的11次专题协商会为例，有属于国家发展战略性问题，如“十一五”规划和2020年远景目标纲要编制，推进西部大开发，落实国家中长期科学和技术发展规划纲要等；有属于经济社会发展重要问题，如加快发展方式转变和结构调整，以文化建设为主要内容的国家软实力建设，深化文化体制改革，加强和创新社会管理等；有与群众切身利益密切相关的实际问题，如防止经济增长由偏快转为过热、防止价格由结构性上涨演变为明显通胀，促进形成城乡经济社会发展一体化新格局等。在开展这些协商的过程中，人民政协积累了丰富的经验。这些经验是构建中国协商民主体系宝贵的精神财富。

人民政协有比较成熟的协商议事规则，有比较完备的制度体系，可以为构建程序合理、环节完整的协商民主体系提供坚实的制度基础。经过长期发展，人民政协已经形成了比较完备的政治协商制度体系、工作规程，概括起来说，主要有我国宪法中关于人民政协地位和作用的规定，中共中央关于加强人民政协工作的重要文件，中国人民政治协商会议章程关于履行政治协商职能的规定，人民政协的主要会议制度，工作规程性的制度如关于政治协商、民主监督、参政议政的规定，提案工作条例、委员视察工作条例、反映社情民意工作条例等。这些制度虽然不是专属协商民主的，但也主要与协商民主有关。中共十八届三中全会《决定》提出“完善人民政协制度体系，规范协商内容、协商程序。”一方面肯定了人民政协制度体系已经形成的基本事实，另一方面也指出了完善人民政协协商民主的重点在于程序性制度建设。构建中国协商民主体系，可在人民政协制度建设成果的基础上，总结各地党委加强人民政协制度建设的新鲜经验，形成全国性的协商民主规程，进一步明确协商什么、与谁协商、怎样协商、协商成果如何运用等具体要求，不断提高协商民主的制度化水平。

2. 人民政协对发展社会主义协商民主起精神示范作用

构建协商民主体系，根本目的在于促进社会主义协商民主大发展，使之成为我国社会主义民主政治建设的重要内容，让协商民主蔚然成风、相沿成习。为此就必须在全社会弘扬协商民主精神。协商民主精神哪里来？人民政协丰富的协商实践是重要的源泉。

协商民主之所以能够在社会主义中国蓬勃发展起来并展示出持久而强大的生命力，重要原因之一就在于它有深厚的协商文化底蕴。习近平总书记多次指出，中华文化源远流长，积淀着中华民族最深层的精神追求，包括着中华民族最根本的精神基因，代表着中华民族独特的精神标识，为中华民族生生不息、发展壮大提供了丰厚滋养。在漫长的中华文明生生不息的发展历史中，中华民族形成了以“尚和合”为旨归的内容丰富的协商文化，包括仁者爱人、与人为善的人本思想，己所不欲、勿施于人的处世原则，和而不同、求同存异的宽容精神，兼容并蓄、博采众长的纳言准则等等。人民政协承继和秉持这种协商文化优良传统，围绕团结与民主两大主题，适应时代发展的新要求，形成了具有鲜明中国特色的协商民主精神，可以为大力发展社会主义协商民主提供重要的精神示范作用。

一是平等的精神。协商民主有一个重要的前提，就是协商主体的平等地位。在我国，中国共产党在政治上起领导作用，民主党派接受和拥护中国共产党的领导，但民主党派在法律地位上是平等的，在协商活动中作为协商主体的地位也是平等的。人民政协是各民主党派发表自己政治主张的平台，他们在人民政协能够与中国共产党平等协商议事，其主张和要求都能充分表达和得到尊重。人民政协的这一特点充分体现了平等协商的精神，对于推进协商民主广泛多层制度化发展具有示范作用。发展好协商民主，民主党派有责任，但更重要的是中国共产党的责任。因此，习近平强调，中国共产党各级组织特别是领导干部要以开阔的胸襟、平等的心态、民主的作风广纳群言、广集众智，丰富协商民主形式，增强民主协商实效，为民主党派、工商联和无党派人士发挥作用创造有利条件。

二是宽容的精神。开展协商民主的过程，往往是不同利益诉求、不同思想观点的表达过程，肯定会有意见不一致的情况，交锋和碰撞也在所难免。如果意见都完全一致，也就没有必要进行协商。因此，搞协商民主就要有宽容精神，就要广开言路，鼓励协商主体讲真话、道实情、建真言，充分反映社情民意，表达利益诉求。人民政协作为开展协商民主的舞台，历来提倡“三不主义”方针，不打棍子、不扣帽子、不抓辫子，营造出了非常宽松的氛围，在人民群众中有很好的口碑。迄今为止，至少在全国政协的层面，没有哪一个政协委员因为在政协的言论“出格”而受到查处，也没有哪一个政协“名嘴”、“大炮”因为斗胆直言而被撤职。道理很简单，人民政协就是让人讲话的地方，如果在政协都不敢讲话，哪里还有讲话的地方。十二届全国政协主席俞正声指出：在政协的各种会议和活动中，要始终坚持不打棍子、不扣帽子、不抓辫子的“三不”方针，提倡热烈而不对立的讨论，开展真诚而不敷衍的交流，鼓励尖锐而不极端的批评，努力营造畅所欲言、各抒己见的民主氛围。这一富有辩证性的重要论断，是对人民政协协商民主精神的新阐释新发展。

三是友善的精神。友善，已经作为社会主义核心价值观的基本内容之一列入公民价值层面的要求，而实际上在人民政协的协商实践中早已是一种倡导的精神。人民政协以实现中国人民的大团结大联合为目的，一直倡导和谐的价值理念和“和合”的中华文化，必然要求协商主体以友善的姿态处理不同党派团体、不同社会阶层、各个民族和各种宗教之间的关系，营造出一种和睦相处、和衷共济的良好氛围。人民政协的友善精神生动体现了协商民主是一种理性民主的特点，是以理服人而不是以势压人，以自尊自信、理性平和的心态对待社会分歧，以寻求最大公约数的原则凝聚社会共识，以底线思维团结一切可以团结的社会力量，因而内在地蕴含着政治行为的文明。构建当代中国协商民主体系，需要提倡这种友善精神，使之成为广泛开展社会协商的重要行为准则。

（四）以发挥人民政协作为专门协商机构作用为枢纽实现多协商渠道紧密配合一体化运作

在社会主义协商民主体系中，人民政协不仅是重要协商渠道，而且是专门协商机构。协商渠道是多种的，而专门协商机构是唯一的，地位尤为重要。2014 年 9 月在庆祝人民政协成立 65 周年大会上，习近平总书记明确提出人民政协的“专门协商机构”性质，指出“人民政协要发挥作为专门协商机构的作用，把协商民主贯穿履行职能全过程”[①]，进一步突出了人民政协在社会主义协商民主建设中的独特地位。

人民政协既然是专门协商机构，不仅自身的协商工作要搞好，而且还要支持和配合其他协商渠道，共同做好发展社会主义协商民主这篇大文章。[②]

政协协商对政党协商的扩展延伸作用。在我国政治协商有两个范围：一是中国共产党同各民主党派的政党协商，二是中国共产党在人民政协同各民主党派和各界代表人士的政协协商。二者同属于政治协商的范畴。但就协商主要内容而言，政党协商是中共的重要会议决定和重要文件、宪法和重要法律的修改建议、国家领导人的建议人选等，集中于政治性议题；政协协商是国家大政方针和地方的重要举措以及政治、经济、文化和社会生活中的重要问题等，更多的是社会性议题。正是在这个意义上，习近平总书记说：“政治协商，主要是中国共产党同民主党派协商。”[③] 协商民主是中国共产党执政和决策的重要方式，就发挥中国共产党作为执政党领导核心作用和各民主党派作为参政党的参政作用而言，政党协商不能不在各种协商渠道中居首要地位。但这并不意味着政协协商的地位降低，恰恰相反，正是在协商内容上与政党协商有所区别，政协协商也才有了新的更大的用武之地。政党协商的特点是小规模、高层次、专题性，而政协协商的特点则是大规模、广范围、综合性。两种方式既互不代替，又互为补充。有些协商议题，如经济社会发展的长期战略、重大利益关系的调整、人民群众普遍关心的重大社会问题等，不是在小范围的政党协商可以解决的，需要在更大范围征求意见并形成共识，这就需要发挥更广泛的政协协商作用。中共各级党委可以就这些问题委托人民政协继续进行更深入的承接协商，条件允许并且无保密性要求亦可直接将政党协商议题在政协的政党界别中进行更大范围的继续协商，从而使得

---

① 《十八大以来重要文献选编》（中），中央文献出版社 2016 年版，第 70 页。

② 张峰：《如何认识人民政协是专门协商机构》，《中国政协理论研究》2018 年第 4 期。

③ 《习近平关于社会主义政治建设论述摘编》，中央文献出版社 2017 年版，第 75 页。

政协协商对政党协商起到拓展延伸的作用。为此，人民政协需要进行必要的机构改革和组织调整，更加重视发挥人民政协各政党界别的作用，发挥各民主党派中央和地方组织对本党派政协委员的协调指导作用。政党界别是人民政协的主要界别，人民政协也是我国各民主党派发表其政治主张的平台。但目前民主党派界别的作用不突出，散见于其他界别的本党派政协委员也难以协调起来。可以考虑，明确作为政协领导人的民主党派负责人同时是本党派在政协的召集人协调人（类似于一些国家议会中的党鞭），通过传达本党派中央参加政党协商的意见、组织内部协商会议、讨论本党派集体提案等形式，把政党协商与政协协商有机结合起来，强化人民政协作为多党合作重要机构的色彩。①

政协协商对人大协商的配合完善作用。在我国的政治架构中，人民代表大会和人民政治协商会议被统称为“两会”。之所以叫做“两会”，更深刻的原因在于，人民代表大会和人民政治协商会议是我国两项重要的政治制度的组织载体。一个是根本政治制度，即人民代表大会制度，另一个是基本政治制度，即中国共产党领导的多党合作和政治协商制度。“两会”的形成，既是一个适应我国国情的自然历史的过程，也是中国共产党历代中央领导集体着眼于发展社会主义民主政治而进行的自觉的政治设计。“两会”作为社会主义民主政治的制度安排，经过长期发展，努力实现制度化、规范化、程序化的要求，已经成“制”。在这种意义上说，我国的确存在着中国特色社会主义的“两会”制。这种“两会”制不仅不是甚至根本不同于西方式的议会“两院”制，完全是为适应我国社会主义民主政治的需要自然形成的，根本不是刻意模仿别国政治模式的结果，功能不同，作用更不同。② 我国的“两会”制具有三个方面的特点和优势。一是“两会”制体现了选举民主与协商民主有机结合的政治形式。我国社会主义民主的两种重要形式——选举民主和协商民主，分别由人民代表大会和人民政治

① 张峰：《人民政协在构建协商民主体系中的地位和作用》，《中国政协理论研究》2014 年第 3、4 期合刊。

② 张峰：《论我国“两会”制的特点和优势》，《人民政协报》2006 年 12 月 22 日。

协商会议来体现。人民代表大会虽然也进行民主协商，如代表审议，但主要是承担选举民主的功能；人民政治协商会议虽然也进行民主选举，但主要是承担协商民主的功能。选举民主不是社会主义民主的唯一形式，这种民主形式的运作仍有难以周全之处。选举民主并不能解决所有问题，其客观效果未必符合人民的根本利益。正是由于选举民主或代议民主具有一定的局限性，协商民主就有存在的必要。协商民主可以弥补选举民主之不足。在新的历史条件下，我们应当通过人民政协的形式，坚持和发扬具有鲜明中国特色的协商民主，使协商民主与选举民主有机地结合起来，推进社会主义政治文明建设的进程。我们不仅有主要体现选举民主的人民代表大会，而且有主要体现协商民主的人民政协，我国的人民民主就是全面的、完善的。二是"两会"制形成了区域利益与界别利益纵横交错的表达机制。从制度设计的层面上说，人民代表大会具有表达区域利益要求的作用。人民代表主要是按行政区域由选民直接或间接选举出来的，并在全体会议期间组成区域性的代表团，审议政府工作报告、发展规划及其他重要议程，并进行投票表决。人民代表大会的这种结构能够很好地表达各区域（即块块）的利益诉求。从制度设计的层面上说，人民政协具有表达界别利益的功能。由界别组成是人民政协组织的显著特色。人民政协的这种界别设置有利于纵向表达社会各阶层、各行业、各方面（即条条）的利益诉求，体现了代表社会利益的广泛性。三是"两会"制意味着主权在民与精英参政内在统一的运作方式。人民代表大会制度体现了主权在民的原则。人民代表大会是权力机关，这种权力是不可分割的，因此不能再设人民行使国家权力的其他机关。在这一点上，我国的"两会"制与西方的"两院"制有根本的区别。而人民政协则不同，委员由各政党、各人民团体、各少数民族和各界的代表以及港澳台同胞和归国侨胞的特邀人士所构成，体现出精英性的特点。我国的"两会"制能够体现出尊重多数、照顾少数这一政治学的重要原则，既能够反映多数人的普遍愿望，又便于吸纳少数人的合理意见。

我国的人民代表大会和人民政协是发扬社会主义民主的两种重要组织形

式，二者互为补充、相辅相成，共同构成了我国政治体制基本架构的重要内容。在社会主义协商民主建设中，二者的相互配合非常重要。怎样相互配合呢？一是要认识到人民代表大会也是协商民主的一个重要渠道，也要积极开展协商活动。人民代表大会虽然以选举民主（票决民主）为主要形式，但也有民主协商的环节。如政府工作报告的审议，国家领导候选人表决前的酝酿，立法前的听证活动等。实践证明，只有这些协商民主环节都做好，选举或票决才能顺利进行。二是协调做好人大和政协共同性的协商活动。在“两会”召开期间，人大和政协的有些活动是共同的，如对政府工作报告，人大代表要审议，政协委员要讨论，不管是审议还是讨论，实质都是协商。人民政协不能把这些工作视为人大一家之事，而要积极参与。1989 年 1 月七届全国政协常务委员会四次会议通过的《中国人民政治协商会议关于政治协商、民主监督的暂行规定》，明确了政治协商的主要内容包括“政府工作报告”，政治协商的实践中也一直有这方面的内容。政府不仅要重视人大代表的审议意见，也要重视政协委员在讨论中提出的意见建议。又如财政预算问题，这无疑是人大的职权，人大要管好国家的“钱袋子”。但政协也有一定责任。《中国人民政治协商会议关于政治协商、民主监督的暂行规定》，也曾明确政治协商的主要内容包括“国家财政预算”。特别是 2017 年 2 月中共中央办公厅印发的《关于加强和改进人民政协民主监督工作的意见》，明确人民政协民主监督的主要内容包括“财政预算执行情况”，目的就是让人民政协配合人大做好这一工作。三是在中共党委领导下人民政协配合人大做好立法协商。立法协商是人大主导的协商，这一点必须十分明确。但人民政协在立法协商上决不是无事可做，主要把握三点：首先是政协一切立法协商活动都经过中共党委领导核心来实施。由中共党委责成人大党组就立法事项在政协进行协商，政协立法协商意见经中共党委批转人大党组研究，政协不与人大发生直接的横向关系。这既能保证党对立法工作的统一领导，又能对人大和政协关系进行有力协调，使政协在立法协商中发挥应有作用。其次是把重点放在法律法规起草环节中的协商。人民政协的立法协商不是法律法规通过和批准环节中的协商，而主要是法律法规起草环节中的协商。许多法律法规的起草是由政府部门负责的，政府在起草一些重要法律法规的过程中，视情可在政协听取意见。再次是加强政协立法协商队伍建设，充分发挥社会和法制委员会作用，对全国人大常委会、国务院及其有关部门委托政协讨论的法律、法规和有关问题进行研究讨论，提出修改意见和建议。人民政协虽不立法，但要议法，为全面推进依法治国作出应有的贡献。①

政协协商对政府协商的支持辅助作用。政府协商是围绕有效推进科学民主依法决策而开展的行政协商。行政决策的制定和实施事关经济社会发展重大问题和涉及群众切身利益的实际问题，必须坚持协商于决策之前和决策实施之中这一重要原则。政府实行行政民主，当然也要开展行政协商，如重大行政决策听证、与社会协商对话等。近些年来在行政协商上也有一些新的创造，取得了一定的成效。但我们也注意到，政府单独开展的行政协商有很大的局限性，如协商机制的缺乏、协商范围的偏狭、选择协商对象的随意性、进行协商的形式简单化等。政府毕竟不是专门协商机构，独立开展行政协商难免有力不从心之感。其实，最好的方式就是充分利用人民政协的协商平台，与之合作甚至委托人民政协开展政府协商事宜，形成政府协商和政协协商双赢的局面。具体来说，一是政府参与政协年度协商计划制定，提出政府的协商议题，重点协商议题可政府交办，也可政协与政府及有关部门沟通协商提出。对政府来说，对明确规定需要协商的事项必须经协商后提交政府决策实施。对政协来说，要在政府重大决策形成过程中及时组织协商活动，并将协商成果报送政府及有关部门。二是政府领导及部门负责人参加政协协商活动，包括出席政协全体会议开幕会、闭幕会，参加界别联组和委员小组讨论，听取大会发言；应邀出席议政性常务委员会会议、专题协商会，听取意见，与委员互动交流；根据议题需要，政府有关部门负责同志参加双周协商座谈会并介绍情况。三是完善协商成果采纳、落实和反馈机制，对政协协商后形成的视察报告、调研报告、政协信息、大会发言专报、重要提案摘报等成果，党政领导同志作出批示。建立和完善台账制度，把提案办理纳入政府

① 张峰：《如何认识人民政协是专门协商机构》，《中国政协理论研究》2018 年第 4 期。

年度督查计划，办理结果逐步向社会公开。四是做好政府委托政协开展的重大课题调研和邀请委员参与的重大项目研究论证，集中优势资源，发挥委员主体作用，形成整体合力，提出高质量的意见建议。总之，人民政协作为专门的协商机构，政协委员具有广泛的代表性，不乏真知灼见。加强人民政协与政府联系合作，政府协商和政协协商就会就能展现出双赢的局面。

政协协商对人民团体协商的组织指导作用。人民团体协商是围绕做好新形势下党的群众工作而开展的协商，目的是更好组织和代表所联系群众参与公共事务，有效反映群众意愿和利益诉求。2016 年《中共中央关于加强和改进党的群团工作的意见》专设“支持群团组织在社会主义民主中发挥作用”一部分，明确要求：“按照协商于民、协商为民的要求，拓宽人民团体参与政治协商的渠道，规范人民团体参与协商民主的内容、程序、形式。”人民团体与人民政协有着十分密切的联系。人民团体是人民政协的组成单位，如工会、共青团、妇联、科协、侨联、台联、青联、工商联。有的群团是统一战线的组织形式，如宋庆龄基金会、欧美同学会、黄埔同学会、中华职教社等，与人民政协作为中国人民爱国统一战线组织有共同的性质。政协委员中也有相当大的比例是群团特别是人民团体的代表人士。因此，《中共中央关于加强社会主义协商民主建设的意见》明确要求：“政协要充分发挥人民团体及界别委员的作用，积极组织人民团体参与协商、视察、调研等活动，密切各专门委员会和人民团体的联系。”具体来说，一是人民团体提出的协商议题要列入政协年度协商计划，政协认真落实安排协商活动。二是重视发挥人民团体界别作用，密切政协各专门委员会与人民团体等界别的联系，积极组织人民团体界别委员参与协商、视察、调研等活动，及时向有关部门反映其提供的相关信息和意见建议。三是支持人民团体围绕涉及所联系群众切身利益的问题而独立开展的协商活动。维护群众合法权益是包括人民团体在内的群团组织的重要工作，需要注重通过集体协商、对话协商等方式协调各方利益，人民政协可以给予业务上的指导。另外，按照《中共中央关于加强社会主义协商民主建设的意见》关于人民团体“积极发挥对相关领域社会组织的联系服务引领作用”的要求，人民政协可进行界别范围性调整，让人民团体类界别尽可能多地覆盖各类社会组织，积极开展社会协商活动。

政协协商对基层协商的促进推动作用。基层协商是基层组织为更好解决人民群众的实际困难和问题，及时化解矛盾纠纷，促进社会和谐稳定而开展的民主协商。协商民主大发展，基层协商是重点。开展基层协商，党的基层组织和群众自治组织的作用很重要，但也需要人民政协必要的指导，而且人民政协本身也有反映社情民意、协调利益关系而工作向基层下沉的需要。这种双向需求的聚合，既为提升基层协商水平创造了有利的条件，也为人民政协解决下不着地问题提供了重要契机。政协协商对基层协商的促进推动作用，主要表现为两种方式：一是组织化方式。适应基层统战工作的需要和基层协商民主发展的需要，鼓励和支持人民政协建立街道乡镇政协组织形式或派出机构，与基层党组织和政府共同组织基层协商活动。二是参与化方式。动员市县政协委员参与和指导基层协商民主工作，镇（街道）级层面以市级及以上政协委员为主，村（社区）级层面包括辖区内的上级政协委员。在基层协商实践中，既要让人民群众感觉到政协离自己很近，也要让人民政协在基层群众中接地气。

政协协商对社会组织协商的引导规范作用。社会组织协商是为发挥社会力量在管理社会事务中的作用而开展的协商。社会组织作为协商渠道，有利于改进社会治理方式，激发包括社会团体、行业组织、中介机构、志愿者团体等在内的各种社会组织活力，建立社会参与机制，协调社会关系，解决社会问题。但社会组织的作用又有一定的复杂性。《中共中央关于全面深化改革若干重大问题的决定》，重视发挥社会组织的作用，明确提出“适合由社会组织提供的公共服务和解决的事项，要交由社会组织承担”。相应地就要将其作为协商渠道和平台，发挥其在沟通、对话、谈判、调解中的作用。在引导和规范社会组织协商方面，人民政协可以发挥重要作用。人民政协虽然没有社会组织界别，但政协委员中有相当大的比例是社会组织的代表人士，这是人民政协的独特优势。2015 年 3 月 3 日，在全国政协十二届三次会议上，全国政协主席俞正声提出：要进一步适应经济社会发展和统一战线内部结构变化，探索新的社会组织等参加政协活动的方法途径。具体来说，一是在政协的有关界别中充实进社会组织的代表人士，使其将社会组织成员的利益诉求带到政协进行协商。二是政协组织的各种协商活动注意吸收社会组织的负责人参加，更为全面地反映社会各方面人民群众的意见。三是人民政协加强与社会组织的联系，渗透其中并进行一定的协调，引导它们依法开展协商活动。

第二编　推进协商民主广泛发展

推进协商民主广泛发展，是中国协商民主体系的横向架构。党的十八届三中全会《决定》提出：“在党的领导下，以经济社会发展重大问题和涉及群众切身利益的实际问题为内容，在全社会开展广泛协商。”协商渠道是协商民主的载体。实现协商民主广泛发展，需要发挥多协商渠道的作用。《中共中央关于加强社会主义协商民主建设的意见》在充分吸收各方意见和理论界研究成果的基础上，归纳出 7 个主要协商渠道，分别是政党协商、人大协商、政府协商、政协协商、人民团体协商、基层协商以及社会组织协商。在这 7 个协商渠道中，人民团体协商和社会组织协商可以合并为社会协商。基层协商虽然对于实现协商民主广泛发展具有重要意义，但主要属于协商民主多层发展的范畴，因此在下一篇再展开论述。

第五章　继续加强政党协商

政党协商，是中国共产党同民主党派的直接协商，是政治协商的主要形式。政治协商有广义和狭义之分。广义的政治协商，包括了各类具有政治意义的协商，而狭义的政治协商是指就政治性议题开展的协商。党的十八届三中全会《决定》提出的“深入开展立法协商、行政协商、民主协商、参政协商、社会协商”，都可算是广义的政治协商。习近平总书记在庆祝人民政协成立 65 周年大会上的讲话中在这五种协商之前特意加上“政治协商”，提出“深入开展政治协商、立法协商、行政协商、民主协商、社会协商、基层协商等多种协商”①。这里提到的“政治协商”就是狭义的政治协商，主要有两个范围，一是中国共产党同各民主党派的政治协商，二是中国共产党在人民政协同各民主党派和各界代表人士的协商。政治协商在各类协商中的重要地位，决定了作为其主要形式的政党协商在各协商渠道中排在首位，是必须重点加强的。

一、政治协商的形成和发展

“政治协商”一词，源于 1944 年 9 月中国共产党关于召开各党派紧急国事会议，建立民主联合政府的号召，正式出现于随后的重庆谈判。抗日战争时期，中国人民得到了高度的社会动员和民主训练，中国民主党派达到了成立的高峰，中国社会呈现出多个党派、多种政治力量并存的局势。抗战胜利

---

① 《十八大以来重要文献选编》(中)，中央文献出版社 2016 年版，第 78 页。

后，结束一党专制、实现民主政治的呼声愈来愈高，催生了政治协商这种民主形式。

回应中国社会对结束一党专制、承认各政党合法地位的期待，国民政府迫于压力，同意召开国民参政会。这是我国最早包容多个政党参与政治活动的协商平台，尽管没有冠以“协商”之名，而且定位也不明确，但使我国各党派取得了合法地位，能够公开走到政治前台，参与国家大事的商议。正是在国民参政会这一平台上，1944 年 9 月 15 日，中共参政员林伯渠在国民参政会三届三次会议上提出：“希望国民党立即结束一党统治的局面，由国民政府召集各党各派、各抗日部队、各地方政府、各人民团体的代表，召开国事会议。组织各抗日党派联合政府，一新天下耳目，振奋全国人心，鼓励前方士气，以加强全国团结，集中全国人才，集中全国力量，这样一定能够准备配合盟军反攻，将日寇打垮。”① 同时，林伯渠还提出召开党派会议的问题。这样，在中国共产党的推动下，召开党派会议，推动民主政治，就成了舆论主流。

但是，中国共产党召开党派会议、成立联合政府的主张遭到了国民党的拒绝。蒋介石认为，要联合政府就是要推翻政府，开党派会议就是分赃会议。他提出召开国民大会，实施宪政的程序，以对抗共产党的主张。在争议不决的情况下，国民党代表王世杰建议将党派会议改为“政治咨询会议”，认为这便于无党派人士参加。此时美国也希望调停国共矛盾，使双方团结起来，共同抗日，并派出代表多次与中共领导会谈，由此开启了长达半年的国共谈判，谈判的内容主要在民主政治方面。经过国共双方反复协商，“政治协商会议”作为即将召开的会议名称，得到了包括中国共产党在内的各民主党派的赞同，并写进了《国共双方代表会谈纪要》(即“双十协定”)。虽然“双十协定”后来被国民党撕毁，但“政治协商”这一概念却成为重要政治遗产保留了下来，并对中国的政治发展道路产生了深远的影响。

1946 年 1 月在重庆召开的政治协商会议（史称“旧政协”），是中国共

① 《国民参政会纪实》续编，重庆出版社 1987 年版，第 45 页。

产党和各民主党派共同努力的结果，也是继国民参政会之后的又一重要政党合作平台，是各种政治力量协商解决关系国家前途等重大政治问题的一次尝试，开启了各党派协商国是的民主先例。尽管后来国民党方面破坏民主协议，并对民主党派实施分化、打压和破坏的政策，但是政治协商会议在政治上的开创意义是不可否认的，中国共产党再次举起政治协商会议这面民主大旗。

1948 年 4 月 30 日，中共中央发布《纪念五一劳动节口号》，号召各民主党派、各人民团体及社会贤达迅速召开政治协商会议，得到各民主党派的热烈响应。

1949 年 9 月 21 日至 30 日，中国人民政治协商会议（简称“人民政协”）第一届全体会议召开，标志着中国共产党领导的多党合作和政治协商制度正式确立，同时也赋予政治协商以新的内涵。主要是三个方面：一是政治协商体现新民主主义的议事精神。周恩来分析，人民政协与旧民主主义的议会制度是不同的。旧民主主义议会中议事的办法，是到开会的时候才把只有少数人了解的东西或者是临时提出的意见拿出来让大家讨论决定。“新民主主义议事的特点之一，就是会前经过多方协商和酝酿，使大家都对要讨论决定的东西事先有个认识和了解，然后再拿到会上去讨论决定，达成共同的协议。”① 旧民主主义议会看重的是表决权问题。“但是新民主主义的议事精神不在于最后的表决，主要是在于事前的协商和反复的讨论。”② 旧民主主义的议会制度“不是事前协商，只是便于剥削阶级政党间互相争夺，互相妥协，共同分赃的制度。他们幕后分侵略殖民地的赃，分剥削本国劳动人民所得的赃，争夺不休。而我们却是长期合作，不是彼此互相交替。”③ 二是政治协商是协调统一战线内部关系的重要方法。人民政协与旧政协的一个很大不同，在于它是中国人民的统一战线组织。周恩来指出：“中国人民政治协商会议是一个包含了工人阶级、农民阶级、城市小资产阶级、民族资产阶级和

---

① 《人民政协重要文献选编》（上），中央文献出版社、中国文史出版社 2009 年版，第 29 页。

② 《人民政协重要文献选编》（上），中央文献出版社、中国文史出版社 2009 年版，第 33 页。

③ 《人民政协重要文献选编》（上），中央文献出版社、中国文史出版社 2009 年版，第 39 页。

一切爱国民主人士的统一战线组织。"[①] 人民民主统一战线内部的不同要求和矛盾，是可以而且也应该得到调节。而调节的方法就是政治协商。李维汉指出："政治协商是我国实现人民民主的重要方法。我国人民民主统一战线的内部关系是经过协商来调整的，国家事务中的重要问题是协商成熟而后决定的，国家的选举也是经过协商提名的。正是由于在协商过程中反复地交换了意见，展开了争论，从而辨明了是非，达成了协议，在选举和通过议案的时候，就自然而然地常常出现最大多数一致以至全体一致的赞同和决议。"[②] 正是由于这个原因，政治协商的范围就不限于各政党，而是扩大到统一战线的各方面。周恩来指出："为了扩大政协的代表性，首先要扩大参加政协的成分、单位和名额，使它能够代表全国各民主阶级、各民族人民的愿望和要求。"[③] 以一届政协的 45 个参加单位 510 名代表名额分配为例，党派代表 142 人，14 个单位；区域代表 15 人，9 个单位；军队代表 60 人，6 个单位；团体代表 206 人，16 个单位。除此之外，另设 1 个特别邀请单位，吸收不能参与上述各单位的民主人士参加。三是政治协商成为建立新中国的新方式。中国共产党最初提出召开新政治协商会议，目的是讨论决定如何召开全国人民代表大会，成立民主联合政府。设想的会议不过是百八十人的会议。但没有想到革命形势发展之迅速，国民党反动政府的统治已经崩溃了。这样的话，建立新中国的任务已经迫不及待。而按照过去的思路，通过普选召开全国人民代表大会来建立新中国显然是等不及了。经过与民主党派协商，中国共产党调整了思路，让人民政协代行全国人民代表大会职权，通过政治协商方式成立民主联合政府、建立新中国。周恩来指出："在全国各地方未能实行普选以前，中国人民政治协商会议和它的地方委员会分别执行全国和地方人民代表大会职权。""中国人民政协协商会议是负有伟大的建国责任的。"[④] 毛泽东在政协全体会议上庄严宣告，中国人民政治协商会议宣布自己执行全国人

① 《人民政协重要文献选编》(上)，中央文献出版社、中国文史出版社 2009 年版，第 35 页。
② 《李维汉选集》，人民出版社 1987 年版，第 320 页。
③ 《人民政协重要文献选编》(上)，中央文献出版社、中国文史出版社 2009 年版，第 30 页。
④ 《人民政协重要文献选编》(上)，中央文献出版社、中国文史出版社 2009 年版，第 36 页。

民代表大会的职权。政治协商作为建国方式，不仅表现为一届全国政协全体会议制定具有临时宪法性质的《共同纲领》，选举中央人民政府委员会等事项，也表现为人民政协全国委员会的职权和作用。按照中共中央第一代领导集体的设计，无论是否代行人民代表大会的职权，政治协商都始终是人民政协的职能，这就赋予了政治协商更重要更持久的意义。

1954 年 9 月，一届全国人民代表大会第一次全体会议召开，人民政协不再代行全国人民代表大会职权，中共中央作出保留人民政协作为人民民主统一战线组织和政治协商机关的决策。1954 年 12 月 25 日，二届全国政协一次会议通过的《中国人民政治协商会议章程》第九条规定中国人民政治协商会议全国委员会的任务和职权："根据中国人民政治协商会议章程的总纲，就有关国家政治生活和人民民主统一战线的重要事项，进行协商和工作。"① 这实际上也是明确了人民政协政治协商的主要内容。新中国进行的一切重大运动，颁布重要政策法令都经过全国政协全体会议或常务委员会扩大会议协商。可以说，这一时期人民政协切实发挥了政治协商的作用。

党的十一届三中全会后，为适应改革开放和社会主义现代化建设的新形势需要，中国共产党倡导的政治协商得以恢复和发展。与以往已有的政治协商实践相比较，主要呈现为两个新特点。

一是人民政协的政治协商职能化。长期以来人民政协一直有着政治协商的实践，但改革开放前并没有明确为人民政协的基本职能。改革开放后，邓小平提出了这一课题。1980 年 8 月，在五届全国政协三次会议上，邓小平指出："今后人民政协要广泛联系各界人士，充分发挥民主协商和监督作用。"② 根据邓小平这一思想，1982 年 12 月 11 日，五届全国政协五次会议修改政协章程，在总纲中规定：人民政协"对国家的大政方针和群众生活的重要问题进行政治协商，并通过建议和批评发挥民主监督作用"③。初步明确人民政协的两大主要职能即政治协商和民主监督。后来人民政协又增加了参

① 《人民政协重要文献选编》(上)，中央文献出版社、中国文史出版社 2009 年版，第 215 页。
② 《人民政协重要文献选编》(中)，中央文献出版社、中国文史出版社 2009 年版，第 369 页。
③ 《人民政协重要文献选编》(中)，中央文献出版社、中国文史出版社 2009 年版，第 408 页。

政议政职能，从而丰富完善为三项职能。但政治协商是第一职能，最主要的职能。

二是把中国共产党同民主党派的政治协商单列出来。中国共产党同民主党派直接进行的政治协商实践也是早已有之，但长期以来主要是运用人民政协的平台来运作。改革开放以来，适应多党合作事业发展的需要，中国共产党越来越多的决策性政治主张首先需要同民主党派高层进行小范围的协商，为此就需要对这个范围的政治协商进行制度性的规范。1989 年 12 月，中共中央《关于坚持和完善中国共产党领导的多党合作和政治协商制度的意见》，第一次提出“中共同民主党派进行政治协商，是中国共产党领导的多党合作和政治协商制度的一项重要内容”，并且初步规定了几种协商形式。① 中国共产党同民主党派的政治协商单独进行后，引出了一个新问题，就是它同人民政协的政治协商是什么关系。2005 年 2 月中共中央下发的《关于进一步加强中国共产党领导的多党合作和政治协商制度建设的意见》正式明确了政治协商的两个范围。一是中国共产党同各民主党派的政治协商，并首次对协商的内容作出了规定。二是人民政协的政治协商，即“中国共产党在人民政协同各民主党派和各界代表人士的协商”②。2006 年中共中央下发《关于加强人民政协工作的意见》提出“人民政协的政治协商是中国共产党领导的多党合作的重要体现，是党和国家实行科学民主决策的重要环节，是党提高执政能力的重要途径”③，并对人民政协政治协商的主要内容作出了有别于中国共产党同民主党派的政治协商的规定。至此，政治协商的两个范围相对独立地开展起来。

从广义的政治协商来看，两个范围的政治协商都可以是政治协商。但从狭义的政治协商即围绕政治性议题而开展的协商来看，二者又是有区别的。我们不妨从各自的政治协商的主要内容来分析。2015 年中共中央下发的《中

① 《人民政协重要文献选编》(中)，中央文献出版社、中国文史出版社 2009 年版，第 481 页。

② 《人民政协重要文献选编》(下)，中央文献出版社、中国文史出版社 2009 年版，第 763 页。

③ 《人民政协重要文献选编》(下)，中央文献出版社、中国文史出版社 2009 年版，第 794—795 页。

国共产党统一战线工作条例（试行）》中规定，政党协商的主要内容是："中国共产党全国和地方各级代表大会、中央和地方各级党委的有关重要文件；宪法的修改建议，有关重要法律的制定、修改建议，有关重要地方性法规的制定、修改建议；人大常委会、政府、政协领导班子成员和人民法院院长、人民检察院检察长建议人选；关系统一战线和多党合作的重大问题。"2015年中共中央办公厅下发的《关于加强人民政协协商民主建设的实施意见》中规定，政协协商的主要内容是"国家大政方针和地方的重要举措以及政治、经济、文化和社会生活中的重要问题，各党派参加人民政协工作的共同性事务，政协内部的重要事务，以及有关爱国统一战线的其他重要问题等"。二者相比较，前者协商的完全是政治性议题，而后者只是有部分的政治性议题。前者是狭义的或者说严格意义上的政治协商，后者是广义的政治协商或者说是社会协商。正是由于这个区别，习近平提出"政治协商，主要是中国共产党同民主党派协商"的论断。当然这并无低估人民政协政治协商地位和作用之意，恰恰是由于两种政治协商各有各的范围和作用，才能互为补充，相得益彰。

二、政党协商的长期实践

在我国，政党协商的概念虽然是后来提出的，但政党协商的实践却由来已久。中国共产党成立后不久，就提出了联合其他革命政党的主张。1922年6月15日，中共中央发表《中国共产党对于时局的主张》，认为"中国现存的各政党，只有国民党比较是革命的民主派，比较是真的民主派"，因而提出"中国共产党的办法，是要邀请国民党等革命的民主派及革命的社会主义各团体，开一个联席会议，在上列原则的基础上，共同建立一个民主主义的联合战线，向封建式的军阀继续战争"。①1922年7月召开的中国共产党第二次全国代表大会，通过了《关于"民主的联合战线"的议决案》，提出：

① 《中共中央文件选集》第1册，中共中央党校出版社1989年版，第45—46页。

“我们共产党应该出来联合全国革新党派，组织民主的联合战线，以扫清封建军阀推翻帝国主义的压迫，建设真正民主政治的独立国家为职志。”为实现联合战线，“先邀请国民党及社会主义青年团在适宜地点开一代表会议，互商如何邀请其他革新团体，及如何进行”。①1924 年 1 月 20 日至 30 日，孙中山在广州主持召开中国国民党第一次全国代表大会，大会通过了共产党员、社会主义青年团员以个人资格参加国民党的决定，并选举出有李大钊、谭平山、毛泽东、林伯渠、瞿秋白等共产党 7 人参加的国民党中央执行委员会。第一次国共合作时，“遇事协商”成为处理国共关系的准则，并在一定范围内初步形成了协商机制。这一时期国共两党以党内合作的形式在创办和发展黄埔军校、建立广东革命政府、平定广州商团叛乱、支持“五卅”运动、两次东征陈炯明、平定粤桂地方军阀、部署国民革命军北伐、推动冯玉祥倒戈等重大问题进行了富有成效的协商，使国民革命取得丰硕成果。

在抗日战争时期，我国的政党协商实践既表现为中国共产党同中国国民党在第二次国共合作中的协商，也表现为中国共产党同民主党派的协商。1936 年 8 月 25 日，中共中央发表毛泽东起草的《中国共产党致中国国民党书》，提出：“国共合作的关键现在是在贵党手中，诚如贵党二中全会所说：国家兴亡，贵党有责，如果贵党真正愿意担负救亡图存的责任，那末现在是要下决心的时候了，等到做了亡国奴的时候再讲什么合作那就会悔之无及了。至于我们方面是早已准备着在任何地方与任何时候派出自己的全权代表，同贵党的全权代表一道，开始具体实际的谈判，以期迅速订立抗日救国的具体协定，并愿坚决地遵守这个协定。”② 这里明确表达了通过协商解决分歧实现国共二次合作的诚意。10 月初，中共中央起草《国共两党抗日救国协定草案》，作为国共两党谈判的依据。12 月 12 日，张学良、杨虎城将军接受了共产党“停止内战，一致抗日”的主张，扣留了前来西安督战剿共的蒋介石，发动了震惊中外的西安事变。中共中央制定了和平解决事变的正确

① 《中共中央文件选集》第 1 册，中共中央党校出版社 1989 年版，第 66 页。

② 《毛泽东文集》第一卷，人民出版社 1993 年版，第 432—433 页。

方针，派周恩来等到西安，协助张、杨和蒋介石进行谈判，迫使蒋介石接受停止内战和联共抗日等条件。这是以协商方式解决重大难题的范例，为第二次国共合作铺平了道路。1937年2月至9月，国共代表共举行了6次正式谈判，历时7个月。“七七”事变后，全国抗战形势的迅速发展，迫使国民党接受中共关于第二次国共合作的正确要求。9月22日，国民党中央通讯社发表《中共中央为公布国共合作宣言》。23日，蒋介石发表了承认中国共产党的合法地位和国共两党合作抗日的谈话。至此以第二次国共合作为标志的抗日民族统一战线正式形成。这一时期政党协商的主要平台是国民参政会。1938年3月至4月，国民政府临时全国代表大会通过《抗战建国纲领》和《国民参政会组织条例》，决定设立国民参政会，赋予其决议权、建议权、询问权、调查权和审议权。7月在武汉举行国民参政会一届一次会议。会议期间，中共参政员毛泽东、董必武、邓颖超等7人在《新华日报》联合发表《我们对于国民参政会的意见》，表示：“我们代表着中国共产党参加国民参政会，诚恳愿意在参政会内与国民党和其他各党派以及无党派关系的国民参政员同志们亲密的携手和共同的努力，以期能友好和睦地商讨和决定一切有利于抗战必胜、建国必成的具体办法与实施方案，以便能够有效地打击与战胜日寇，并奠定使中华民国走向独立、自由、幸福的新国家的基础。”① 在首届国民参政会中，国民党和无党派人士参政员89名，占总数200名的44.5%，中国共产党和各民主党派共占11%，还有部分中国共产党及其他民主党派成员借文化团体和经济团体之名义参加国民参政会。② 以国民参政会为组织平台，中国共产党和各民主党派进行形式多样的协商。据《黄炎培日记》所载，不完全统计，从1938年5月到1945年12月，各民主党派负责人和中共领导人的各种形式的聚会就有120次之多。中国共产党和各民主党派还在国民参政会推动国家民主宪政运动，以宪政期成会、座谈会和促进会等形式开展各种协商活动。1941年1月，在中国共产党的支持下，以部分

① 毛泽东等：《我们对于国民参政会的意见》，《新华日报》1938年7月5日。

② 黄利鸣、宋俭、王智、杨建国等：《社会主义协商民主与参政党建设》，湖北人民出版社2014年版，第18页。

国民参政员于1939年成立的“统一建国同志会”为基础，在重庆成立中国民主政团同盟，1944年9月在重庆召开全国代表会议，改称为中国民主同盟。在抗战期间，中国共产党还在根据地建立具有协商民主特色的“三三制”政权，进行共产党与党外人士的合作。毛泽东曾指出：“国事是国家的公事，不是一党一派的私事。因此，共产党员只有对党外人士实行民主合作的义务，而无排斥别人、垄断一切的权利。”① 中国共产党抗日根据地的协商民主实践具有重要的示范意义。1945年7月，中国共产党邀请黄炎培、傅斯年、左舜生、章伯钧等民主党派参政员到延安访问，进行商谈，就停止召开“国民大会”和迅速召开政治会议问题取得共识，同时也引出了毛泽东和黄炎培关于跳出历史周期率的“窑洞对”一段佳话。

抗日战争胜利后，我国的政党协商主要体现为重庆谈判期间国共两党的协商，在旧政协期间和筹备新政协期间中共与各民主党派的协商。1945年8月28日，毛泽东、周恩来、王若飞抵达重庆，与国民党当局进行谈判。毛泽东先后与蒋介石对话11次。国共两党经过反复商议，最终签署《政府与中共代表会谈纪要》，在和平建国、坚决避免内战的方针、结束训政、实施宪政、由国民政府召开政治协商会议、邀请各党派及社会贤达协商国是、政府应保证人民享有国家人民享有的一切自由、各党派在法律面前平等等方面达成共识。重庆谈判期间，毛泽东、周恩来广泛接触民主党派及各方面人士。1946年1月10日，政治协商会议（旧政协）在重庆召开。会议召开前夕，由于青年党脱离民盟要求在代表名额上与民盟平起平坐，致使在名额分配问题上陷入僵局。中共基于与民盟的君子协定“事行交换意见，以便相互配合”，主张让出自己的名额给民盟，破解了僵局。会议的中心议题是政治民主化和军队国家化问题。共产党和民盟等党派互相配合，促使会议最终达成了军队属于国家、军党分立、以政治军的折中方案。还通过了和平建国纲领、宪法草案问题、军事问题、改组政府、国民大会等五个方面的决议。但国民党并未遵守政治协商会议的协定，于1946年11月15日在南京单方面

① 《毛泽东选集》第三卷，人民出版社1991年版，第809页。

召开“国民大会”，致使政治协商会议被迫解体。但在政治协商会议期间中国共产党同各民主党派开创的政党协商实践却得以延续并发展。

解放战争时期，我国政党协商主要表现为各民主党派响应中共中央“五一口号”号召、筹备召开新政协。1948 年 4 月 30 日，中共中央发布“五一口号”，是事先同民主党派协商的结果。“五一口号”发布前，民盟中央负责人沈钧儒曾向中共中央提议：可否由中共通电各民主党派，建议开人民代表会，成立联合政府，或由各民主党派向中共通电提出此项建议。毛泽东之所以重新拟定“五一口号”第 5 条，提出召开新政协号召，显然是采纳了沈钧儒的建议。不仅如此，“五一口号”发布后，中共中央也同民主党派进行了协商。在中共中央发布“五一口号”的次日，毛泽东同志致函中国国民党革命委员会主席李济深和中国民主同盟负责人沈钧儒，专门就召开政治协商会议进行协商。5 月 5 日，12 位民主党派主要负责人和无党派人士联名致电中国共产党和毛泽东，并发出《各民主党派赞同召开新政协致毛泽东电》，表示拥护中共中央关于召开政治协商会议、进而成立民主联合政府的政治主张。8 月 1 日，毛泽东代表中国共产党对民主党派“五五通电”作出回应，回电中指出：“关于召集此项会议的时机、地点、何人召集、参加会议者的范围以及会议应讨论的问题等项，希望诸先生及全国各界民主人士共同研讨，并以卓见见示。”① 由此开始了中共同各民主党派就召开政协会议具体事宜的协商和协商结果的实施过程。中共与民主党派充分协商后于 1948 年 11 月 25 日达成《关于召开新的政治协商会议诸问题的协议》。1949 年 9 月 21 日至 30 日，中国人民政治协商会议第一届全体会议召开和中华人民共和国的成立，标志着中国共产党领导的多党合作和政治协商制度正式确立。

新中国成立初期，我国政党协商主要是以人民政协为平台进行的。在中国人民政治协商会议第一次全体会议上，中国致公党提出的《由中央人民政府研究和实行护侨政策案》，是人民政协最早的党派提案。一届政协期间民主党派不仅在法律地位和政治关系上平等，而且参加政协协商也能做到完全

① 《毛泽东文集》第五卷，人民出版社 1996 年版，第 114 页。

平等，对党和国家的重大方针政策都能参与协商讨论，提出批评、建议，只要有道理并且可行，都会得到采纳。从二届全国政协开始，人民政协作为统一战线组织和各政党的协商机构保留下来，我国的政党协商也主要是以政协为平台来进行。这一时期也有一些单独的政党协商活动，如毛泽东邀集各民主党派和工商联负责人就资本主义工商业改造问题多次进行协商。

1957 年反右派斗争之后，我国多党合作事业进入低谷，但政党协商活动仍然存在。1958 年 11 月 29 日，周恩来主持召开民主党派和无党派民主人士座谈会，提出："民主党派的政治自由、组织独立，在社会主义的范围内，按社会发展规律办事，天地很大，可做的事很多，个人活动范围也很大。""对社会发展规律，共产党也不能说都认识到了。尽管大的原则方面掌握了，但是具体问题还常常难于掌握。所以我们大家遇事总是要多商量。""各党派有事找统战部商量，也是需要的。各党派朋友间也要互相商量。"① 这一思想在一定程度上在政党协商中得到实行。令人遗憾的是，从 1966 年开始的长达 10 年之久的"文化大革命"，使党和国家的政治生活遭受严重挫折，作为多党合作和政治协商机构的人民政协停止办公，民主党派停止活动，政党协商也就难以开展了。

三、政党协商的规范化

"文化大革命"结束后，随着拨乱反正的深入进行，民主党派开始恢复活动。1977 年 10 月 15 日，中共中央批转中央统战部《关于爱国民主党派问题的请示》，重申中国共产党与民主党派"长期共存，互相监督"的方针，提出进行整顿和恢复。在中共中央的协助下，各民主党派中央建立临时领导小组，基层组织也陆续进行整顿并恢复活动。1978 年 2 月至 3 月，五届全国政协一次会议召开，各民主党派和无党派人士参加了会议，标志着政党协

① 《人民政协重要文献选编》（上），中央文献出版社、中国文史出版社 2009 年版，第 306—307 页。

商全面恢复。1978 年 12 月，党的十一届三中全会召开，我国进入改革开放新时期，政党协商也进入了新阶段。邓小平作为我国改革开放总设计师，对我国民主党派的性质和地位进行重新认识，提出："现在，各民主党派和工商联已经成为各自联系的一部分社会主义劳动者和拥护社会主义的爱国者的政治联盟和人民团体，成为进一步为社会主义服务的政治力量。"① 并且指出："在中国共产党的领导下，实行多党派的合作，这是我国具体历史条件和现实条件所决定的，也是我国政治制度中的一个特点和优点。"② 他明确表示："我们热诚地希望各民主党派和工商联都以主人翁的态度，关心国家大事，热心社会主义事业，就国家的大政方针和各方面的工作，勇敢地、负责地发表意见，提出建议和批评，做我们党的诤友，共同把国家的事情办好。" ③ 在中共中央领导和支持下，1979 年 10 月，8 个民主党派和全国工商联分别举行了"文化大革命"后的首次全国代表大会，民主党派组织建设取得显著成果，组织规模迅速扩大。各民主党派除参加政协会议外，还直接加入各级人大和政府机构，积极参与国家事务管理。1982 年 9 月，胡耀邦在中共十二大报告中正式提出"长期共存、互相监督、肝胆相照、荣辱与共"十六字方针。这不仅是指导政党关系的方针，也是对政党协商长期存在和发展的共识。1987 年党的十三大提出"建立社会协商对话制度"，着眼点之一就是坚持我国多党合作制度。十三大报告指出："要坚持'长期共存、互相监督，肝胆相照、荣辱与共'的方针，完善共产党领导下的多党合作和协商制度，进一步发挥民主党派和无党派爱国人士在国家政治生活中的作用。"

1989 年政治风波后，如何规范中国多党合作制度，如何界定民主党派的性质及其同中国共产党的关系，如何发挥民主党派切实有效地参与重大决策之前的协商，实行对党和政府工作的民主监督等问题突出起来。按照邓小平批示，1989 年 12 月 30 日，中共中央下发《关于坚持和完善中国共产党领导的多党合作和政治协商制度的意见》，就政党协商提出了一些具有开

① 《邓小平文选》第二卷，人民出版社 1994 年版，第 204 页。
② 《邓小平文选》第二卷，人民出版社 1994 年版，第 205 页。
③ 《邓小平文选》第二卷，人民出版社 1994 年版，第 205 页。

创性的观点。如概括民主党派参政的基本点是“一个参加”即参加国家政权，“三个参与”即参与国家大政方针和国家领导人选的协商，参与国家事务的管理，参与国家方针、政策、法律、法规的制定执行。规定中共同民主党派进行政治协商的主要形式有民主协商会、谈心会、座谈会，书面和约谈协商。这些协商形式的规定，一般不同政协协商相交叉，标志着我国政党协商正式相对独立地开展起来。2005 年 2 月 18 日，中共中央颁发《关于进一步加强中国共产党领导的多党合作和政治协商制度建设的意见》，主要就完善中国共产党同各民主党派的政治协商，规定了协商的内容、五个环节的程序。

在这些重要文件精神指导下，中共中央加强同各民主党派的协商，内容不断充实，程序逐步规范。从 1990 年至 2006 年底，中共中央、国务院及委托有关部门召开的协商会、座谈会、情况通报会达 230 多次，其中中共中央总书记主持召开 74 次。此后各民主党派、无党派人士在政党协商中就《中共中央关于加强党的执政能力建设的决定》、《中共中央关于构建社会主义和谐社会若干重大问题的决定》等许多重要文件的征求意见稿，全国人大、全国政协领导人选，宪法修改以及立法法、反分裂国家法、监督法、物权法等多部法律文件草案，《中华人民共和国国民经济和社会发展第十一个五年规划纲要》等国民经济和社会发展的中长期规划，社会主义新农村建设、国家金融体制改革、卫生体制改革和教育体制改革等关系国计民生的重大问题，提出意见和建议，其中许多被中共中央、国务院及有关部门所采纳。各民主党派中央、无党派代表人士还向中共中央提出重大的书面意见建议 200 多项，内容涵盖了经济、政治、社会、教育、科技、文化、卫生、国防、外交、港澳台侨等诸多方面，如长江三角洲地区、环渤海地区、海峡西岸经济区、北部湾地区等区域经济社会发展问题，三江（长江、黄河、澜沧江）源地区、欠发达地区资源开发补偿机制改革等问题，深化文化体制改革、弘扬中国传统文化等问题。这些意见建议得到中共中央、国务院的重视和采纳，并产生了良好的社会效果。

2012 年 11 月召开的中国共产党第十八次全国代表大会，提出“健全社会主义协商民主制度”，把“中国共产党领导的多党合作和政治协商制度”和“人民政协”纳入进来，用较大篇幅强调论述“坚持和完善中国共产党领导的多党合作和政治协商制度，充分发挥人民政协作为协商民主重要渠道作用”。

2015年初，经中共中央政治局会议审议通过下发《中共中央关于加强社会主义协商民主建设的意见》，正式提出“政党协商”概念，并将其列为七个协商渠道之首。意见要求，继续探索规范政党协商形式，如完善协商的会议形式、约谈形式、书面沟通协商形式。特别是要加强政党协商保障机制建设，包括知情明政机制、协商反馈机制，支持民主党派加强协商能力建设。当年中共中央办公厅印发《关于加强政党协商的实施意见》，对政党协商的内容、形式、程序、保障机制、党的领导等方面作出明确而具体的规定，标志着政党协商规范化建设取得重大成果。

四、发挥政党协商引领作用

我国是实行政党政治的国家，政党关系在国家政治生活中具有决定性意义。我国的政党政治的特色体现为一党领导、多党合作，并且以政治协商作为共产党执政、多政党参政的基本方式。这就决定了政党协商在各协商渠道中居首要地位，既体现了共产党的领导地位，又体现了民主党派作为参政党的作用。中共中央办公厅印发的《关于加强政党协商的实施意见》对政党协商作出界定：“政党协商是中国共产党同民主党派基于共同的政治目标，就党和国家重大方针政策和重要事务，在决策之前和决策实施之中，直接进行政治协商的重要民主形式。”无党派人士是政治协商的重要组成部分，参加政党协商。工商联是具有统战性的人民团体和商会组织，也参加政党协商。

搞好政党协商，要明确政党协商内容。政党协商是严格意义上的政治协商，协商的内容都具有政治性意义。关于政党协商的内容，中共中央的历次有关文件都有明确的规定，但不完全一致，而且一般是中央层级的规定地方参照执行。最为全面而覆盖各个层次的规定，是2015年5月18日起正式施行的《中国共产党统一战线工作条例（试行）》的规定。依据这一规定，政党协商的主要内容可以分为四类：一是中共党委重要文件的协商，属于大政方针的协商；二是宪法法律法规制定修改的协商，属于立法协商的范畴；三是重要人事安排的协商，是选举前的协商；四是统一战线和多党合作重要事务的协商。这一规定作出后，中共中央率先贯彻执行，每次中共中央制定重要文件，提出宪法法律制定修改建议、作出重要人事安排，均事先征求各民主党派的意见建议。如2017年8月30日习近平总书记召开党外人士座谈会，就中共十九大报告征求意见稿听取各民主党派中央、全国工商联领导人和无党派人士意见和建议。2017年12月15日，习近平总书记主持召开党外人士座谈会，就中共中央关于修改宪法部分内容的建议听取各民主党派中央、全国工商联负责人和无党派人士代表的意见和建议。2018年2月6日，习近平总书记主持召开座谈会，就《中共中央关于深化党和国家机构改革的决定》和《深化党和国家机构改革方案》，听取各民主党派、全国工商联和无党派人士的意见。28日又举行民主协商会，就中共中央拟向十三届全国人大一次会议推荐的国家机构领导人员人选建议名单和拟向全国政协十三届一次会议推荐的全国政协领导人员人选建议名单，向各民主党派中央、全国工商联和无党派人士代表通报情况，听取意见。

搞好政党协商，要丰富和完善政党协商形式。总结长期以来政党协商实践的经验，《关于加强政党协商的实施意见》规范了中央层面政党协商的三种形式。（一）会议协商。具体来说，有四类会议：一是专题协商座谈会，由中共中央主要负责同志主持召开，就党和国家重要方针政策、事关全局的重大问题进行协商，一般每年4至5次。二是人事协商座谈会，由中共中央负责同志主持召开，就重要人事安排在酝酿阶段进行协商。三是调研协商座谈会，由中共中央负责同志主持召开，主要就民主党派中央的重点考察调研成果及建议进行协商，邀请有关部门参加，一般每年2次。其他协商座谈会。由中共中央负责同志或委托中共中央统战部主持召开，通报重要情况，听取意见、建议。会议协商是政党协商的主要形式。据中央统战部负责人介绍，截至2017年9月6日，十八大以来党中央、国务院或委托中共中央统战部召开的政党协商会议(包括协商会、座谈会、情况通报会) 共计112场，其中习近平总书记主持召开或出席的有21场，李克强总理5场，俞正声主席11场。(二) 约谈协商。分两种情况，一是中共中央负责同志或委托中共中央统战部，不定期邀请民主党派中央负责同志就共同关心的问题开展小范围谈心活动，沟通情况、交换意见。二是民主党派中央主要负责同志约请中共中央负责同志个别交谈，就经济社会发展以及参政党自身建设等重要问题反映情况、沟通思想。(三) 书面协商。分两种情况，一是中共中央就有关重要文件、重要事项书面征求民主党派中央的意见建议，民主党派中央以书面形式反馈。如民主党派中央、全国工商联、无党派人士代表曾就中共十九大报告征求意见稿提交10份书面材料。二是民主党派中央以调研报告、建议等形式直接向中共中央提出意见和建议，包括民主党派中央负责同志可以个人名义向中共中央和国务院直接反映情况、提出建议。这种情况俗称“直通车”。2018年2月6日，习近平总书记在同各民主党派中央、全国工商联负责人和无党派人士代表座谈并共迎新春时评价说，过去的一年，大家围绕深入推进“一带一路”建设和“大力振兴和提升实体经济”等关系国计民生的重大问题，深入考察调研，踊跃建言献策，提出意见和建议150多件，为中共中央科学决策和有效施策提供了重要参考。

搞好政党协商，要遵守政党协商的程序。中共中央办公厅《关于加强政党协商的实施意见》首次规范了政党协商的程序。一是明确了会议协商的三步程序：第一步，每年年初，中共中央办公厅会同中共中央统战部等部门，在广泛听取民主党派中央意见建议的基础上，研究提出全年会议协商计划，确定议题、时间、参加范围等，报中共中央政治局常委会审议通过后，通报民主党派中央。第二步，中共中央办公厅会同中共中央统战部，根据全年协商计划制定具体工作方案并组织实施。每次会前，一般提前10天告知民主党派中央；有关部门一般提前5天提供文件稿，民主党派中央负责同志集中阅读，相关部门负责同志作解读说明；民主党派中央集体研究准备意见建议。第三步，会议协商中，中共中央负责同志作有关情况说明，民主党派中央主要负责同志发表意见建议，进行交流讨论。二是明确了约谈协商的程序，中共中央负责同志提出的约谈，应将相关信息提前告知有关民主党派中央主要负责同志，可根据需要由中共中央办公厅或中共中央统战部负责落实；民主党派中央主要负责同志提出的约谈，可由中共中央统战部报中共中央，并协助中共中央办公厅落实。三是明确了书面协商的程序，中共中央提出的书面沟通协商，由中共中央统战部负责落实；民主党派中央的协商意见由中共中央统战部汇总后报送中共中央；民主党派中央或其负责同志的调研报告、建议等书面意见，可由其直接向中共中央提出。这些关于协商程序的规定，不仅明确了时间和步骤，而且明确了协商组织者和参与者各自的责任，不仅体现了协商于决策之前的原则，而且能够增强协商的计划性，避免随意性。这些程序性规定的落实，取得了很好的效果。特别是民主党派中央负责同志提前了解协商信息很重要，便于民主党派中央集中集体智慧，群策群力，提出高质量的意见和建议。

搞好政党协商，要充分发挥中国共产党和民主党派各自的作用。首先，中国共产党担负着首要责任。中国共产党的领导是中国特色社会主义最本质的特征。我国多党合作和政治协商制度是中国共产党领导的政治制度，加强党对政党协商的领导是题中应有之义。但也要清楚，党对政党协商的领导主要是政治领导，即政治原则、政治方向、重大方针政策的领导，主要体现为把握正确方向，充分发扬民主，广泛集智聚力，确保政党协商规范有序、务实高效、充满活力。因此，必须坚持平等协商的原则。民主党派“法律地位平等”，是新中国成立初期就确定的，1989 年《中共中央关于坚持和完善中国共产党领导的多党合作和政治协商制度的意见》进一步予以明确。政党协商不同于一般的征求意见的过程，关键在于协商主体的平等地位。毛泽东曾指出：“所谓领导权，不是要一天到晚当作口号去高喊，也不是盛气凌人地要人家服从我们，而是以党的正确政策和自己的模范工作，说服和教育党外人士，使他们愿意接受我们的建议。”① 习近平总书记在党的十九大报告中提

① 《毛泽东选集》第二卷，人民出版社 1991 年版，第 742 页。

出："协商民主是实现党的领导的重要方式。"[1] 也就是说，支持民主党派参与政党协商，要做到平等交流、坦诚沟通，关键在于平等。共产党居于执政地位，并不代表共产党员和党的领导干部就高人一等。相反，只有时时处处注意向别人学习，将正确的意见集中起来，自己的判断和决策才会正确，才能真正实现领导。在政党协商中，平等对待民主党派的一个重要方面，就是健全知情明政机制。习近平总书记明确要求："协商前，党委和政府有关部门要向民主党派和无党派人士通报有关情况，让他们知情，知情才能真协商。"[2] 知情明政关系到对民主党派的信任问题。民主党派是中国共产党的亲密友党，是自己人，没有什么不好讲的。如果共产党什么东西都藏着掖着，民主党派就会觉得你把他当外人，就不会跟你谈心交心，更不会在协商活动中起到诤友的作用。在知情明政问题上，中央层面是做得好的。党的历次代表大会、历次中央全会起草的中央文件，在党内还处于保密阶段，就已经在民主党派负责同志中征求意见，进行协商。这为民主党派在政党协商中真正发挥应有作用创造了重要的前提条件。

中国共产党在政党协商中的首要作用，还表现为营造宽松民主的协商环境，鼓励不同意见交流和讨论，真正形成知无不言、言无不尽的氛围。在政党协商中，民主党派给人的印象多是表态赞成，没有提出多少不同的意见，更少提出批评性意见。这种情况是客观存在的，但主要责任方不在民主党派，而在中国共产党。正因为如此，习近平总书记一直鼓励民主党派讲真话、建诤言。针对有的同志觉得同党外人士搞协商是自找麻烦的问题，他明确指出："这种想法是不正确的。"搞政党协商的意义就在于包容丰富的多样性，包括不同的思想认识，甚至批评性的反对性的意见。对待别人的批评，正确的要听、要改正，不正确的要容、要引导。只有"容"，也就是有雅量，别人才有胆量同你讲心里话，你才能因势利导。为了提高政党协商的质量，还要注意克服协商中的形式主义问题。习近平总书记指出："协商中不要各

---

① 《十九大以来重要文献选编》（上），中央文献出版社 2019 年版，第 27 页。

② 《习近平关于社会主义政治建设论述摘编》，中央文献出版社 2017 年版，第 75 页。

说各话、流于形式，要有互动、有商量，使协商对凝聚共识、优化决策起到作用。”① 搞政党协商，就是为了发扬民主、集思广益，避免发生大的失误。特别是要发挥民主党派的监督作用。如果把监督当成挑刺儿，或者当成摆设，就听不到真话、看不到真相，有了失误、犯了错误也浑然不知，那是十分危险的。

在政党协商中，民主党派担负起参与者、实践者、推动者的政治责任。这“三者”的定位有深刻寓意。首先是参与者，也就是说，民主党派在政党协商中是起参与作用而不是主导作用，这个角色要明确，不能喧宾夺主。正因为如此，《中国共产党统一战线工作条例（试行）》把民主党派的第三项职能明确为“参加中国共产党领导的政治协商”，而不是简单的“政治协商”。因此，民主党派参加政党协商要紧扣中国共产党和国家中心工作履职尽责，而不能偏离或游离其外。其次是实践者，也就是说，民主党派在政党协商中要发挥具体实施作用，既不是谋划者，也不是旁观者。要把参加政党协商作为重中之中的大事，建真言、谋良策、出实招，对凝聚共识、优化决策起到积极作用。再次是推动者，也就是说，民主党派在政党协商中要起积极的促进作用，而不是消极的被动作用。习近平总书记指出：“坚持和完善中国共产党领导的多党合作和政治协商制度，更好体现这项制度的效能，着力点在发挥好民主党派和无党派人士的积极作用。”② 政党协商的效能能不能体现出来，在很大程度上取决于民主党派作用的发挥。因此，民主党派要更加积极主动地参加政党协商，以高质量的协商成果推动政党协商不断完善和发展。

民主党派在政党协商中要发挥应有作用，要着力提高协商能力。《中共中央关于加强社会主义协商民主建设的意见》明确提出“支持民主党派加强协商能力建设”。这是有现实针对性的。中国共产党和民主党派都有加强协商能力建设的任务，但对民主党派来说这一任务更突出。我国各民主党派虽然集中了我国社会各界的精英人才，但从总体上看数量仍然偏少，而且各有

① 《习近平关于社会主义政治建设论述摘编》，中央文献出版社 2017 年版，第 75 页。

② 《习近平关于社会主义政治建设论述摘编》，中央文献出版社 2017 年版，第 75 页。

自己的重点界别，参政议政的覆盖面相对狭窄，专职党务干部尤其少，协商的组织动员能力不强。这与庞大的中共干部队伍相比，明显是一种劣势。这就导致民主党派在参加政党协商中常常有力不从心之感。面对中共中央要协商的广泛性、全局性议题，民主党派往往只是从自身的专业所长提出个别的补充性意见建议，甚至只能作出赞成性表态。因此，民主党派加强协商能力建设尤其迫切。能力建设，也是本领建设。2018 年 2 月 6 日，习近平总书记在同民主党派负责同志共迎新春时强调："领导 13 亿多人的社会主义大国，中国共产党既要政治过硬，也要本领高强。执政本领建设是中国共产党自身建设的重要方面。同志们要把参政工作做好，也要不断提高本领。"① 如果说"本领恐慌"是执政党自觉的忧患意识，那么对于参政党来说更是一个明显的短板，尤其需要大力提升。民主党派如何提升政党协商能力呢？从民主党派自身实际出发，概括起来，主要是三个方面。一是深入调查研究。调查研究是民主党派了解民意、熟悉民情、发现问题、找到原因并提出对策的最佳方式，也是弥补民主党派自身成员组织结构不足的重要手段。于中共来讲，没有调查研究就没有决策权；于民主党派来讲，没有调查研究就没有发言权。中共中央办公厅《关于加强政党协商的实施意见》规定，民主党派的调研活动主要有三类：第一类是中共中央每年委托民主党派中央就经济社会发展重大问题开展的重点考察调研，第二类是民主党派中央按中共中央统战部每年召开的选题介绍会而确定的调研题目，第三类是民主党派中央结合自身特色开展的经常性考察调研。2017 年年初，中共中央办公厅、国务院办公厅出台支持民主党派中央开展重点考察调研的意见，首次对民主党派重点考察调研工作进行规范。把这些调研工作做好了，民主党派参加政党协商的能力就会明显增强。如 2017 年中共中央委托各民主党派中央围绕"一带一路发展"、"大力振兴和提升实体经济"两大主题进行重点考察调研。2018 年各民主党派主要围绕"区域协调发展"、"乡村振兴战略"和生态文明建设

---

① 《多党合作要有新气象　思想共识要有新提高　履职尽责要有新作为　参政党要有新面貌》，《人民日报》2018 年 2 月 7 日。

等领域进行重点考察调研。各民主党派中央形成重点考察调研报告，报送中共中央、国务院。有关具体问题及建议形成专报后以“直通车”的形式转送中共中央、国务院有关负责同志。二是适当进行界别调整。我国各民主党派都有其传统的重点界别，这对于在各自领域发挥其专业优势是有必要的，但也与民主党派参政议政的领域日趋广泛特别是政党协商的综合性要求不太适应。为此，各民主党派普遍希望把发展对象的范围规定得宽一些，界别列得多一些，以利于多方面物色参政议政人才。适应这种需要，民主党派也进行了一些界别的调整。如民革、农工党致公党分别将社会和法制专业人士、人口资源和生态环境领域的代表性人士、海归人士纳入重点发展范围。现在看来，这种界别的调整和充实是非常必要的，为适应社会结构的变化、适应政党协商的需要，还要继续进行必要的调整。三是提高协商的组织化程度。我国的政党协商是中国共产党同民主党派的政治组织间的协商，而不是中共个人同民主党派个人之间的协商。民主党派参加政党协商是以本党名义发表政治主张。因此，提高协商的组织化程度不仅是必要的，而且也是保证协商质量必需的。目前各民主党派基本形成了在政党协商上的组织化参与局面，如对协商议题的集体研究和准备、协商资料的广泛征集、协商力量的普遍动员等。但与中共的协商力量相比，也存在着需要进一步改进的必要。民主党派自身力量本来就偏少，而且组织管理又比较松散，更需要通过组织起来，把每个成员的作用都发挥出来，群策群力，握指成拳，形成合力。为了搞好政党协商，民主党派要善于借助外力，密切与党政有关部门、人民团体、高等学校、科研院所的联系，完善民主党派参政议政工作机制，建立具有自身特色、服务参政议政的智库，形成以民主党派专职干部为主体、骨干成员为支柱、广大普通成员为基础的多层次参与政党协商的格局。

第六章　进一步完善政协协商

在我国，一谈到协商民主，人们一般都会想到人民政协。这不仅是因为社会主义协商民主是伴随着人民政协的产生而产生的，是随着人民政协的发展而发展的，也是因为人民政协是社会主义协商民主的重要渠道和专门协商机构。发展社会主义协商民主，无疑要把人民政协摆在极其重要的位置。习近平总书记之所以在庆祝人民政协成立65周年大会上的讲话中用了一半的篇幅阐述社会主义协商民主，党的十九大报告之所以将人民政协列入“发挥社会主义协商民主重要作用”条目重点阐述，正是基于这样的原因。推进协商民主广泛发展，要进一步完善政协协商。主要集中在以下三个方面。

一、推动政协协商向社会协商转型发展

政协协商虽然属于政治协商的范畴，但回顾政协协商内容的演进过程，我们可以清楚地看到从政治协商向社会协商变化的历史性趋势，新的生长点形成。

一届全国政协代行人民代表大会职权，协商的内容完全是政治性的，是名副其实的政治协商。如第一届全体会议通过了具有临时宪法性质的《中国人民政治协商会议共同纲领》，制定了《中国人民政治协商会议组织法》、《中华人民共和国中央人民政府组织法》；决定了新中国的名称为中华人民共和国，确定了国歌、国旗。选出中央人民政府主席、副主席，以及中央人民政府委员。第二次会议原则通过《中华人民共和国土地改革法草案》，通过了国徽图案。第三次会议作出关于中央人民政府各项工作报告的决议。

1954 年全国人民代表大会召开后，全国政协代行人民代表大会职权结束，作为统一战线组织继续存在。人民政协仍然承担政治协商的职能，按照毛泽东、周恩来同志的设想，政协协商的内容主要是三个方面：一是协商国际问题。二是协商候选名单。三是重大立法建议的协商。但从执行的实际情况看，这些协商并没有很好地开展起来。这一时期，由参加政协全国委员会的中国共产党、各民主党派、各人民团体所派的代表及政协全国委员会常务委员为主体举行的时事政治座谈会，即“双周座谈会”，成了政协协商的主要形式，协商议题较为广泛，已不是严格意义上的政治协商，开始具有了社会协商的色彩。

改革开放以后，人民政协的政治协商职能首先得到恢复。1989 年 1 月《中国人民政治协商会议关于政治协商、民主监督的暂行规定》，第一次明确了政治协商的主要内容包括：“国家在社会主义物质文明建设、社会主义精神文明建设、社会主义民主法制建设和改革开放中的重要方针政策及重要部署，政府工作报告，国家财政预算，经济与社会发展规划，国家政治生活方面的重大事项，国家的重要法律草案，中共中央提出的国家领导人人选，国家省级行政区划的变动，外交方面的重要方针政策，关于统一祖国的重要方针政策，群众生活的重大问题，各党派之间的共同性事务，政协内部的重要事务以及有关爱国统一战线的其他重要问题。”① 协商的内容非常广泛，不仅有政治协商的内容，而且有社会协商的内容。

1989 年《中共中央关于坚持和完善中国共产党领导的多党合作和政治协商制度的意见》下发后，政党协商相对独立地开展起来，政协协商的内容也开始发生重大变化。经过不断调整，两个范围的政治协商的内容最后以中共中央两个 5 号文件确定下来。2005 年《中共中央关于进一步加强中国共产党领导的多党合作和政治协商制度建设的意见》规定的中国共产党同各民主党派的政治协商的内容，如中共的重要文件，宪法和重要法律的修改建议，国家领导人的建议人选，关于推进改革开放的重要决定等，都是严格意

① 《人民政协重要文献选编》(中)，中央文献出版社、中国文史出版社 2009 年版，第 466 页。

义上的政治协商的内容。2006 年《中共中央关于加强人民政协工作的意见》规定的人民政协政治协商的主要内容，如国家和地方的大政方针以及政治、经济、文化和社会生活中的重要问题等，已经比较宽泛。从表面上来看，政党协商的内容翔实而具体，政协协商的内容空泛而单薄。但深层次的问题是政协的协商已经发生了从政治协商向社会协商的深刻变化。①

政协协商内容的变化，体现了社会主义协商民主的发展方向，是人民政协可以更有作为的地方。党的十八届三中全会《决定》提出的“在全社会开展广泛协商”，是广义的“社会协商”，是社会主义协商民主的发展方向。随着协商民主在各协商渠道蓬勃开展起来，过去一些由人民政协所承担的协商活动可能主要由其他协商渠道来做，政协协商确实有一个重新定位的问题。把政协协商的内容概括为政治经济社会发展重大问题、关系人民群众切身利益实际问题、统一战线内部共同性问题，可以同其他协商渠道相区别，突出重点，又同其他协商相配合，找到自己的用武之地。为此，就要把握社会协商的特点，更好地把政协协商活动开展起来。

其一，社会协商具有广泛性特点。这种广泛性主要表现为协商议题的广泛性，经济的、政治的、文化的、社会的、生态的，凡属国家经济社会发展中存在的问题，都是可以协商的。社会协商的这一特点既使政协协商区别于其他协商渠道的协商重点，如政党的政治协商、人大的立法协商、政府的决策协商、人民团体的权益保障协商、基层组织的民生问题协商，又与其密切相关，起到积极的参与和推动作用。广泛性还体现为协商参与者的广泛性。人民政协由社会各界代表人士所组织，在这个意义上说，人民政协是一个协商平台，可以起综合性的作用，实现人民的广泛参与。理解了这一点，那种把人民政协当作协商方的所谓“协商主体”的想法也就能够得到克服了。

其二，社会协商具有务实性特点。社会协商的内容是社会问题，问题之所以是社会的，概因其具有普遍性，是老百姓所关心的事关自己切身利益的实际问题。正因为如此，社会协商必须讲究务实，不能玩些“假大空”之类

① 张峰:《协商民主与人民政协理论研究》，人民出版社 2018 年版，第 231—232 页。

的东西。协商必须真协商，就必须是实实在在的，而不是做样子，要使协商真正对党和政府优化决策起作用。人民政协的协商，要以此为目的，在力求实效上下功夫。如果能够做到这一点，那种把政协协商当作清谈、不说白不说、说了也白说的现象也就存在不下去了，人民政协在人民群众中的代言人形象也树立起来了。

其三，社会协商具有不确定性特点。真正的协商应该是有分歧、有争议、有矛盾的问题的协商。如果大家的意见都是一致的，协商也就没有必要了。当前我国社会利益多元化、思想观念多样化，这就决定了协商的过程既是集思广益的过程，更是包容差异的过程。要想事事都有一个一致性的结论，既不现实，也不可能，在社会协商的过程中尤其如此。社会协商不同于政治协商，不一定非要统一思想，作出决定。尊重多数、照顾少数是一个规则。赞成性的意见要听，反对性的意见更要听。是非公论，要让群众和历史去评说。理解了这一点，那种认为人民政协的协商像权力部门的决定一样有权威的想法也就不会提出了。

人民政协的协商正在从政治协商向社会协商转型，这是一个我们不能不承认的客观事实，也是解决许多关于政协协商上的认识问题的钥匙。但由于社会协商的概念要比政治协商宽泛，因此也是把政治协商包括在内的，如国家大政方针的协商仍是政协协商的重要内容。正因为如此，人民政协的协商仍然可以叫做“政治协商”。但一定要清楚，不能奢望像政党协商一样，有那么具体而明确的文件、法律、人事的协商内容。集中精力把社会协商搞好，人民政协的协商民主同样前途光明。

二、充分发挥人民政协作为专门协商机构作用

关于人民政协是专门协商机构的论断，是习近平总书记关于加强和改进人民政协工作的重要思想的重要方面，是对党的历代中央领导集体关于人民政协协商功能思想的继承和创新。推动人民政协这一具有中国特色的制度安排更加成熟更加定型、发挥好专门协商机构作用是人民政协新时代的新方

位、新使命。

中共中央领导集体关于人民政协协商功能的认识，先后有“各党派的协商机关”、“民主协商机构”、“专门协商机构”三个提法，适应了不同历史时期我国社会主义民主政治建设的需要，反映了我们党对人民政协性质作用的认识不断深化。人民政协是“各党派的协商机关”，是适应新中国成立初期发展多党合作事业、重点开展各党派协商的需要而提出来的。人民政协是“民主协商机构”，是改革开放后人民政协的协商已不限于各党派的协商，而是适应更大范围的协商需要而提出的。人民政协是“专门协商机构”，是适应十八大以来健全社会主义协商民主制度、推进协商民主广泛多层制度化发展的需要而提出来的。习近平创造性地提出“人民政协要发挥作为专门协商机构的作用”①，突出了人民政协在发展社会主义协商民主中的重要作用，赋予了人民政协更大更多更高的协商职责。

人民政协既然是专门协商机构，那么就必然具有相对于其他协商渠道的特点和优势。概括起来说，主要是专业性、常态化、高质量三个方面。②

一是专业性。这是指人民政协专门从事协商活动的业务水平。专业性是任何一门科学都具有的。早在 1945 年 5 月党的七大毛泽东就提出“统一战线是一门专门科学”。习近平总书记在中央统战工作会议上也指出：“统战工作是一门科学，没有很强的业务水平和工作能力是做不好的。统战干部要深入学习党的统一战线理论和方针政策，精通统一战线历史，做到心明眼亮，同时还要广泛学习各方面知识，掌握统战工作的个中门道，善于处理各种复杂敏感问题，努力成为行家里手。”③协商民主作为统一战线实现党的领导的重要方式，人民政协作为专门协商机构，也同样要成为一门专门科学，同样需要很强的业务水平和工作能力。人民政协之所以是专门协商机构，乃在于集协商、监督、参与、合作于一体，将协商民主贯穿于履行全部职能的全过程。政治协商是协商，民主监督是协商式监督，参政议政是协商议政。只有

① 《十八大以来重要文献选编》（中），中央文献出版社 2016 年版，第 70 页。

② 张峰：《如何认识人民政协是专门协商机构》，《中国政协理论研究》2018 年第 4 期。

③ 《习近平关于社会主义政治建设论述摘编》，中央文献出版社 2017 年版，第 139 页。

抓住协商这个关键环节，使之成为履行职能的基本方式，才能做好人民政协的各项工作。人民政协要发挥作为专门协商机构的作用，就要在把握协商规律的基础上，切实加强制度建设，不断提高人民政协协商民主制度化、规范化、程序化水平，建立健全协商议题提出、活动组织、成果采纳落实和反馈等机制，显示出自己的专业性特点。“天下难事，必作于易；天下大事，必作于细。”协商活动是一种充满政治智慧的复杂活动，不是容易做好的，需要有高超的专业化水平。为此，就要发扬习近平总书记所倡导的“钉钉子”精神，在精细化上下功夫，认认真真、扎扎实实搞好每一项协商活动，以实实在在的协商成果展示人民政协作为专门协商机构应有的水平，同时也为其他协商渠道开展协商活动起到典型引路的示范效应。

二是常态化。这是指人民政协专门从事协商活动的频繁程度和密度。与其他协商渠道不同，政协协商不是阶段性的，而是长期性的；不是临时性的，而是经常性的。人民政协作为专门协商机构的这一特点，决定了人民政协要加强协商的计划性、避免协商的随意性。习近平指出：“有事要商量、多商量，不能想起了、有空了、拖不过去了才协商。”① 这实际上是指出了协商活动中存在的一个突出问题，往往取决于主要领导人的兴趣和空闲，成了随意性的应景运作。解决这一问题的根本之策在于加强协商的计划性和协商计划实施的刚性。政协年度协商计划是党委会同政府、政协制定的，由党委常委会议专题讨论并列入党委年度工作要点，特别是“对明确规定需要协商的事项必须经协商后提交决策实施”的规定，强化了政协年度协商计划的重要作用。政协协商的常态化，也意味着协商活动的频繁程度加大，也就是党的十八届三中全会《决定》所要求的“增加协商密度”。政协的协商活动如果每年只搞那么几次，就很难说是专门协商机构。十二届全国政协在继承优良历史传统的基础上创新出“双周协商座谈会”新的协商平台，邀请委员与中央和国家机关定期座谈交流、听取意见和建议。会议由全国政协主席主持。十二届全国政协期间，五年共举办 76 次双周协商座谈会，议题涉及利

① 《习近平关于社会主义政治建设论述摘编》，中央文献出版社 2017 年版，第 75 页。

用大数据技术促进政府治理能力提升、丝绸之路经济带建设、科技体制创新、城镇化进程中的传统村落保护、住宅房地产调控、残疾人权益保障、安宁疗护工作推进、黑土地保护、草原生态系统修复等。十三届全国政协以来，聚焦新时代新任务大力推进双周协商座谈会制度创新，改进会议形式，强化互动交流，增加 50 分钟互动交流时间，明确政协协商民主的建言资政和团结教育功能，引导委员在积极参与协商议政的同时更好理解和领会党的政策主张。会后，全国政协以信息形式向中央领导同志报送会议主要成果，受到中央领导同志高度重视，取得良好效果。双周协商座谈会的深刻意义不仅在于以“小题目做大文章”，选择切口小、内容具体、针对性强、社会关注度高的问题议深议透，而且在于以“高密度显新作为”，破解了“月主席、季常委、年委员”的协商参与度不高、社会影响力不大的难题，开创了政协协商常态化发展新局面。

三是高质量。这是指人民政协从事专门协商活动应有的成效。中国特色社会主义进入新时代，我国经济已由高速增长阶段转向高质量发展阶段。经济基础决定上层建筑，必然对我国上层建筑各方面提出高质量的要求。人民政协作为国家治理体系的重要组成部分，其协商工作也要实现高质量发展。在协商活动中，高质量体现为协商实效。习近平总书记多次要求，人民政协要“提高协商实效”。① 政协协商实现高质量发展，就要聚焦党和国家中心任务，坚持以人民为中心的发展思想，就改革发展稳定重大问题，特别是事关人民群众切身利益问题进行广泛协商，做到政治协商聚焦大事、参政议政关注实事、民主监督紧盯难事，建真言、谋良策、出实招。就要把好协商各个环节的质量关。如政协全体会议协商是政协最重要的协商活动，大会发言社会影响大、覆盖面广，要完善大会发言遴选机制，提高发言质量。提案办理协商是政协特色的协商方式，提案质量高低具有决定性意义，要严格立案标准，增加集体提案比重，提高提案质量，防止“雷人”提案发生。做好党委和政府委托政协开展的重大课题调研和邀请委员参与的重大项目研究论

① 《习近平关于社会主义政治建设论述摘编》，中央文献出版社 2017 年版，第 60 页。

证，也是一种协商活动，要集中优势资源，发挥委员主体作用，形成整体合力，提出高质量的意见建议。只有以“工匠精神”把这些环节的工作做实、做细，人民政协才能不断提升协商质量、提高协商实效，发挥出作为专门协商机构的作用。

三、加强人民政协民主监督

政协协商是一个大概念，不单是指人民政协的政治协商职能，也包括民主监督、参政议政职能。因此，2015 年中共中央办公厅印发的《关于加强人民政协协商民主建设的实施意见》提出：“把协商民主贯穿履行职能全过程，重点推进政治协商、民主监督、参政议政制度化、规范化、程序化。”2017 年中共中央办公厅印发的《关于加强和改进人民政协民主监督工作的意见》明确人民政协民主监督是“协商式监督”的新定位。习近平总书记在党的十九大报告中指出：“人民政协工作要聚焦党和国家中心任务，围绕团结和民主两大主题，把协商民主贯穿政治协商、民主监督、参政议政全过程，完善协商议政内容和形式，着力增进共识、促进团结。”并特别强调：“加强人民政协民主监督，重点监督党和国家重大方针政策和重要决策部署的贯彻落实。”①

关于政协监督，有两个界定：“民主监督”和“政治监督”。民主监督是指人民群众通过政协行使自己表达权对政权机关进行的监督，这种监督是权利对权力的监督，而非权力监督。监督的对象可以是各级政府及其部门。政治监督是指执政的中国共产党和参政的各民主党派之间在人民政协这一多党合作和政治协商重要机构中进行的相互监督，监督的对象是我国的各政党特别是执政的中国共产党及其各级组织。这种监督具有明显的政治性，对于坚持和巩固中国共产党的领导地位和执政地位具有十分重要的意义。既是民主监督，又是政治监督，或者说民主监督与政治监督有机结合，才是对政协监

① 《十九大以来重要文献选编》（上），中央文献出版社 2019 年版，第 27 页。

督性质准确而完整的认识。

这样，我们才能正确理解邓小平 1980 年 9 月和 11 月关于政协监督的两条批示。一条是："在修改章程中，不要把政协搞成一个权力机构。政协可以讨论，提出批评和建议，但无权对政府进行质询和监督。它不同于人大，此点请注意。"另一条是："原来讲的长期共存，互相监督，是指共产党和民主党派的关系而言。对政府实施'监督'权，有其固定的含义，政协不应拥有这种权限，以不写为好。"① 邓小平的本意不是说政协不可以监督政府，而是说政协对政府的监督不同于人大对政府的监督，不是"刚性"的权力监督，而是"柔性"的民主监督。政协监督主要是政党之间的政治监督，这种监督应该成为重点。正是基于这样的理解，2006 年《中共中央关于加强人民政协工作的意见》就政协监督特意指出："它是参加人民政协的各党派团体和各族各界人士通过政协组织对国家机关及其工作人员的工作进行的监督，也是中国共产党在政协中与各民主党派和无党派人士之间进行的互相监督。对于我们党来说，更加需要接受来自各个方面的监督。"②

人民政协既要监督政府，又要实行政党之间的监督，特别是监督执政的中国共产党。二者相比较，前者做得多，后者做得少。如果说人民政协监督职能弱化，恐怕弱就弱在对执政党的监督上。当然，人民政府是党领导下的政府，对人民政府的监督同时也是对在政府中发挥领导核心作用的中共各级党委（党组）的监督。我们可以作这样的理解。但这样的监督毕竟具有间接性，而且责任主体不明晰，政治监督的效果也要打折扣。其实，加强对执政党的监督是中国共产党的一贯主张，也是人民政协作为中国共产党领导的多党合作和政治协商重要机构履行民主监督职能的责任所在。

政协监督之所以是协商式监督，首先在于它是以协商方式进行的监督，因而是社会主义协商民主的重要组成部分。在实际运作过程中，人民政协的三项职能经常是相互关联、相互结合的，又是有所区别、各有重点的。正确

① 《邓小平年谱（一九七五——一九九七）》（上），中央文献出版社 1998 年版，第 676 页。

② 《十六大以来重要文献选编》（下），中央文献出版社 2008 年版，第 262 页。

处理关联性与区别性的关系很重要，是既能发挥民主监督的独特作用又与其他职能形成合力的关键所在。民主监督与政治协商、参政议政职能的主要关联在于以协商为方式。因此，《关于加强和改进人民政协民主监督工作的意见》提出的基本原则之一就是："坚持平等协商，坦诚相见，畅所欲言，尊重不同意见表达，把协商民主贯穿于监督全过程。"关联性还在于，政协的民主监督在很大程度上可以利用已有的协商活动来实现，如政协全体会议、常务委员会会议的大会发言增加监督性内容比重，政协常务委员会会议、主席会议、专题协商会、协商座谈会、对口协商会等安排一定数量的监督性议题，注意通过提案提出意见、批评、建议，开展监督，政协重点提案中应有民主监督性提案。这样做可以起到"借台唱戏"的效果，是简便易行的方式。民主监督与政治协商、参政议政职能的主要区别在于重点不同。《关于加强和改进人民政协民主监督工作的意见》指出："民主监督的重点是党和国家重大方针政策和重要决策部署的贯彻落实情况。"具体地说，人民政协的同样一种履职活动，如果是在决策之前进行，就属于政治协商或参政议政。如果是在决策实施过程之中进行，就可以属于民主监督。通俗地讲，"马前炮"是协商，"马后炮"是监督。把握民主监督的这一重点，有助于我们在政协会议和提案等活动中设置民主监督类别。民主监督与其他职能的区别还在于它有特殊的形式，只有用好这些形式才能显示出民主监督的独特作用来。如视察监督，政协可就涉及改革发展稳定重大问题的监督性议题，根据监督任务组织委员视察团，着重发现存在的问题和不足，提出批评和建议，推动党和政府决策部署贯彻落实。又如专项监督，政协可受中共党委委托交办的监督事项确定专项监督议题，组织力量，开展监督性专题调研，抓住重点问题，深入一线明察暗访，提出改进意见建议。人民政协的这些专门的监督形式，是人民政协履行民主监督职能的着力点，应当下大气力抓紧、抓实、抓好，显示出人民政协的作为。①

政协监督之所以是协商式监督，还在于它是协助性监督，在社会主义监

① 张峰：《论人民政协民主监督的协商式监督新定位》，《国家行政学院学报》2017 年第 6 期。

督体系中起配合性作用。人民政协民主监督是我国社会主义监督体系的重要组成部分，要摆在监督体系之中来认识政协民主监督的地位和作用。按党的十八届四中全会决定，我国社会主义监督体系是由党内监督、人大监督、民主监督、行政监督、司法监督、审计监督、社会监督、舆论监督 8 种监督所构成的。这 8 种监督各有各的功能，地位和作用不是等同的。其中最重要的起决定性作用的是中国共产党党内监督。道理很简单。从哲学上讲，内因是事物发展变化的根本原因，外因只是事物发展变化的条件。相对于外部监督来说，执政党的内部监督更重要。内部监督不到位，外部监督再用劲，也只能是隔靴搔痒。习近平总书记在十八届六中全会上的讲话中指出："党的执政地位，决定了党内监督在党和国家各种监督形式中是最基本的、第一位的。只有以党内监督带动其他监督、完善监督体系，才能为全面从严治党提供有力制度保障。"① 但是，单有党内监督是远远不够的。"党内监督在党和国家各种监督形式中是最根本的、第一位的，但如果不同有关国家机关监督、民主党派监督、群众监督、舆论监督等结合起来，就不能形成监督合力。各级领导干部要主动接受各方面监督，这既是一种胸怀、也是一种自信。"② 中共十八届六中全会修订的《中国共产党党内监督条例》专设第六章"党内监督和外部监督相结合"，把人大、政府、监察机关、司法机关监督，人民政协民主监督，审计机关监督，民主党派监督，社会监督和舆论监督都纳入进来，对各级党委提出了支持和保证、接受和加强这些监督的要求，特别是就支持民主党派履行监督职能还单设一条，充分说明了中国共产党对外部监督的高度重视。理解协商式监督的协助性质，就要牢牢把握政协民主监督的目的。《关于加强和改进人民政协民主监督工作的意见》指出："监督目的是协助党和政府解决问题、改进工作、增进团结、凝心聚力。"中国共产党是中国的唯一执政党，是最高的政治力量，长期处于执政地位，权力高度集中，如果耳边听不到不同意见，很容易导致盲目决策，一意孤行。为此就

① 《习近平关于全面从严治党论述摘编》，中央文献出版社 2016 年版，第 213 页。

② 《习近平关于全面从严治党论述摘编》，中央文献出版社 2016 年版，第 217 页。

需要在人民政协接受来自党外人士的监督。人民政协的民主监督，是帮助党和政府改进工作的重要方式，需要把政党之间的政治监督特别是对执政党的监督作为重点予以加强。要着眼于避免执政党犯大错误、出现大的失误，围绕党和政府的中心任务和重点工作设置民主监督议题，积极组织政协委员参加党委及其部门委托的重大事项调研督查活动，邀请政协委员参与纪检监察机关党风廉政建设和反腐败工作的监督检查，健全委员来信举报通道，发挥特约监督员作用，开展民主评议活动。要相信，政协民主监督不是给党和政府出难题，是帮助党和政府解难题，不是找麻烦，更不是添乱。这才是政协民主监督作为协助性监督应有的作用。①

政协监督之所以是协商式监督，也在于它是成事性监督，因而不同于多党制、两党制条件下的对抗性监督。人民政协是中国共产党领导的多党合作和政治协商的重要机构，也是我国各政党实行相互监督的重要平台。《中国共产党统一战线工作条例（试行）》明确把“在政协召开的各种会议、组织的视察调研中提出意见，或者以提案等形式提出批评和建议”作为民主党派和无党派人士民主监督的主要形式之一。人民政协要尊重和保障各民主党派在政协的各种会议上以本党派名义发表意见的权利，使各民主党派真正能够履行民主监督的职能。民主党派对执政的中国共产党的监督，是亲密友党之间的监督，是善意的监督，是帮助中国共产党集中力量办大事、成大事的监督，是成事性的监督，而不是败事性的监督，是补台的监督，而不是拆台的监督。这与西方国家多党制、两党制条件下在野党、反对党对执政党的对抗式监督有本质的区别。在西方国家策划的“颜色革命”影响下，国内出现了一些模糊认识和错误看法，如有的人把西方两党制、多党制奉为圭臬，觉得中国不搞多党竞选、轮流执政不能算民主制度，散布中国民主党派不以谋取执政为目的就不是真正意义上的政党的谬论。言下之意，我国民主党派只有成为反对党，利用监督形式向执政党发难，才是真正意义上的政党。对于这样的政治图谋，我们要警惕。试想一下，如果民主党派等统一战线成员不是

① 张峰：《论人民政协民主监督的协商式监督新定位》，《国家行政学院学报》2017 年第 6 期。

同我们党肝胆相照、荣辱与共，而是同我们党唱不一样的调，甚至跑到我们党的对立面去了，那我国政治生活会变成什么样子？就不会有政局稳定。没有政局稳定，什么事都做不成。商以求同，协以成事，这是我们把人民政协包括民主党派民主监督定位于“协商式监督”的一个重要原因。为此就要正确理解“批评”。人民政协的民主监督职能之所以与政治协商、参政议政职能不同，是因为“批评”是其明显的特征。《关于加强和改进人民政协民主监督工作的意见》在多处指出了政协民主监督的“批评”方式。把握人民政协民主监督的“批评”方式，对于在政协的履职实践中把是否具有“批评”色彩作为划分出民主监督类别的标志，从而凸显出政协民主监督的实绩，有重要的操作性意义。过去人民政协的民主监督工作不是没做，而是大量地湮没在政治协商、参政议政履职活动之中，既不为人所知，更显示不出独特作用。有了民主监督的“批评”这一特殊方式，有助于增强人民政协开展民主监督的自觉性，解决实际上存在的民主监督相对弱化的问题。但是，对政协民主监督的批评方式，也不能理解成政协民主监督的唯一方式，提出批评是监督，提出不同意见、建议也是监督，这是我们经常把这三者并提的主要原因。另外，批评也不等于指责，简单地指责容易，但批评则不仅要指出问题，找出不足，也要分析产生问题的原因，还要提出改进的意见建议。在某种意义上讲，真正的批评、善意的批评是建设性的，有利于团结的，而不是破坏性的，不利于团结的。人民政协的民主监督要用好批评这个有力武器，说话到点子上、批评点到关键处，设身处地多提建设性意见，真正显示出实效来。①

政协民主监督职能弱化、实效性不强的一个重要原因是法治化程度不高。在我国社会主义监督体系中，许多监督形式都已经实现了法治化或有法律依据。如中国共产党的党内监督有《党内监督条例》党内法规，人大监督有人大常委会《监督法》，行政监督有《行政监察法》、司法监督有人大制定的各项法律法规，审计监督有《审计法》，社会监督有《宪法》第四十一

---

① 张峰：《论人民政协民主监督的协商式监督新定位》，《国家行政学院学报》2017 年第 6 期。

条规定“中华人民共和国公民对于任何国家机关和国家工作人员，有提出批评和建议的权利”，舆论监督没有专门的新闻法，但关于新闻舆论监督的法律规范已散见在我国的宪法、法律、行政法规、地方性法规、自治条例和单项条例、规章等规范性文件之中。大体上说，这些监督都有法可依、有章可循，能够有效地规范监督主体和监督客体的权利义务，因此才能强有力地规范和约束权力的运行。然而，政协民主监督作为最高层次、最为严肃的政治监督，长期以来却缺乏相应的法律法规来规范监督主体和监督客体的权利与义务。正是缺失法律法规的规范和强制，致使监督主体和监督客体丧失了监督的积极性和主动性，造成了监督行为的随意性和肤浅性，制约了民主监督作用的发挥。①

推进政协民主监督法治化，是全面推进依法治国、建设社会主义法治国家的需要。中共十八届四中全会《决定》提出“推进社会主义民主政治法治化”，这是继中共十七大提出“实现国家各项工作法治化”之后，更为具体地提出“民主政治法治化”，具有重大意义。国家各项工作法治化，显然应该包括人民政协工作的法治化。社会主义民主政治法治化，更应该包括社会主义协商民主法治化。人民政协是协商民主重要渠道和专门协商机构。推进社会主义民主政治法治化，就要推进人民政协工作法治化，包括政协民主监督的法治化。只有实现法治化的民主监督，赋予民主监督较强的约束力，才能从根本上解决民主监督职能的弱化问题，才能有力推进我国社会主义民主政治建设的进程。推进政协民主监督法治化，也有助于人民政协通过履行民主监督职，能维护宪法法律权威，保证宪法法律实施。

政协民主监督法治化，与其他监督相比，有自己的特殊性。可以按照党的十八届四中全会提出的思路循序渐进地推进两件事情。一是依照“大法治”的概念制定政协民主监督规程。中国特色社会主义法治体系由五个方面的体系所构成，即完备的法律规范体系、高效的法治实施体系、严密的法治监督体系、有力的法治保障体系以及完善的党内法规体系。其中第一个体系

---

① 张峰：《进一步完善人民政协的民主监督》，《理论动态》2016 年第 2082 期。

是法律规范体系，既包括法律、行政法规、地方性法规的法律体系，也包括市民公约、乡规民约、行业规章、团体章程在内的社会规范体系。照此来看，人民政协的章程及各项工作规程性制度属于社会规范体系，当然也属于法律规范体系。有学者主张，政协章程是“软法”。法律规范体系也好，软法也好，毕竟人民政协民主监督与其他有着法律法规硬性规定的监督形式是不同的。这也就是我们常讲的，人民政协民主监督既不是权力监督，也不是法律监督，而是一种柔性监督。在我国社会主义监督体系中，既要有刚性监督，也要有柔性监督，如同软实力也是实力，依法治国要与以德治国相结合一样。能够约束权力的不仅是“铁笼子”，还要有“软绳索”。人民政协的民主监督，靠的不是权力，不是法律，不是强制性，靠的是真知灼见，靠的是以理服人，靠的是社会影响力。在我国社会主义监督体系中人民政协承担具有柔性监督性质的民主监督职能，恰恰是政协监督不同凡响的地方，是人民政协能够与其他监督形式相区别发挥不可替代作用的地方。为此就有必要将制定政协民主监督规程作为人民政协工作法治化的重要方面，是要尽快做起来的事情。二是按照法律化的方向使政协民主监督有法可依。具体来说，首先是在宪法中充实关于人民政协的表述，写上“政治协商、民主监督、参政议政职能”，使政协履行民主监督职能有宪法依据。其次是在相关法律中载入政协民主监督的法律条文，如在党内法规和行政法规中明确民主监督的具体内容和具体事项，实现政协民主监督与其他监督形式的配合协调。再次是制定政协民主监督法，赋予民主监督必要的法律效力。当然，这可能需要一个较长的历史过程。总之，只有实现有法可依、有章可循，才能切实提高政协民主监督的实效性。

第七章　积极开展人大协商

人大协商是我国国家权力机关的协商，是各级人大在依法行使职权的同时，在重大决策之前根据需要进行的。人大协商的实践虽然早已存在，但"人大协商"这一概念使用得较晚。2015 年《中共中央关于加强社会主义协商民主建设的意见》首次提出"人大协商"，并且提出"积极开展人大协商"的总要求。

一、切实搞好人大重大决策之前的协商

关于我国人民代表大会的协商，存在着这样一种认识，人民代表大会只是搞选举民主或票决民主，与协商民主无关。造成这种认识的原因之一，是没能全面准确地理解我国社会主义民主的两种形式。1991 年 3 月 23 日，中共中央总书记江泽民在参加七届全国人大三次会议、全国政协七届三次会议的党员负责同志会议上，首次提出：我国社会主义民主的两种重要形式，一是人民通过选举、投票行使权利，二是人民内部各方面在选举和投票之前进行充分协商，尽可能就共同性问题取得一致意见。并且把这两种民主形式分别同人大、政协联系起来，前者叫做"国家权力机关的民主"，后者叫做"统一战线范围内的民主"。[①]2006 年《中共中央关于加强人民政协工作的意见》，正式把社会主义民主的两种重要形式规定下来。2014 年 9 月习近平总书记

① 《人民政协重要文献选编》（中），中央文献出版社、中国文史出版社 2009 年版，第 509—510 页。

在庆祝人民政协成立65周年大会上的讲话中重申这两种民主形式，并且强调："在中国，这两种民主形式不是相互替代、相互否定的，而是相互补充、相得益彰的，共同构成了中国社会主义民主政治的制度特点和优势。"① 进一步明确两种民主形式的关系，不是排斥性关系，而是互补性关系。关于两种民主形式的概念概括，在党中央关于协商民主的文献中，"人民内部各方面在重大决策之前进行充分协商"已经被概括为"协商民主"，而对"人民通过选举、投票行使权利"长期没有作出概念概括。只有2007年国务院新闻办发布的《中国政党制度白皮书》，提出过"选举民主与协商民主相结合，是社会主义民主的一大特点"。2019年9月20日，习近平总书记在中央政协工作会议暨庆祝中国人民政治协商会议成立70周年大会上的讲话中明确提出："协商民主是党领导人民有效治理国家、保证人民当家作主的重要制度设计，同选举民主相互补充、相得益彰。"② 这是中共中央最高领导人第一次同时使用"协商民主"和"选举民主"两个概念，并揭示二者相互补充、相得益彰的关系。

准确理解两种民主形式同我国人民代表大会和人民政协的关系，首先要看到二者之间存在着一般的对应关系，也就是说，人民代表大会主要承担保证人民通过选举、投票行使权利的作用，而人民政协则主要承担人民内部各方面在重大决策之前进行充分协商的作用。习近平总书记2014年9月在庆祝全国人民代表大会成立60周年大会上的讲话，只有一处提到"发展独具特色的社会主义协商民主"，而在庆祝中国人民政治协商会议成立65周年大会上的讲话用了一半篇幅阐述发展社会主义协商民主。这种分工布局的安排意图非常明显。两种民主形式的相互补充、相得益彰，要通过不同的制度安排来实现。习近平总书记指出："古今中外的实践都表明，保证和支持人民当家作主，通过依法选举、让人民的代表来参与国家生活和社会生活的管理是十分重要的，通过选举以外的制度和方式让人民参与国家生活和社会生

① 《十八大以来重要文献选编》(中)，中央文献出版社2016年版，第74页。

② 《人民日报》2019年9月21日。

活的管理也是十分重要的。”[1] 显然，前者是指人民代表大会这一坚持党的领导、人民当家作主、依法治国有机统一的根本制度安排，后者是指人民政协这一适合中国国情、具有鲜明中国特色的制度安排。

选举民主和协商民主两种民主形式的相互补充、相得益彰，也可以在制度体制之内来实现。就人民代表大会制度而言，《中共中央关于加强社会主义协商民主建设的意见》要求：“各级人大要依法行使职权，同时在重大决策之前根据需要进行充分协商，更好汇聚民智、听取民意，支持和保证人民通过人民代表大会行使国家权力。”人民代表大会制度是人民当家作主的重要途径和最高实现形式。在人民代表大会制度的安排下，通过普遍的民主选举，产生各级人大代表，组成各级人民代表大会，代表人民行使国家权力，对人民负责、受人民监督，保证人民依法通过各种途径和形式管理国家事务和社会事务、管理经济文化事业，享有宪法和法律规定的广泛的民主权利和自由。选举产生的人大代表、组成的人民代表大会，能不能代表人民行使国家权力，不仅取决于通过选举获得人民的授权，而且也取决于在行使国家权力的过程中通过广泛协商而反映民意、集中民智。如果只有选举的授权，而无协商的行使权，就容易发生习近平总书记所指出的“人民只有在投票时被唤醒、投票后就进入休眠期”的形式主义问题。人民代表大会统一行使国家权力。根据宪法法律规定，人大及其常委会的职权主要包括立法权、监督权、重大事项决定权、选举和决定任免权。这四权，集中体现了人民的民主选举、民主决策、民主管理、民主监督的权利，实质是保证人民依法通过各种途径和形式管理国家事务和社会事务、管理经济文化事业。人大及其常委会通过会议的形式，按照法定程序，集体行使职权、集体决定问题。在会议表决之前，要充分发扬民主，通过各种协商活动广泛听取意见，包括不同意见。协商的过程，就是发扬民主、集思广益的过程，就是统一思想、凝聚共识的过程，就是科学决策、民主决策的过程，就是实现人民当家作主的过程。因此，党的十九大报告提出：“扩大

---

① 《十八大以来重要文献选编》（中），中央文献出版社 2016 年版，第 74 页。

人民有序政治参与，保证人民依法实行民主选举、民主协商、民主决策、民主管理、民主监督”①，增加了“民主协商”，这对人民代表大会代表人民行使国家权力，具有重要的指导意义。

民主选举是人民代表大会制度的基础。选举权和被选举权是人民行使国家权力的基本权利和主要标志。因此，人大协商的一个重要方面是人大代表选举中的协商。1954 年一届全国人大召开后，毛泽东曾将“协商候选名单”确定为政协任务之一。周恩来具体解释为“协商全国人民代表大会代表或地方同级人民代表大会代表的候选名单”②。但事实上后来人大代表候选人协商并不是由政协来承担的，而是由人大在选举过程中来实施的。1986 年修改的选举法取消了通过预选确定正式候选人的规定，规定为由选民小组(代表)反复酝酿、讨论、协商，根据较多数选民（代表）的意见，确定正式代表候选人名单。1995 年修改的选举法，恢复了间接选举人大代表的预选规定，提出“如果所提候选人的人数超过选举法规定的最高差额数，由全体代表酝酿、讨论、协商，进行预选，根据在预选时得票多少的顺序，按照选举法规定的最高差额数确定正式代表候选人名单”。2004 年再次修改选举法，直接选举中确定正式代表候选人的“预选”方式被确认。2006—2007 年我国县乡人大首次根据修改后的选举法和地方组织法举行同步换届选举，“协商”方式在确定正式代表候选人中发挥了重要的作用。这种协商方式的实行有其实际的合理性和必要性。人大代表要具有广泛的代表性，兼顾国家政治生活各个方面，确保各方面利益和意志都能得到公正体现。因此，在代表名额分配上，要遵循使各民族、各地区、各方面都有适当数量代表的原则，同时照顾少数和特殊，对妇女、归侨、解放军代表名额等作特别要求。2010 年修改选举法时，还增加要求各级人大代表中应当有适当数量基层代表，特别是工人、农民和知识分子代表。显然，这种代表名额的分配，是要通过协商方式来解决，而不能仅仅根据代表所在群体的人数多少来确定。我国县乡两级

① 《十九大以来重要文献选编》（上），中央文献出版社 2019 年版，第 26 页。

② 《人民政协重要文献选编》(上)，中央文献出版社、中国文史出版社 2009 年版，第 206 页。

人大代表由选民直接选举产生，占我国各级人大代表总数的95%。做好县乡两级人大代表候选人的协商非常重要。在选举工作中，要将党管干部原则与充分发扬民主、严格依法办事有机统一起来，就候选人人选进行充分酝酿和协商，组织候选人与选民见面，增加互动交流，切实保障人民行使选举权和被选举权。

讨论决定重大事项是人大及其常委会的一项重要职权。根据宪法、地方组织法等有关法律规定，全国人大及其常委会、地方各级人大及其常委会，有权讨论决定全国和本行政区域内经济建设、政治建设、文化建设、社会建设、生态文明建设各方面的重大事项。人大及其常委会行使这一职权的协商活动主要体现在讨论环节。讨论的过程也就是在决策之前的协商过程。只有讨论得充分，形成一致性共识，作出决定才能符合实际、科学合理，并能有效地贯彻实行。因此，要健全讨论决定重大事项协调机制，完善讨论决定重大事项程序机制，把协商工作切实做起来。此外，允许公民旁听人大及其常委会审议重大问题会议或就重大事项决定举行听证会，也是人大协商的重要实现形式。近年来，一些地方人大及其常委会在审议决定重大问题前，举行听证会，邀请公民旁听，增加人大工作的透明度，让公民了解重大事项的决定过程，直接听取公民的意见，使决策民主化、科学化和公开化，既反映了民意，也使决策更加有效。

选举任免国家机关领导人员，是各级人大及其常委会决定和免除国家机关领导人员和其他重要工作人员的一项重要职权。人大在行使选举任免权的过程中也有协商活动。国家和地方领导人员候选人，由人大主席团依据中共党委建议提名推荐。经由主席团提名的候选人，还不是最终的正式候选人。如第十三届全国人民代表大会第一次会议表决通过的《第十三届全国人民代表大会第一次会议选举和决定任命的办法》规定，国家领导人员人选，“由主席团提名，经各代表团酝酿协商后，再由主席团根据多数代表的意见确定正式候选人名单。”这里提到的“酝酿协商”就是人大行使选举任免权过程中的协商活动。实践证明，这种酝酿协商的环节是非常必要的，有助于人大代表或常委会组成人员对拟选任人了解情况，提出意见和建议，形成共识，避免投票表决时的随意性和盲目性，保证选任顺利进行。一些地方人大在选举任免过程中之所以出现拟选任人落选或通不过的问题，在很大程度上与选举任免前不协商或协商不够有关。另外，人事任免实行事前公告、公示制度也是人大行使人事任免权民主协商的表现形式。拟任免领导人员在提请人大常委会会议审议前，由人大常委会的有关工作机构将拟任免干部的基本情况、主要工作业绩、任职意向和免职理由，以一定形式在本行政区域内向社会公示，并通过相应的渠道收集各方面群众的意见。对群众较为公认的、没有提出疑义或反映问题缺乏事实根据的，按法定程序提交人大常委会审议。对群众意见分歧较大的、需进一步考察了解的，暂缓审议。对群众反映强烈的，经核查确实存在严重违法违纪问题的，将退回提请议案，移交纪检部门审查处理。任免干部公示制度的建立，对树立地方国家权力机关的权威，人民群众积极参与人大协商，有极大的促进作用。

二、重点开展立法协商

党的十八届三中全会《决定》提出“深入开展立法协商”。2015《中共中央关于加强社会主义协商民主建设的意见》，就人大协商专设一条，提出“深入开展立法工作中的协商”，赋予人大重点开展立法协商的职责。我国实行统一的、分层次的立法体制。全国人大及其常委会行使国家立法权。全国人民代表大会负责修改宪法，行使制定和修改刑事、民事、国家机构的和其他的基本法律的职权；全国人大常委会制定和修改除应当由全国人民代表大会制定的法律以外的其他法律。国务院根据宪法和法律，制定行政法规。设区的市级以上地方人大及其常委会制定地方性法规，设区的市级以上人民政府根据法律、行政法规、有关地方性法规制定地方政府规章。民族自治地方的人民代表大会有权制定自治条例和单行条例。经济特区所在地的省、市的人大及其常委会根据全国人大的授权决定，可以制定经济特区法规。这种统一的分层次的立法体制，决定了立法协商必须以人大为主导多层次地来开展。其中行使国家立法权的全国人大的立法协商具有典型的示范性意义。

“立法协商”的概念是新提出来的，但立法协商的实践却是新中国成立以来就长期存在的。自新中国成立至2007年底，我国先后将1954年宪法、1982年宪法、全民所有制工业企业法、行政诉讼法、集会游行示威法、香港特别行政区基本法、澳门特别行政区基本法、村民委员会组织法、合同法、婚姻法修正案、物权法、劳动合同法、就业促进法等15部法律草案全文公布征求意见。2008年4月20日，全国人大常委会办公厅宣布，全国人大常委会审议的法律草案一般都要予以公开，广泛征求各方面意见。从此，法律草案公开征求意见成为“常态”。2005年9月27日，全国人大常委会举行个人所得税工薪所得减除标准立法听证会，这是立法法规定听证制度以来全国人大常委会立法中的第一次听证会。在涉及公共利益的立法过程中，全国人大常委会都以举行听证会、论证会、公布法律草案征求公众意见等方式，开通了人民群众通过法定程序参与立法活动的途径。如2007年3月16日物权法在通过前，经过了8次审议，召开过100多次座谈会、论证会，创下我国立法史之最。这些实际上都属于立法协商的范畴。

2015年《中共中央关于加强社会主义协商民主建设的意见》对人大立法协商进行了规范，并在2015年3月15日第十二届全国人民代表大会第三次会议修改的《中华人民共和国立法法》中得到体现，涉及人大立法协商的五个环节。一是制定立法规划、立法工作计划环节的协商。《意见》要求“要广泛听取各方面的意见和建议”。《立法法》规定，全国人大常委会“编制立法规划和年度立法计划，应当认真研究代表议案和建议，广泛征集意见，科学论证评估，根据经济社会发展和民主法治建设的需要，确定立法项目，提高立法的及时性、针对性和系统性。立法规划和年度立法计划由委员长会议通过并向社会公布”。二是法律法规起草环节的协商。《意见》要求“健全协调机制，健全法律法规起草协调机制，加强人大专门委员会、工作委员会与相关方面的沟通协商”。《立法法》规定，专门委员会审议人大代表联名提出的法律案的时候，“可以邀请提案人列席会议，发表意见。”“专门委员会审议法律案时，应当召开全体会议审议，根据需要，可以要求有关机关、组织派有关负责人说明情况。”“全国人民代表大会有关的专门委员会、常务委员会工作机构应当提前参与有关方面的法律草案起草工作”。三是法律法规形成过程中的协商。《意见》要求“健全立法论证、听证、评估机制，探索建立有关国家机关、社会团体、专家学者等对立法中涉及的重大利益调整论证咨询机制”。《立法法》规定，“列入常务委员会会议议程的法律案，法律委员会、有关的专门委员会和常务委员会工作机构应当听取各方面的意见。听取意见可以采取座谈会、论证会、听证会等多种形式。”“专业性较强的法律草案，可以吸收相关领域的专家参与起草工作，或者委托有关专家、教学科研单位、社会组织起草。”“拟提请常务委员会会议审议通过的法律案，在法律委员会提出审议结果报告前，常务委员会工作机构可以对法律草案中主要制度规范的可行性、法律出台时机、法律实施的社会效果和可能出现的问题等进行评估。评估情况由法律委员会在审议结果报告中予以说明。”四是法律法规草案公开环节的协商。《意见》要求“拓宽人民有序参与立法途径，健全法律法规草案公开征求意见和公众意见采纳情况反馈机制”。《立法法》规定：“立法应当体现人民的意志，发扬社会主义民主，坚持立法公开，保障人民通过多种途径参与立法活动。”“列入常务委员会会议议程的法律案，应当在常务委员会会议后将法律草案及其起草、修改的说明等向社会公布，征求意见，但是经委员长会议决定不公布的除外。向社会公布征求意见的时间一般不少于三十日。征求意见的情况应当向社会通报。”五是法律法规表决前的协商。《意见》要求“对于法律关系复杂、意见分歧较大的法律法规草案，要进行广泛深入的调研、论证、协商，在各方面基本取得共识基础上再依法提请表决”。《立法法》规定：“法律案有关问题专业性较强，需要进行可行性评价的，应当召开论证会，听取有关专家、部门和全国人民代表大会代表等方面的意见。”“法律案有关问题存在重大意见分歧或者涉及利益关系重大调整，需要进行听证的，应当召开听证会，听取有关基层和群体代表、部门、人民团体、专家、全国人民代表大会代表和社会有关方面的意见。”“常务委员会工作机构应当将法律草案发送相关领域的全国人民代表大会代表、地方人民代表大会常务委员会以及有关部门、组织和专家征求意见。”“列入常务委员会会议议程的法律案，各方面意见比较一致的，可以经两次常务委员会会议审议后交付表决；调整事项较为单一或者部分修改的法律案，各方面的意见比较一致的，也可以经一次常务委员会会议审议即交付表决。”“列入常务委员会会议审议的法律案，因各方面对制定该法律的必要性、可行性等重大问题存在较大意见分歧搁置审议满两年的，或者因暂不付表决经过两年没有再次列入常务委员会会议议程审议的，由委员长会议向常务委员会报告，该法律案终止审议。”

在党中央加强社会主义协商民主建设精神指导下，按照《立法法》的规定，我国人大立法协商工作稳步有序地开展起来，取得了良好效果。如十二届全国人大常委会公布2017年年度立法计划，十三届全国人大常委会公布2018年年度立法计划。十三届全国人大常委会公布五年立法规划，各类立法项目共116件。其中，第一类项目即条件比较成熟，十三届全国人大常委会任期内拟提请审议的69件。第二类项目即需要抓紧工作、条件成熟时提请审议的47件。其他第三类项目，因立法条件尚不完全具备，需要继续研究论证；经研究论证，条件成熟时，可以安排审议。如2017年12月全国人大常委会办公厅印发《关于立法中涉及的重大利益调整论证咨询的工作规范》规定，开展论证咨询工作，根据法律草案所涉事项的具体情况，可以采取论证会、听证会、委托研究、咨询等形式进行。以此为指导，全国人大和地方人大的论证工作普遍开展起来。如就法律草案向社会公布征求意见已经成为常规性协商实践。截至2017年10月，十二届全国人大常委会已74次就法律草案公开征求意见。以民法总则草案为例，进行3次审议、3次向社会公开征求意见，组织数十场专家咨询会，共收到15422人次提出的70227条建议。十三届全国人大常委会先后就个人所得税法修正案草案、药品管理法修正草案、农村土地承包法修正案草案二次审议稿、基本医疗卫生与健康促进法草案二次审议稿、公务员法修订草案、外商投资法草案，向全社会公开征求意见。全国人大常委会副秘书长乔晓阳说，现在当一部热门法律草案公开征求意见，一天收到上万条意见是常有的事情。“许多意见相当有水平，有很专业的见解，对人大立法很有参考价值”。我国现行有效法律 269 件，行政法规 750 多件，地方性法规、自治条例和单行条例 10000 多件。这些立法成绩的取得，与积极开展立法协商是密不可分的。实践证明，立法协商工作做好，就能使立法反映人民意志，得到人民拥护，切实提高立法质量。人大立法协商存在的主要问题是制度化程度不够。如《立法法》虽然就立法各个环节的协商活动提出了明确要求，但全文并没有出现“协商”这个概念，这是导致人们不认为这些活动是“人大协商”的一个重要原因。另外需要出台像政党协商、政协协商的实施意见这样的关于人大协商特别是立法协商的实施意见，进一步完善人大协商的体制机制。

在立法协商上，有一个非常重要的问题有待解决。这就是人民政协参与立法协商的问题。中共十八届四中全会《决定》就立法协商提出：“健全立法机关和社会公众沟通机制，开展立法协商，充分发挥政协委员、民主党派、工商联、无党派人士、人民团体、社会组织在立法协商中的作用，探索建立有关国家机关、社会团体、专家学者等对立法中涉及的重大利益调整论证咨询机制。”这里虽然提的是“政协委员”而不是“人民政协”，但毕竟把政协委员、民主党派、无党派人士列为立法协商的参与者之列。但这一要求在 2015 年初颁发的《中共中央关于加强社会主义协商民主建设的意见》中，并没有重申。随后中共中央办公厅下发的《关于加强人民政协协商民主建设的实施意见》再次提出“充分发挥政协委员、民主党派、工商联、无党派人士、人民团体等在立法协商中的作用”。但没有明确而具体的规定。2015 年 3 月全国人大修订的《立法法》，没有提人民政协参与立法协商的问题。此事在政协委员、民主党派中引起了强烈的反映。人民政协参与立法协商的最大障碍在于“两院制”的问题。我国实行的是人民代表大会“一院制”，不搞“两院制”。邓小平 1987 年在会见香港特别行政区基本法起草委员会委员时说：“关于民主，我们大陆讲社会主义民主。和资产阶级民主的概念不同。西方的民主就是三权分立，多党竞选，等等。我们并不反对西方国家这样搞，但是我们中国大陆不搞多党竞选，不搞三权分立、两院制。我们实行的就是全国人民代表大会一院制，这最符合中国实际。如果政策正确，方向正确，这种体制益处很大，很有助于国家的兴旺发达，避免很多牵扯。当然，如果政策搞错了，不管你什么院制也没有用。”① 人大是我国的立法机构，如果在立法问题上规定必须同政协协商，政协也就有了立法权，就有可能成了第二院。这种看法是有道理的，是明确政协立法协商作用是要注意的。但是我们也必须清楚，政协参与立法协商，不是两个立法机关之间的协商，不是立法程序必经的环节，而是立法机关和社会公众沟通机制的一个渠道，既然社会公众都可以参与立法协商，作为我国专门协商机构的政协参与立法协商也是顺理成章的。更何况人民政协参与立法协商的实践早已有之。从历史上看，人民政协参与立法协商有非常成功的先例。如一届全国政协对宪法草案的讨论，使得它更为完备。从现实上看，近些年来，一些地方党委制定的政治协商规程或意见明确把拟提请地方人民代表大会和常务委员会审议的重要地方性法规（草案），列入党委在政协同各民主党派和各界代表人士政治协商的主要内容，并且在人民政协开展了一些地方性法规立法协商工作，为在国家层面人民政协开展立法协商积累了实践经验。

三、发挥好人大代表在协商民主中的作用

我国各级人大代表是国家权力机关的组成人员，代表人民行使管理国家和地方事务的权力，在国家政治生活中发挥着重要作用。因此，积极开展人大协商，必须发挥好人大代表在协商民主中的作用。依据《中共中央关于加强社会主义协商民主建设的意见》的要求，人大代表的协商活动主要有以下四个方面。

一是人大代表参与人大及其常委会的立法协商活动。中共十八届四中全会决定提出：“健全法律法规规章起草征求人大代表意见制度，增加人大代表列席人大常委会会议人数，更多发挥人大代表参与起草和修改法律作用。”

① 《邓小平文选》第三卷，人民出版社 1993 年版，第 220 页。

《中共中央关于加强社会主义协商民主建设的意见》将此概括为“更好发挥人大代表在立法协商中的作用”。我国全国人大及其常委会行使国家立法权有两个范围的立法权限，全国人民代表大会负责修改宪法，行使制定和修改刑事、民事、国家机构的和其他的基本法律的职权，这是全国人大代表直接参与的；全国人大常委会制定和修改除应当由全国人民代表大会制定的法律以外的其他法律，这是全国人大代表不参与或间接参与的。就地方人大的立法权限而言，《立法法》规定：“规定本行政区域特别重大事项的地方性法规，应当由人民代表大会通过。”也就是说，也有相当多的地方性法规，是由地方人大常委会制定和通过的。由于人大常委会立法权限涉及的法律法规量大面广，如果不加大人大代表的参与力度，就不能够体现民主立法的原则，会产生由于听取意见不够而导致立法质量不高的问题。因此，让更多的人大代表能够参与到人大常委会立法过程，就成了人大立法协商的重要要求。《立法法》规定，全国人大常务委员会审议向全国人民代表大会提出的法律案，应当通过多种形式征求全国人民代表大会代表的意见，并将有关情况予以反馈。常务委员会会议审议法律案时，应当邀请有关的全国人民代表大会代表列席会议。列入常务委员会会议议程的法律案，在召开论证会、听证会时，听取意见的范围包括有关全国人民代表大会代表。常务委员会工作机构应当将法律草案发送相关领域的全国人民代表大会代表征求意见。行政法规在起草过程中，应当广泛听取有关机关、组织、人民代表大会代表和社会公众的意见。十二届全国人大实行部分人大代表列席常委会会议制度。据十二届全国人大常委会委员长张德江在十三届全国人大一次会议上关于全国人民代表大会常务委员会工作的报告，十二届全国人大期间，拓宽代表参与常委会、专门委员会工作渠道，1500 人次参加执法检查活动，1600 人次列席常委会会议，实现基层全国人大代表任期内至少列席一次常委会会议的目标。十三届全国人大以来，截止到 2018 年 12 月，先后有 300 名代表列席全国人大常委会会议，还有 78 名代表参加了常委会组织的执法检查。在此基础上，建立了与列席常委会会议的人大代表座谈机制。人大代表列席人大常委会会议，能够同人大常委会委员一道审议法律草案，发表意见。如 2018 年 12 月

28 日全国人大三次常委会会议审议的 17 部法律案中，包括土地管理法、农村土地承包法等在内，很多都涉及国计民生，人大代表们积极参加审议，认为这充分体现本届人大立法紧紧扣住回应人民群众的重大关切。

二是人大代表通过提出议案建议开展的协商活动。人大代表在本级人民代表大会会议期间，依法提出议案和建议、批评、意见等，是人大代表履行职责的重要方面，也是人大协商的具体表现形式。《中共中央关于加强社会主义协商民主建设的意见》指出："提高代表议案建议质量，有关方面要加强与代表的沟通协商，增强议案建议办理实效。"这实际上是两方面的要求，对人大代表而言是要提高议案建议的质量，对人大常委会工作机构、办事机构而言是作为代表履职的集体参谋助手和服务班子，认真办理代表议案建议，为此就需要沟通协商，使人大代表通过议案建议发挥出参与管理国家事务、履行职责的重要作用。十一届全国人大期间，代表团或者 30 名以上代表联名提出的议案共有 2557 件。在起草、修改和审议法律草案的过程中，代表议案中提出的有关意见受到重视和采纳。如在研究修改刑事诉讼法时，对代表提出的 81 件相关议案进行研究，尽量把代表建议吸收到草案中来。在研究修改民事诉讼法时，对代表提出的 148 件议案和建议进行逐项研究，并与部分代表当面交流，进一步听取意见。十二届全国人大期间，代表共提出 2366 件议案，其中 514 件议案涉及的 59 个立法项目已经审议通过，153 件议案涉及的 12 个立法项目正在审议，37 件议案涉及的 22 个监督项目已经组织实施。共提出建议 41353 件，将代表反映比较集中的 860 件建议合并归类为 91 项，交由有关专门委员会重点督办，推动解决了一批关系群众切身利益的重点难点问题。2018 年 3 月十三届全国人大一次会议期间，共收到代表议案 325 件。其中，代表团提出 12 件，代表联名提出 313 件。有关立法方面的有 322 件，内容主要集中在：适应深化国家监察体制改革和国家机构改革需要，提出修改地方组织法、人民法院组织法、人民检察院组织法以及刑事诉讼法等法律；适应建设现代化经济体系需要，提出编纂民法典各分编，制定商法通则、电子商务法、质量促进法、社会信用法等，修改公司法、专利法、商标法、个人所得税法等，就加强互联网金融监管等提出制定相关法律。切实保障和改善民生，加强和创新社会治理，提出修改老年人权益保障法、妇女权益保障法、职业教育法、道路交通安全法、药品管理法等，就社区矫正、校园安全、学前教育、法律援助、社会救助等提出制定相关法律。发展文化事业和文化产业，培育和践行社会主义核心价值观，就推动文化产业发展、促进社会文明行为、加强传统村落保护等提出制定相关法律。加强生态文明建设，推动解决突出环境问题，提出修改森林法、野生动物保护法、固体废物污染环境防治及相关法律，就湿地保护、垃圾分类、土壤污染防治等提出制定相关法律。这些议案不仅反映了人大代表参加立法协商具有很大的积极性，而且也有很多真知灼见。会议期间代表们共提出 7139 件建议，集中在打好三大攻坚战、实施乡村振兴战略、推动经济高质量发展以及保障和改善民生等方面。在广泛征求各方面意见的基础上，全国人大常委会办公厅确定了 20 项重点督办建议，涉及代表建议 192 件，到 2018 年底会议期间代表提出的建议已经全部办理完毕并答复代表。从办理结果看，代表所提问题得到解决或计划逐步解决的占建议总数的 75.8%。其中交由国务院扶贫开发领导小组办公室办理的代表建议 252 件，其中主办 75 件，会同办理 156 件，参阅 21 件。代表们围绕 40 个方面，提出了 500 多条具体建议。国务院扶贫办认为，代表建议聚焦重点问题，有很强的针对性和指导性；提出 2020 年后扶贫工作、缓解相对贫困和城市贫困、脱贫攻坚与乡村振兴战略衔接等问题，成为新的增长点，代表建议具有前瞻性。这充分显示出人大代表在协商民主中的重要作用。

三是人大代表同人民群众的协商活动。各级人大代表来自四面八方、各行各业，具有广泛的群众基础和代表性，同人民群众保持着天然的密切联系，在了解民情、反映民意、集中民智方面具有独特作用。因此，人大代表同人民群众的协商就成为人大协商的重要内容。《中共中央关于加强社会主义协商民主建设的意见》要求："建立健全代表联络机构、网络平台等形式，密切代表同人民群众联系。"人大代表参加闭会期间的活动，也是人大代表依法履行职责的重要组成部分，包括通过代表小组活动、代表接待日、走访选民等多种形式，听取、反映原选区选民或原选举单位的意见和要求；对有关国家机关和国家单位的工作进行视察，围绕经济社会发展和关系人民群众切身利益、社会普遍关注的重大问题，开展专题调研，提出改进工作的意见和建议；通过列席本级人大常委会会议和有关会议、参加人大常委会组织的立法调研和执法检查等，监督和推动人大常委会的工作。近些年来，各级人大及其常委会坚持尊重人大代表主体地位、充分发挥人大代表作用，做了大量工作。如完善人大常委会联系人大代表、人大代表联系人民群众制度，畅通社情民意表达和反映渠道。积极组织人大代表专题调研，提出高质量的建议。如十三届全国人大一次会议期间代表提出的7139件建议中，有4402件是代表通过专题调研、视察、座谈、走访等形式形成的建议，占建议总数的61.7%，反映了人大代表同人民群众开展协商活动的成果。

四是基层人大在履职过程中开展的协商。在我国，只有设区的市的人民代表大会及其常务委员会以上层级，可以制定地方性法规。而县乡基层人大没有立法权限，其履职工作可主要运用协商形式来进行。县乡两级人大代表由选民直接选举产生，占我国各级人大代表总数的95%，是与人民群众接触最广泛、最直接，也最经常的群体，因此也最为便利开展各种形式的协商。因此，《中共中央关于加强社会主义协商民主建设的意见》提出："鼓励基层人大在履职过程中依法开展协商，探索协商形式，丰富协商内容。"习近平总书记关于重点在基层群众中开展协商的要求，对基层人大协商具有重要指导意义。基层人大协商的重点是建立完善人大代表联系人民群众制度。总结近些年来基层人大的经验，主要包括：建立"代表见面日"、"代表联系选民月"活动制度。由基层人大定期组织安排代表进"家"、进"站"，采取召开选民座谈会、上门走访选民、代表接待选民等形式，听取选民对城市乡村建设、拆迁安置、生态环境、道路交通等难点热点问题的意见和反映。建立集中联系与分散联系相结合的工作制度。根据代表专业特点和各自优势，结合群众关注热点，分别组织代表开展专题化、随机性的走访接待活动，进一步提高联系选民活动的实效，落实"通过代表活动来推动群众关心的热点、难点问题的解决，为选民办实事，探索基层协商民主建设"的要求。建立定期组织代表向选民述职制度。定期组织代表向选民述职，报告自己履行代表职务的情况，接受选民的监督，同时倾听群众想法、意见和建议，了解群众的需求，有的放矢地反映群众意愿。为丰富协商形式，一些人大代表通过报刊媒体主动征求议案、建议，建立代表网站或博客与选民互动，建立代表工作室、工作站以及聘请助理、联络员，经常性深入选区选民以及自费视察、调研等。这些措施和方式在推进基层人大协商中发挥了重要作用，应当予以鼓励和支持，让人大代表履职更接地气、更有实效。

第八章　扎实推进政府协商

人民政府是国家行政机关，负责组织和管理行政区域的各项行政事务，在经济社会发展中起重要的领导和管理作用。因此，发展社会主义协商民主，政府协商是一个重要的组成部分。“政府协商”的概念提出较晚，是2015年初《中共中央关于加强社会主义协商民主建设的意见》提出的。此前使用的概念是中共十八届三中全会决定提出的“行政协商”。行政协商偏重于协商内容，而政府协商偏重于协商组织形式，二者具有交叉性，可以通用。据此，可以把政府协商定义为人民政府围绕有效推进科学民主依法决策而开展的行政协商。在我国，党和政府具有同构性，因此有的行政协商或政府协商也会在政党协商中进行。如每年的全国人大审议的政府工作报告都要由国务院总理通过政党专题协商座谈会的形式先行听取民主党派和无党派人士的意见。党中央对政府协商提出的总的要求是“扎实推进”。

政府协商的概念出现较晚，但政府协商的实践却是新中国成立以后就已经出现的。其最早的实践形式是政务会议、最高国务会议。政务会议是新中国成立初期作为国家政务的最高执行机关的政务院经常召开的工作会议，共召开224次政务会议。政务会议曾是承载政府的载体。最高国务会议是根据1954年9月颁布的《中华人民共和国宪法》而举行的会议。由中华人民共和国主席主持召开，由中华人民共和国副主席、全国人民代表大会常务委员会委员长、国务院总理和其他有关人员包括各民主党派、各人民团体负责人参加，协商和研究国家重大问题。许多重大决策都是经过最高国务会议讨论协商后作出的，如关于延长发放资本家定息的决定；关于农业发展纲要四十条的决定等。正是由于政府协商的实践，毛泽东认为人民政府“可以叫它是个商量政府”①。

《中共中央关于加强社会主义协商民主建设的意见》总结历史的经验并适应现实的需要，对政府协商提出了明确要求：“围绕有效推进科学民主依法决策加强政府协商，增强决策透明度和公众参与度，解决好人民最关心最直接最现实的利益问题，推进政府职能转变，提高政府治理能力和水平。”依据这一要求，我们可以清晰地把握政府协商的基本内涵。一是政府协商的性质是围绕有效推进科学民主依法决策而开展协商，属于决策型协商。行政决策是国家行政机关依照法定职权，对国家和地方关系经济社会发展全局，社会涉及面广，与公民、法人和其他组织利益密切相关的事项作出的决定，是执政党通过国家机关作出的施政性决定。无论是中国共产党执政，还是国家机关施政，都必须坚持贯彻群众路线，紧紧依靠人民。这就决定了人民政府也要通过开展协商活动密切联系群众。中共十八届四中全会决定提出健全依法决策机制，要求“把公众参与、专家论证、风险评估、合法性审查、集体讨论决定确定为重大行政决策法定程序”，实际上明确了对政府协商的基本要求。二是政府协商的工作重点是增强决策透明度和公众参与度。行政决策关系到人民群众的切身利益，必须让人民群众充分了解，不能搞“暗箱操作”，必须增强决策的透明度，建设阳光政府。这是政府协商必备的前提和条件。为此，中共十八届四中全会决定提出：“全面推进政务公开。坚持以公开为常态、不公开为例外原则，推进决策公开、执行公开、管理公开、服务公开、结果公开。”推进政务公开的目的是通过加强公民知情权和监督权来制约和规范政府权力运行，为实现社会公平和正义提供坚实基础。只有政府透明、廉洁，权力运用依法、规范，资源分配公平、合理，才能从根本上提高政府的公信力。政府信息公开是政府公信力的基础性条件。缺乏真实信息的政府工作或政府行为，社会公众就不能判断其工作绩效和信誉度，还会导致社会对政府的不信任。在政务公开的基础上，要通过多种途径实现公众对行政决策的积极参与。要完善

① 《毛泽东文集》第七卷，人民出版社 1999 年版，第 178 页。

有关公民权利和义务的法律法规，保障公民和社会组织的参与权；要提升公民的整体素质，培养积极、平等、参与、合作的公民精神；要建立政府与社会力量合作的平台，形成共同参与、共同协商、平等对话的机制，调动社会力量参与推动政务公开的积极性。三是政府协商的目的是解决好人民最关心、最直接、最现实的利益问题，推进政府职能转变，提高政府治理能力和水平。政府协商关系到人民群众的切身利益。因此，要把能否解决好人民最关心最直接最现实的利益问题作为政府协商的目的和标准。深化行政体制改革，要切实转变政府职能，创新行政管理方式，增强政府公信力和执行力，建设法治政府和服务型政府。能否达到这一目的，在很大程度上取决于开展政府协商的成效。政府治理是国家治理体系的重要方面。十八届三中全会决定提出："科学的宏观调控，有效的政府治理，是发挥社会主义市场经济体制优势的内在要求。""政府治理"的提法突破了传统的行政体制改革理论，是对改革开放以来我国行政体制改革经验的总结和升华，极大丰富和发展了中国特色社会主义行政管理理论，为深化行政体制改革指明了方向和路径。实现有效的政府治理，就需要加强党委领导，发挥政府主导作用，鼓励和支持社会各方面参与，实现政府治理和社会自我调节、居民自治良性互动。这种互动的过程就是政府协商的过程，政府协商是提高政府治理能力和水平的重要途径。

政府协商现已较为普遍地开展起来。如具有立法权的各级政府普遍采取"开门立法"的协商机制，运用公开征集立法项目建议或法律法规草案稿、书面征求意见、立法调研、论证会、座谈会、列席和旁听、立法听证、公布法律草案等形式，广纳民意，广开言路，让公众通过各种渠道参与到立法活动中。在地方政府层面，对重大行政决策作出相关规定，建立地方性的协商机制，实现决策制度科学、程序正当、过程公开、责任明确。政府在执行经济规制、公共服务和民生建设等具体行政事务时，通过听证会、座谈会等多种形式与有切身利害关系的公众进行沟通协商。有些地方开展政府预算协商，形成了参与式预算模式。有些地方探索开展网络协商，作为政府协商的新方式。存在的主要问题是，政府协商的规范化程度还不是很高，尚未形成一整套成体系的制度设置，各级政府协商水平参差不齐，有些地方政府只重视协商形式，而忽视协商的实际效果，甚至出现价格听证中“逢听必涨”的现象。为此，《中共中央关于加强社会主义协商民主建设的意见》对政府协商进行了规范，主要提出以下三方面的要求。

一、明确政府协商事项

《中共中央关于加强社会主义协商民主建设的意见》要求：“探索制定并公布协商事项目录。政府根据法律法规规定和工作实际，探索制定并公布协商事项目录。列入目录的事项，要进行沟通协商。未列入目录的事项，根据实际需要进行沟通协商。”开展政府协商，首先要明确协商事项。这是加强政府协商的计划性、避免协商随意性的需要。我国各级政府实行的是行政首长负责制，但政府各项工作并不是行政首长一个人决定的，而是由共同协商、集体研究的民主决策机制来推动和保障的。政府协商不能取决于领导人的随意行为，为此就要事先制定协商事项目录，并且予以公布。政府协商事项的确定，依据的是法律法规规定和工作实际的需要。我国立法法规定，国务院根据宪法和法律，制定行政法规。“行政法规在起草过程中，应当广泛听取有关机关、组织、人民代表大会代表和社会公众的意见。听取意见可以采取座谈会、论证会、听证会等多种形式。”国务院具有行政管理职能的直属机构制定规章，地方人民政府制定规章，也应当遵守这个规定。除了法律法规规定外，工作实际需要也是制定事项目录要考虑的主要因素。政府工作覆盖面广，需要协商的事项很多，要尽可能考虑周全，能协商的都要进行协商。但实际情况也会发生变化，制定协商事项目录也要留有余地，有弹性。即便是没有列入协商事项目录的，需要协商的也要进行协商。这就对政府协商工作提出了更高要求。目前广东、湖南等省份已开始探索各自富有地方特色的协商事项或者协商事项的产生方式，但在全国尚未普遍开展起来。需要由国务院率先制定并公布协商事项目录，发挥引领示范作用。

二、增强协商的广泛性针对性

增强协商的广泛性针对性，实质是明确政府协商对象，解决与谁论证协商的问题。按照《中共中央关于加强社会主义协商民主建设的意见》，总的要求是“坚持社会公众广泛参与”，具体说来主要是四个方面。

一是“加强与人大代表、政协委员以及民主党派、无党派人士、工商联的沟通协商”。政府与人大代表的协商，除了政府制定行政法规和规章要广泛听取人大代表的意见外，更主要地表现为政府工作要接受人大监督。近年来，人大对政府的监督有了重要进展，体现了协商民主精神。主要表现为：专题询问工作实现常态化、规范化和制度化。2015 年 4 月，全国人大常委会办公厅出台《关于改进完善专题询问工作的若干意见》，要求把涉及改革难度大、存在问题多、社会关注度高、关系群众切身利益的报告议案确定为专题询问的选题，每年由全国人大常委会办公厅与国务院办公厅协调，安排 1 至 2 位国务院副总理或国务委员向全国人大常委会作专项工作报告，到会听取审议意见、回答询问。自 2010 年 6 月到 2018 年 10 月，全国人大常委会已开展 25 次专题询问，多位国务院副总理、国务委员及部长到会应询，回答问题、接受监督，推动中央重大决策部署贯彻落实，推动与人民群众密切相关的问题有效解决。同时建立国务院向全国人大常委会报告国有资产管理情况制度，完善预算审查前听取人大代表和社会各界意见建议机制。政府与政协委员的协商，主要表现为：参与党委会同政府、政协制定政协年度协商计划，提出协商议题。政府起草一些重要法律法规的过程中，视情可在政协听取意见。政府领导同志出席政协全体会议开幕会、闭幕会，参加界别联组和委员小组讨论，听取大会发言。政府有关领导同志应邀出席政协专题议政性常务委员会会议、专题协商会、双周协商座谈会等，通报情况，听取意见，参加讨论，与委员互动交流。政协各专门委员会与对口联系的政府有关部门以议题为纽带建立健全对口联系工作机制，开展对口协商。政协在党委和政府重大决策形成过程中及时召开专题座谈会，有关方面负责同志到会听取意见建议。国务院或地方政府召开全体会议和有关会议，可视情邀请政协有关领导同志列席。有关部门召开的重要会议可视情邀请政协有关方面负责同志参加。政府委托政协开展重大课题调研和邀请委员参与重大项目研究论证。政府与民主党派、无党派人士、工商联的协商，实际就是政府参与政党协商。由于政党协商的主要内容包括国民经济和社会发展的中长期规划以及年度经济社会发展情况、关系改革发展稳定等重要问题，涉及政府工作，政府参与政党协商，与民主党派、无党派人士、工商联进行沟通协商，直接听取意见，就是十分必要的。政府参与政党协商的主要形式是就政府工作报告听取意见建议。如 2019 年 1 月 17 日，中共中央政治局常委、国务院总理李克强主持召开座谈会，听取各民主党派中央、全国工商联负责人和无党派人士代表对《政府工作报告（征求意见稿）》的意见建议。李克强说，发挥社会主义协商民主的重要作用，邀请各民主党派中央、全国工商联负责人和无党派人士代表对政府工作提出意见建议，是中国共产党领导的多党合作和政治协商制度的重要体现，是国务院接受民主监督的重要程序。与会人员就做大做强国内市场、扩大对外开放，防范债务金融风险、提高社保体系质量，积极稳妥推进新旧动能转换、构建长江经济带多元化生态补偿机制，丰富就业机会、提高行政效能，强化科技创新驱动、加大力度保障和改善民生，创新和完善宏观调控、优化营商环境，国家技术创新中心建设、完善大科学装置建设与开放共享，完善知识产权融资体系、落实和完善惠台政策，支持民营经济发展政策落实、做好民营企业被拖欠账款清理工作，推动科技评价体系改革、降低企业经营成本等提了建议。听取了大家的意见建议后，李克强表示，大家的意见建议对修改好报告、做好政府工作很有帮助，国务院将认真研究采纳。①

二是“专业事项坚持专家咨询论证”。专家咨询论证是政府以专家为对象开展的协商。为了建立服务于决策的高层次参谋团队，政府机关可根据需

---

① 《李克强主持召开各民主党派中央全国工商联负责人和无党派人士代表座谈会》，《人民日报》2019 年 1 月 18 日。

要，适当配备经济、科技、金融、法律、城市建设和管理等方面的高层次智囊团或顾问委员会，还可以选聘一批优秀企业家参与决策咨询工作。要实现决策的科学化、民主化，就要强化专家在决策咨询论证中的作用。对专业性、技术性较强的重大事项，要注意发挥专家学者的智力和专长，通过专家论证、技术咨询、决策评估等方式，认真听取专家学者的意见建议，这是确保民主决策的重要步骤，是提高决策科学化的必然要求。目前不少地方政府都形成了重大行政决策事项专家咨询论证制度和办法，建立了有一定规模的咨询专家库，为专业事项坚持专家咨询论证打下了基础。

三是“涉及经济社会发展重大问题、重大公共利益或重大民生问题的，要重视听取社会各方面的意见和建议，吸纳社会公众特别是利益相关方参与协商”。这是政府以社会公众为对象开展的广泛性社会协商。协商的主要内容是经济社会发展重大问题、重大公共利益或重大民生问题。这类问题是人民群众普遍关心的问题，涉及面广，关联度大，在小范围协商解决不了问题，必须在尽可能广泛的范围来开展。为了搞好这类协商，全国各地涌现了许多好形式，如民主恳谈制度、领导接待制度、社会公示制度、协商民意测验、社情民意直通车、民主评议会、市民对话一把手等。这类协商能否取得较好的效果，既取决于社会公众能否普遍参与，也取决于利益相关方的诉求能否得到重视。因此，协商要坚持尊重多数、照顾少数的原则。例如，一些工程项目的上马、社会政策的制订，会对人们的生活、公民的权益产生重大影响，政府行政管理部门如果不能深入了解民情、充分体现民意，就会影响行政管理的科学性，并影响公民权利的实现，从而产生诸多社会问题。中共十九大报告提出：“凡是群众反映强烈的问题都要严肃认真对待，凡是损害群众利益的行为都要坚决纠正。”① 这应当成为开展政府协商的根本原则。

四是“涉及特定群体利益的，加强与相关人民团体、社会组织以及群众代表的沟通协商”。这是政府以特定群体为对象开展的特殊性协商。改革开放以来我国形成了多元化利益格局，既有最广大人民根本利益，也有现阶段

---

① 《十九大以来重要文献选编》（上），中央文献出版社 2019 年版，第 46 页。

群众共同利益，还有不同群体特殊利益。协商民主的优势就在于能够包容不同阶级阶层、不同利益群体的诉求和期望，搭建一个公平公开的利益表达平台，通过每个人的合理表达，理性讨论和相互倾听，让公民在有效的政治参与中，学会运用公共理性来解决利益表达和实现的问题。政府作决策和实施决策，要更全面更科学地统筹兼顾各方面利益，正确把握引导群众摆正个人利益和集体利益、局部利益和整体利益、当前利益和长远利益的关系。其中一个重要方面就是关照不同群体的特殊利益，加强与工会妇联残联等人民团体、有特定利益代表性的社会组织以及利益相关方群众代表的沟通协商。一些地方政府在这一方面的协商进行了积极探索。如为解决企业劳资矛盾，1999 年以来深圳市形成了政府劳动部门、工会组织和企业家协会的“三方联席会议制度”、“三方协调会议制度”、“三方高峰会议制度”。2002 年成立市劳动关系协调委员会。2004 年制定《深圳市劳动关系协调委员会协调重大劳动争议工作规则》。2005 年制定《关于进一步推进区域性行业性集体协商和集体合同制度的指导意见》。这种政府为特定利益群体而开展协商的经验，值得推广。

三、完善政府协商制度和机制

协商机制的问题，是很早就提出来的。1987 年，中共十三大就提出建立社会协商对话制度，建立党、政府与群众以及群众之间的协商机制。2005 年 12 月 20 日，胡锦涛在中共中央政治局第二十七次集体学习时提出：要完善行政管理决策机制，健全对涉及经济社会发展全局的重大事项决策的协商和协调机制，健全对专业性、技术性较强的重大事项决策的专家论证、技术咨询、决策评估制度，健全对与群众利益密切相关的重大事项决策的公示、听证制度，推进行政管理决策的科学化、民主化。2012 年中共十八大提出，在发展我国社会主义民主政治的进程中，要完善协商民主制度和工作机制，推进协商民主广泛多层制度化发展。2015 年《中共中央关于加强社会主义协商民主建设的意见》对政府协商制度和机制进行规范，主要是五个方面。

一是建立政府信息公开制度。“做好政府信息公开工作，为各方面参与政府协商创造条件。”信息公开是指国家行政机关和法律、法规以及规章授权和委托的组织，在行使国家行政管理职权的过程中，通过法定形式和程序，主动将政府信息向社会公众或依申请而向特定的个人或组织公开的制度。推行政府信息公开的目的是通过加强公民知情权和监督权制约和规范政府权力运行，为实现社会公平和正义提供坚实基础。政府信息公开是政府公信力的基础性条件。缺乏真实信息的政府工作或政府行为，社会公众就不能判断其工作绩效和信誉度。从 2008 年 5 月 1 日起我国实行《政府信息公开条例》。2015 年 4 月国务院办公厅印发的《2015 年政府信息公开工作要点》，更加明确地强调推进行政权力清单、财政资金、公共服务、国有企业、环境保护等 9 大领域的信息公开工作。完善信息公开制度，就要将《政府信息公开条例》真正落到实处，督促行政机关和其他公共机关依法履行信息公开义务，该说明的依法说明，该保密的依法保密，有助于提高政府活动透明度，扩大民众对政务的参与，保障行政民主，消除行政腐败，为公众实现有效参与创造宽松的外部环境，同时也为各方面参与政府协商创造良好条件。

二是完善意见征集和反馈机制。“完善意见征集和反馈机制，在立法、设定决策议题、进行决策时广泛听取意见，及时反馈意见采纳情况。”我国宪法第 27 条规定：“一切国家机关和国家工作人员必须依靠人民的支持，经常保持同人民的密切联系，倾听人民的意见和建议，接受人民的监督，努力为人民服务。”这是政府协商建立和完善意见征集和反馈机制的宪法依据。因此，政府在起草法律法规、设定行政决策议题、进行决策的过程中，除依法保密的事项外，属于协商范围内的事项都应当通过各种途径听取公众意见，特别要注意听取行政相对人的意见。对于公众提出的意见建议，应当认真研究吸纳，并及时反馈意见采纳情况。对于社会公众反映比较集中的重大事项，要及时准确公布意见采纳情况说明理由，并向社会通报。政府征求意见和反馈工作已经开始普遍实行起来。如 2016 年 8 月 6 日，国家工商行政管理总局代国务院起草《消费者权益保护法实施条例（征求意见稿）》，向社会公开征求意见。各地贯彻落实《中共中央关于加强社会主义协商民主建设的意见》制定实施意见和办法，也都对政府协商提出完善意见征集和反馈机制的要求。但目前还需要在探索和积累实践经验的基础上形成更为具体的规定。

三是实行听证会制度。听证是政府进行行政决策的一种重要的协商方式。听证会起源于英美等国，是一种把司法审判的模式引入行政和立法程序的制度。行政机关在作出影响行政相对人合法权益的决定前，由行政机关告知决定理由和听证权利，举行听证会，行政相对人表达意见、提供证据，行政机关听取意见、接纳证据。在我国决策听证主要应用于价格听证。1993年深圳在全国率先实行的价格审查制度，是价格听证制度的雏形。此后，有关省市相继建立了价格听证制度。2001 年制定的《政府价格决策听证暂行办法》行政管理法规，正式在行政决策中引入听证程序。在此基础上，2002年制定《政府价格决策听证办法》，此后又制定了《政府制定价格听证办法》。在这一法律和相关配套政策的保护下，从居民用天然气价格到出租车运价再到自来水价格调整，各地召开的价格听证会受到越来越多的关注，公民通过价格听证会向政府表达意见的权利得到充分体现。听证也是行政机关在作出影响行政相对人合法权益的决定前，由行政机关告知决定理由和听证权利，听取行政相对人表达意见、提供证据的一种法律制度。1996 年颁布的《行政处罚法》确立了行政处罚听证制度，其中第 42 条规定，行政机关作出责令停产停业、吊销许可证或者执照、较大数额罚款等行政处罚决定之前，应当告知当事人有要求举行听证的权利。当事人要求听证的，行政机关应当组织听证。我国其他一些行政法律也规定了听证程序。如《行政强制法》第十四条规定，起草法律草案、法规草案，拟设定行政强制的，起草单位应当采取听证会、论证会等形式听取意见，并向制定机关说明设定该行政强制的必要性、可能产生的影响以及听取和采纳意见的情况。《治安管理处罚法》第九十八条规定，公安机关作出吊销许可证以及处二千元以上罚款的治安管理处罚决定前，应当告知违反治安管理行为人有权要求举行听证；违反治安管理行为人要求听证的，公安机关应当及时依法举行听证。实践中需要进一步规范听证机制，主要是保证听证会依法公开举行，明确听证范围、完善听证代表的遴选程序，推进信息公开，规范听证结果运用和反馈。还可以根据实际探索多种听证形式，如座谈会、论证会，通过媒体采取书面听证、网上听证等。

三是建立健全决策咨询制度。中共十八届三中全会决定提出："加强中国特色新型智库建设，建立健全决策咨询制度。"这明确表明了决策咨询制度与中国特色新型智库的高度关联性。智库作为思想库、智囊团，是影响党和政府决策、推动社会发展的重要力量。政府协商尤其要重视由专家学者所组成的政府决策智库的作用。十八届三中全会后，决策咨询工作普遍开展起来。如 2014 年 7 月 8 日习近平总书记主持召开经济形势专家座谈会，听取专家学者对经济形势和做好经济工作的意见和建议。与会专家分别就国际经济形势、推动我国经济发展、推进经济结构调整、强化金融工作、扩大对外开放、加强经济治理等谈了看法。习近平总书记指出，中共十八大和十八届三中全会要求加强中国特色新型智库建设，建立健全决策咨询制度。此次的经济形势专家座谈会，就是落实这个决策部署的重要体现。广泛听取各方面专家学者意见并使之制度化，对提高党的执政能力、提高国家治理能力具有重要意义。李克强总理也多次主持专家学者座谈会，听取他们对政府工作的意见。一些省市还出台了地方性法规，对专家在决策中的作用、权利和义务作了规定。目前我国决策咨询制度建设方面存在的主要问题是：决策咨询机制不健全，专家参与咨询论证的执行力较弱，专业性优势发挥不够，专家参与决策存在主观性和随意性，不能产生实质性的效果。为此就要完善重大决策专家咨询机制，规范专家参与咨询论证的方式和程序。如明确决策主体的组织职能，保证充分提供论证所需资料，明确咨询论证的具体要求，组织咨询论证活动的有序进行。根据提请决策事项的类别，组成专业结构合理的专家小组。规范咨询论证采取的形式，对不同形式的咨询论证工作的程序进行细化。明确专家意见书的撰写规范，重视专家小组的结论性咨询论证意见，并充分反映小组各成员的意见。规范行政机关对于专家意见的采纳程序，决策会议记录中应该详细说明建议的采纳情况。建立专家咨询论证评估制度，明确咨询专家参与咨询论证活动的责任，保证其在决策咨询过程中能够客观、尽责、中立地发挥专业能力。总之，要提高专家咨询质量和公信力，使其能够对行政决策发挥独特的促进作用。

四是完善议案提案办理联系机制。“完善人大代表议案建议和政协提案办理联系机制，建立和完善台账制度，将建议和提案办理纳入政府年度督查工作计划，办理结果逐步向社会公开。”人大代表在人大会议期间提出议案建议，政协委员在政协会议期间提出提案，是人大代表和政协委员尽职尽责的重要方式，是社会主义协商民主在人大政协工作中的体现。人大代表议案，从内容来说必须属于本级人民代表大会职权范围内。如果属于政府工作方面的事情，则要用建议、批评和意见形式去提出。在实践中，由于“属于人民代表大会职权范围内”的内容不易把握，因而在每年召开的各级人民代表大会会议上，都有数量众多的议案实际上是属于对各方面工作的建议、批评和意见。因此，每次大会经过大会主席团讨论通过，都要把人大代表提出的很多议案转作建议、批评和意见去处理。政府需要办理的是人大代表建议。如 2018 年 3 月十三届全国人大一次会议期间，代表们向大会提出建议 7139 件。会议闭幕后，常委会办公厅形成综合分析报告，拟定交办意见，召开代表建议交办会，将 7139 件代表建议统一交由 200 家承办单位研究办理。在征求各方面意见的基础上，经秘书长办公会议讨论通过，确定 20 项重点督办建议，涉及 192 件代表建议，交由 36 家承办单位重点办理，全国人大 7 个专门委员会负责督办。李克强总理连续 5 年主持召开国务院常务会议，听取国务院部门办理代表建议情况的汇报，要求以对人民高度负责的态度做好办理工作。很多承办单位的主要负责同志在党组会、部务会上专题研究、部署代表建议办理工作。交通运输部、文化和旅游部、公安部、市场监督管理总局、证监会、退役军人事务部等单位主要负责同志或分管领导亲自带队调研，邀请代表座谈，面对面听取代表意见，着力推动问题解决。很多承办单位将百分之百地与提出建议的代表沟通作为办理答复的必经程序，通过电话短信、邮件传真、登门走访、调研座谈等多种形式，进一步深入听取代表的意见建议，了解基层实际情况和存在的问题，提高办理代表建议的针对性和实效性。到 2018 年 12 月，十三届全国人大一次会议期间代表提出的建议已经全部办理完毕并答复代表。从办理结果看，代表建议所提问题得到解决或计划逐步解决的占建议总数的75.8%。如针对代表提出的适度提高城乡居民养老保险补助标准的建议，人力资源社会保障部会同有关单位出台指导意见等文件，确定城乡居民基本养老保险待遇，建立基础养老金正常调整机制，将2018年基础养老金最低标准提高到88元。教育部结合办理代表建议，制定《关于学前教育深化改革规范发展的若干意见》，部署开展校外培训机构专项治理行动，印发《关于规范校外培训机构发展的意见》，对校外培训机构的设置标准、审批登记、培训行为、市场监管等作出明确规定。许多承办单位利用门户网站等平台，公开代表建议办理答复和建议办理工作情况，自觉接受代表和人民群众监督。国家能源局办理的202件、林业和草原局办理的135件代表建议答复全部公开。卫生健康委、生态环境部代表建议答复公开率分别达到98%和90%。

提案是政协委员和参加政协的各党派、人民团体以及政协专门委员会，向政协全体会议或者常务委员会会议提出的、经提案审查委员会或者提案委员会审查立案后，交承办单位办理的书面意见和建议。政协委员可以个人名义或联名方式提出提案，参加政协的各党派、各人民团体和政协各专门委员会可提出集体提案。提案办理协商是政协协商的一种重要形式。《中共中央关于加强社会主义协商民主建设的意见》要求："增加集体提案比重，提高提案质量，建立交办、办理、督办提案协商机制。"中共中央办公厅印发《关于加强人民政协协商民主建设的实施意见》提出"健全提案办理协商制度"，要求"建立和完善台账制度，把提案办理纳入政府年度督查计划"。2015年10月制定的《中国人民政治协商会议全国委员会提案办理协商办法》，进一步将提案办理协商规范化，提出"建立中共中央办公厅、国务院办公厅和全国政协办公厅共同交办提案机制"。政府是政协提案办理的重要方面。国务院办公厅于2014年10月2日发出《国务院办公厅关于做好全国人大代表建议和全国政协委员提案办理结果公开工作的通知》要求，各地区、各部门要高度重视建议和提案办理结果公开工作，切实加强组织领导，认真履行公开职责，按照积极稳妥、逐步深化的原则，不断推进建议和提案办理结果公开。要建立建议和提案办理复文与公开同步审查的工作机制，稳妥处理建议和提案办理结果公开过程中遇到的问题，确保公开效果。据俞正声 2018 年 3 月 3 日在政协第十三届全国委员会第一次会议上所作工作报告，十二届全国政协提高提案质量和提案办理质量，共收到提案 2.9 万件，立案 2.4 万件，办复率 99%。2017 年 9 月十二届全国政协表彰先进承办单位 45 个，其中大多数是国务院及其部委，如国务院办公厅、外交部、国家发展和改革委员会、教育部、科学技术部、工业和信息化部、公安部、财政部、人力资源和社会保障部、国土资源部、环境保护部、住房和城乡建设部、交通运输部、水利部、农业部、商务部、文化部、国家卫生和计划生育委员会、中国人民银行、国家税务总局、国家质量监督检验检疫总局、国家新闻出版广电总局、国家食品药品监督管理总局、国家林业局、国家知识产权局、国家旅游局、中国银行业监督管理委员会、国务院扶贫开发领导小组办公室，还有 5 个地方政府，即北京市人民政府、山东省人民政府、广东省人民政府、云南省人民政府、新疆维吾尔自治区人民政府。但也要看到，同新形势新任务的要求相比，政协提案办理工作还存在一些需要改进的地方，主要表现为：有的承办单位对政协提案办理工作重视不够，工作积极性主动性不高；有的承办单位办理政协提案时重答复轻落实、解释多措施少，办理质量有待提高；有的承办单位在办理工作中组织不得力、督办不到位，缺乏有效制约机制；等等。各级政府及其部门还需要从党和国家事业长远发展的高度，进一步深化对政协提案办理工作重要意义的认识，把做好这项工作作为一项重要政治责任，摆在更加突出的位置，健全提案办理协商机制，采取切实有效措施，努力推动政协提案办理工作再上新台阶。

第九章　认真做好人民团体协商

人民团体属于中国共产党直接领导的群团组织，是党和政府联系人民群众的纽带和桥梁。人民团体协商是围绕做好新形势下党的群众工作而开展的协商，目的是更好组织和代表所联系群众参与公共事务，有效反映群众意愿和利益诉求。2015 年《中共中央关于加强社会主义协商民主建设的意见》把人民团体列为七个协商渠道之一，明确要求“认真做好人民团体协商”。

一、人民团体协商的定位

在我国，人民团体是我国现行政治体制下特定的政治概念，是指由中国共产党领导的，按照其各自特点组成的从事特定的社会活动的全国性群众组织。1989 年 10 月 25 日，国务院发布《社会团体登记管理条例》，界定“社会团体”是指中国公民自愿组成，为实现会员共同意愿，按照其章程开展活动的非营利性社会组织。但又明确规定：参加中国人民政治协商会议的人民团体不属于本条例规定登记的范围，共有八个，即中华全国总工会、中国共产主义青年团中央委员会、中华全国妇女联合会、中国科学技术协会、中华全国归国华侨联合会、中华全国台湾同胞联谊会、中华全国青年联合会、中华全国工商业联合会。经国务院批准免于登记的社会团体还包括：中国作协、中国文联、新闻工作者协会、对外友协、外交学会、贸促会、残联、宋庆龄基金会、法学会、红十字总会、思想政治工作研究会、欧美同学会、黄埔同学会、中华职教社等。2017 年 9 月，中共中央组织部、人事部印发《工会、共青团、妇联等人民团体和群众团体机关参照〈中华人民共和国公务员法〉管理的意见》，将上述团体明确参照公务员管理范围。由此可以把人民团体概括为：具有政治性、群众性、组织性和统一战线功能的社会团体，是具有政府性的社团，免于在民政部门注册登记而具有法律地位，享用国家拨付的行政费用，在组织序列上隶属于各级党政机关。人民团体具有较强的组织性，有完整的自上而下的组织系统，承担着同党和政府沟通表达人民意愿、协调群众利益的任务，是沟通联系执政党、政府与人民群众的纽带和桥梁，是社会主义协商民主的重要渠道。

我国主要人民团体是人民政协的组成部分，其协商活动主要是参与人民政协的协商。1949 年 9 月参加一届全国政协的代表分为党派代表、区域代表、军队代表、团体代表（共 45 个单位）和特邀代表 5 大类。其中团体代表主要是人民团体。1954 年二届全国政协的参加单位发生了变化，区域代表、军队代表由于已经参加人大，不再作为政协的参加单位，政协全国委员会改由党派、团体、界别、特邀四个方面组成。其中青年团、工会、农民、妇联、青联、合作社、工商联、文联、自然科学团体、社会科学团体、对外和平友好团体等属于人民团体。至第九届全国委员会，人民团体确定为 8 个，即共青团、工会、妇联、青联、工商联、科协、台联、侨联。在历届政协的政治协商活动中，人民团体作为政协组成单位，都进行了积极参与，并且发挥了重要作用。正是由于这个历史的原因，《中共中央关于加强社会主义协商民主建设的意见》提出：“政协要充分发挥人民团体及界别委员的作用，积极组织人民团体参与协商、视察、调研等活动，密切各专门委员会和人民团体的联系。”中共中央办公厅印发的《关于加强政党协商的实施意见》规定，工商联是具有统战性的人民团体和民间商会，参加政党协商。除参加人民政协的人民团体外，其他人民团体不少是统一战线的组织形式，如宋庆龄基金会、欧美同学会、黄埔同学会、中华职教社等，与人民政协作为中国人民爱国统一战线组织有共同的性质，其代表人士是政协委员，也参加政协协商。

关于人民团体协商的定位，《中共中央关于加强社会主义协商民主建设的意见》指出：“围绕做好新形势下党的群众工作开展协商，更好组织和代表所联系群众参与公共事务，有效反映群众意愿和利益诉求，发挥人民团体作为党和政府联系人民群众的桥梁和纽带作用。”从这一定位可以看出，人民团体协商主要发挥三个方面的作用。一是作为党和政府联系人民群众的桥梁和纽带，人民团体协商能够在开展党的群众工作中发挥上传下达表达民意的作用。各人民团体是各自所联系的一部分群众的利益代表，同人民群众有着天然的联系，同时作为群众自己的组织，具有开展群众工作的巨大优势。人民团体可以围绕涉及所联系群众切身利益的问题同群众直接沟通协商，汇聚民意诉求，通过体制内渠道直接向党和政府反映。同时人民团体可以通过自身组织系统及时将党的路线方针政策和重大决策部署传达给各自联系的群众，了解在实施过程中的各种意见，并及时反馈给党委、政府及其有关部门，使党委和政府的决策更加切合实际，顺利贯彻执行。二是作为联系人民群众的团体和界别，人民团体协商能够在公共事务决策中发挥引导利益诉求有序有效表达作用。各人民团体所联系的社会群体都是社会的重要组成部分，其利益诉求都是党和政府在制定公共事务决策时要考虑和兼顾的。各人民团体可以就公共事务决策所涉及各自领域内群众所普遍关心的问题进行调研沟通协商，将意见及时、有效地反映给党委、政府及相关部门，使党和政府能够准确及时地了解和掌握民意，从而更好地兼顾各方利益。三是作为党直接领导的群团组织，人民团体协商能够在促进社会和谐中发挥化解社会矛盾的作用。随着社会利益多元格局的形成，群众的利益诉求和价值观念日益多样化，不同社会群体之间的利益纠纷和矛盾冲突日渐增多。人民团体在各自领域所建立起来的直接联系群众的工作机制和渠道，可以为社会各阶层、各群体、各界别的群众表达愿望和诉求提供多种有效的通道和平台，使社会各界的民主参与纳入规范化、法治化的轨道中，避免公众参与的无序化和非理性，从而保障社会秩序的和谐稳定。人民团体的内部协商可以使所联系群众间的利益纠纷和矛盾冲突得到一定程度的疏导和调节。人民团体的外部协商可以使不同群体和界别的群众实现与政府的直接沟通和对话，增进政府与民众的良性互动。

依据人民团体协商的定位，2016年《中共中央关于加强和改进党的群团工作的意见》，专设“支持群团组织在社会主义民主中发挥作用”一部分，明确要求：“按照协商于民、协商为民的要求，拓宽人民团体参与政治协商的渠道，规范人民团体参与协商民主的内容、程序、形式。”这一要求，实际上明确了人民团体协商兼具政治协商和社会协商的功能。参与政治协商是政治协商的功能，参与协商民主是社会协商的功能。前者主要是拓宽渠道的问题，后者主要是规范内容、程序、形式的问题。人民团体的政治协商功能主要体现为发挥作为党和政府的“助手”作用，参与协助国家权力机关管理社会各项事务，参加人民政协协商国家大政方针政策，并对自身成员和各自联系的群众执行法律法规、贯彻大政方针政策进行教育和引导职能。人民团体的社会协商功能主要体现为发挥作为自身成员和各自联系的部分群众的“代言人”作用，增强党和政府与人民群众之间的沟通联系，促进和保障群众利益表达，维护合法权益等。正确处理好这两种职能的关系并使之趋于平衡，是十分重要的。但现实情况是两种职能有所失衡，普遍存在重政治协商职能而轻社会协商职能的情况。推进我国人民团体协商发展，既需要加强顶层设计，将人民团体协商民主内置于协商民主广泛多层制度化发展的总体框架内，增强人民团体参与政治协商与其他协商渠道相互促进，又需要加强人民团体自身的改革和建设，找准人民团体协商发展的现实着力点和突破口，体现人民团体协商的特色和独特作用。

二、建立完善人民团体参与各渠道协商的工作机制

人民团体协商是社会主义协商民主的重要渠道之一，有其自身开展协商活动的范围，如主动代表所联系群众参与相关法律法规和政策的制定，推动建立健全协调劳动关系等方面制度机制，从源头上保障群众权益、发展群众利益。善于运用法治思维和法治方式维权，注重通过集体协商、对话协商等方式协调各方利益，通过信访代理、推动公益诉讼、依法参与调解仲裁等方式为利益受到损害或侵犯的群众提供帮助。同时，通过内部协商引导群众识

大体、顾大局，依法理性表达诉求，自觉维护社会和谐稳定。但更重要的是把人民团体协商纳入当代中国协商民主体系，形成人民团体参与各渠道协商的工作机制，从而增强人民团体协商的实效性。从整体看，人民团体参与协商的渠道和机制还不够健全和完善，难以发挥应有的作用。如由于各级党政部门与各人民团体协商沟通的机制渠道不畅，使得党和国家的各项政策在贯彻执行过程中往往停留于表面，难以深入到底层群众并获得广泛支持和拥护。由于人民团体开展协商活动主要集中在各级人民政协，而就群众普遍关心的问题直接参与党和政府决策过程缺乏相关的制度安排和程序保障，直接参与各部门协商的途径仍非常有限。《中共中央关于加强社会主义协商民主建设的意见》提出“建立完善人民团体参与各渠道协商的工作机制”。就人民团体协商与其他协商渠道的关联度而言，主要是两个机制：一是要逐步建立和完善基层群众自治组织与人民团体就基层群众自治性事务开展基层协商和合作的常态化工作机制和通道；二是要逐步建立和完善其他社会组织特别是一些枢纽型社会组织与人民团体就社会治理领域内的共同性事务进行协商合作和协同治理的常态化工作机制和通道。

（一）人民团体参与党委、人大、政府及有关部门协商工作机制

《中共中央关于加强社会主义协商民主建设的意见》提出：“对涉及群众切身利益的实际问题，特别是事关特定群体权益保障的，有关部门要加强与相关人民团体协商。”这里讲的有关部门是广义的，涵盖了各级党委、人大、政府及有关部门。这一要求在《中共中央关于加强和改进党的群团工作的意见》中进一步明确：“各级党委、人大、政府及有关部门研究制定涉及群众切身利益的政策措施、法律法规、发展规划、重大决策，应该请相关群团组织参与调研和论证，充分听取意见、吸收合理建议，充分考虑相关群体利益。重大决策社会稳定风险评估机制，应该吸收群团组织参加。支持群团组织切实履行代表维护职能，推动落实男女平等基本国策，健全妇女、未成年人、残疾人等合法权益保护机制。”

一是人民团体参与党委协商的工作机制。党委所开展的协商活动，涉及

人民团体所联系的群众的切身利益的，要注意同人民团体沟通协商，听取意见。这是我国党政主导的维护群众权益机制的要求。其具体形式是，党委常委会定期听取各群团组织工作汇报，专题研究群团工作，建立党委群团工作联席会议制度，协调解决问题。地方党委有关工作会议请工会、共青团、妇联等群团组织主要负责人参加或列席。工商联是具有统战性的人民团体和民间商会，参加中国共产党领导的政党协商。

二是人民团体参与人大协商的工作机制。人大主导的立法协商，在制定涉及人民团体所联系的特定群体利益的法律法规时，要将有关社会团体纳入对立法中涉及的重大利益调整论证咨询机制，请相关人民团体参与调研和论证，充分听取意见。尤其要重视发挥与立法工作关系密切的人民团体的重要作用。如中国法学会，其主要任务之一是参与国家和地方立法总体规划的研究以及法律、法规、法律解释的咨询、论证、草拟、修改等工作，参与全国性、地方性和行业性法治评估工作。长期以来，中国法学会及其地方法学会在参与全国人大和地方人大立法协商中发挥了不可或缺的重要作用。要重视专业性强的人民团体在制定相关专业领域法律法规时的协商作用。如 2015 年 3 月 25 日中国科协围绕科技成果转化中的若干政策与法律问题举办人民团体协商座谈会，充分征求科技界、产业界代表的意见与建议。这是为修订《促进科技成果转化法》而进行的人民团体协商，与会代表提出了不少新观点、好建议。中国科协对协商意见进行认真研究、分析、归纳，形成可行性的建议，上报全国人大常委会，供作立法参考。各级党委人大还要支持人民团体在县、乡人大代表换届选举中，依法按程序提名推荐代表候选人。县以上人大代表人选的提名推荐，应该加强与人民团体的沟通协商，落实好有关人选的比例规定和政策要求。我国工人阶级领导的、以工农联盟为基础的人民民主专政的社会主义国家性质，决定了工人、农民、知识分子等基本群众在国家权力机关中应有的比例。但是，工人、农民、知识分子在各级人大代表中的比例由于被企业家挤占而偏低是一个突出的问题。习近平总书记指出：“无论是党委换届还是人大、政府、政协换届，都要体现工人阶级领导的、以工农联盟为基础的人民民主专政的国体，要保证基本群众代表比例，党政干部、企业负责人不要挤占应该给基本群众的名额，不得搞偷天换日、移花接木的欺骗手段。在中国共产党领导的社会主义国家，一切权力属于人民，决不能根据地位、财富、关系分配政治权力！”① 为保证工人、农民、知识分子在人大代表中比例，加强与相关人民团体的沟通协商是一个重要的环节和措施。

三是人民团体参与政府协商的工作机制。各级政府研究制定涉及特定群体利益的政策措施和重大决策重大事项，要加强与相关人民团体的沟通协商。此外，政府还可通过召开会议或其他适当方式，定期向人民团体通报重要工作部署和相关重大举措，加强决策之前和决策实施之中的协商。选任人民陪审员、人民监督员、人民调解员，落实人民建议征集制度，应该重视发挥人民团体作用。积极协助人民团体建立调解组织，指导人民团体开展矛盾调解、纠纷化解等基本工作。

（二）人民团体参加人民政协政治协商的工作机制

《中共中央关于加强和改进党的群团工作的意见》要求：“各级政协要充分发挥人民团体及其界别委员在密切联系群众、增进社会各阶层和不同利益群体和谐中的作用，密切各专门委员会与人民团体的联系。”人民团体与人民政协有着十分密切的联系，人民团体是人民政协的组成单位，有的群团是统一战线的组织形式，政协委员中也有相当大比例是人民团体的代表人士。因此，《中共中央关于加强社会主义协商民主建设的意见》明确要求：“政协要充分发挥人民团体及界别委员的作用，积极组织人民团体参与协商、视察、调研等活动，密切各专门委员会和人民团体的联系。”具体来说，一是人民团体提出的协商议题列入政协年度协商计划，政协认真落实安排相关协商活动。二是重视发挥人民团体界别作用，密切政协各专门委员会与人民团体等界别的联系，积极组织人民团体界别委员参与协商活动，及时向有关部门反映其提供的相关信息和意见建议。2018 年 12 月 12 日，中国法学会与

① 《习近平关于社会主义政治建设论述摘编》，中央文献出版社 2017 年版，第 49 页。

全国政协社会和法制委员会举行合作签约仪式。中国法学会现有55家研究会、7家法治研究基地，有一批法治领域权威的专家学者队伍。建立合作机制，对于更好发挥全国政协社法委推进全面依法治国、加强和创新社会治理的职能优势，充分发挥中国法学会在法学研究和法治实践上的专业优势具有重要意义。三是支持人民团体围绕涉及所联系群众切身利益的问题独立开展协商活动，人民政协给予业务上的指导。

三、组织引导群众开展协商

人民团体协商除积极参与其他各协商渠道的协商外，更重要的是组织引导所联系群众开展协商活动。这是人民团体承担社会协商功能所要求的。存在的主要问题是人民团体开展协商的制度化程度不高。如人民团体不同程度地存在行政化倾向，与所联系群众的关系还不够紧密。开展协商活动的形式和内容较为单一，基本上是内部专题研讨会、座谈会等形式，开展内部事务协商较多，开展公共议题的协商较少。开展协商活动的随意性较大，缺乏严格规范的程序，导致协商流于形式，协商结果难以有效落实。人民团体与相关社会组织的联系和互动也较为松散，没有形成制度化、规范化的联动机制和体系。针对这些问题，《中共中央关于加强社会主义协商民主建设的意见》提出："人民团体要健全直接联系群众工作机制，及时围绕涉及所联系群众切身利益的问题开展协商。拓展联系渠道和工作领域，把联系服务新兴社会群体纳入工作范围，增强协商的广泛性和代表性。积极发挥对相关领域社会组织的联系服务引领作用，搭建相关社会组织与党委和政府沟通交流的平台。"这实际上是三个方面的要求。

（一）健全工作机制，突出协商重点

包括人民团体在内的群团组织是党直接领导的群众自己的组织，为群众服务是群团组织的天职。因此，人民团体要坚持服务群众的工作生命线，增强群众观念，多为群众办好事、解难事，维护和发展群众利益，不断增强自

身影响力和感召力。人民团体领导机关要带头践行党的群众路线，把密切联系群众作为根本的工作作风，把工作重心放在最广大普通群众身上。具体到人民团体的协商，就是要健全直接联系群众工作机制。直接联系群众工作机制是一种很高的要求，要求人民群团组织要经常深入群众，面对面地倾听群众呼声、反映群众意愿，密切关注群众思想、工作、生活等方面的变化，建好群众之家、当好群众之友。例如，长期以来共青团存在着机关化、行政化、贵族化、娱乐化的“四化”问题，实质是共青团组织脱离了青年群众的问题。按照中共中央办公厅印发的《共青团中央改革方案》，共青团组织要建立团干部直接联系青年制度，要求每名专职、挂职团干部经常性联系 100 名左右不同领域的团员青年，兼职团干部直接联系 10 名左右普通青年，努力做到经常有声音、有互助、有话题、有线下活动、有面对面交流。同时建立“8+4”工作机制，力争每年 50%的干部在机关工作 8 个月，在区县团委工作 4 个月；建立“4+1”工作机制，在岗干部力争每周在机关工作 4 天、在基层单位工作 1 天。这种直接联系群众工作制度的建立，为人民团体开展协商活动提供了体制保障。

人民团体所联系的群众，都有其具体的切身利益。这些利益既是全体人民根本利益和共同利益的重要组成部分，也有其特殊性，并且在利益格局调整的过程中会出现利益受损的情况，如在国有企业改革的过程中出现的下岗职工利益保障问题。《中共中央关于加强和改进党的群团工作的意见》明确要求：“各级党委和政府要把群团工作纳入党政主导的维护群众权益机制，支持群团组织在维护全国人民总体利益的同时更好维护各自所联系群众的具体利益。”人民团体要把协商的重点内容放在所联系群众的切身利益上，及时围绕这些切身利益的问题开展协商。要盯牢群众所急、党政所需、群团所能的领域，重点帮助群众解决日常工作生活中最关心、最直接、最现实的利益问题和最困难、最操心、最忧虑的实际问题。围绕所联系群众的切身利益开展协商，是人民团体维护群众合法权益的重要方面。除人民政协以及其他国家机关所开展的专门性的议题协商外，各人民团体可以利用各自所联系的界别群众特点、自身的专业优势和社会组织网络，就各自关注领域的相关公共议题开展协商，也可以围绕涉及所联系群众切身利益的具体问题开展协商。维护各自所联系群众的具体利益，是人民团体协商的鲜明特色。具体来说，人民团体维护群众合法权益的协商活动要在四个方面努力：一是要及时开展协商。“哪里的群众合法权益受到侵害，哪里的群团组织就要帮助群众通过合法渠道、正常途径，合理伸张利益诉求，促进社会公平正义。”人民团体要通过自己的组织系统特别是依靠基层组织，及早发现侵害群众合法权益的倾向性、苗头性问题，及时组织协商活动，通过自身协调能够解决的要尽快解决，自身不能解决的要及时向党委、政府有关部门反映，争取早日解决，而不能对事关群众切身利益的问题置若罔闻，小事拖大，大事拖炸，引发出群体性事件。2015 年 12 月 4 日国家宪法日，全国妇联在京召开“依法维护妇女儿童权益十大案例”发布会，对于在全国重视此类案件的发生起到了及时的警示作用。二是要注意源头性协商、建立制度机制。“要主动代表所联系群众参与相关法律法规和政策的制定，推动建立健全协调劳动关系等方面制度机制，从源头上保障群众权益、发展群众利益。”对于维护群众权益来说，国家的法律法规和相关政策是源头，制度机制是根本保障。为了防止出现忽视一些社会群体利益的法律法规缺陷和政策漏洞，相关人民团体参与相关法律法规和政策的制定就是非常必要的。为了从根本上总体上长效性地解决维护群众合法权益的问题，建立健全相关制度机制就是必不可少。我国工会是职工自愿结合的工人阶级的群众组织，代表职工的利益，依法维护职工的合法权益。但是在过去一段时间里，工会在劳资纠纷协调领域作用式微，并因工人权益受损时无所作为而被广为诟病。全国总工会重视解决这一问题，专门制定《深化集体协商工作规划（2014—2018 年）》，并狠抓落实。截至 2018 年 1 月，全国总工会开展的集体协商制度取得成效，签订集体合同的企业达到 644.1 万家，覆盖职工近 3 亿。维护妇女儿童权益是妇联的一项重要工作。全国妇联加大维权服务在源头的工作力度，利用妇联组织代表妇女参与民主决策、民主管理、民主监督的各种渠道和协商机制，努力在法规制定、政策出台、规划编制等关键环节上更好地代表和维护妇女儿童合法权益。如

2018 年 3 月以全国妇联名义向“两会”提交的提案，重点放在深化农村改革中维护妇女土地权益、妥善处置家庭暴力案件以及建立法律政策性别平等评估机制三大方面，受到社会广泛好评。三是要注意依法依规开展协商。“善于运用法治思维和法治方式维权，注重通过集体协商、对话协商等方式协调各方利益，通过信访代理、推动公益诉讼、依法参与调解仲裁等方式为利益受到损害或侵犯的群众提供帮助。”依法治国是党领导人民治理国家的基本方式，要把人民团体协商纳入法治的轨道，运用法治思维和法治方式来维护群众合法权益。人民团体协商除应执行国家相关法律法规外，还应遵循有关人民团体的专门法律法规。如我国《工会法》第六条规定：“维护职工合法权益是工会的基本职责。工会在维护全国人民总体利益的同时，代表和维护职工的合法权益。工会通过平等协商和集体合同制度，协调劳动关系，维护企业职工劳动权益。”这是工会通过集体协商、对话协商等方式协调利益关系最重要的法律依据。我国《妇女权益保障法》规定，“中华全国妇女联合会和地方各级妇女联合会依照法律和中华全国妇女联合会章程，代表和维护各族各界妇女的利益，做好维护妇女权益的工作。”“制定法律、法规、规章和公共政策，对涉及妇女权益的重大问题，应当听取妇女联合会的意见。妇女和妇女组织有权向各级国家机关提出妇女权益保障方面的意见和建议。”这是各级妇联开展维护妇女权益协商最重要的法律依据。人民团体维护群众合法权益要善于运用法治手段。如按照《信访条例》的规定，信访人对行政机关、企业、事业单位及其工作人员的职务行为反映情况，提出建议、意见或者不服以上组织、人员的职务行为，可以委托信访代理人代理向有关部门反映。人民团体可作为其信访代理人，积极协调有关部门，为被代理人代言代访，力争使问题得到有效解决。公益诉讼是特定的国家机关、组织或者个人依照法律规定，为保障国家或者社会公共利益而提起的诉讼。由于公益诉讼涉及的是公共利益，人民团体对相关公共利益更为关注，可以成为公益诉讼的积极推动者。根据《劳动法》、《劳动争议调解仲裁法》规定，工会依法参加劳动争议协商、调解、仲裁、诉讼活动。工会参与劳动争议协商，发生劳动争议，劳动者可以与用人单位协商，也可以请工会或者第三方共同与用人单位协商，达成和解协议。工会参与劳动争议调解，企业可以设立劳动争议调解委员会，调解本企业内部劳动争议，工会代表可担任调解委员会主任；工会可以会同劳动行政部门、企业代表组织等设立乡镇街道区域性、行业性劳动争议调解组织，调解本区域、本行业或跨区域、跨行业的劳动争议。工会参与劳动争议仲裁，劳动争议仲裁委员会由劳动行政部门代表、工会代表和用人单位方面代表组成，工会作为职工利益的代表者参加劳动争议仲裁委员会，参与劳动争议仲裁办案。工会参与劳动争议诉讼，支持帮助职工当事人起诉，接受职工当事人委托担任诉讼代理人，督促生效法律文书的履行，代表职工参加集体合同争议诉讼等。四是注意开展有自身特色的协商活动。如全国各级工会抓住党和国家高度重视工资集体协商工作的有利契机，着眼于推动在更大范围、更高层次上形成“化解劳动关系矛盾靠协商”、“调整工资要协商”的社会共识，创新宣传方式，丰富宣传内容，拓宽宣传渠道，为深入推进工资集体协商工作营造了更为良好的舆论氛围。如全国各级妇联，推动在城乡社区“妇女之家”普遍建立妇女议事会，组织妇女开展市民公约、乡规民约制定修订等议事协商活动。如共青团深化“共青团与人大代表、政协委员面对面”等活动，加强集体提案工作，在有条件的地方设立青联委员青年事务基层工作站。

（二）拓展联系渠道，扩大协商覆盖面

我国各人民团体都有其传统的固定的所联系的群众，但随着改革开放的深入推进，我国社会结构发生了显著而深刻的变化，传统的“两大阶级”（工人阶级、农民阶级）和“一个阶层”（知识分子阶层）的被打破，出现了越来越多的新兴社会群体，需要人民团体扩大工作覆盖面，将新兴社会群体及时纳入所联系的范围，代表和维护其利益开展协商活动。但是，人民团体对新兴社会群体的覆盖面不广是一个长期存在的问题。根据国家民政部民间组织管理局的相关调研显示，不少人民团体“缺乏专业化、专职化人才，在资源汲取和整合、社会动员、整合平衡、危机公关能力等方面欠缺，不能有效

吸纳、协调不同利益群体的不同诉求”。[①] 为此，《中共中央关于加强社会主义协商民主建设的意见》明确要求人民团体协商：“拓展联系渠道和工作领域，把联系服务新兴社会群体纳入工作范围，增强协商的广泛性和代表性。”《中共中央关于加强和改进党的群团工作的意见》也要求：“群团组织应该加强对经济社会发展等方面政策的研究，提高参政议政水平。依照党的政策和国家法律法规，积极代表和组织所联系群众参与协商民主，通过多种方式反映群众意见。积极参加城乡基层群众自治和企事业单位民主管理，引导所联系群众正确行使民主权利，推动基层民主健康发展。”“立体化、多层面扩大组织覆盖，重点向非公有制经济组织、社会组织、城乡社区等领域和农民工、自由职业者等群体延伸组织体系。”也就是说，要逐步由社会事务的宏观性管理和协调向关乎群众切身利益的具体问题的协商和沟通转变，充分利用人民团体组织体系的“末梢神经”系统，及时感知、积极协调化解矛盾纠纷和利益冲突。

改革开放以来，我国出现的最大的新兴社会群体是农民工。农民工，又称进城务工人员，是指户籍地在乡村，进入城区从事非农产业劳动 6 个月及以上，常住地在城区，以非农业收入为主要收入的劳动者。进城务工人员的主体是农籍工人。据国家统计局发布 2016 年国民经济和社会发展统计公报数据显示，2016 年全国进城务工人员总量为 28171 万人。进城务工人员是城市化建设的主力军，是城乡一体化建设的重要载体，为中国改革开放事业作出了杰出贡献。但农民工面临的问题也十分突出，主要是：工资偏低，被拖欠现象严重；劳动时间长，安全条件差；缺乏社会保障，职业病和工伤事故多；培训就业、子女上学、生活居住等方面也存在诸多困难，经济、政治、文化权益得不到有效切实的保障。维护和保障农民工合法权益，需要党和政府高度重视、全社会共同努力，但工会等人民团体承担着更大的责任。从 2006 年《国务院关于解决农民工问题的若干意见》颁发以来，全国各级

---

① 国家民间组织管理局社会组织协商民主建设课题组：《社会组织协商民主建设存在的问题及建议》，《中国社会组织》2014 年第 16 期。

工会积极承担维护农民工合法权益重要职责，从组织入会、权益维护、教育培训、服务管理、困难帮扶五个方面加大工作力度。据中华全国总工会有关人士介绍，2012 年起全总全面开展了农民工入会工作，截止到 2017 年 9 月全国已建工会基层组织 280.8 万个。工会会员人数 3.03 亿人，其中农民工会员 1.4 亿人。各级工会在确保农民工工资按时足额发放，维护农民工劳动经济权益，积极开展法律援助，妥善处理涉及农民工的劳动纠纷，加大帮扶救助力度，为困难农民工排忧解难等方面，也做了大量工作，取得明显成效。

改革开放以来，我国出现的另一个重要的新兴社会群体是民营企业家等新的社会阶层人士。民营企业家，又称非公有制经济人士，是指非公有制企业主要出资人并以经营管理为主要职业者。改革开放以来，我国民营经济从无到有、从小到大，呈现强劲发展态势。截至 2017 年底，我国私营企业数量达 2726.3 万家，个体工商户 6579.3 万户，注册资本超过 165 万亿元。民营经济贡献了 50%以上的税收，60%以上的国内生产总值，70%以上的技术创新成果，80%以上的城镇劳动就业，90%以上的企业数量。正如习近平总书记所评价的，“长期以来，广大民营企业家以敢为人先的创新意识、锲而不舍的奋斗精神，组织带领千百万劳动者奋发努力、艰苦创业、不断创新。我国经济发展能够创造中国奇迹，民营经济功不可没！”① 但民营企业家也面临一些困难和问题，主要是其合法的人身和财产权益保障问题，市场准入限制仍然较多，政策执行中“玻璃门”、“弹簧门”、“旋转门”现象大量存在，民营企业特别是中小企业、小微企业融资渠道狭窄，民营企业资金链紧张等。这些困难和问题，需要党和政府予以重视，但也需要人民团体通过协商予以积极协助。工商联是党领导的以非公有制企业和非公有制经济人士为主体的，具有统战性、经济性、民间性有机统一基本特征的人民团体和商会组织，在维护民营企业家合法权益方面具有重要作用。如做好调查研究，了解掌握民营企业真实情况和企业家的思想状况，积极反映生产经营遇到的困难和问题，及时帮助民营企业解决成长中的烦恼、发展中的问题；充分用好

① 习近平：《论坚持全面深化改革》，中央文献出版社 2018 年版，第 480 页。

工商联与党委、政府职能部门的联系机制，实现党委、政府和职能部门同民营企业家的经常性、制度化交流；开展缓解小微企业融资难、融资贵政策措施落实情况第三方评估，广泛听取小微企业意见，深入了解政策措施落实中的困难，引导金融机构更好地服务实体经济；发挥基层工商联密切联系企业和金融机构的独特优势，推动更多企业和金融机构直接对接；发挥全国统一的企业维权平台和全国工商联法律维权服务中心作用，加大产权保护个案维权力度，等等。

（三）联系服务引领社会组织协商

人民团体与社会组织有着十分紧密的关系，广义的社会组织是包括人民团体在内的。但在我国，社会组织有着明确的界定，是指经各级民政部门登记注册，在政府、市场、社会之间发挥服务、沟通、协调等作用的非营利性组织，包括社会团体、基金会、民办非企业单位。《中共中央关于加强社会主义协商民主建设的意见》明确要求人民团体协商："积极发挥对相关领域社会组织的联系服务引领作用，搭建相关社会组织与党委和政府沟通交流的平台。"《中共中央关于加强和改进党的群团工作的意见》更为具体地要求："各级党委和政府要支持群团组织在党组织领导下发挥作用，加强对有关社会组织的政治引领、示范带动、联系服务。群团组织要通过服务来引导和促进社会组织健康有序发展。推动政府治理和社会自我调节、基层群众自治良性互动，促进多元治理主体协同协作协调、互促互补互融。"

中共十八届三中全会提出"激发社会组织活力"以来，我国社会组织发展很快。目前，人民团体已与一些社会组织建立起了联系，并开展了协商活动，但还存在着覆盖面不广、重点不突出、联系不紧密等问题。为适应发展社会主义协商民主的需要，人民团体要在履行既有职能的同时，积极承担联系、服务、引领社会组织的职能。首先要建立联系机制，明确各人民团体所联系的重点社会组织。打破社会组织现有的社会团体、基金会、民办非企业单位的分类，依照其所涉及的社会群体、所从事的行业、所体现的公益慈善性质对社会组织重新进行划分，并分别明确由各人民团体重点联系。如涉及职工、青年、妇女儿童的，分别由工会、共青团、妇联、青联重点联系；涉及科技的，由科协重点联系；涉及华侨的，由侨联重点联系；涉及台湾同胞的，由台联、黄埔同学会重点联系；涉及文化文艺界的，由作协文联重点联系；涉及新闻工作者的，由新闻工作者协会重点联系；属于国际性社团的，由对外友协、外交学会重点联系；涉及留学人员的，由欧美同学会重点联系；涉及社会科学的，由法学会、思想政治工作研究会重点联系；涉及民营经济的，由工商联及统一战线人民团体重点联系；涉及慈善事业的，由红十字总会及相关人民团体重点联系。外国商会类社会组织，可由贸促会重点联系。明确分工后，人民团体要强化为社会组织的服务意识，主要通过开展服务活动增强对社会组织的吸引力，拓展服务范围，扩大服务对象，提升服务能力，积极搭建社会组织服务平台，成为社会组织与党委和政府沟通交流的枢纽。人民团体的协商活动，要注意吸取相关社会组织参加，反映和代表社会组织的利益诉求，维护其合法权益，特别是要加强政治引领，成为社会组织离不开、信得过、有实效的带动者。

第十章　探索开展社会组织协商

社会组织，是人们为了有效地达到特定目标按照一定的宗旨、制度、系统建立起来的共同活动集体。社会组织有广义和狭义之分，广义的社会组织是指人们从事共同活动的所有群体形式，包括政党、政府、企业、商店、工厂、公司、学校、医院等。狭义的社会组织，是为了实现特定的目标而有意识地组合起来的非营利性社会群体，主要是指按照国家有关条例规定进行登记管理的社会团体、民办非企业单位和基金会，以及以备案、挂靠、工商登记等形式存在的众多具有民间性、公益性、志愿性等特征的社会群体。由于这一特点，狭义的社会组织又称作“非政府组织”(NGO)、“民间社会组织”、“新社会组织”等。2015年初《中共中央关于加强社会主义协商民主建设的意见》正式把“社会组织协商”列为七个协商渠道之一，并明确要求：“探索开展社会组织协商”。

一、社会组织协商的地位和作用

社会组织协商是发展社会主义市场经济的需要。发展社会主义市场经济，核心问题是处理好政府和市场的关系，既要使市场在资源配置中起决定性作用，又要更好发挥政府作用。之所以强调这两个作用，一是因为市场决定资源配置是市场经济的一般规律，政府对资源的直接配置会出现“失效”问题，就需要通过推动资源配置依据市场规则、市场价格、市场竞争实现效益最大化和效率最优化来予以纠正。二是因为单靠市场配置资源会出现市场“失灵”问题，就需要强化政府保持宏观经济稳定、加强和优化公共服务、加强市场监管、维护市场秩序等职责和作用来弥补。但市场经济也会出现政府失效和市场失灵同时并存而无法相互纠正和弥补的问题。在这样的情况下，社会组织作为第三方的作用就显示出来。如，由于信息不对称，消费者无法有效识别商品品质，于是消费者权益保护就成了一个单靠市场交换不能解决、靠政府物价调控也不能解决的问题，于是就需要有"消费者协会"这样的社会组织存在并发挥与政府和生产商沟通协商的作用。

社会组织协商是适应我国利益主体多元化格局的需要。在市场经济条件下，我国形成了利益主体多元化的格局。尽管党和政府、人民团体能够代表维护最广大人民的根本利益，统筹兼顾社会各方面的不同利益，但也会出现考虑不周、兼顾不到、措施不力的问题。我国经济转型期出现的一些困难弱势群体，如贫苦农民、进城务工人员、下岗失业职工、企业退休人员等，其利益诉求被忽视或解决不力，在一定程度上与缺乏相应的社会组织来关照和维护他们的切身利益有关。分散经营的农户、个体户、私营企业主、高科技产业的白领阶层等，这些不同利益主体为了使自身在市场竞争中处于有利位置，也需要联合起来建立自己的社会组织，以维护自己的利益。维护不同群体的权益，是社会组织的一项重要任务。从这个意义上说，社会组织协商有利于推动社会利益平衡、实现社会公正正义。

社会组织协商是适应政府职能转变的需要。政府职能转变的目标之一是建设有限政府，而要建设有限政府，政府必须进行机构改革以加快职能转变。中共十八届三中全会通过的《中共中央关于全面深化改革若干重大问题的决定》明确要求："正确处理政府和社会关系，加快实施政社分开，推进社会组织明确权责、依法自治、发挥作用。适合由社会组织提供的公共服务和解决的事项，交由社会组织承担。"这就需要实现行业协会商会与行政机关真正脱钩，同时建立一些新的社会组织，以承接过去由政府包揽、本应由社会承担的职责和功能，并提供多种社会服务。这些社会组织既可以沟通政府与分散的个人、企业的关系，又有利于降低政府的运营成本，提高政府工作效率。同时也有助于解决我国经济社会转型期所出现的一些单纯依靠政府或市场都难以解决的新的社会问题，如贫困问题、失业问题、环境问题、流动人口问题、老年人问题、吸毒问题、艾滋病问题等。特别是一些公益性的社会组织志愿服务组织，可以发挥不可替代的作用。政府向社会组织购买服务已经成为政府创新服务提供的重要渠道和有效方式。目前全国各地已基本普遍建立向社会组织购买服务制度，购买服务资金规模、购买服务项目类型、受益人群都持续扩大。

社会组织协商是促进社会和谐、维护社会稳定的需要。现代化治理的运行方式，是由政府、市场、社会组织、人民群众在不同领域共同发挥作用，进行社会公共事务管理的多方合作。社会组织作为协商渠道，有利于改进社会治理方式，激发包括社会团体、行业组织、中介机构、志愿者团体等在内的各种社会组织活力，建立社会参与机制，协调社会关系，解决社会问题。社会组织能够为各种社会成分提供较宽松的活动空间，使社会成员通过各种方式满足其多样性和多层次的愿望，能够起到排解社会怨气、释放社会压力的作用。在社会组织中贯穿的宽容、互助、互惠、利他和公益精神，不仅能够在社会组织内促进和谐，而且还可缓和或消除一些社会矛盾，从而有助于维护整个社会的稳定。

二、坚持党的领导和政府依法管理社会组织

随着改革开放不断深入，我国社会组织快速发展，已成为社会主义现代化建设的重要力量、党的工作和群众工作的重要阵地。社会组织作为不同于党政部门及人民团体的新的组织形式，能否体现和坚持中国共产党的领导，成为增强党的阶级基础、扩大党的群众基础、夯实党的执政基础的重要力量，是一个十分紧迫而极其重要的问题。在国际共产主义运动史上，有过新的社会组织脱离共产党的领导而成为瓦解共产党执政地位的力量的教训，如东欧剧变前出现的波兰团结工会就是一个典型的例子。在西方国家策划的“颜色革命”中，利用非政府组织来颠覆国家现政权，也是一种常见的手段。而且一开始也往往以与执政党和政府协商对话为形式。面对这样的可能，就必须加强党对社会组织的领导，包括对社会组织协商的领导。

改革开放以来，自由择业知识分子，如律师、会计师、评估师、税务师等专业人士，是改革开放以来快速成长起来的社会群体。其特点是，主要在党外、体制外，流动性很大，思想比较活跃，做他们的工作，一般化的方式不太管用。习近平总书记指出：“我们党历来有一个好办法，就是组织起来。新形势下，组织起来不仅要注重党政机关、企事业单位、人民团体等，而且要注重各类新经济组织、新社会组织。”① 组织起来，确实是我们党做群众工作的好传统。周恩来曾指出：“事实说明，有组织比没有组织更好。我们已经把工、农、妇、青组织起来。同样，把上层政治活动分子组织起来也有必要。组织起来好处很多，便于他们学习，便于他们把各个阶级的意见反映给我们，在政治上他们也能够更好地同我们合作和配合，有些工作他们去做有时比我们更有效，在国际上也有影响。”② 在新的历史条件下，我们需要继承和发扬这个好传统。比如，自由择业知识分子，往往根据自己的职业或兴趣加入了各种社会组织。我们可以通过他们所在的社会组织了解情况、开展工作，对其中的代表人士重点培养，引导他们发挥积极作用。

加强党对社会组织的领导，根本之策是在社会组织中建立党组织。1998 年 2 月，中共中央组织部和民政部曾下发《关于在社会团体中建立党组织有关问题的通知》。2000 年 7 月，中共中央组织部印发《关于加强社会团体党的建设工作的意见》。为切实加强党对社会组织的领导，促进社会组织健康发展，2015 年 9 月中共中央办公厅印发《关于加强社会组织党的建设工作的意见（试行）》，提出推进社会组织党的组织和党的工作有效覆盖，按单位建立党组织，按行业建立党组织，按区域建立党组织，本着应建尽建的原则，加大党组织组建力度。新成立的社会组织，具备组建条件的，登记和审批机关应督促推动其同步建立党组织。2016 年 8 月中办国办印发《关于改革社会组织管理制度促进社会组织健康有序发展的意见》，就社会组织登记制度改革作出明确部署，提出开展社会组织登记工作的基本原则和具体要

① 《习近平关于社会主义政治建设论述摘编》，中央文献出版社 2017 年版，第 134—135 页。

② 《人民政协重要文献选编》（上），中央文献出版社、中国文史出版社 2009 年版，第 109 页。

求。社会组织在成立之初申请书里就要有党建方案，在组织章程中要明确接受中国共产党的领导。按照这些规定，在社会组织中建立党组织的工作取得了明显成效。据民政部社会组织管理局负责人披露，在中共十九大召开前，2300 余家全国性社会组织实现了党的组织和党的工作“两个全覆盖”。2016 年末全国各级各类社会组织中党组织覆盖率达到 58.9%，比 2015 年提高了 17.4%。但全国各地社会组织建立党组织的情况并不平衡，参差不齐，需要进一步加大工作力度。为此，中共十九届三中全会通过的《中共中央关于深化党和国家机构改革的决定》明确提出：“加快在新型经济组织和社会组织中建立健全党的组织机构，做到党的工作进展到哪里，党的组织就覆盖到哪里。”①

为保证社会组织在国家治理中更好地发挥作用，政府对社会组织的依法管理也是十分重要的。在我国社会主义法律体系中，社会法是规范劳动关系、社会保障、特殊群体权益保障、社会组织等方面法律规范的总和，包括劳动法、劳动合同法、社会保险法、妇女权益保障法等，是依法管理社会组织的主要法律依据。2017 年实施的《民法总则》将三大类型社会组织与事业单位一起归入非营利法人类别，明确了各类社会组织的法人地位，社会组织由此从法律层面被纳入治理体系，法律身份和治理主体地位得到法治保障。全国人大及其常委会制定了慈善法、境外非政府组织境内活动管理法，填补了法律空白。国务院制定志愿服务条例，将志愿服务工作纳入法制轨道；修订宗教事务管理条例，明确宗教团体、宗教活动场所法人登记的规范和程序等；社会团体、基金会、社会服务机构登记管理条例等行政法规修订工作也稳妥推进。国务院深化简政放权改革，取消社会团体筹备成立的审批，取消社会团体分支机构、代表机构的设立登记、变更登记和注销登记，取消基金会分支机构、代表机构的设立登记、变更登记和注销登记，取消法律规定自批准之日起即具有法人资格的社会团体及其设立分支机构、代表机构备案，取消了全国性社会团体会费标准备案要求，外国商会的设立登记、

① 《十九大以来重要文献选编》（上），中央文献出版社 2019 年版，第 259 页。

变更登记和注销登记不再由商务部进行前置审批，直接由民政部进行。这些改革大大减轻了行政相对人的负担，为激发社会组织活力创造了良好条件。

三、健全与相关社会组织联系的工作机制和沟通渠道

社会组织协商是为发挥社会力量在管理社会事务中的作用而开展的协商。社会组织协商包括内部协商和外部协商两个方面，内部协商是社会组织成员通过意见表达机制来凝聚力量、形成共识，外部协商是通过与党和政府的沟通协调机制反映民情、协同治理。探索开展社会组织协商，首先是要健全与相关社会组织联系的工作机制和沟通渠道。近年来，随着社会组织快速发展，其作为民意代表和群众诉求表达渠道的功能不断增强，社会组织参与其他协商的工作机制和沟通渠道正在形成。概括起来，主要有以下四种：

一是党政部门与社会组织联系的工作机制和沟通渠道。各级党政部门在作出重大决策之前举行的协商活动，如座谈会、听证会等，注意吸收相关社会组织的代表参加，直接听取其意见建议。如多年来政府有关部门举行的价格调整听证会，参加者有一些行业协会的代表，不仅代表着专家、消费者或运营者，而且也代表着他们所在的行业和组织，在协商中的作用非常重要。党政有关部门还可以与社会组织建立直接的联系渠道，使社会组织根据自身特点和专业优势，直接向有关党政部门就某些政治、经济、社会事务提出意见和建议，表达所代表的群体的意愿和诉求。

二是人大、政协与社会组织联系的工作机制和沟通渠道。这主要是各级人大、政协注意发挥社会组织的代表和委员在人大协商、政协协商中的重要作用。虽然我国人大和政协中没有社会组织的设置，但一些社会组织的人士通过其他路径当选人大代表、成为政协委员，可以通过议案建议提案等方式反映社会组织的意愿，使“两会”成为社会组织参与协商的路径。人大和政协应当重视社会组织代表人士在协商中的特殊作用，使之成为人大协商、政协协商的有机组成部分。

三是人民团体与社会组织联系的工作机制和沟通渠道。除了前述各人民团体都要明确自己所重点联系的社会组织，形成稳定的工作机制外，还要特别重视行业协会商会改革后建立新体制。中共十八届三中全会决定提出“加快实施政社分开”，“限期实现行业协会商会与行政机关真正脱钩”。2015年7月中共中央办公厅、国务院办公厅印发《行业协会商会与行政机关脱钩总体方案》，要求按照去行政化的要求，切断行政机关和行业协会商会之间的利益链条，建立新型管理体制和运行机制，促进行业协会商会成为依法设立、自主办会、服务为本、治理规范、行为自律的社会组织。按照方案部署，全国性行业协会商会先后于2015年11月、2016年6月、2017年1月开展了三批脱钩试点。截至2018年4月，已有388家完成脱钩，其中第一批完成脱钩138家，第二批完成脱钩136家，第三批完成脱钩114家。其余40家未完成脱钩。行业协会商会与行政机关脱钩后会出现管理体制真空的问题，也就是要及时建立与人民团体联系的新机制。习近平总书记在2015年中央统战工作会议上指出：“政社分离、行业协会商会与行政机关脱钩是深化改革的一项任务。工商联作为人民团体和商会组织，同基层商会不能切断工作渠道。统战工作要向商会组织有效覆盖，发挥工商联对商会组织的指导、引导、服务职能，确保商会发展的正确方向。”① 中国工商业联合会（简称工商联）是中国共产党领导的以非公有制企业和非公有制经济人士为主体，具有统战性、经济性、民间性有机统一基本特征的人民团体和商会组织，其职能任务之一是促进行业协会商会改革发展。因此，工商联要将行业协会商会纳入人民团体协商渠道，促进政府各职能部门与行业协会商会在产业政策、产业规划、行业服务等方面的协商合作，积极组织其参与制定行业协会商会政策法律的有关工作，加快推动我国商会立法进程，促进商会发展的科学化和规范化。

四是基层社区与社会组织联系的工作机制和沟通渠道。在我国社会组织中，数量最大的是社区社会组织。社区社会组织是由社区居民发起成立，在

① 《习近平关于社会主义政治建设论述摘编》，中央文献出版社2017年版，第137页。

城乡社区开展为民服务、公益慈善、邻里互助、文体娱乐和农村生产技术服务等活动的社会组织。培育发展社区社会组织，对加强社区治理体系建设、推动社会治理重心向基层下移、打造共建共治共享的社会治理格局，具有重要作用。2017 年 12 月民政部发布《关于大力培育发展社区社会组织的意见》提出，力争到 2020 年，社区社会组织培育发展初见成效，实现城市社区平均拥有不少于 10 个社区社会组织，农村社区平均拥有不少于 5 个社区社会组织。建立基层社区与社会组织联系的工作机制和沟通渠道，首先是建立城乡社区党组织与社区社会组织定期联系制度，组织和协调社区社会组织参与城乡社区共驻共建活动。其次是建立政府部门管理社区社会组织的工作机制。社区社会组织一般分两种情况，要分别对待。对已在民政部门登记的社区社会组织，各级民政部门要依法加强对其日常活动等方面的管理，指导其强化自律诚信和守法意识，按照章程规定健全组织机构，完善运行机制，建立管理制度。对未达到登记条件的社区社会组织，则主要由街道办事处（乡镇政府）、基层群众性自治组织做好培育扶持、服务指导等工作，指导社区社会组织建立必要的活动制度和服务规范，自觉践行服务社区、服务居民的宗旨。党政部门要积极引导社区居民参与社区社会组织协商活动，有序表达利益诉求，养成协商意识、掌握协商方法、提高协商能力，协商解决涉及城乡社区公共利益的重大事项、关乎居民切身利益的实际问题和矛盾纠纷。

四、引导社会组织有序开展协商

社会组织具有自治性，这是社会组织协商明显不同于其他协商渠道的一个特点。既然是自治，有序开展协商就是对社会组织协商最基本的要求。从总体上看，社会组织通过内部的规章制度和外部的政治参与规则把公民组织起来，向党政部门提出意见和建议，能够改变无组织的个人无序政治参与状态，使公民政治参与变为有序，促进全社会的有序政治参与，为协商民主奠定广泛的社会基础。但从个体看，不同的社会组织都有其不同的利益诉求和意见表达，在一定情况下会出现与整个社会利益和大多数人的意见不一致的情况，其开展的内部协商也容易出现片面强调自身利益、过分看重自己意见的问题，公说公有理，婆说婆有理，从而造成社会协商众说纷纭、莫衷一是的失序状态。因此，必须坚持党的领导与社会组织依法自治相统一，在各级党组织的领导下，以制度化、法治化的方式规范社会组织发展，发挥社会组织的社会性、民间性、志愿性、公益性作用，分步骤、有秩序地开展社会组织协商，使其活力和创造性得到最大限度地激发和释放，确保社会组织协商民主有序推进。

引导社会组织有序开展协商，首先需要明确社会组织协商的主要内容。目前在党的有关文件中对其他协商渠道的主要内容都有明确的规定，而对社会组织协商的内容却没有任何规定。这主要是因为社会组织协商的广泛性、复杂性使然。考虑到社会组织是具有非政府性、非营利性、自治性、志愿性、公益性或互益性等基本特征的组织，具有了行业、专业、职业、第三方、灵活、扎根基层等独特优势，这决定了社会组织协商主要是围绕涉及经济社会发展的重大问题和群众切身利益的实际问题进行协商，目的是更好为社会服务，激发社会活力，理性表达群众利益诉求、满足群众多样需要、引导群众有序参与社会事务管理。具体来说，党政会议报告、经济社会发展中长期规划涉及社会组织所代表的社会群体的利益的内容，涉及社会组织的法律法规的制定与修订，行业政策、规划以及行业标准的制定与调整，重大民生问题，社会组织之间的利益协调与整合，社会公共事务的治理等，可以明确为社会组织协商的主要内容。

引导社会组织有序开展协商，还需要规范社会组织协商程序。具体来说，主要是四个环节。一是提出协商议题。协商议题可由协商发起组织者党政部门、政协、人民团体等根据需要提出，也可由社会组织根据自身需要和所代表社会群体的意愿向协商发起组织者提出。二是做好协商准备。协商议题确定后，协商发起组织者要公布信息，提供信息资料，让相关社会组织知情，知情才能真协商。参与协商的社会组织要充分了解情况，调查研究，弄清事实，做好协商前的准备。三是开展协商活动。相关社会组织要运用多种方式开展内部协商活动，要基于平等、理性、包容、公开等原则进行理性协商，充分听取内部成员各方面的意见，特别是注意听取利益相关方的意见，尽可能达成共识，化解分歧。四是形成协商成果。无论是社会组织参与党政部门、政协、人民团体等的协商，还是社会组织内部协商或社会组织之间协商，都要形成协商成果，通过不同渠道向有关部门报送，成果采纳情况要向社会组织成员反馈，未被采纳也要向社会组织成员说明情况和原委，以便增强协商实效。

引导社会组织有序开展协商，需要鼓励社会组织协商积极探索。创新社会组织管理体制机制，建立社会组织与政府互动与合作关系。相对其他协商渠道，社会组织协商是一个新事物，尤其需要以改革创新精神实现创造性发展。近些年来，尽管中央有关文件缺乏对社会组织协商的明确规定，但全国各地还是在中央关于加强社会主义协商民主建设的基本精神指导下，进行了创新性实践，形成了一些新鲜经验。如北京市以人民团体为核心建立“枢纽型”社会组织体系。“枢纽型”社会组织是指在社会组织中能够起到“中枢”作用的关键组织，是社会组织之间联系、互动、聚合的核心推动者和组织者。第一批被确定为“枢纽型”的 10 个社会组织，基本上都是人民团体，然后再向其他类型的社会组织扩展。如市妇联将全市 900 余家妇女社会组织纳入联系服务范畴，建立“姐妹驿站”1958 个；市总工会牵头建立劳动争议调解“六方联动”机制，探索新形势下化解社会矛盾的新模式。每一个“枢纽型”社会组织下面都联系着大量相关领域的社会组织，在“枢纽型”社会组织的领导下，这些相同领域的社会组织之间经常开展协商。一些“枢纽型”社会组织聚集本领域的社会组织制定一些相关文件，为本领域社会组织参与协商提供了路径，明确了程序。如市科协编制的《科技类社团政策实务一本通》，市残联出台的《北京市残疾人社会组织服务管理办法》等“1+6”文件，市红十字会制订的《北京市红十字会社会组织管理办法》，市工商联制订的《关于促进工商联系统商会建设的指导意见》，首都公益慈善联合会发布的《慈善公益组织管理流程指引》，市民族联谊会制定的《北京市少数民族社会组织备案管理办法》，等等。这些文件规定都直接或者间接地促进了社会组织参与各种问题的协商。这些创新性实践应当在全社会积极推广。

引导社会组织有序开展协商，需要提高社会组织的协商能力。长期以来，社会组织一直都是被管理的对象，转变成协商的主体，在角色转换、协商意识发展和协商能力培养上都还存在不少问题。在实际协商中，社会组织不熟悉协商规则，缺少协商手段，缺乏协商技能，协商能力还远远不能满足协商活动的需要。为此，就必须大力加强社会组织自身能力建设。具体来说，要完善社会组织内部结构，建立健全社会组织代表大会制度、理事会、监事会等制度，促进社会组织内部实行民主管理、民主决策，保障社会组织具有一定的公信力。要帮助社会组织做好人才队伍建设，选拔、培养一批结构合理、素质优良的社会组织工作者，引导他们密切联系群众，增强说服沟通能力和建言献策能力，在社会组织协商中发挥骨干作用。要引导社会组织明确形势和工作大局，把握党和国家大政方针政策，运用法治思维和法治方式开展协商工作，增强服务意识，提高上下沟通协调能力。要积极推动社会组织参与多渠道协商实践，在实践中使社会组织熟悉协商规则，积累协商经验和对话沟通技能，从而全面提升社会组织的协商能力。

第三编　推进协商民主多层发展

推进协商民主多层发展，是中国协商民主体系的纵向架构。习近平总书记指出：社会主义协商民主，“应该是全国上上下下都要做的、而不是局限在某一级的”，① 就是对协商民主多层发展的要求。协商民主之所以需要多层发展，源自我国是一个社会主义大国，人民利益的表达有着多层次的特点。全国各族人民有共同的利益，各地方区域有其特殊的利益，基层群众也有其具体的实际利益。因此，涉及全国各族人民利益的事情，要在全体人民和全社会中广泛商量；涉及一个地方人民群众利益的事情，要在这个地方的人民群众中广泛商量；涉及一部分群众利益、特定群众利益的事情，要在这部分群众中广泛商量；涉及基层群众利益的事情，要在基层群众中广泛商量。相应地，我国协商民主的纵向结构可以分为中央和国家层面协商、地方层面协商、基层协商三个层级。把握这三个层级协商的不同特点，研究其运行规律，协调其关系，对于全面推进社会主义协商民主具有重要意义。

---

① 《十八大以来重要文献选编》（中），中央文献出版社 2016 年版，第 77 页。

第十一章　中央和国家层面协商

中央和国家层面协商，是指中共中央、全国人大、国务院、全国政协层次开展的协商，是国家最高层级的协商。我国是单一制国家而非联邦制国家，遵循在中央的统一领导下，充分发挥地方的主动性、积极性的原则。中央和国家层面协商对于发展社会主义协商民主具有决定性意义，对于在全社会开展广泛协商具有全面性指导意义。

一、中央和国家层面协商的特点

相对于地方层面协商和基层协商，中央和国家层面协商具有四个鲜明的特点。

（一）具有鲜明政治性

按照马克思主义的观点，政治属于建立在经济基础之上的上层建筑，是以政治权力为核心展开的各种社会活动和社会关系的总和。中国共产党作为马克思主义政党，讲政治是突出的特点和优势。这就决定了中国共产党开展的协商和所指导的协商，具有鲜明的政治性。因此，中国共产党同各民主党派、社会各界人士的协商，从一开始就被称为“政治协商”，并且始终用政治协商来规定中国共产党的各种协商活动，特别是中国共产党同民主党派的政党协商和中国共产党在人民政协同社会各界人士的政协协商。中共十八届三中全会《决定》曾把协商分为五个类型，提出：“深入开展立法协商、行政协商、民主协商、参政协商、社会协商。”其中的民主协商、参政协商虽然也可以解释为政治协商，但实际上是同一种类型。习近平注意到了这个问题，特意加上“政治协商”，去掉“参政协商”，增加“基层协商”，提出：“深入开展政治协商、立法协商、行政协商、民主协商、社会协商、基层协商等多种协商。”① 这一变动，突出了政治协商在各类协商中的首要地位，彰显了中国共产党领导的协商活动的鲜明政治性。

中国共产党一贯强调和突出政治协商，在实践中会引出一个问题，就是协商泛政治化的问题，有同志担心，强调协商的政治性会不会导致重犯过去“政治挂帅”的错误。过去的政治挂帅错误不能成为我们今天不讲政治或少讲政治的理由。习近平总书记指出：“我国曾经有过政治挂帅、搞‘阶级斗争为纲’的时期，那是错误的。但是，我们也不能说政治就不讲了、少讲了，共产党不讲政治还叫共产党吗？”② 问题的关键在于，讲政治不是讲空头政治，一定要紧紧围绕党的中心任务来讲。改革开放之初，邓小平就提出“经济工作是当前最大的政治，经济问题是压倒一切的政治问题”。“所谓政治，就是四个现代化。”③ 就是为了解决空头政治的问题。在新的历史条件下，习近平总书记指出：“人心向背、力量对比是决定党和人民事业成败的关键，是最大的政治。”④“政之所兴在顺民心，政之所废在逆民心。”一个政党，一个政权，其前途命运最终取决于人心向背。中国共产党开展的一切协商活动，就是为了争取人心。牢牢把握这个最大的政治，不仅能够避免空头政治的问题，而且也能够使协商活动始终坚持正确的政治方向。

中央和国家层面的协商具有鲜明的政治性，集中表现为协商的主要内容规定上。如中共中央同民主党派中央开展政党协商的主要内容包括：中共全国代表大会、中共中央委员会的有关重要文件；宪法的修改建议，有关重要法律的制定、修改建议；国家领导人建议人选；国民经济和社会发展的中长期规划以及年度经济社会发展情况；关系改革发展稳定等重要问题；统一战

---

① 《十八大以来重要文献选编》（中），中央文献出版社 2016 年版，第 78 页。
② 《习近平关于全面从严治党论述摘编》，中央文献出版社 2016 年版，第 80 页。
③ 《邓小平文选》第二卷，人民出版社 1994 年版，第 194 页。
④ 《习近平关于社会主义政治建设论述摘编》，中央文献出版社 2017 年版，第 128 页。

线和多党合作的重大问题等。这些内容显然都属于政治议题。如全国政协协商的主要内容包括：国家大政方针以及政治、经济、文化和社会生活中的重要问题，各党派参加人民政协工作的共同性事务，政协内部的重要事务，以及有关爱国统一战线的其他重要问题等。这些内容虽然不完全属于政治议题，但也都具有政治性意义。全国人大协商的重点是立法协商，全国人民代表大会修改宪法，制定和修改刑事、民事、国家机构的和其他的基本法律，全国人大常委会制定和修改除应当由全国人民代表大会制定的法律以外的其他法律，都要开展协商。法治当中有政治，没有脱离政治的法治。每一种法治形态背后都有一套政治理论，每一种法治模式当中都有一种政治逻辑，每一种法治模式当中都有一种政治立场。在我国，法是党的主张和人民意愿的统一体现，具有明显的政治性。因此，积极开展人大立法协商，方向要正确，政治保证要坚强。国务院及其部门的政府协商，是着眼于国家经济社会发展全局，为解决好人民最关心最直接最现实的利益问题，有效推进科学民主依法决策而开展的协商，也是具有明确的政治性的。

中央和国家层面的协商具有鲜明的政治性，在实践上的要求就是发挥党总揽全局、协调各方的领导核心作用，坚持党中央权威和集中统一领导。习近平总书记指出："我国社会主义政治制度的一个突出特点是党总揽全局、协调各方的领导核心作用，形象地说是'众星捧月'，这个'月'就是中国共产党。在国家治理体系的大棋局中，党中央是坐镇中军帐的'帅'，车马炮各展其长，一盘棋大局分明。如果中国出现了各自为政、一盘散沙的局面，不仅我们确定的目标不能实现，而且必定会产生灾难性后果。"① 党中央制定的理论和路线方针政策，是全党全国各族人民统一思想、统一意志、统一行动的依据和基础。只有党中央有权威，才能把全党牢固凝聚起来，进而把全国各族人民紧密团结起来，形成万众一心、无坚不摧的磅礴力量。如果党中央没有权威，党的理论和路线方针政策可以随意不执行，大家各自为政、各行其是，想干什么就干什么，想不干什么就不干什么，党就会变成一

① 《习近平关于社会主义政治建设论述摘编》，中央文献出版社 2017 年版，第 31 页。

盘散沙，就会成为各行其是的“私人俱乐部”，党的领导就会成为一句空话。为加强党中央的集中统一领导，党中央作出全国人大常委会、国务院、全国政协、最高人民法院、最高人民检察院党组向中央政治局汇报工作的制度安排。从 2015 年开始，每年年初的政治局常委会上，五大党组分别向中央政治局常委会汇报工作，中央政治局常委会听取和研究五大党组的工作汇报。健全党中央集中统一领导重大工作的体制机制，也包括党中央对各协商渠道的领导。如党中央对全国政协的领导。2019 年 3 月新修订的政协章程，将“坚持中国共产党领导”明确为全国政协和地方政协工作原则，并且规定政协可根据中国共产党的提议进行协商。体现党中央集中统一领导的力度也需要加强。按照中共中央办公厅《关于加强人民政协协商民主建设的实施意见》的要求，最重要的是建立健全党领导人民政协协商民主建设的工作制度，包括制定加强党委和政府工作与政协协商有效衔接的相关制度，支持政协制定并实施政治协商、民主监督、参政议政的专项制度，建立健全党委常委会会议听取政协党组工作汇报，讨论政协常务委员会工作报告和年度协商计划等的制度，以及发挥政协党组领导核心作用等。

正是由于中央和国家层面的协商具有很强的政治性，有些协商在地方层面开展比较容易，而在国家层面开展则需要慎重。如人民政协的立法协商，如果作为立法的必经环节，就有“两院制”之嫌。而在地方层面开展，则无此之忧，不会引起怀疑地方搞“两院制”的问题。正是由于这个原因，目前在中央的有关文件中国家层面没有明确全国人大立法要经全国政协协商，而在地方层面则鼓励地方政协积极参与地方性法规立法协商。

（二）具有宏观战略性

中央和国家层面的协商，主要是就国家大政方针政策、经济社会发展全局、国民经济和社会发展的中长期规划等进行的协商，相对于地方和基层协商，其宏观战略性非常明显。中央和国家层面的协商由于其在国家和政治生活中的特殊地位，开展协商活动要抓战略、抓大事、定方向。这个层级的所有协商活动，由于具有牵一发而动全身的作用，因而都要以经济社会发展重大问题和人民群众普遍关心的问题为内容广泛听取意见，了解并防范可能出现的社会问题与风险，从而化解社会矛盾、增进社会的共识。以全国政协近十年来所开展的专题协商会的题目为例，可以看到，关注和讨论的议题几乎全部是围绕经济社会发展中的重要问题，围绕关系国计民生的重大议题展开的，几乎涵盖了国家的所有重大战略，如“十三五”规划和2020年远景目标纲要的编制、推进西部大开发、落实国家中长期科学和技术发展规划纲要、加快发展方式转变和结构调整、国家软实力建设、深化文化体制改革、加强和创新社会管理，等等。这充分说明，中央和国家层面的协商内容，是与党和国家的中心工作紧密相关的，是人民群众普遍关注的，具有很强的宏观战略性。

中央和国家层面协商的宏观战略性，要求把握战略全局。全局指事物的整体及其发展的全过程，局部指组成事物整体的各个部分、方面以及发展的各个阶段。全局不是各个局部的简单总和，而是有着内在联系的统一整体。全局高于局部、统率局部，对局部的发展变化起着主要的决定作用。正确处理全局和局部的关系，首先要树立全局的观点，识大体，顾大局，同时又要注意局部对全局的作用，充分发挥局部的积极性，把全局和局部协调起来。系统论方法的基本出发点就是整体性，要求人们从整体出发，从整体与部分（或要素）之间、整体与环境之间的相互联系、相互制约中，综合地考察对象，立足整体，统筹全局，选取总体上的最优化方案。古人云“不谋全局者，不足谋一域”，讲的就是全局的重要性。具体到中央和国家层面的协商，既要求就国家经济社会发展的全局性问题进行协商，也要求就对全局产生重大影响的一些局部性问题进行协商。如随着全面建成小康社会进入攻坚阶段，农村贫困人口如期脱贫成了全面建成小康社会最大的“短板”、最突出的“短板”。为此，中共中央把脱贫攻坚作为“十三五”期间头等大事和第一民生工程来抓，把精准脱贫列为决胜全面建成小康社会的三大攻坚战之一。委托各民主党派中央就贫困人口精准识别、精准脱贫等情况开展民主监督，在全国政协深入开展调研协商活动。全国政协年年聚焦精准扶贫、精准脱贫，相关视察调研涉及17个省区市，遍及脱贫攻坚主战场。2016年、2017年连续两年召开专题议政性常委会会议开展协商议政，特别是2017年“实施精准扶贫中存在的问题”专题议政性常委会会议前，6位副主席带队、101名委员参加，随机走访、进村入户，以全面调研和专题调研两轮调研压茬推进，着力“解剖麻雀”、发现问题；会上多角度分析论证，集中提出意见；会后继续跟进，促进落实。十三届全国政协开局后的第一次专题议政性常委会会议，又持续接力，围绕“解决深度贫困地区脱贫问题”开展监督性协商议政活动，取得扎实成效。这是中央和国家层面协商服务于党和国家工作大局的一个典型事例。

坚持协商于决策之前和决策之中，是社会主义协商民主的一个重要原则。党中央作出重大决策部署过程中，都要通过发扬党内民主在党内一定范围征求意见，都要同各民主党派中央、无党派代表人士进行政党协商，涉法事项还要到全国人大讨论，有的议题还要在全国政协进行协商。这样做的目的，就是为了充分发扬民主，广泛听取意见建议，做到兼听则明、防止偏听则暗，做到科学决策、民主决策、依法决策。即便这样，也会出现中央决策部署与某些地方、某些方面实际不完全适合的问题。针对这个问题，2017年2月13日在省部级主要领导干部专题研讨班上的讲话中，习近平总书记强调两点：一是党和国家的重大决策部署，决定权就在党中央，只此一家，别无分店。二是在酝酿讨论过程中，大家可以充分发表意见，畅所欲言，可以批评，甚至可以反对，言者无罪。“但是，一旦党中央作出决定，各方就要坚决贯彻执行，不能某个决策不符合自己的意见、不对自己的胃口就不执行。而且，执行起来还要全心全意，不能三心二意、半心半意。在坚决执行的条件下，有意见、有问题还可以通过党内程序反映，直至向党中央反映，这都是允许的。”习近平总书记强调：“党中央决策要从全局出发，集中各方面智慧，综合考虑各方面条件。我们这么大一个党、这么大一个国家，如果没有党中央定于一尊的权威，公说公有理，婆说婆有理，争论不休，不仅会误事，而且要乱套！”① 习近平总书记的这一重要思想，对于中央和国家层面

① 《十八大以来重要文献选编》（下），中央文献出版社2018年版，第587页。

的协商，具有非常重要的指导意义。

（三）具有顶层设计性

“顶层设计”这一概念出现较晚，是习近平总书记2012年12月在广东考察工作时提出来的。提出这一概念的原因是，我国改革已经进入攻坚期和深化区，进一步深化改革，必须更加注重改革的系统性、整体性、协同性，统筹推进重要领域和关键环节改革。为此，他提出“顶层设计”，并对这一概念进行解释：“所谓顶层设计，就是要对经济体制、政治体制、文化体制、社会体制、生态体制作出统筹设计，加强对各项改革关联性的研判，努力做到全局和局部相配套、治本和治标相结合、渐进和突破相促进。改革也要辩证施治，既要养血润燥、化瘀行血，又要固本培元、壮筋续骨，使各项改革发挥最大效能。”① 习近平总书记提出的顶层设计，在中共十八届三中全会得到了充分运用。在考虑十八届三中全会议题时，他就提出要制定一个全面深化改革的方案，而不是只讲经济体制改革，或者只讲经济体制和社会体制改革。他指出：“这样考虑，是因为要解决我们面临的突出矛盾和问题，仅仅依靠单个领域、单个层次的改革难以奏效，必须加强顶层设计、整体谋划，增强各项改革的关联性、系统性、协同性。”② 中共十八届三中全会通过的《中共中央关于全面深化改革若干重大问题的决定》，对全面深化改革作出战略部署，形成了“六个紧紧围绕”的路线图：一是紧紧围绕使市场在资源配置中起决定性作用深化经济体制改革；二是紧紧围绕坚持党的领导、人民当家作主、依法治国有机统一深化政治体制改革；三是紧紧围绕建设社会主义核心价值体系、社会主义文化强国深化文化体制改革；四是紧紧围绕更好保障和改善民生、促进社会公平正义深化社会体制改革；五是紧紧围绕建设美丽中国深化生态文明体制改革；六是紧紧围绕提高科学执政、民主执政、依法执政水平深化党的建设制度改革。全会决定，中央成立全面深化改革领导

---

① 《习近平关于全面深化改革论述摘编》，中央文献出版社2014年版，第32页。

② 《习近平关于全面深化改革论述摘编》，中央文献出版社2014年版，第47页。

小组，习近平总书记亲自担任组长，负责改革总体设计、统筹协调、整体推进、督促落实。到中共十九大，习近平总书记亲自主持召开了38次中央全面深化改革领导小组会议，共审议、通过重点改革文件360多个，中央和国家机关有关部门共推出1500多项改革举措。重要领域和关键环节改革取得突破性进展，主要领域改革主体框架基本确立，改革呈现全面发力、多点突破、纵深推进态势，充分显示了党中央加强顶层设计的作用。

顶层设计，涉及党和国家工作全局，涉及经济社会发展各领域，涉及许多重大理论问题和实际问题，是一个复杂的系统工程。为此就必须加强中央和国家层面的协商。习近平总书记指出："实践告诉我们，有的政策经过一段时间后发现有偏差，要扭转回来很不容易。我们的政策举措出台之前必须经过反复论证和科学评估，力求切合实际、行之有效、行之久远，不能随便'翻烧饼'。否则，失之毫厘、谬以千里。"[①]这就深刻揭示了中央和国家层面的协商在政策上是源头性协商，极为重要。中共十八大以来，党中央的重大决策和政策举措出台之前，注意通过党内协商、政党协商、人大协商、政府协商、政协协商等多种渠道广泛听取意见建议，力求做到集思广益，统筹兼顾。如，2013年9月，习近平总书记主持党外人士座谈会，就中共十八届三中全会的决定听取党外人士意见。他明确表达了协商的要求："我们要在基本确定主要改革举措的基础上，深入研究各领域改革关联性和各项改革举措耦合性，深入论证改革举措可行性，把握好全面深化改革的重大关系，使各项改革举措在政策取向上相互配合、在实施过程中相互促进，在实际成效上相得益彰。"[②]

（四）具有广泛共识性

虽然任何层面的协商都要力求形成共识，但在中央和国家层面的协商，这一特点尤其突出。这是全面深化改革必须凝聚共识的需要。习近平总书记

① 《习近平关于全面深化改革论述摘编》，中央文献出版社2014年版，第42页。

② 《习近平关于全面深化改革论述摘编》，中央文献出版社2014年版，第38—39页。

指出："凝聚共识，就是要形成推进改革开放的合力。人心齐，泰山移。没有广泛共识，改革难以顺利推进，推进了也难以取得全面成功。现在，经济体制深刻变革，社会结构深刻变动，利益格局深刻调整，思想观念深刻变化，凝聚改革共识难度加大，统筹兼顾各方面利益任务艰巨而繁重。这就更需要下功夫去凝聚共识。凝聚共识很重要，思想认识不统一时要找最大公约数。"① 从历史经验看，凝聚共识对改革能否成功至关重要。我国历史上曾经有过一些重大改革，如战国时期的商鞅变法，宋代的王安石变法，明代的张居正变法，虽然在当时的历史条件下取得了一些成效，但都遭遇了强大阻力，甚至弄得自己身败名裂。清代末年，大局变革势在必行，但各种观点沸沸扬扬，莫衷一是。以致洋务派代表张之洞感叹道："旧者因噎而食废，新者歧多而羊亡；旧者不知通，新者不知本。不知通则无应敌制变之术，不知本则有非薄名教之心。"说的就是因把握不好守成和变革的分寸形成共识之难。今天我们全面深化改革，同样碰到了形成共识难的问题。有一种观点认为，现阶段深化改革不可能形成共识，甚至把形成改革共识说成是伪命题。这种观点错就错在看不到我国社会主义协商民主能够通过求同存异，找到最大公约数，从而凝聚共识。习近平总书记指出："不同地方、不同阶层、不同领域、不同方面，大家会有不同想法。那就要考虑，哪些是可以'求同'的？哪些是可以经过做工作形成或转化为共识的？哪些是可以继续'存异'的？把最大公约数找出来，在改革开放上形成聚焦，做事就能事半而功倍。"②"现在党内外对深化改革思想认识上有较大差异，但越是思想认识不统一就越要善于寻求最大公约数。在坚持改革这个重大问题上全党全社会是有广泛认知的。只要加强思想引导，把党内外一切可以团结的力量广泛团结起来，把国内外一切可以调动的积极因素充分调动起来，是完全可以形成共识的。要说中国特色社会主义的优势，这应该算一个方面，而且是很重要的一个方面。"③ 中国特色社会主义的这一优势，就是社会主义协商民主的制度优势。

① 《习近平关于全面深化改革论述摘编》，中央文献出版社 2014 年版，第 31 页。
② 《习近平关于全面深化改革论述摘编》，中央文献出版社 2014 年版，第 31 页。
③ 《习近平关于全面深化改革论述摘编》，中央文献出版社 2014 年版，第 46 页。

形成共识，主要是解决思想认识问题，或者说是统一思想。习近平总书记曾对党外人士说："解放思想的过程就是统一思想的过程，解放思想的目的是为了更好统一思想。思想统一了，才能最大限度凝聚改革共识，形成改革合力。"① 中央和国家层面的协商主要是为国家大政方针的制定和执行服务的，目的是通过广泛深入的协商和讨论，使中国共产党的主张成为各民主党派、人民团体和各族各界人士的共识。这种协商不可能因为少数人的不同意见而改变党的主张，也不可能因为一些人的反对而废止大政方针，只能是通过吸收合理的建设性的意见建议使党的主张更加准确，使大政方针更加完善，从而更有利于贯彻执行。习近平总书记就牢牢把握改革开放的前进方向指出："改什么、怎么改必须以是否符合完善和发展中国特色社会主义制度、推进国家治理体系和治理能力现代化的总目标为根本尺度，该改的、能改的我们坚决改，不该改的、不能改的坚决不改。"② 清楚地表明了中国共产党推进改革开放的原则立场。因此，中央和国家层面就大政方针开展的协商，在很大程度上是政治引导的过程，是让党外人士、社会各界人士理解中国共产党主张的过程。因此，需要做好统一思想、凝聚共识的工作，及时回答党外人士、干部群众关心的重大思想认识问题，为顺利贯彻党的主张营造良好社会环境。

形成共识，也包括在重大决策协商过程中尽可能形成一致意见。协商民主是人民内部各方面在作出重大决策之前进行充分协商，尽可能取得一致意见。这在中央和国家层面的协商上显得尤为突出。无论是政党协商，还是政协协商，以及全国人大的立法协商、国务院及其有关部门开展的行政协商，都要围绕重大政策和重要事务问题尽可能取得一致意见，从而为科学决策、民主决策打牢基础。协商民主由于其本身具有多元化特征，包容着多元的利益诉求，因而协商过程既是一个协调利益关系的过程，也是一个通过协调利益关系凝聚共识，并把这种共识最终体现为公共决策的过程。协调利益关系

① 《习近平关于全面深化改革论述摘编》，中央文献出版社 2014 年版，第 38 页。

② 习近平：《论坚持全面深化改革》，中央文献出版社 2018 年版，第 516—517 页。

的问题，主要是在中央和国家层面进行的。习近平总书记指出："要增强改革措施、发展措施、稳定措施的协调性，把握好当前利益和长远利益、局部利益和全局利益、个人利益和集体利益的关系，既着力解决关系群众切身利益的问题，又着力引导群众正确处理各种利益关系、理性合法表达利益诉求，营造安定团结的社会氛围。"① 这显然是中央和国家层面的协商所要发挥的作用。

二、中央和国家层面协商的形式及其相互配合

中央和国家层面的协商，以我国社会主义政治制度为制度支撑。人民代表大会制度是我国的根本政治制度，中国共产党领导的多党合作和政治协商制度是我国的一项基本政治制度，共同构成社会主义协商民主的制度基础，在国家政治生活中发挥重要作用。从根本政治制度和基本政治制度出发，衍生出我国中央和国家层面的几种主要协商形式，即中共中央与各民主党派中央、无党派代表人士的政党协商，全国人大及其常委会以立法协商为重点的人大协商，全国政协的政治协商，以及国务院及其职能部门的行政协商。这些协商最大的共同点就在于它们都属于中国最高层面的决策过程中的协商，相互配合、协调前进极为重要。与西方国家普遍实行立法、行政和司法三权分立相互制衡的政治体制不同，在我国中国共产党是最高的政治领导力量，全国人民代表大会是最高国家权力机关，国务院是最高国家权力机关的执行机关，是最高国家行政机关，同时发挥人民政协作为国家专门协商机构作用。这样一种政治体制体现了社会主义集中力量办大事的优势。这样的政治体制，丰富了社会主义协商民主的方式、渠道，共同把协商民主嵌入中国特色社会主义民主政治的全过程。

不同协商形式和协商渠道的配合，是社会主义协商民主建设的重要方面，这在中央和国家层面协商中尤其重要。因为，无论是政党协商，还是立

① 《习近平关于全面深化改革论述摘编》，中央文献出版社 2014 年版，第 36 页。

法协商、行政协商，以及政协协商，都涉及国家的大政方针和政策、重大决策和重要事项，如果不协调或协调不够，就容易发生政出多门、各自为政，甚至协商意见相互矛盾的现象。这在深入全面改革的过程中是特别需要防止的。习近平总书记指出："形成改革合力，最终要体现在各项改革举措协调共振上。政策不配套，实践当中必然疙疙瘩瘩，也就谈不上形成合力。要深入研究各领域改革关联性和各项改革举措耦合性，深入论证改革举措可行性，把握好全面深化改革的重大关系，使各项改革举措在政策取向上相互配合，在实施过程中相互促进、在改革成效上相得益彰，发生化学反应，产生共振效果。"① 而要做到这一点，就要在政策制定过程中各协商渠道相互配合。为此，《中共中央关于加强社会主义协商民主建设的意见》明确要求："发挥各协商渠道自身优势，做好衔接配合，不断健全和完善社会主义协商民主制度。各类协商要根据自身特点和实际需要，合理确定协商内容和方式。"并且根据各协商渠道的成熟程度及其在社会主义协商民主体系中的不同作用，提出了不同的要求："继续重点加强政党协商、政府协商、政协协商，积极开展人大协商、人民团体协商、基层协商，逐步探索社会组织协商。"这实际上是形成了发展社会主义协商民主的三个梯队。政党协商、政府协商、政协协商是第一梯队，是因为这三种协商是我们传统的政治优势，成熟程度比较高，要作为重点继续加强。随后中共中央办公厅下发《关于加强人民政协协商民主建设的实施意见》和《关于加强政党协商的实施意见》，也正是出于这个考虑。人大协商、人民团体协商、基层协商作为第二梯队，是因为虽然已经有了一些的实践，但并非达到规范化的程度，因此需要积极开展。至于社会协商作为第三梯队，尚需经历一个继续探索的过程。这样一个战略部署，已经有了中央先行、地方跟进、社会发育，自上而下循序推进社会主义协商民主建设的思路。

中央和国家层面的协商，涉及中共中央、全国人大、国务院、全国政协四个中央和国家机关各自的职能和作用，将四者一体化运作是十分重要的。

① 《习近平关于全面深化改革论述摘编》，中央文献出版社 2014 年版，第 44 页。

习近平总书记指出：社会主义协商民主，“源自改革开放以来中国在政治体制的不断创新。”① 其中一个重要创新就是形成政协协商、人大决策、政府执行的政治体制。江泽民曾概括出这一政治体制：通过人民政协进行协商，由人民代表大会行使国家权力进行决策，由人民政府执行实施。胡锦涛也指出：“人民政协是我国政治体制的重要组成部分，在我国政治生活中具有不可替代的作用。”② 现在看来，这种关于我国政治体制的表述大体是准确的，但也需要丰富和完善。比如，江泽民当时概括这种政治体制时中共中央同民主党派中央的政党协商尚未充分开展起来，现在则需要将政党协商列为第一位，并同政协协商一道作为决策前协商环节的要求。同时，由于人大决策和政府实施的过程中也涉及继续协商，相应地也要提出协商的要求。从我国现在的决策过程来看，中国共产党、人民代表大会、人民政府、人民政协作为我国政治体制中四个重要的结构性要素，在相互的分工协作中，已经形成了中共党委动议——政党协商政协协商——人大决策——政府执行的决策运行机制，这一运行机制为政党协商、人大协商、行政协商、政协协商的相互配合与衔接提供了机制保障。一个科学、民主的决策过程，要保证重大事项在中共党委决策前、人大通过前、政府决定前，都要事先通过政党协商征集各民主党派的建议，通过人民政协征求社会各界意见。同时，国家的重大事项，只有经过人大协商讨论，并行使立法权和决定权，才能做出体现国家意志的决策。政府在执行这些决策的过程中，只有经过充分的协商，形成最大共识，才能提高执行力，化解可能的风险。因此，正确认识和处理党委、人大、政府和政协的关系，实现几种协商的配合与衔接，具有重要意义。这样一种政治体制实际上也是中央和国家层面的协商程序，即中共中央提出议题，先同各民主党派中央和无党派代表人士、全国工商联进行政党协商，亦可在全国政协同社会各界人士进行政协协商，形成决策建议。如需全国人大立法或决定重大事项，可由全国人大及其常委会进行决策过程中的协商并进

① 《十八大以来重要文献选编》（中），中央文献出版社 2016 年版，第 74 页。

② 《人民政协重要文献选编》(下)，中央文献出版社、中国文史出版社 2009 年版，第 749 页。

行决策。决策需要国务院实施，由国务院及其部门开展决策实施过程中的协商，使决策能够更顺利有效地贯彻执行。这样一种决策协商程序，已经在中央和国家层面实行起来，取得了很好的实际效果。如《中华人民共和国国民经济和社会发展第十三个五年（2016—2020 年）规划纲要》的制定。2015 年 8 月 21 日，中共中央总书记习近平主持召开党外人士座谈会，就中共中央关于制定国民经济和社会发展第十三个五年规划的建议听取各民主党派中央、全国工商联领导人和无党派人士的意见和建议。10 月 26 日至 29 日，中共十八届五中全会审议通过《中共中央关于制定国民经济和社会发展第十三个五年规划的建议》。11 月 6 日至 8 日，政协十二届全国委员会常务委员会第十三次会议举行，主要议题是围绕制定国民经济和社会发展第十三个五年规划建言献策。2016 年 3 月，十二届全国政协四次会议讨论，十二届全国人大四次会议审查并批准国务院提出的《中华人民共和国国民经济和社会发展第十三个五年规划纲要（草案）》，并授权发布。随后国务院及有关部门负责做好“十三五”规划纲要实施工作，包括 2018 年初开展“十三五”规划纲要实施中期评估工作。这个典型的事例说明，我国的政治体制能够保证决策的科学化、民主化，使协商民主精神贯彻到决策的各个环节，从而形成一体化运作的优势。

中央和国家层面的各类协商的配合与协调，主要是处理好三个关系。

一是政党协商与人大协商的关系。中国共产党的领导是中国特色社会主义最本质的特征，中国共产党发挥总揽全局、协调各方的领导核心作用。人民代表大会是国家权力机关，国家一切权力属于人民，人民通过人民代表大会行使国家权力。中国共产党的领导，要通过人民代表大会发挥国家权力机关作用来实现。习近平总书记概括了“四个善于”具体要求：“善于使党的主张通过法定程序成为国家意志，善于使党组织推荐的人选通过法定程序成为国家政权机关的领导人员，善于通过国家政权机关实施党对国家和社会的领导，善于运用民主集中制原则维护党和国家权威、维护全党全国团结统一。”①

① 《十八大以来重要文献选编》（中），中央文献出版社 2016 年版，第 54 页。

这实际上表明了中央和国家层面的政党协商与人大协商的关系。中共中央同民主党派中央、无党派代表人士的政党协商，协商的主要内容首先是中共全国代表大会、中共中央委员会的重要文件，概括地说也就是中国共产党的主张，通过吸收各民主党派、无党派人士的意见建议，而成为党的政策。党的政策为了要在国家和社会贯彻落实，就有必要成为国家法律。这是全面推进依法治国、建设社会主义法治国家的必然要求。习近平总书记曾就正确处理党的政策和国家法律的关系指出："我们党的政策和国家法律都是人民根本意志的反映，在本质上是一致的。党的政策是国家法律的先导和指引，是立法的依据和执法司法的重要指导。要善于通过法定程序使党的主张成为国家意志、形成法律，通过法律保障党的政策有效实施，确保党发挥总揽全局、协调各方的领导核心作用。党的政策成为国家法律后，实施法律就是贯彻党的意志，依法办事就是执行党的政策。"①

中国共产党的政治主张上升为法律的一个成功范例就是中国共产党领导的多党合作和政治协商制度写入宪法。1989 年 12 月 30 日，中共中央颁发《中共中央关于坚持和完善中国共产党领导的多党合作和政治协商制度的意见》，正式提出"中国共产党领导的多党合作和政治协商制度"，并明确为中国的基本政治制度。但这一基本政治制度在我国宪法中未有表述。这个问题引起了民主党派中央的重视。1993 年 1 月，民建中央率先就将中国共产党领导的多党合作和政治协商制度写入宪法的问题举行座谈会。2 月 14 日，中共中央向七届全国人大常委会提出《关于修改国家宪法的建议案》，但没有涉及这一政治制度。2 月 22 日，受民建中央委托，时任民建中央副主席、全国人大常委会委员李崇淮在七届全国人大常委会第三十次会议上发言，建议"在宪法序言中增加'中国共产党领导的多党合作和政治协商制度'"。3 月 1 日，民建中央正式向中共中央提交《民建中央关于在宪法中明确规定中国共产党领导的多党合作和政治协商制度的建议》，郑重建议在宪法序言第十自然段第二句之后加上"中国共产党领导的多党合作和政治协商制度是我国的

① 《习近平关于全面依法治国论述摘编》，中央文献出版社 2015 年版，第 20 页。

一项基本政治制度”。3月6日，在民主协商会上民建中央主席孙起孟再次提出，把中国共产党领导的多党合作和政治协商制度写进宪法。民建中央的这一建议为中共中央采纳。3月14日，中共中央向八届全国人大一次会议主席团提出《关于修改宪法部分内容的补充建议案》，其中第一条就是在宪法序言第十自然段增加“中国共产党领导的多党合作和政治协商制度将长期存在和发展”。3月29日，八届全国人大一次会议通过《中华人民共和国宪法修正案》，把“中国共产党领导的多党合作和政治协商制度将长期存在和发展”写进宪法，从而使这一基本政治制度有了宪法依据和保障。① 这一成功事例表明，中共中央同民主党派中央就立法问题开展政党协商对于党的政治主张上升为国家法律具有前置性意义。因此，中共中央办公厅印发的《关于加强政党协商的实施意见》，明确将“宪法的修改建议，有关重要法律的制定、修改建议”列为中共中央同民主党派中央开展政党协商的主要内容。协商成果以中共中央对全国人大提出立法建议的形式提出，这是加强党对立法工作的领导的重要形式。中共十八届四中全会通过的《中共中央关于全面推进依法治国若干重大问题的决定》提出：“加强党对立法工作的领导，完善党对立法工作中重大问题决策的程序。凡立法涉及重大体制和重大政策调整的，必须报党中央讨论决定。党中央向全国人大提出宪法修改建议，依照宪法规定的程序进行宪法修改。法律制定和修改的重大问题由全国人大常委会党组向党中央报告。”这一要求在实践上已经落实，如十三届全国人大一次会议修改宪法，就是根据中共中央建议而进行的。但这一程序性要求尚未载入我国宪法和立法法中，还有必要进一步明确。

民主选举是人民代表大会制度的基础。选举权和被选举权是人民行使国家权力的基本权利和主要标志。按照我国宪法，全国人民代表大会和地方各级人民代表大会都由民主选举产生，对人民负责，受人民监督。国家行政机关、监察机关、审判机关、检察机关都由人民代表大会产生，对它负责，受它监督。全国人民代表大会选举中华人民共和国主席、副主席；根据中华人民

① 朱继东：《民建力推多党合作和政治协商制度“入宪”》，《人民政协报》2018年9月27日。

共和国主席的提名，决定国务院总理的人选；根据国务院总理的提名，决定国务院副总理、国务委员、各部部长、各委员会主任、审计长、秘书长的人选；选举中央军事委员会主席；根据中央军事委员会主席的提名，决定中央军事委员会其他组成人员的人选；选举国家监察委员会主任；选举最高人民法院院长；选举最高人民检察院检察长。与西方国家实行多党竞选产生国家领导人的方式不同，中国共产党坚持党管干部原则，通过向国家政权机关推荐人选，经由选举任免法定程序成为国家政权机关的领导人员。中共中央推荐的国家领导人选，不仅包括中共干部，也包括党外干部。《中国共产党章程》规定："党的各级组织要善于发现和推荐有真才实学的党外干部担任领导工作，保证他们有职有权，充分发挥他们的作用。"为此就需要同民主党派进行协商。中共中央办公厅印发的《关于加强政党协商的实施意见》，明确将"国家领导人建议人选"列为中共中央同民主党派中央开展政党协商的主要内容。这样的政党协商，对于保证全国人大常委会领导班子中有适当数量的党外代表人士，国务院部门领导班子配备党外干部，最高人民法院、最高人民检察院选配党外干部担任领导职务，具有非常重要的政治意义。全国人大及其常委会在履行法定程序上要坚持党的领导，增强政治观念，严格依法办事，确保选举任免工作风清气正，使国家领导人建议人选的政党协商成果真正得到落实。

二是政党协商与政协协商的关系。政党协商和政协协商同属于中国共产党领导的政治协商，这一基本定性决定了二者在本质上是一致的，能够做到相互配合与协调。但由于历史的原因，二者经历了一个由合到分的过程，在协商的主要内容和组织形式上都有很大区别，也出现了需要重新整合并密切配合的问题。从新中国成立到改革开放，政党协商基本上是在政协协商中进行的，并不独立。改革开放后，政党协商逐渐从政协协商分离出来，成为相对独立的协商类型和渠道。这是我国多党合作事业发展的需要，有历史的必然性。众所周知，人民政协的组成单位不只是各政党，还包括人民团体、社会各界别。民主党派、无党派人士界别在全国政协 34 个界别中只占 9 个。政党协商如果完全放在政协协商中来进行，也会出现重点不突出、参与范围过宽的问题。特别是在政协协商中存在着谁来代表中共同民主党派协商的问题。是中共界别吗？显然不是，中共界别并无这样的职能和权限。是政协中共党组吗？这又涉及中共党委对政协中共党组的授权问题。由此可见，政党协商由中共党委同民主党派直接进行，有其必要性。1989 年《中共中央关于坚持和完善中国共产党领导的多党合作和政治协商制度的意见》，正式明确中共同民主党派进行政治协商的主要形式，如中共中央主要领导人邀请各民主党派主要领导人和无党派的代表人士举行民主协商会，不定期地举行高层次、小范围的谈心活动等会议协商，同时规定“有的座谈会亦可委托中共全国政协党组举行”，也就是说，中共全国政协党组在中共中央授权的情况下可以组织政党协商活动。2005 年《中共中央关于进一步加强中国共产党领导的多党合作和政治协商制度建设的意见》，进一步明确政治协商的两个范围：中国共产党同各民主党派的政治协商，人民政协的政治协商，即中国共产党在人民政协同各民主党派和各界代表人士的协商。至此，两个范围的政治协商基本不交集，相对独立地开展起来，呈现共同发展的局面。但由此带来的问题也是明显的。如中国共产党的重要文件和重要决定、宪法法律的修改建议、国家领导人的建议等严格的政治性议题都是在小范围的政党协商中来协商的，而政协委员中的民主党派成员和无党派代表人士却因不知情而无法建言出力，甚至引出人民政协能不能发挥多党合作和政治协商重要机构作用的问题。其实，做好这两个范围政治协商的配合与协调，在中央和国家层面是有领导体制来保障的。从八届全国政协开始，全国政协主席由中共中央政治局常委担任，既在中共党内分管统战工作，又主持全国政协工作，一手托两家，能够在自己的职权范围内统筹协调政党协商和政协协商。政党协商和政协协商相配合的一个重要方面，是协商的主要内容可以交叉，也就是说，有些协商议题可以在政党协商中协商，也可以同时或随后在政协协商中协商。1995 年 1 月中共中央转发的《政协全国委员会关于政治协商、民主监督、参政议政的规定》，曾将“国家的重要法律草案，中共中央提出的国家领导人人选”列入政协政治协商的主要内容①。但这一要求后来没有在有

① 《人民政协重要文献选编》(中)，中央文献出版社、中国文史出版社 2009 年版，第 558 页。

关政协协商的文件中出现，因而也就难以落实。中共十八大以来，适应大力发展社会主义协商民主的需要，政党协商和政协协商的配合与协调问题也就突出起来，为此就需要创新协商活动方式。全国政协和各民主党派围绕脱贫攻坚开展民主监督就是一个成功的实例。2015 年底中央扶贫开发工作会议后，中共中央明确 8 个民主党派中央分别对口 8 个中西部省区，重点就贫困人口精准识别、精准脱贫等情况开展民主监督。这是中共中央赋予各民主党派的一项新任务，是民主党派履行民主监督职能的新领域，也是深入开展政党协商的需要。2016 年 6 月 21 日，各民主党派中央开展脱贫攻坚民主监督工作启动会在京召开，中共中央政治局委员、中央统战部部长孙春兰出席会议并讲话。这项工作是由中央统战部与国务院扶贫办共同牵头协调的。6 月 22 日至 24 日，全国政协召开主题为“实施精准扶贫、精准脱贫，提高扶贫实效”专题议政性常委会。俞正声主席要求：“广大政协委员要弘扬传统、发挥优势，积极投身脱贫攻坚的伟大实践，为脱贫攻坚贡献智慧和力量。”2017 年 3 月 27 日，脱贫攻坚民主监督工作座谈会召开，俞正声主席提出，在脱贫攻坚决战决胜阶段，开展民主监督是推动以习近平同志为核心的中共中央决策部署贯彻落实的重要举措，是人民政协献计出力的生动实践，是各民主党派履行职能的着力重点。他要求：“全国政协和各民主党派中央要立足自身特点，选取监督的重点内容，加强与有关方面的沟通商量，共同研究解决问题，推动工作高质量高水平开展。”从 2017 年 3 月底开始，全国政协围绕“实施精准扶贫中存在的问题和建议”开展监督性调研活动。调研议题列入了全国政协 2017 年协商计划，并报经中共中央政治局常委会议审议批准。全国政协党组会议、主席会议专门就调研工作作出部署安排，先后有 6 位全国政协副主席带队，历时 4 个多月，覆盖 15 个省区市，聚焦 6 个方面 29 个重点问题，以全面调研和专题调研两轮调研压茬推进，着力“解剖麻雀”、发现问题。在此基础上，8 月 28 日至 30 日，全国政协召开主题为“实施精准扶贫中存在的问题和建议”专题议政性常委会议，俞正声主席主持会议并讲话。汪洋担任十三届全国政协主席后，同样重视民主党派脱贫攻坚民主监督和全国政协脱贫监督性议政活动的配合与协调问题。先是在

2018 年 3 月 30 日主持召开各民主党派中央脱贫攻坚民主监督工作座谈会，希望各民主党派中央根据中共中央脱贫攻坚的新要求，聚焦监督重点、明确监督导向、创新监督方式，紧紧围绕深度贫困地区和特殊贫困人口脱贫、严格落实现行扶贫标准、加强扶贫领域作风建设、提高脱贫攻坚质量等问题开展民主监督，帮助贫困群众真脱贫、脱真贫。接着部署 5 月、6 月全国政协开展以“三区三州”深度贫困地区为重点的调研活动，全国政协 6 位副主席分别率队，73 位委员、4 位专家学者，组成 8 个调研组、21 个调研小组，分赴 6 省区 34 个县市进行调研。在此基础上于 6 月 25 日至 27 日主持召开十三届全国政协开局第一次专题议政性常委会议，围绕“解决深度贫困地区脱贫问题”开展监督性协商议政活动。这充分体现了政党协商与政协协商、民主党派民主监督与政协民主监督相互配合，携手并进，能够相得益彰，同频共振，彰显政治协商的巨大成效。

三是政协协商与人大协商的关系。在我国，人民政协是专门协商机构，而人大协商在人大履行职能和行使权力的过程中是辅助性的。因此，政协协商与人大协商相比较不能不具有为主的地位。这也是党的重要文件如十八大报告和十九大报告讲到社会主义协商民主，一般都是将人民政协列入其中来阐述的重要原因。人民政协承担专事协商职能是中国共产党第一代中央领导集体的自觉设计。一届全国政协曾经代行人大职权。1954 年全国人民代表大会召开后，照理说全国人大应当把人民政协的全部职能包括协商职能都接下来。但在这个问题上，以毛泽东为核心的第一代中共中央领导集体形成了保留人民政协承担政治协商作用的政治智慧。毛泽东曾从国家制度层面论述了人大和政协的关系，他说：“人民代表大会是权力机关，有了人大，并不妨碍我们成立政协进行政治协商。各党派、各民族、各团体的领导人物一起来协商新中国的大事非常重要。”① 周恩来也指出：即使人民政协不再代行人大职权，“国家大政方针，仍要经过人民政协进行协商”，人民政协是“协商

① 政协全国委员会研究室：《老一代革命家论人民政协》，中央文献出版社 1997 年版，第 183 页。

的机关”，是一种“参谋机关”、“策划机关”、“建议机关”。人民政协专事协商职能，但人大在决策过程也会涉及协商。李维汉在《使政协工作活跃起来》一文中曾有一个很重要的设想：“现在有三套协商系统，人大有协商，政协有协商，国务院的国务会议有协商，还有最高国务会议。”① 这是老一辈革命家最早谈到人大协商，也为我们今天重提人大协商并将其作为协商民主重要渠道之一，提供了重要的思想来源。但从政治实践上看，新中国成立初期的协商主要是由全国政协承担的。如政务院颁布的许多重要法案和政策、全国人大提出的许多重要法律草案和重大问题决定，都曾先拿到全国政协征求意见，然后才由人大或政府做出决策。这对执政党把决策纳入科学化、民主化轨道，实现党内外的团结和行动一致，从而保证决策的正确和迅速有效地执行是非常重要的。正是有了政治协商，新中国的政权才建立在坚实的社会基础和广泛的民意基础之上；正是有了之后的人民代表大会制度，中国人民的共同利益才能上升为国家意志得到保护。

政协协商和人大协商的相互配合，集中在立法协商上。这既是一个重点问题，也是一个难点问题。全国人大是我国的立法机构，因而也在立法协商中起主导作用。全国政协没有立法权和决策权，因而在立法协商上只能是起配合作用。我国实行人民代表大会一院制，这种体制决定了全国人大及其常委会在履行国家立法职权时由其主导立法协商，而不能另设立法协商机构，也不必将其他国家机关的立法协商意见作为必经的立法程序。但是，全国政协是不是不可以在立法协商上发挥作用呢？也可以发挥作用。除全国政协委员以个体身份参与全国人大主导的立法协商活动外，也可在组织参与的形式上进行探索。《中共中央关于加强社会主义协商民主建设的意见》提出：“规范协商议题提出机制，认真落实由党委、人大、政府、民主党派、人民团体等提出议题的规定。”② 按照这一规定，全国人大是全国政协协商议题的提出方之一。全国人大可就本年度的重点立法事项，在认为必要的情况下明确为

---

① 政协全国委员会研究室：《老一代革命家论人民政协》，中央文献出版社 1997 年版，第 147—148 页。

② 《十八大以来重要文献选编》（中），中央文献出版社 2016 年版，第 296—297 页。

全国人大的协商议题，委托全国政协就此开展立法协商，协商意见可供全国人大在立法决策中参考。在全国人大组织的立法协商活动中，也可就有关法律法规的草案专门向政协进行咨询，也可要求人民政协就相关问题进行调研，并在立法过程中吸收其调研成果。人民政协参与立法协商也可以通过政党协商的渠道来实现。“宪法的修改建议，有关重要法律的制定、修改建议”是中共中央同民主党派中央开展政党协商的主要内容。这些内容的协商有些不是在小范围的政党协商中所能完成的，如果需要在更大范围内听取民主党派和无党派代表人士的意见建议，中共中央可以责成全国政协就此内容开展承接性的立法协商，全国政协的协商成果可纳入中共中央向全国人大提出的立法建议，亦可转全国人大供立法时参考。形象地说，全国政协在立法问题上不与全国人大发生横向关系，但也可在立法协商中发挥重要作用，为全面推进依法治国、建设社会主义法治国家作出积极贡献。

加强中央和国家层面的各种协商衔接配合，是健全社会主义协商民主体系，实现社会主义协商民主发展的内在需要。最重要的工作是建设各种协商形式之间的互动机制。这一互动机制至少应该包括三个方面：一是加强协商民主的领导机制建设，充分发挥党中央集中统一领导的核心作用，把握正确方向，形成强大合力，确保有序高效开展。加强社会主义协商民主建设，是党中央在新的历史条件下提出的新任务，涉及国家的各层级和社会的各方面，具有一定的探索性和创新性，必须加强和完善党中央对协商民主建设的领导，对各类协商民主活动进行统一领导、统一规划、统一部署。要建立党委统一领导、各方分工负责、公众积极参与的领导体制和工作机制，确保协商依法开展、有序进行。要加强统筹协调，认真研究制定协商规划，解决协商民主建设的重大问题，支持人大、政府、政协、党派团体、基层组织和社会组织依照法律法规和各自章程开展协商，有计划有步骤地推进协商活动。要建立监督检查机制，保证协商民主建设真正落实。二是建立政党协商、政协协商、人大协商和政府协商各主体的内部沟通联络机制，既避免“重复协商”的现象，又提高协商主体的合作程度，在重大问题上实现各种协商渠道的密切合作，提高协商综合效果。通过这一机制，各民主党派中央、全国政协委员和人大专门委员会委员可就某些共同关心的问题开展联合调研，共同提出政策建议，供决策参考，这对节省政治资源，提高协商效率是大有裨益的。三是建立政党协商、政协协商、人大协商与党委和政府工作的对接机制，规范年度协商计划的制定，由党委常委会议专题讨论并列入党委年度工作要点。规范党委和政府领导及部门负责人参加政协协商活动，使党委与人大、政府、政协的关系进一步规范，政协与党委、人大、政府之间的协商真正实现规范化和常态化。通过这一机制，人大代表、民主党派成员、政协委员可以受邀参与到党委和政府的有关会议、专题调研和检查督导中，提高政府相关部门与人大代表、民主党派和政协委员的对话频率，增强人大代表、民主党派成员和政协委员对国家大事的了解程度，有针对性地发表意见和建议。

三、中央和国家层面协商的示范意义

经过长期发展，我国的社会主义协商民主体系建设取得了很大的进展，在广泛、多层和制度化建设方面成绩斐然，在提高协商民主实效、服务国家治理体系和治理能力现代化方面做出了巨大贡献，这在中央和国家层面尤为突出。但是，我们也要看到，协商民主作为一个多渠道、多层次的体系，还存在着发展不平衡的现象，也就是说，在协商民主的各个层级的发展上，还存在着“上热、中温、下凉”的问题。因此，发挥中央和国家层面的协商民主的示范、带动、推进作用，引领地方和基层协商民主的发展，改变协商民主发展不平衡的现象，实现社会主义协商民主在各领域、各层级全面均衡发展，具有非常重要的意义。尤其是政党协商和政协协商，无论在制度化、规范化、程序化建设方面，还是在提高实效性的探索方面，都已经相对成熟，并积累了大量经验，对中国特色社会主义协商民主建设具有标本意义，应该发挥对地方协商和基层协商的引领作用。

改革开放以来，中央和国家层面协商民主不断发展，尤其是全国政协的政治协商和中共中央与各民主党派中央的政治协商，对国家政治生活产生了广泛的影响力，对社会主义协商民主的发展产生良好的示范效应。人民政协是社会主义协商民主的重要渠道和专门协商机构，也是中国协商民主的开创者和探索者，经过长期发展，已经形成比较完备的制度体系和工作方法，积累了大量的经验，在国家政治生活中发挥了重要作用。我国每年的全国“两会”吸引了全国人民乃至于全世界的眼光，其影响力可见一斑。毫无疑问，人民政协是我国社会主义协商民主的经典形式，它作为中国共产党领导的多党合作和政治协商的重要机构，既体现了良好的政党关系，使执政党经常听到来自民主党派的意见，有助于积极发挥民主党派的参政作用；又体现了良好的党群关系，使中国共产党既能够听到多数人民的普遍愿望，也能更好地吸纳少数人的合理主张，使中国共产党的执政地位在对人民民主权利的尊重与维护中得到巩固。可以说，人民政协的协商民主活动已经是集思广益、反映民意、求同存异、增进共识的重要平台，在增强决策的民主性和科学性方面发挥了越来越重要的作用。当前，人民政协作为最广泛的爱国统一战线组织，政治协商的功能进一步发展，服务公共决策的能力进一步提高，沟通政府与人民关系、实现利益表达的渠道进一步畅通，凝聚共识的作用更大。中共中央和各民主党派中央之间的政党协商也伴随着中国共产党领导的多党合作和政治协商制度的探索、建立和完善而逐步发展，也走上了制度化、规范化、程序化的轨道。这种协商渠道由于具有扎实的理论基础，获得了丰富的实践经验，并且与国家治理现代化的进程相伴随，因而已经成为中国共产党的一项优良传统，是社会主义协商民主最成熟、最重要的形式之一。由于中国共产党处于执政地位，政党协商在协商民主体系中处于最重要地位，中央层面的政党协商更是重中之重，它充分体现了我国社会主义制度的民主性，体现了多党合作在我国政治生活和重大方针政策的制定与执行中的重要作用，在中国共产党提高执政能力、推进国家治理体系和治理能力现代化方面更是作用巨大，更应该成为社会主义协商民主进一步发展的最佳范本。

中央和国家层面的协商之所以能够具有示范效应，最主要的原因是中共中央领导集体对协商民主的高度重视。中共中央第一代领导集体的核心毛泽东，担任第一届全国政协主席，亲自主持第一届全体会议协商建国事宜以及此后政协全国委员会四次会议的协商工作。如第二次会议通过土地改革法案，他提出:“凡有意见都可发表，凡有提案都可付审议，只要能行者都应采纳。”① 二届全国政协毛泽东不再担任主席后，运用他依据宪法召开的最高国务会议，使之成为中国共产党与民主党派和社会政治力量进行政治沟通并就国家大政方针进行磋商、研讨的政治性合作组织形式。各民主党派和无党派人士作为国家和部门的领导人参加会议，占会议人数的一半以上。最高国务会议共召开 20 次，其中毛泽东担任国家主席时期（1954 年 9 月至 1959 年 4 月）就主持召开最高国务会议 16 次，国家的许多重大决策都经这种形式的协商讨论后做出决定。最高国务会议与后来党中央经常采用的民主协商会及各种情况通报会、座谈会等形式和功能有相似的特点，是毛泽东开创的同党外人士进行民主协商的典型范例。周恩来作为中共中央第一代领导集体的重要成员，分管统战工作，组织实施一届全国政协的协商建国事宜，并担任第二、三、四届全国政协主席，对全国政协的政治协商活动事必躬亲，亲力亲为，不仅创造了人民政协协商的丰富经验，而且初步形成了具有中国特色的协商民主理论，可谓是中国协商民主之父。邓小平作为中共中央第二代领导集体的核心，担任第五届全国政协主席，明确了改革开放新时期人民政协的任务，强调发挥人民政协民主协商和监督的作用。根据他关于制定民主党派成员参政和履行监督职责方案的批示，中共中央制定《关于坚持和完善中国共产党领导的多党合作和政治协商制度的意见》，我国政党协商开始有了规范化的制度规定。江泽民、胡锦涛作为中共中央总书记，高度重视中共中央同民主党派中央的政治协商。从 1989 年中共十三届四中全会江泽民担任中共中央总书记到 2005 年中共中央下发《进一步加强中国共产党领导的多党合作和政治协商制度建设的意见》，中共中央、国务院或者委托有关部门召开的各种协商会、座谈会和通报会有 180 多次。其中一些是中共中央总书记主持的。如 2004 年一年 18 次协商活动中胡锦涛总书记召开的协商会有 7 次之多。中共十八大以来，以习近平同志为核心的党中央更是高度重视政

① 《人民政协重要文献选编》(上)，中央文献出版社、中国文史出版社 2009 年版，第 116 页。

党协商。从十八大到十九大的五年里，中共中央、国务院召开或委托中央统战部召开的政党协商会议多达 112 次。其中，习近平总书记每年主持召开 4 至 5 次政党协商会议。除此之外，习近平总书记每年都参加全国政协的协商活动，同民主党派、无党派代表人士和社会各界人士进行协商讨论，听取意见。如 2015 年参加民革、台盟、台联联组会。2016 年参加民建、工商联联组会。2017 年参加民进、农工党、九三学社联组会。2018 年参加民盟、致公党、无党派人士、侨联界联组会。因此，发挥中央和国家层面协商形式的示范效应，首先是地方和基层党政领导同志要学习老一辈无产阶级革命家和历届党中央领导人这种虚怀若谷的态度，率先垂范的精神，自觉树立协商意识，在重大决策和重要事项中认真倾听民主党派和社会各界的意见，认真搞好各种协商，把协商民主贯穿于决策和执政的全过程。这也是《中共中央关于加强社会主义协商民主建设的意见》明确要求的："党委领导同志要以身作则，带头学习掌握协商民主理论，熟悉协商民主工作方法，把握协商民主工作规律，努力成为加强协商民主建设的积极组织者、有力促进者、自觉实践者，通过推进协商民主改善党的领导、加强党的领导、巩固党的执政地位。"①

中央和国家层面协商的示范作用，还表现为积极推进协商民主的理论和实践的创新。改革开放以来特别是中共十八大以来，各类协商都有很多的创新，但尤以政协协商的创新最为显著。政治协商、民主监督、参政议政是人民政协的三项职能，各有其特点和作用，但对发挥人民政协在发展社会主义协商民主中的重要作用来说，政协协商不止表现在政治协商一项职能上。习近平总书记指出："人民政协要发挥作为专门协商机构的作用，把协商民主贯穿履行职能全过程，推进政治协商、民主监督、参政议政制度建设，不断提高人民政协协商民主制度化、规范化、程序化水平，更好协调关系、汇聚力量、建言献策、服务大局。"② 人民政协作为专门协商机构，协商民主要

① 《十八大以来重要文献选编》（中），中央文献出版社 2016 年版，第 299 页。

② 《十八大以来重要文献选编》（中），中央文献出版社 2016 年版，第 70 页。

通过履行政治协商、民主监督、参政议政三项职能来实现。依据这一思想，中共中央办公厅《关于加强人民政协协商民主建设的实施意见》给人民政协协商民主下的定义是："在中国共产党领导下，参加人民政协的各党派团体、各族各界人士履行政治协商、民主监督、参政议政职能，围绕改革发展稳定重大问题和涉及群众切身利益的实际问题，在决策之前和决策实施之中广泛协商、凝聚共识的重要民主形式。"这一重大理论创新对人民政协把协商民主贯穿履行全部职能的全过程，集协商、监督、参与、合作于一体，真正发挥作为专门协商机构作用，具有重要的指导意义。在实践创新上，政协协商形式不断丰富。全国政协协商的形式，起初主要是会议协商，包括政协全体会议、常务委员会会议、主席会议，后来又产生了常务委员专题协商会、政协党组受党委委托召开的座谈会、各专门委员会会议。除了会议协商的具体形式进一步规范，如常务委员专题协商会明确为专题议政性常务委员会会议，还形成了专题协商、对口协商、界别协商、提案办理协商、双周协商座谈会等形式。特别是2013年10月全国政协开始实行的双周协商座谈会制度，虽然沿用了新中国成立初期的双周座谈会的形式，但其功能和作用却有很大差别。新中国成立初期的双周座谈会，"系由各民主党派、无党派民主人士发起，联合各人民团体为交换有关思想、政策、时事及统一战线工作意见而设立"[①]。而双周协商座谈会则是贯彻落实中共十八届三中全会关于"增加协商密度，提高协商成效"要求，为发挥人民政协专门协商机构作用而创造的政协协商新平台。其特点是：以专题为内容、以界别为纽带、以专委会为依托、以多向交流为办法，聚焦党委和政府中心工作以及群众关心、社会关注的重要议题，对切口小、专业性强的具体问题进行深入协商。这显然是过去的双周座谈会所不具备的。双周协商座谈会已经成为全国政协的一个亮丽的品牌，对地方政协协商产生了巨大的积极影响。当然，地方政协因受人才队伍规模较小和协商议题较为具体所限，不可能都像全国政协一样每双周都协商一次，但其基本精神和工作方向却是可以学习的。在全国政协双周协商

① 《人民政协重要文献选编》(上)，中央文献出版社、中国文史出版社2009年版，第135页。

座谈会的影响下，各地根据自己实际形成月度协商座谈会、双月协商座谈会等形式，有力地推动了社会主义协商民主广泛多层制度化发展。全国政协的协商形式仍在不断丰富的过程中，如探索网络议政、远程协商新形式。2018年10月24日，全国政协在北京召开第一次网络议政远程协商会，围绕“优化营商环境，促进民营经济高质量发展”建言资政。中共中央政治局常委、全国政协主席汪洋主持会议并讲话。他强调，开展网络议政、远程协商是贯彻落实习近平总书记关于加强和改进人民政协工作的重要思想、拓展政协协商民主形式的重要探索。要坚持把互联网优势同政协协商特色结合起来，把习近平总书记关于懂网用网作为一项基本功的要求落到实处，不断丰富完善网络议政、远程协商方式，更好彰显人民政协作为专门协商机构的作用。总之，协商民主要改变“上热、中温、下凉”的局面，就必须让中央和国家层面的协商形成的理论和实践创新成果在地方和基层协商推广开来，以上率下，形成多层次发挥社会主义协商民主的强大阵容。

发挥中央和国家层面协商的示范作用，还需要大力加强地方和基层协商主体能力建设。为什么高层政党协商有声有色而地方和基层政党协商却存在形式化、协商成效不大的问题？一个重要原因是政党协商的协商主体在协商能力方面也存在“上强、中弱、下差”的区别。由于民主党派组织发展的基本方针是“三个为主”（以重点分工为主、以大中城市为主、以有一定代表性的人士为主），导致民主党派的人才队伍基本上处于高层，地方和基层则处于弱势，没有能力有效参与政党协商，县级人民政协由于普遍缺乏民主党派县级组织而无法发挥作为多党合作和政治协商重要机构作用。这大大制约了民主党派地方组织和基层组织参与协商的广度和深度，使得政党协商在地方和基层发挥的作用远远不如中央层面的政党协商，其政治影响力更不可同日而语。提高协商主体的协商能力是加强社会主义协商民主建设不可忽视的重要方面。参政党作为社会主义协商民主的重要参与者、建设者和发展者，提高自身协商能力，不仅是多党合作转化成有效治理资源，提高多党合作制度效能的关键，更是政党协商有效进行的前提，是建设更加优质、更加高效的社会主义协商民主的前提。因此，《中共中央关于加强社会主义协商民主建设的意见》明确提出“支持民主党派加强协商能力建设”要求。落实这一要求，需要中共各级党委学习中央和国家层面加强各协商主体能力建设经验，着眼于协商民主多层发展的大布局，完善政策措施，支持民主党派各级组织加强领导班子和人才队伍建设，提高履职能力和协商水平，健全民主党派参与政党协商和政协协商的工作机制，加强协商能力的训练，在推进协商民主多层发展中发挥应有作用。

第十二章　地方层面协商

地方层面协商是指省、市、县中共党委、人大、政府、政协等组织开展的协商，在社会主义协商民主体系中起着承上启下的重要作用。推进协商民主多层发展，要把握地方层面协商的特点和规律，总结全国各地协商的经验，使之进一步规范化，形成全国一盘棋的格局，让协商民主在中国大地上蔓延开来，形成大发展的态势。

一、地方层面协商的特点

相对于中央和国家层面协商和基层协商，地方层面的协商也有四个鲜明的特点。

（一）具有明显的施政性

中央和国家层面的协商，是主要就国家大政方针政策而开展的协商，而就地方而言主要是这些大政方针政策的贯彻落实问题，而不是再进行协商的问题。在这个意义上说，地方层面协商是施政性协商。这一点可以从中共中央关于政协协商主要内容提法的变化上看出来。2015 年初中共中央下发的《关于加强社会主义协商民主建设的意见》明确政协协商的主要内容"包括国家和地方的大政方针以及政治、经济、文化和社会生活中的重要问题"①。随后中共中央办公厅《关于加强人民政协协商民主建设的实施

① 《十八大以来重要文献选编》（中），中央文献出版社 2016 年版，第 296 页。

意见》将其改为“国家大政方针和地方的重要举措以及政治、经济、文化和社会生活中的重要问题”。这一改动非常重要，涉及中央和地方的权限划分问题。国家大政方针是在全国政协层面协商的，而地方不存在制定大政方针的问题，要协商的是贯彻国家大政方针的重要举措。中共十八届六中全会通过的《关于新形势下党内政治生活的若干准则》明确规定：“涉及全党全国性的重大方针政策问题，只有党中央有权作出决定和解释。各部门各地方党组织和党员领导干部可以向党中央提出建议，但不得擅自作出决定和对外发表主张。”[①] 地方各级党委、人大、政府、政协在开展协商时，要严格遵守这一准则。

地方层面的协商，主要是在其职权范围内的协商。我国宪法规定，地方各级人民代表大会“依照法律规定的权限，通过和发布决议，审查和决定地方的经济建设、文化建设和公共事业建设的计划”。“县级以上的地方各级人民代表大会常务委员会讨论、决定本行政区域内各方面工作的重大事项”。“省、直辖市的人民代表大会和它们的常务委员会，在不同宪法、法律、行政法规相抵触的前提下，可以制定地方性法规”。“设区的市的人民代表大会和它们的常务委员会，在不同宪法、法律、行政法规和本省、自治区的地方性法规相抵触的前提下，可以依照法律规定制定地方性法规”。“县级以上地方各级人民政府依照法律规定的权限，管理本行政区域内的经济、教育、科学、文化、卫生、体育事业、城乡建设事业和财政、民政、公安、民族事务、司法行政、计划生育等行政工作”。“民族自治地方的人民代表大会有权依照当地民族的政治、经济和文化的特点，制定自治条例和单行条例。”“民族自治地方的自治机关在国家计划的指导下，自主地安排和管理地方性的经济建设事业。”“民族自治地方的自治机关自主地管理本地方的教育、科学、文化、卫生、体育事业，保护和整理民族的文化遗产，发展和繁荣民族文化。”宪法的这些规定，实际上明确了地方人大、政府开展人大协商、政府协商的主要内容。地方党委发挥总揽全局、协调各方的领导核心作用，相应地要开展政

① 《十八大以来重要文献选编》（下），中央文献出版社 2018 年版，第 424 页。

党协商，主要是就中共地方各级代表大会、地方各级党委的有关重要文件，有关重要地方性法规的制定、修改建议，地方人大常委会、政府、政协领导班子成员和人民法院院长、人民检察院检察长建议人选等，进行协商。地方政协作为地方专门协商机构，要就地方的重要举措以及政治、经济、文化和社会生活中的重要问题，地方党委、人大、政府、民主党派、人民团体等提出的议题，进行协商。所有这些协商，就是要使党和国家的大政方针政策在本地得到具体实施，党中央的决策部署在本地得到贯彻落实，保证宪法、法律、行政法规在本地得到遵守执行。因此，地方党政领导干部同党中央保持高度一致是很重要的要求。习近平总书记提出增强看齐意识以来，得到了各级领导干部的热烈响应。这是一种好的现象。但在这一过程中，也出现了一种层层“截流”的情况，把看齐理解为也要与党的某一级组织及其一把手看齐，甚至提出“向我看齐”。善意地理解，这是一种勇于担当的精神，但从全局看，却容易造成认识上的思维误区和实践上的变形走样。全党要去看齐的，只能是以习近平同志为核心的党中央。虽然党的各级党组织都要喊看齐，但喊的看齐是“向党中央看齐”，而不是向自己看齐。① 道理很简单，党的各级组织是良莠不齐的，贯彻党中央的精神也并非都是好的，特别是地方利益和部门利益经常会成为各级组织决策的主要考量，看齐的过程容易发生“中层梗阻”或“中间阻断”，从而造成从全国一盘棋的大局看反而不齐。习近平总书记注意到了这种情况，指出：“全党只有党中央权威、只有向党中央看齐，各地区各部门各方面都必须维护党中央权威、向党中央看齐。这个逻辑不能层层推下去。层层提权威、要看齐，这在政治上是错误的、甚至有害的。”“层层都喊维护自己的权威，层层都喊向自己看齐，党中央权威、向党中央看齐就会被虚化、弱化。全党只能维护党中央权威，只能向党中央看齐，要把广大党员、干部、群众思想和行动统一到党中央精神和决策部署上来。只有真正做到了这一点，地方和部门的工作才能做好。”② 这一指示，对地方层面开展的

① 张峰：《谁最需要增强“看齐意识”》，《人民论坛》2016 年第 30 期。

② 《十八大以来重要文献选编》（下），中央文献出版社 2018 年版，第 587—588 页。

协商，具有很强的针对性和现实的指导意义。

（二）具有中观协调性

就一个大的系统来说，除了有宏观层次和微观层次，还应有介于两者之间的中观层次。在经济学上，中观经济是相对宏观经济和微观经济而言的，如区域经济、部门经济、行业经济等，它是国民经济活动在某一特定地域或部门行业的展开，构成国民经济的重要子系统，但又不等于整个国民经济，不能归之于宏观经济领域，同时又自成体系，不能归于微观经济领域。对于一个经济规模小的国家，如新加坡、挪威、瑞典、瑞士等，可能只有宏观经济和微观经济之分。但对于中国这样一个有着 14 亿人口的大国来说，中观经济则不仅是客观存在的，而且是非常重要的。地区经济是中观经济的主要方面之一。地区经济是若干部门、多种隶属关系在同一区域的集合体，它具有综合性、相对独立性，每个地区依其区域优势而各具特色，各地区相互联系、相互制约，形成国民经济的空间结构（生产力布局）。地区经济不是一般的区域经济，而是行政性区域（省、市县）经济。中观经济学以行政性区域研究为主要研究对象。经济学的宏观经济、中观经济、微观经济的划分，对构建中国协商民主体系具有重要的借鉴意义。经济基础决定上层建筑，经济结构的分层布局也必然要反映到政治上层建筑上来。就此而言，中国协商民主体系也可以分为宏观协商、中观协商、微观协商三个层次。地方层面的协商显然属于中观协商。

中观协商居于宏观协商和微观协商之间，具有承上启下的沟通作用。一方面，通过宏观协商作出的宏观决策需要中观层次去贯彻执行，否则宏观决策就会出现“下不着地”的情况。另一方面，微观协商出现的问题也需要中观层次来综合反映，对分散的微观协商也要进行调节和协调。为此，中观协商不仅要执行宏观决策，而且要制定中观决策。就其沟通宏观协商和微观协商的中介作用而言，中观层次容易出现两个问题。一是简单地充当“收发室”、“传声筒”，对中央和国家层面的宏观决策机械地照抄照转，空转不落地。毛泽东曾批评，不作任何调查研究，照抄照搬上级指示，是最省力的消极怠工。邓小平也多次要求，各级领导不要做“收发室”，对上级指示简单地照抄照转，不动脑筋。二是在贯彻执行中央精神上起“中间梗阻”的“阻断器”作用，对党中央决策部署，合意的执行、不合意的不执行，口是心非、阳奉阴违，自行其是、各自为政，有令不行、有禁不止，搞上有政策、下有对策。群众戏谑地说“政令不出中南海，出来之后就拐弯”，说的就是这种情况。为了解决这两个问题，就要正确发挥中观协商作为“稳定器”、“减压阀”的作用。当国家的宏观形势出现大的波动时，可以通过发挥中观主观能动性，不同层次的决策分别由不同层次的主体通过协商来作出，对权力进行纵向分割，实现风险分级（或分散）控制，克服集中控制的弱点，使每个层次具有自主应变的功能，从而将有害的“辐射”降低到最低限度，使中观层次保持良好的发展势头。当微观层次出现不良征兆时，可以通过中观层次协商决策及时进行干预，进行中观调控，将问题消化在中层，不将矛盾上交。从政治体制改革的角度看，中观调控具有不可替代的作用。按照控制论的原理，如果没有中观调控，而是由中央直接控制微观，那么中观层次只能起消极传递作用，其结果只能是整个控制系统呆滞、僵化，缺乏生机和活力。下放权力是我国政治体制改革的一个重要方面。邓小平指出：“改革，应该包括政治体制的改革，而且应该把它作为改革向前推进的一个标志。我们要精兵简政，真正下放权力，扩大社会主义民主，把人民群众和基层组织的积极性调动起来。”① 事实证明，中观协商的协调性是其一个显著的特点。有些协商，在中观层面进行是比较顺利的。如人民政协参与人大立法协商，在国家层面有搞“两院制”之忧，基层没有政协组织也无法进行，而在地方人大制定地方性法规过程中却容易顺利推进。从我国协商民主发展的历史和现状看，中观协商是协商民主运行机制的关键环节，有利于实现中观协商与宏观协商相衔接、中观协商与微观协商相一致、地方各类协商相统一，从而促进协商民主多层顺利发展。

---

① 《邓小平文选》第三卷，人民出版社 1993 年版，第 160 页。

（三）具有探索创新性

地方协商具有创新和突破作用，可以为中央和国家层面协商起到“试验田”作用。中国是一个大国，幅员辽阔，人口众多，各地区情况千差万别，这就需要地方坚持一切从实际出发，充分发挥主观能动性，解放思想，锐意创新，形成可以推广的经验，从点到面全面铺开。在发展社会主义协商民主过程中，中央和国家层面主要负责协商民主的总体设计和确定基本原则和要求，地方层面则主要负责这些原则性要求在地区的贯彻落实和创新发展。地方层面协商要着力解决地方协商民主碰到的某些迫切需要解决的问题，这些问题通常也会是全局性的热点和难点，一经解决就会在国家层面得到确认和推广，从而得到更多地区和更广大群众的拥护和支持，产生良好的示范和带动效应。

如果说加强顶层设计是中央和国家层面协商民主的特点，那么，“摸着石头过河”则是地方层面协商民主具备的特点。“摸着石头过河”是陈云提出的而为邓小平所强调的改革方法。邓小平说：“我们也讲现在我们搞的实质上是一场革命。从另一个意义来说，我们现在做的事都是一个试验。对我们来说，都是新事物，所以要摸索前进。既然是新事物，难免要犯错误。我们的办法是不断总结经验，有错误就赶快改，小错误不要变成大错误。”① 对这一方法，习近平总书记给予肯定，指出“摸着石头过河，是富有中国特色、符合中国国情的改革方法”②。并且强调：“对看得还不那么准、又必须取得突破的改革，可以先进行试点，摸着石头过河，尊重实践、尊重创造，鼓励大胆探索、勇于开拓，在实践中开创新路，取得经验后再推开。”③“摸着石头过河”体现了我国改革的“渐进式改革”特点，是顺利推进改革的保证。我国的改革是渐进式改革，是先试验、后总结、再推广不断积累的过程，是从农村到城市、从沿海到内地、从局部到整体不断深化的过程。这种渐进式

① 《邓小平文选》第三卷，人民出版社 1993 年版，第 174 页。

② 《习近平关于全面深化改革论述摘编》，中央文献出版社 2014 年版，第 34 页。

③ 《习近平关于全面深化改革论述摘编》，中央文献出版社 2014 年版，第 33 页。

改革，避免了因情况不明、举措不当而引起的社会动荡，为稳步推进改革、顺利实现目标提供了保证。在全面深化改革的今天，“摸着石头过河”的方法并不过时。习近平总书记明确指出：“不能说改革开放初期要摸着石头过河，现在再摸着石头过河就不能提了。我国是一个大国，决不能在根本性问题上出现颠覆性失误，一旦出现就无可挽回、无法弥补。同时，又不能因此就什么都不动、什么也不改，那样就是僵化、封闭、保守。要采取试点探索、投石问路的方法，取得了经验，形成了共识，看得很准了，感觉到推开很稳当了，再推开，积小胜为大胜。”① 发展社会主义协商民主，是我国政治体制改革的重要方面，需要胆子要大、步子要稳。“摸着石头过河”是富有中国智慧的改革方法。世界上有些国家的改革，搞所谓“休克疗法”，结果引起剧烈政治动荡和社会动乱，教训是很深刻的。而中国绝大多数改革措施和政策的出台，走的都是摸着石头过河的路子，从而取得了巨大的成功。“摸着石头过河”与协商民主有着内在的契合性。摸石头的过程，也是通过广泛协商集思广益的过程，是化解矛盾分歧形成共识的过程，是探索试验找到最佳途径的过程，是认识规律按规律办事的过程，既使社会发展充满活力，又促进社会和谐稳定。因而在地方层面协商中是尤其需要提倡的。

（四）具有实践操作性

如果说中央和国家层面的协商主要是就国家大政方针形成共识，主要解决统一思想问题，那么对地方层面协商来说则主要是形成贯彻落实大政方针的具体举措，主要解决统一行动的问题。前者属于顶层设计，后者是属于具体施工。习近平总书记指出：“对中央精神要融会贯通，结合实际，以深入研究解决影响改革发展重大问题和群众反映强烈的突出问题为导向，着力把蓝图变成方案、把方案变成现实。要坚持把自上而下的改革和自下而上的改革结合起来，鼓励地方、基层、群众积极探索。”② 就此而言，地方层面协商

① 《习近平关于全面深化改革论述摘编》，中央文献出版社 2014 年版，第 34—35 页。

② 《习近平关于全面深化改革论述摘编》，中央文献出版社 2014 年版，第 143 页。

具有鲜明的实践操作性。这一点从地方层面协商的主要内容可以看出来，如地方国民经济和社会发展的中长期规划和年度计划，地方性财政预算，地方性法规，地方经济建设重大项目，地方教育、科学、文化、卫生等事业，重大民生问题，等等。这就决定了地方层面协商必须坚持一些重要原则。一是坚持一切从事实出发。我国各地情况千差万别，有些事情在其他地方可以做，在本地做就不一定合适。因此，因地制宜是首先要考虑到的。习近平总书记曾就城市规划建设指出，“城市规划建设的每个细节都要考虑对自然的影响，更不要打破自然系统。”他特别批评：“许多城市提出生态城市口号，但思路却是大树进城、开山造地、人造景观、填湖填海等。这不是建设生态文明，而是破坏自然生态。”[①] 这种情况在地方决策中太普遍了。经常是有地方率先喊出一些时髦的口号，其他地方马上跟着喊，不喊就显得落后，殊不知能否行得通却是一个问题。这恰恰是在地方协商中要注意解决的。二是坚持量力而行。我国各地的经济实力差别很大，许多事情在发达地方容易做到，而在欠发达地区要做就显得力不从心。也许正是因为落后，欠发达地区热衷于实施赶超战略，集中表现于一段时期各地竞相追求经济增长高速度，以 GDP（国内生产总值）论英雄。这与对干部考核的指挥棒有关。中央率先端正了考核导向，去掉了“唯 GDP 取人”这个“紧箍咒”。习近平总书记指出：“如何考准考实干部政绩，也是一个难点。要改进考核方法手段，既看发展又看基础，既看显绩又看潜绩，把民生改善、社会进步、生态效益等指标和实绩作为重要考核内容，再也不能简单以国内生产总值增长率来论英雄了。一些干部惯于拍脑袋决策、拍胸脯蛮干，然后拍屁股走人，留下一屁股烂账，最后官照当照升，不负任何责任。这是不行的。”[②] 显然，解决这种“三拍”问题，关键在于地方决策性协商中要发挥好包括民主党派和人民政协民主监督在内的各种监督的作用。三是坚持统筹协调利益关系。改革是一场巨大的利益调整，需要处理好各种利益关系。中央和国家层面的协商，主

---

① 《习近平关于全面深化改革论述摘编》，中央文献出版社 2014 年版，第 110 页。

② 《党的十八大以来重要文献选编》（上），中央文献出版社 2014 年版，第 343—345 页。

要是通过制定宏观政策来协调利益关系，使国家整体利益产生乘数效应，防止局部利益相互掣肘、相互抵消。而地方层面的协商，主要是通过形成施政决策来协调利益关系，使地方局部利益在不同国家整体利益相违背的前提下得以重点关照和实现，同时理顺地方区域内不同群体的具体利益和特殊利益、集体利益和个人利益。实践证明，地方决策与人民群众的利益关联度强，影响面大，敏感性强，尤其需要统筹兼顾。这就要求地方层面的协商，协商的内容要兼顾到不同群体的利益诉求，协商的范围尽可能覆盖到利益相关方，协商的效果要实现共享共赢、社会和谐稳定。

二、地方层面协商的状况和经验

改革开放以来特别是中共十八大以来，按照党中央推进协商民主广泛多层制度化发展的战略部署，在地方各级党委的统一领导下，我国地方的各类协商健康有序地蓬勃开展起来，形成了许多新鲜的成功经验，展现出良好的发展势头。

（一）地方政党协商全面深入推进

改革开放以来，我国地方政党协商大体上经历了一个从恢复到成熟再到规范化的发展过程。具体地表现在以下三个方面。

一是政党协商形式从单一到多样逐渐丰富。“文化大革命”结束后，随着拨乱反正的深入，民主党派恢复活动提上了议程。1977 年 10 月 15 日，中共中央批转中央统战部《关于爱国民主党派问题的请示》报告，提出对民主党派组织进行整顿和恢复。各民主党派中央建立了临时领导小组，各省市也相继成立了临时领导小组。1979 年 10 月，8 个民主党派和全国工商联分别举行“文革”后的首次全国代表大会，结束了长达 20 余年没有召开全国代表大会的状态。随后地方省级民主党派也相应召开代表大会，基本恢复了组织活动。地方民主党派恢复活动后，地方党委就开始考虑与民主党派地方组织负责人开展协商活动。由于过去中共同民主党派的协商主要是在人民政协的平台上进行，并无独立的协商形式，因此所能做的，就是恢复历史上曾经有过的协商形式。如 1985 年北京市恢复市政协、市委统战部与各民主党派负责人和各界人士的双周座谈会制度。其他一些地方建立了与此相似的协商制度。如 1984 年中共武汉市委按中共中央部署在整党活动中征求党外人士意见的过程中，提出同党外人士建立双月座谈会制度。1985 年 1 月，中共中央统战部发出《关于转发武汉市委统战部〈关于中共武汉市委同党外人士建立双月座谈会制度〉的通知》，向全国推广武汉市的做法和经验。[①] 随之，双月座谈会作为执政党直接联系民主党派、无党派人士的一个重要平台在全国各地得以建立，成为政党协商的一个经常化渠道。与此同时，在历史上曾经有过的中共中央领导人同民主党派中央负责人协商的形式，如民主协商会、谈心活动等，也开始在地方得以部分运用。1986 年 7 月中共中央批转的中央统战部《关于新时期党对民主党派工作的方针任务的报告》，提出政治协商的形式是协商会、座谈会，同时规定每年都要进行几次，做到协商制度化。[②]1989 年底的《中共中央关坚持和完善中国共产党领导的多党合作和政治协商制度的意见》，总结历史的经验和现实的创造，概括了政党协商的主要形式有民主协商会、谈心活动、座谈会、书面建议、约谈等，并且指出“上述各种协商形式，原则上也适用于中共地方党委和民主党派地方组织之间的协商活动”[③]。从而极大地推动了地方政党协商形式不断丰富并初步规范起来。如中共北京市委制定《关于规范中共北京市委同各民主党派进行协商、座谈、通报、学习会议的若干规定》，对首都政党协商的主要形式作出具体规定。政党协商在全国各地健康有序经常地开展起来。以北京市为例，2000—2008 年 8 年间，仅市委统战部协助市委和市政府安排的民主协商会、通报会、座谈会、小范围谈心会就多达 70 余次，市委书记也多次参

① 黄利鸣、宋俭、王智、杨建国主编：《社会主义协商民主与参政党建设》，湖北人民出版社 2014 年版，第 166 页。

② 杜青林主编：《中共十一届三中全会以来多党合作理论、政策和实践的创新与发展》，华文出版社 2009 年版，第 30 页。

③ 《人民政协重要文献选编》（中），中央文献出版社、中国文史出版社 2009 年版，第 482 页。

加这些会议；市政协、市委统战部召集市各党派、无党派人士联合举办议政会 14 次；各级区县召开协商会、通报会、座谈会则上千次。其中最为典型的是，2003 年面对“非典”的肆虐，中共北京市委相继召开了 4 次政党协商会和通报会，向民主党派介绍疫情和防治工作的开展情况，并向民主党派和无党派人士寻求意见和建议，民主党派向北京市委提出 300 多条意见，为市委、市政府的决策提供了重要参考。北京政党协商的会议形式，除了中央所要求的协商会、谈心会和座谈会等基本形式外，还包括通报会、联谊座谈会（新年茶话会、迎春座谈会或春节团拜会）、双月协商会和双周座谈会等，还有一些专题调研座谈会和专项研讨会等。除此之外，还开辟了一些新的形式，例如：中共党委领导人同民主党派负责人建立长期联系，同民主党派人士交朋友，对民主党派人士进行走访、看望、谈心等一对一的沟通；市政府全体会议、专业会议和专题会议邀请相关民主党派负责人参加；市委、市政府重要内外活动邀请民主党派负责人参加；由市委及其各部门与民主党派共同召开联席会议。党外人士专题协商座谈会、党派联组会、民主党派联合提案、专题学习讨论会或者专题论坛等协商形式也是北京政党协商所用的政党协商方式。还实行了市政协、市委统战部每季度至少同民主党派联合召开一次议政会制度。① 北京市政党协商是全国地方政党协商的一个缩影，能够反映出全国地方政党协商多种形式得以综合运用，呈现出的大范围、多形式、普遍化发展的态势。

二是政党协商的内容逐步明确起来。地方政党协商开展起来以后的一段时期关于协商什么的问题并没有明确的规定，一般是参照人民政协的政治协商的内容来进行。1986 年 7 月中共中央批转的中央统战部《关于新时期党对民主党派工作的方针任务的报告》，提出政治协商的内容包括国家政治生活、“四化”建设、统战工作的重大问题以及政府工作中的一些重大问题。②1989 年 1 月中共中央转发的《中国人民政治协商会议全国委员会关

① 陈剑主编：《北京协商民主的理论与实践》，中国文史出版社 2016 年版，第 74—75 页。

② 杜青林主编：《中共十一届三中全会以来多党合作理论、政策和实践的创新与发展》，华文出版社 2009 年版，第 30 页。

于政治协商、民主监督的暂行规定》，关于政协协商的内容非常广泛，有的属于后来的政党协商的主要内容，如国家政治生活方面的重大事项、国家的重要法律草案、中共中央提出的国家领导人人选、各党派之间的共同性事务等。这一时期地方政党协商也主要是围绕这些内容在地方层面开展。但这一时期在中央层面有了一个重大创新，就是 1989 年为起草和制定《中共中央关于坚持和完善中国共产党领导的多党合作和政治协商制度的意见》而开展的协商。这一中共中央文件的制定，缘起于民主党派人士的建议。按照邓小平的批示，成立的专门小组包括民主党派领导人和无党派代表人士，参与了文件起草过程的协商。文件定稿发布也经由中共中央邀请各民主党派和全国工商联负责人及无党派代表人士进行座谈讨论。由此创造了中共中央同民主党派就中共中央重要文件进行协商的典型事例。在总结政党协商的成功经验的基础上，2005 年 2 月《中共中央关于进一步加强中国共产党领导的多党合作和政治协商制度建设的意见》，首次对中国共产党同各民主党派政治协商的内容作出了明确规定："中共全国代表大会、中共中央委员会的重要文件；宪法和重要法律的修改建议；国家领导人的建议人选；关于推进改革开放的重要决定；国民经济和社会发展的中长期规划；关系国家全局的一些重大问题；通报重要文件和重要情况并听取意见，以及其他需要同民主党派协商的重要问题等。"① 这些规定虽然是就中央层面政党协商作出的，但对地方政党协商起到了强有力的指导作用。全国各省市党委相应地制定了贯彻落实的文件，对地方政党协商的内容作出了具体的规定。政党协商的这些内容，有的属于专属性的，一般不在其他协商渠道进行协商，如中共重要文件、领导人的建议人选。有的属于共有性的，在其他协商渠道也进行协商，如宪法法律的修改建议、推进改革开放的重要决定、国民经济和社会发展的中长期规划、关系国家全局的一些重大问题。为了突出重点，2015 年 5 月中共中央颁发的《中国共产党统一战线工作条例（试行）》，将中央和地方两个层面政党协商统一起来，进一步明确规定：

---

① 《人民政协重要文献选编》(下)，中央文献出版社、中国文史出版社 2009 年版，第 763 页。

"政党协商主要包括下列内容：中国共产党全国和地方各级代表大会、中央和地方各级党委的有关重要文件；宪法的修改建议，有关重要法律的制定、修改建议，有关重要地方性法规的制定、修改建议；人大常委会、政府、政协领导班子成员和人民法院院长、人民检察院检察长建议人选；关系统一战线和多党合作的重大问题。"[①] 概括起来，政党协商的主要内容有四类：中共重要文件协商、法律法规协商、重要人事协商、统一战线和多党合作内部事务协商。

2005 年《中共中央关于进一步加强中国共产党领导的多党合作和政治协商制度建设的意见》下发以来，地方政党协商围绕文件所规定的主要内容普遍开展起来。除西藏自治区外，在有民主党派省级组织的地方，中国共产党省级党代会的报告、党委的一些相关文件都普遍做到了事先同民主党派省级组织进行沟通协商，听取意见。2015 年中共中央办公厅下发《关于加强政党协商的实施意见》明确要求"各省（自治区、直辖市）、市（地、州、盟）党委要结合实际，参照上述规定对开展政党协商作出具体安排"，设区的市级中共党委也普遍就相关文件开展了政党协商。甚至一些有民主党派组织的区县级市的中共党委，也会就党代会文件进行政党协商活动。民主党派参与重要人事协商，是在地方各层级做得比较好的。主要原因之一是 2002 年 7 月颁发并于 2014 年 1 月修订后颁发的《党政领导干部选拔任用工作条例》有明确规定，"推荐人大常委会、政府、政协领导成员人选，应当有民主党派、工商联主要领导成员和无党派代表人士参加"，"非中共党员拟任人选，应当征求党委统战部门和民主党派、工商联主要领导成员、无党派代表人士的意见"，"领导班子换届，党委推荐人大常委会、政府、政协领导成员人选和人民法院院长、人民检察院检察长人选，应当事先向民主党派、工商联主要领导成员和无党派代表人士通报有关情况，进行民主协商。"[②] 这使得中国共产党地方党委同民主党派组织就重要人事安排进行政党协商有了强有力的

① 《十八大以来重要文献选编》（中），中央文献出版社 2016 年版，第 544 页。

② 《十八大以来重要文献选编》（上），中央文献出版社 2014 年版，第 746—756 页。

党内法规依据，使得政党协商成为党政领导干部选拔任用的必经环节。民主党派参与地方性法规的立法协商，主要是运用政协平台进行的，在有地方性法规立法权限的省市两级也普遍地开展起来。

三是民主党派在政党协商中的作用逐渐凸显。在政党协商中，中国共产党居于领导地位，民主党派是协商的参与者。如何发挥民主党派在政党协商中的作用，关系到政党协商的效果，始终是一个需要解决的大问题。由于历史的原因，民主党派规模小、成员少，这在地方表现得尤其明显。1979 年民主党派恢复活动时全国仅有成员 6.5 万人，共有地方组织 272 个，其中省级组织 92 个，市级组织 133 个，县级组织 47 个。在中国共产党各级组织的支持下，通过各民主党派的努力，到 1989 年各民主党派成员数达到 33.7 万人，1989 年底各民主党派省级组织共达到 164 个，市级组织 685 个，县级组织 182 个。[①]1989 年《中共中央关于坚持和完善中国共产党领导的多党合作和政治协商制度的意见》颁发后，民主党派呈现快速发展势头。到 2007 年底，各民主党派共有成员 74 万余人，共有地方组织 2321 个，其中省级委员会 210 个，市级委员会 1775 个，县级委员会 356 个。[②] 这为中共在地方层面同民主党派开展政党协商打下了良好的组织基础。中国共产党地方各级党委积极组织民主党派参加政党协商，并使之发挥越来越重要的作用。以北京市为例，中共北京市委坚持把协商贯穿于整个决策过程，力求做到在重大决策或事项前召集民主党派进行协商，征求意见，在决策时及时召集民主党派人士进行决策通报，决策执行时请民主党派人士进行监督，及时向中共反映情况，提出建议和意见。除中共北京市委在重大决策前都召开政党协商会或座谈会外，在政党协商方面还建立了市政府全体会议、专业会议和专题会议邀请相关民主党派负责人参加的制度，实行市委、市政府重要内外活动邀请民主党派负责人参加的制度，实行市政协、市委统战部每季度至少同民主

① 杜青林主编：《中共十一届三中全会以来多党合作理论、政策和实践的创新与发展》，华文出版社 2009 年版，第 42 页。

② 杜青林主编：《中共十一届三中全会以来多党合作理论、政策和实践的创新与发展》，华文出版社 2009 年版，第 196 页。

党派联合召开一次议政会制度，实行民主座谈会和双月座谈会制度，等等。针对首都的发展定位，中共北京市委加强向民主党派寻策问计，注重在重大事项中同民主党派协商，从民主党派吸收并采纳好的政策建议。中共北京市委把这种协商称之为“党委出题、党派调研、政府承办、部门落实”，这种方式在首都发展中起到了重要作用。如2008年北京奥运会之前，中共北京市委、市政府多次向民主党派通报情况并征询建议，各民主党派通过调研向市委、市政府提出了高质量的建议报告，受到了市委的高度重视和赞扬。2010年就“北京十二五规划”编制问题，北京市各民主党派精心选题，广泛调研，向市委、市政府提出了《关于北京市国民经济和社会发展第十二个五年规划的若干建议》和22项专题报告，向市委、市政府提出90多条建议。对口协商也是中共北京市委所创造并坚持多年的政党协商方式。2004年在中共北京市委统战部的推动下，市委教育工委、市教委与民盟市委、民进市委，市卫生局与农工党市委、九三学社市委建立对口联系制度，经常就各种问题与各民主党派展开对口协商。如针对“十二五”规划中期评估、促进中小企业发展条例、交通发展纲要、技术创新行动计划、地下文物保护管理办法、中考高考改革实施方案等政策法规的制定，政府职能部门都与各民主党派广泛开展对口协商，促进了北京“十二五”规划的实施和上述相关政策的完善。

（二）地方政协协商发挥主干性引领作用

改革开放以来，我国地方政协协商率先得以恢复，呈现出蓬勃发展的强劲态势，在地方协商民主中发挥了主干性的引领作用。具体表现为以下三个方面。

一是为党和国家中心任务的服务作用不断增强。改革开放之初人民政协恢复活动后，首先需要解决的是人民政协的地位和作用问题。邓小平认为，“人民政协是发扬人民民主、联系各方面人民群众的一个重要组织。中国的社会主义现代化建设事业，继续需要政协就有关国家的大政方针、政治生活和四个现代化建设中的各项社会经济问题，进行协商、讨论，实行互相监督，发挥对宪法和法律实施的监督作用。"[①] 邓小平的这一思想明确了改革开放新时期政协协商为党和国家中心任务服务的作用，对全国各级政协履行政治协商、民主监督职能具有重要的指导意义。促进地方经济社会发展是地方政协协商的主要议题和发挥作用的主要方面。以北京市政协为例，其专题协商会的内容，主要围绕"扩内需、保增长，促进首都经济平稳较快发展"、"十二五"规划编制、加快转变经济发展方式、推进首都城乡一体化发展、首都城市发展若干问题、首都全面深化改革若干问题等开展联合调研，进行专题协商。市政协经济委每季度召开一次北京市经济形势分析座谈会。市政协各专委会在制定工作计划时都要到相关委办局走访座谈，了解党政部门工作重点，征求意见建议，以便制定的工作计划更能贴近中心，更能服务大局。市政协积极承担市委委托的协商任务，如 2014 年北京市委制定《北京市居家养老服务条例（草案)》，市政协迅速召开专门动员部署会，组织法律界专家深入讨论、广泛协商，着力突出法律专家的作用，针对法律草案中措施的科学性和可行性。在两个月的时间里，市政协召开各界别及专家组座谈会 32 次。市政协主动就地方发展重大事项开展协商活动。如 2018 年北京市政协组织委员围绕"建设具有全球影响力的科技创新中心，为首都高质量发展提供新动能"，以议政性常委会议为形式开展专题协商。市政协科技委围绕这一议题协商议政，组织各类活动 16 次，累计 425 人次参加活动，从 7 个方面提出 26 条建议。又如，深圳市政协近年来聚焦"深圳如何在粤港澳大湾区中发挥更大作用"开展调研协商，从深圳的城市定位和规划、粤港澳大湾区金融服务等 14 个方面提出 73 条意见建议，市政府采纳多项建议并呈报国家和省市有关部门。地方政协的主动作为彰显了政协协商在配合中心任务、促进经济社会发展中不可或缺的重要作用。

二是政协协商形式不断创新发展。改革开放前，政协协商的形式相对比较简单，主要有工作会议、双周座谈会、学习座谈会等。改革开放以来，政协的协商形式开始丰富起来，首先表现为形成多层次的会议协商，有每年一

① 《邓小平文选》第二卷，人民出版社 1994 年版，第 187 页。

次的政协全体委员会议、每季度一次的常务委员会会议、每月一次的主席会议、不定期举行的常务委员会专题会议，以及各专门委员会会议。其次表现为对口协商、界别协商、提案办理协商等形式也创造出来。从总体上说，从全国政协到地方政协都普遍地运用了这些协商形式。但许多地方政协也能结合本地实际和工作需要，探索创造有自己特色的具体协商形式。以专题协商为例，虽然“专题协商会”最早是由第十届全国政协创制的，但北京市政协开展专题协商却有自己的一些特点。一是在政协全会期间召开专题协商会。例如，北京市政协在非换届之年的全会期间都要召开2—3场专题协商座谈会，邀请市委市政府领导和相关委办局负责人到会听取委员意见建议，回答委员提问，与委员共同协商议政。专题协商座谈会的协商意见，一般都融在市政协党组给市委的报告和全会期间政协委员对北京市工作的意见建议中。二是在调研基础上召开专题协商会。一般分为两种：第一种是在市政协层面，每年选择一项关乎首都发展全局的重大课题，依托各专门委员会和各部门，广泛发动各界委员、民主党派和专家学者，开展联合大调研，撰写专题报告和综合报告，形成常委会建议案；第二种是市政协专委会开展专题调研，在调研基础上形成主席会议或常委会议建议案，再召开专题协商会进行协商议政。三是临时交办的专题协商会。这种协商会始于2014年，一般是市委市政府在决策重大事项前将重要文件提交市政协协商，听取委员意见建议；市政协一个或多个专委会临时组织委员参与，市政协领导、市委市政府分管领导参加协商。这种专题协商会，委员参与范围不大，但参加者多是专家学者或曾经从事该项工作、具有丰富经验的专家型委员。① 又如界别协商，虽然也是最早由全国政协提出来的，但在地方政协层面容易付诸实践。北京市政协鼓励和引导界别委员根据界别特点，以召开界别信息会、界别座谈会、界别约谈会、界别调查会等形式，反映界别群众的愿望、要求和批评意见，形成某一领域或者某一界别的“界别意见”，并与市委、市政府和相关部门进行沟通、交流，甚至是交锋。再如提案办理协商，北京市各级政协组

---

① 陈剑主编：《北京协商民主的理论与实践》，中国文史出版社2016年版，第59—60页。

织围绕提案办理协商进行了一系列的探索和创新。2014 年制定了《关于规范政协提案集中办理协商工作的指导性意见》，明确提案集中办理协商的内涵，即“提案集中办理协商是将多名委员提出的涉及同一问题的多件提案，由主要承办单位以座谈会的形式进行集中答复的提案办理协商方式”。协商议题主要由各承办单位在本单位单独办理和主办的委员提案中遴选（议题所涉提案不少于 5 件），报本系统办公厅提案工作主管部门确定，市政协提案委也可与各系统办公厅提案主管部门协商确定协商议题。提案集中办理协商主要以座谈会形式为主，也可与视察等方式结合进行。意见还对提案集中办理协商座谈会的组织、分工和准备做了具体规定，从而为开展提案集中办理协商提供了制度规范。除了上述政协普遍性协商形式，北京市政协还探索创造出有自己特色的新形式。如搭建“协商恳谈会”新平台。协商恳谈会与政协传统的各类协商会议有所不同，以灵活、机动、小型、密集、专业、高端为主要特征，充分发挥政协组织优势和委员特长，“不求见解一致，但求集思广益”。2014 年制定《政协北京市委员会协商恳谈会工作办法（试行）》，探索建立起协商恳谈会制度。2014 年，北京市政协一共召开了 10 次协商恳谈会，次次紧扣社会热点，包括互联网金融、政府组织参与社会管理、加快全国科技创新中心建设、社会组织在社会治理中的作用，等等。每次都由市政协领导主持，邀请相关委员及政府部门负责人到场，敞开心扉，坦诚对话。为了将这种协商形式常态化，规定每月召开一到两次，会上提出的一些意见建议通过市政协《诤友》报送党政领导。又如，哈尔滨市政协创造出“三五联动”工作模式，以“五联”（履职联合、信息联通、资源联享、委员联训、活动联办）为核心，通过“五进”（各级政协组织、政协委员进社区、进乡村、进企业、进校园、进窗口）途径，积极发挥“五员”（做党和国家政策的解读员、社情民意的反馈员、发展致富的信息员、干群矛盾的调解员、依法行政的监督员）作用。2017 年市区县政协联合履职 30 余次，互相参加重要调研、协商活动 50 余次，70 余名区县政协委员参与市政协协商议政，11 位区县政协委员反映的意见建议得到政府部门采纳。尤其需要指出的是，地方政协的创新具有先行先试的特点，对于全国政协更高层面的协商有重要的推动作用。如北京市多年来一直探索网络议政、远程协商的新形式，全国政协也开展了网络议政、远程协商，并向全国各地政协推广。

三是政协作为专门协商机构作用得到发挥。改革开放以来，人民政协率先恢复政治协商职能，并对其他协商渠道起到了引领作用。中国共产党各级党委都注意利用人民政协这一协商平台开展各类协商活动，从而使人民政协显示出专门协商机构的独特作用。地方政协发挥专门协商机构作用，首先体现在政党协商与政协协商的相互衔接上。在地方层面，政党协商虽然有其独立的形式和活动，但在很大程度上要借助于政协平台来开展。这主要表现在提案协商上。人民政协是我国各民主党派以本党名义发表政治主张的平台，民主党派组织可在政协提出集体提案，作为政协委员的民主党派成员也可提出个人提案。这实际上是政党协商的延伸，可以弥补政党协商中参与面不广、协商议题有限的不足。地方民主党派组织为体现本党派的特色和特有的诉求，大都非常重视政协提案协商这一形式，使得党派提案在政协的提案总数中占有很大比例，并且党派集体提案在优秀提案中有较大比重。如湖北省2010年从省政协十届三次会议以来立案的684件提案中，评选出61件优秀提案，其中民主党派集体提案就有24件，占比39.3%。① 其他省市也有类似的情况。除了提案协商这一常用的协商平台外，一些地方政协还形成了融通政党协商和政协协商的好形式。如北京市的议政会。议政会源自新中国成立之初的北京市各民主党派干部学习会，由市政协和市委统战部共同举办，1996年改为学习座谈会，以加强联系、学习知情、协商议政为主旨。1998年第九届北京市政协会议将其作为中共与民主党派密切联系的重要渠道、政协履职的重要方式作了进一步规范，制定《政协北京市委员会议政会工作规则》，对会议性质和组织程序做出明确规定。第十一届市政协于2009年开始，将议政会"知情议政合一"式的一场会，拆分为"知情议政分开"的两场会，即先召开某一专题的情况通报会，由市政府相关部门负责人就议题通

---

① 黄利鸣、宋俭、王智、杨建国主编：《社会主义协商民主与参政党建设》，湖北人民出版社2014年版，第161页。

报情况，与会者听取通报后做好准备工作，1 个月后再专题座谈协商，使知情更加充分、议政更加深入，有力拓展了知情议政的广度和深度。市政协、市委统战部每季度至少同民主党派联合召开一次议政会。地方政协发挥专门协商机构作用，还体现为政协参与人大、政府重大决策的协商上。“两会”同时召开，意味着政协也要就人大的议题进行协商。虽然 1989 年 1 月全国政协《关于政治协商、民主监督的暂行规定》已明确政治协商的主要内容包括“政府工作报告，国家财政预算，经济与社会发展规划，国家政治生活方面的重大事项，国家的重要法律草案”等，但在全国政协层面实行起来还是有难度的。因为这涉及人大与政协的不同性质。而在地方政协层面开展起来就相对容易。以立法协商为例，2019 年 3 月全国“两会”期间制定《外商投资法》，在全国人大代表中进行审议并获得通过，而在同时举行会议的全国政协委员中却没有安排讨论。在地方性法规的制定过程中，地方政协参与立法协商却已经成为一种普遍性的实践。又如财政预算，审议和通过也是人大的职权，在全国政协层面开展也有困难。但在地方政协层面，就地方财政预算政协开展协商和监督已是值得肯定的做法。北京市政协早在 1994 年就设立了包括财政预算民主监督组在内的四个民主监督组。2013 年北京市政协主席会议通过《关于建立民主监督组的暂行办法》。财政预算民主监督组成立 20 多年来，每年都和市人大财经委共同组织召开两次财政监督审查评议会议，听取汇报，研究对策。基本做法是，年初听取市财政局关于本年度财政预算草案和上年度预算执行情况的报告，并提出意见和建议；年中听取市财政局关于上半年财政执行情况的报告、上年度财政决算的报告和上年度预算执行审计报告，并对三个报告提出意见和建议。财政预算民主监督组还定期走访市人大财经委、市财政局、市审计局、市统计局，经常邀请他们到市政协通报情况，并参加他们的各种活动，对有关财政预算问题发表意见和建议。上海市政协自 2008 年以来也探索开展了财政预算编制及其执行的协商建言。

为发挥政协作为专门协商机构作用，地方政协也在体制机制上进行了积极探索。如 2009 年 9 月中共广州市委制定《中共广州市委政治协商规程（试行)》，明确规定市委在市政协同市各民主党派和各界代表人士政治协商的主要内容包括：市委或市委、市政府联合作出的有关全市政治、经济、文化、社会和生态发展大局的重要决议、决定、意见，本市国民经济和社会发展五年规划，市政府工作报告、国民经济和社会发展计划报告、预算报告；市法院和市检察院工作报告，拟提请市人民代表大会和常务委员会审议的重要地方性法规（草案），本市的重大建设项目等。并且要求“需要进行协商的内容，未经协商的，原则上不提交市委决策、市人大常委会表决通过、市政府实施”。由此推动了政治协商纳入党委议事日程、人大常委会议事规则、政府工作规则和政协履职规则，开创了把人民政协作为专门协商机构发挥作用的先河。重庆市政协在中共市委的领导下，构建了“四位一体”协商机制，即发挥专委会作用，与政府职能部门搞好对口协商；发挥主体作用，邀请专家委员列席主席会议，开展重点协商；发挥常委会优势，通过常委会议，做实专题协商；利用全民关注、社会议论、集中建言的优势，实现全委会议全面协商。

地方政协作为专门协商机构的作用，还表现为打造政协协商品牌，吸引公众广泛参与。如济南市政协创办“商量”协商新平台，提出“有事好商量，济南政协邀您来商量”宣传语，先后围绕创城无止境、乡村振兴、黄河国家湿地公园规划建设、生活垃圾分类等开展专题“商量”。据统计，每一“商量”专题网络点击量都超过 10 万人次，“商量”专题片在公共媒体的收视率也名列前茅，成为济南电视台的名牌栏目，使人民政协专门协商机构的形象更加深入人心。广州市政协也与广州市广播电视台、广州日报等合作，创办“有事好商量——广州市政协民生实事协商平台”，确定“老楼房的电梯梦”等 9 个民生专题协商议题，取得了较好的协商成果。

（三）地方立法协商取得普遍性成效

改革开放以来，随着社会主义法治建设的深入推进，立法协商也就应运而生。在中央层面的立法协商，主要是在中共中央同民主党派中央的政党协商中进行的。而在地方层面立法协商则主要是依托人民政协的平台来开展。

根据我国宪法和立法法规定，地方人大及其常委会、地方政府具有制定地方性法规、规章的权限，立法协商相应地就要以立法主体为主导来开展。地方立法协商大体经历了从局部探索到全面推开的过程，有些地方已经形成了常规性实践。如南京市政协在 2004 年以后的 9 年中对市人大和市政府提交的近 60 项法规草案进行协商，提出修改意见和建议近 300 条，80%得到不同程度的吸收和采纳。上海市政协自 2008 年以后的 5 年中就 73 件地方性法规和政府规章（草案）进行协商，提出建议 1393 条，平均采纳率达 66%，最高达 100%。新疆维吾尔自治区政协在 2008 年以后的 5 年中参与法律法规协商 31 项。① 这些立法协商实践有的已经形成了制度性的规定。如上海市政协会同市人大、市政府有关部门制定《上海市地方性法规和政府规章（草案）在市政协听取意见工作规程》，南京市政协社会和法制委员会与市人大法制委、市政府法制办共同制定《关于加强南京市地方法律法规的协商工作的意见》和《关于加强南京市政府法律法规的协商工作的意见》，并建立了三方联席会议制度。2009 年中共广州市委制定的《中共广州市委政治协商规程（试行）》，明确将拟提请市人民代表大会和常务委员会审议的重要地方性法规（草案）列入市政协政治协商的主要内容。

地方立法协商，由于协商主要方的不同，也呈现出不同的类型，如地方党委统筹型，党委把立法协商纳入总体工作部署，统筹协调人大、政府在政协开展立法协商；人大主动型，人大常委会、法工委在立法过程中直接征求政协意见，或委托政协开展协商；政府主动型，政府法制办在起草地方性法规和政府规章草案过程中请政协组织委员协商；政协主动型，政协社法委主动与政府法制办联系，推动地方性法规草案或政府规章草案到政协协商。北京市立法协商属于第一种类型，具有典型性意义。其特点，一是有利于体现党对立法协商的领导。市人大常委会将开展立法协商建议报中共北京市委，市委办公厅发函请市政协组织委员进行立法协商，市政协开展立法协商

① 黄利鸣、宋俭、王智、杨建国：《社会主义协商民主与参政党建设》，湖北人民出版社 2014 年版，第 152 页。

活动并将立法意见建议报市委办公厅，市委办公厅将市政协报告转交市人大常委会，市人大常委会党组将政协协商意见采纳情况报市委。其中起核心中枢作用的是中共北京市委。二是有利于发挥人大在立法协商中的主导作用。市政协组织的立法协商只是综合各方面的意见建议，不对法规草案作出集体决议，意见建议是否采纳由人大自主决定。三是有利于政协委员广泛参与。对拟由市人大全体会议表决的重要地方性法规，市政协要在全体委员中开展广泛协商，要求实现委员对立法协商内容知晓率达到100%。对于市委交办的其他重要地方性法规和重要政府规章，在相关专委会开展立法协商，依托专委会组织界别委员进行立法协商活动。同时成立专家组，发挥委员中法律专家和智库专家的作用。为使立法协商工作制度化、规范化、程序化，2013 年中共北京市委办公厅印发《关于在市政协开展立法协商工作的通知》，市政协研究制定《政协北京市委员会立法协商工作实施办法(试行)》。从 2013 年开始的五年间，北京市政协先后围绕《北京市大气污染防治条例》等 7 部地方性法规草案开展立法协商，共提出 1800 多条建议，许多得到采纳。如在《北京市大气污染防治条例》草案 127 条中，根据委员提出的意见建议，有 61 条 83 处进行修改完善。市政协社法委还会同有关专委会，组织委员就《北京市劳动合同若干规定》等 7 部政府规章进行立法协商，同样取得了积极效果。

（四）地方政府协商务实推进

政府协商主要是政府行政决策协商。改革开放以来，随着我国行政体制改革特别是行政管理体制改革的深入推进，为适应决策民主化的需要，政府与社会、公众的交流互动日益频繁，公众参与政府决策的意识增强，行政决策中的协商民主实践不断增多。政府协商最早出现的是听证会形式。1993 年深圳在全国率先实行价格审查制度，成为价格听证制度的雏形。1996 年国家颁布《行政处罚法》，建立听证制度，主要应用于行政处罚听证。1998 年《价格法》正式确立价格听证制度，听证进入行政决策领域。地方各级政府在关于火车票价格、城市供暖价格、景区门票价格等价格管制方面，及城市建设、教育医疗等问题上普遍采取了听证会等方式，通过利益相关者参与行政决策过程，在对话沟通和交流的基础上形成共识。政府预算协商也是政府协商的重要内容。1999 年我国预算改革，促进了预算协商民主的进步。自 1999 年起，浙江温岭市将基层民众的政治参与导入现代政府的核心领域即财政预算和公共决策，形成了参与式预算模式。这在全国产生了示范效应。2014 年《中华人民共和国预算法》修改后，要求各级政府预算全部公开，进一步推进了我国预算协商民主。

地方政府及其部门独立开展的协商，一般都是人民群众普遍关心的问题，社会关注度比较高，参与面比较广，因此要在务求实效上下功夫。以 2013 年北京市出租车调价听证协商及 2014 年北京市公共交通价格调整听证协商为例，可以看出政府协商方面所做的探索和努力。2013 年 5 月 7 日，北京市发改委公布《北京市出租汽车租价调整和完善燃油附加费动态调整机制的听证方案》，提出两个方案。5 月 23 日，召开出租汽车调价方案听证会。参加听证的人员共 25 人，包括消费者（10 人）、人大代表、政协委员、驾驶员、社会组织、政府部门及经营企业代表。经过听证会协商，根据 23 名代表同意涨价的意见，其中 13 名代表同意的方案，形成了具有普遍性共识的决策。2014 年 10 月 1 日，北京市发改委公布《北京市公共交通价格调整听证方案》，提出两个方案，10 月 28 日，召开公共交通价格调整听证会。在听证会上，25 名听证代表都对票价调整方案作出了选择，并提出建议。对于地铁调价，24 名代表同意方案二；对于公交票价，23 名代表同意方案二。随后，北京市发改委将听证会参加人提出的意见和建议汇总分析连同方案发布，通过邮箱、传真以及网上专栏又收到 161 条意见建议。11 月 27 日，北京市发改委正式发布了北京公共交通价格调整最终方案，最终选取了听证方案中轨道交通方案二和地面公交方案二。

政府协商也是化解矛盾分歧、协调利益关系的重要途径。厦门通过协商解决 PX 项目事件较为典型。厦门 PX 项目是一个投资逾百亿的化工项目，但由于距离人口密集区过近，有环境污染之险，引起当地民众的不满和抗议。2007 年 3 月，在全国“两会”上，中国科学院院士赵玉芬等 105 名全国政协委员联名签署提案，建议厦门 PX 项目迁址。5 月 30 日，厦门市政府常务副市长在新闻发布会上宣布，厦门市政府决定缓建 PX 化工项目，同时启动“公众参与”程序，广开短信、电话、传真、电子邮件、来信等渠道，充分倾听市民意见。12 月 8 日，厦门网开通“环评报告网络公众参与活动”的投票平台，在投票结束之时的结果显示，有 5.5 万张票反对 PX 项目建设，支持的仅有 3000 票。12 月 13 日，厦门市政府开启公众参与的最重要环节——市民座谈会。49 名与会市民代表中，超过 40 位表示坚决反对上马 PX 项目，随后发言的 8 位政协委员和人大代表中，也仅 1 人支持复建项目。12 月 14 日，第二场市民座谈会继续举行，有市民代表、人大代表和政协委员等 97 人参加，62 人发言。除了约 10 名发言者表示支持 PX 项目建设之外，其他发言者都表示反对。12 月 16 日，福建省政府针对厦门 PX 项目问题召开专项会议，最终决定迁建 PX 项目。厦门 PX 项目事件的解决，形成地方政府通过社会协商对话让广大社会公众有序参与公共决策、化解矛盾分歧、实现政府和社会良性互动的一个范例，同时也彰显了地方政府协商的重要作用。

三、地方层面协商的改进

改革开放以来，地方层面的协商尽管取得了重大进展，积累了丰富的经验，但也还存在不少问题，如发展的不平衡性非常明显，规范性也不够，协商的成效还有欠缺，与中央关于发展社会主义协商民主的要求还有一定差距，在人民群众心目中的形象还有待改进。主要应在以下三个方面着力。

（一）切实加强地方党委对本地区协商民主的领导

党的领导是搞好社会主义协商民主的根本保证。全国各地发展协商民主之所以呈现出很大的不平衡，很重要的一个原因是各地党委对协商民主的重视程度有很大差异。地方协商民主的实践告诉我们，凡是地方党委高度重视的，各类协商活动就能如火如荼地开展起来，并且呈现出协调发展的态势，就能促进地方经济社会发展，实现社会和谐稳定；凡是地方党委不重视的，协商活动也就显得比较冷落，即便开展起来也往往是走形式、走过场，成为应景之作，难以有什么成效。因此，《中共中央关于加强社会主义协商民主建设的意见》明确提出“加强和完善党对协商民主建设的领导”，要求“加强协商民主建设，必须坚持党的领导，充分发挥党总揽全局、协调各方的领导核心作用，把握正确方向，形成强大合力，确保有序高效开展”①。

具体到地方党委，加强对协商民主建设的领导，首先是提高对协商民主的认识，着力解决一些深层次的思想认识问题。如关于民主党派，从中央层面来说，一直是当作中国特色社会主义参政党来对待，强调其政治自由、组织独立、法律地位平等。而在地方层面，不把民主党派当政党的倾向还是不同程度地存在，甚至把民主党派组织当成下属单位，对民主党派内部事务直接干预、包办代替，以致出现在协助民主党派换届时让 8 个民主党派主委相互对调的瞎指挥问题。地方政党协商虽然已经普遍开展起来，但依然存在将其视为摆设的问题。究其原因，在于没有做到平等交流、坦诚沟通。协商民主是实现党的领导的重要方式。实行多党合作，开展政党协商，为我们党提供了通过讨论凝聚共识的平台，也提供了通过尊重别人、学习别人从而赢得别人尊重的渠道，我们应该珍惜这个平台和渠道，任何将其视为摆设的想法都是有害的。又如，有的同志把党外人士当作一支比较麻烦的力量，觉得同党外人士搞协商是自找麻烦，不如自己说了算，多一事不如少一事。针对这种看法，刘少奇同志说过：“有人说，做这种统一战线工作是找麻烦。我们说，是找麻烦，但是又省麻烦。”“找来的是小麻烦，省去的是大麻烦，这才是全部的真理。”② 搞政治协商就是要听取不同的意见，集思广益，避免发生大的失误。习近平总书记指出：“虽然党外人士有些人说的话、提的意见有时听着不舒服，征求意见、统一思想要花时间，但只要他们的出发点是好的，即便说得尖锐一些，即便工作费时一些，也是十分有益的。良药苦口，

① 《十八大以来重要文献选编》（中），中央文献出版社 2016 年版，第 298—299 页。

② 《人民政协重要文献选编》（上），中央文献出版社、中国文史出版社 2009 年版，第 172—173 页。

忠言逆耳，我们共产党人要有这个胸襟和气度。别人的批评，正确的要听、要改正，不正确的要容、要引导，不能因为怕麻烦就拒人于千里之外。”① 这一重要思想，应当成为各级党委开展各类协商特别政党协商的行动指南。

加强地方党委对协商民主建设的领导，还要把协商民主建设纳入总体工作部署和重要议事日程，对职责范围内各类协商民主活动进行统一领导、统一规划、统一部署。地方层面的协商，虽然层级低于中央，但本身也是一个复杂的系统，麻雀虽小、五脏俱全，涉及各类协商活动。地方党委要把协商民主建设作为一件大事来抓，定期研究协商民主建设中的问题。每年年初要会同人大、政府、政协、民主党派、人民团体等制定年度协商计划，确定重要协商议题，并进行分工，明确哪些协商议题具体由哪些机构和部门来重点协商或予以配合，既避免有些协商议题因缺乏责任主体而无法得以落实的问题，也避免有些协商议题因多头重复协商而出现议而不决的问题。如果是同一议题因在不同部门和不同范围协商而意见分歧较大，党委要及时进行协调，作出决断，避免局部利益放大甚至绑架整体利益影响协商效果的问题。为加强地方党委对本区域内各类协商活动的统一领导，需要理顺领导体制和工作机制。协商民主建设，涉及党委、人大、政府、政协四大班子之间的关系。健全而合理的党委领导体制，应是党委领导班子成员均应同时兼任人大、政府、政协主要领导职务。但目前在地方层面普遍的情况是，党委书记兼任人大常委会主任，党委副书记兼任省长，唯独政协主席不是党委领导班子成员兼任。这对加强党委对人民政协的领导、党在政协开展同民主党派和社会各界人士的协商，是不利的。2019 年 10 月 17 日下发的《中共中央关于新时代加强和改进人民政协工作的意见》规定：党委统战部部长兼任同级政协党组副书记。这是加强中国共产党党委对政协协商统一领导的重要组织举措。

加强地方党委对协商民主建设的领导，还要发挥党委领导同志的模范带头作用。要按照《中共中央关于加强社会主义协商民主建设的意见》的要

① 《十八大以来重要文献选编》（中），中央文献出版社 2016 年版，第 558 页。

求，带头学习掌握协商民主理论，熟悉协商民主工作方法，把握协商民主工作规律，努力成为加强协商民主建设的积极组织者、有力促进者、自觉实践者。具体来说，党委主要负责同志要严格执行政党协商计划，组织政党协商活动，做到协商于决策之前和决策实施之中，不能想起了、有空了、拖不过去了才协商。要建立知情明政机制，协商前要向民主党派和无党派人士通报有关情况，让他们知情。协商中要带头发扬民主，鼓励和支持民主党派讲真话、建诤言，形成知无不言、言无不尽的协商氛围，要有互动、有商量，允许不同意见表达，在各种观点交融互鉴中凝聚最大共识。党委负责同志要积极参加政协活动，参加政协全体会议，参加界别联组和委员小组讨论，听取意见。近年来，习近平总书记每年“两会”期间都亲自参加政协界别联组讨论，同民主党派、无党派人士政协委员直接进行交流，讨论协商，同时发表重要思想见解，在党外人士中引起热烈反响，为地方党委负责同志参加政协协商树立起光辉榜样。党委负责同志要重视政协协商成果，及时作出批示，并要求有关部门落实。在人大、政府、人民团体兼任主要领导职务的党委负责同志，要积极组织人大、政府、人民团体就地方性法规、行政规章、重大决策、重要事项等开展协商活动，使协商民主形成全面推进的态势。党委负责同志还要加强对协商民主建设落实情况的监督检查，研究解决协商民主建设碰到的重大问题，保障各类协商活动健康有序地顺利推进。

（二）通过充分发挥人民政协专门协商机构作用，统筹协调地方各类协商

人民政协是我国的专门协商机构，是习近平总书记关于人民政协职能作用的创新性论断。这是适应我国干部队伍建设的专业化发展方向的需要而产生的。随着改革开放和社会主义现代化建设不断向前推进，各项工作对专业化、专门化、精细化提出了越来越高的要求，采取一般化、大呼隆、粗放型的领导方式和领导方法是完全不能适应的。人民政协在我国协商民主中的重要地位最突出的就表现在作为专门协商机构上。我国的协商渠道是多样的，但专门协商机构只有一个，就是人民政协。发展社会主义协商民主，不能不

把政协协商摆在更加突出的重点位置。这在地方协商层面尤其重要。在地方层面，齐头并进推进各类协商是很困难的。如政党协商，层级越往下越难开展，地市级民主党派组织已经偏少，到县级绝大多数没有民主党派组织，独立开展政党协商活动既不现实也无可能。如人大协商，受立法权限和立法数量所限，地方人大单独开展立法协商也有诸多的困难，必要性也不是很大。如政府协商，地方政府不是专门协商机构，独立开展行政协商也有困难，从已有的协商实践来看，也基本上集中在物价听证这类具体事务上，实际效果有限。至于人民团体协商，因其作为人民政协的组成单位，其协商活动已基本纳入政协协商范围，独立开展协商活动也很少。坚持从地方实际出发，地方层面的协商需要在地方党委的统一领导下，重点发挥人民政协专门协商机构作用，以此来整合协调各类协商，通过一体化运作来发挥整体效应。

具体来说，可以重点抓好三件事情。一是规范协商议题提出机制，认真落实由党委、人大、政府、民主党派、人民团体等提出议题的规定。政协协商议题，大体可分为两类。一类是“内生性议题”，即政协内部提出的，如通过常务委员会会议、专门委员会会议以及座谈会、发函等形式征集的议题，由民主党派、人民团体等界别提出或由委员联名、委员小组提出的议题。这类议题固然有为经济社会发展全局服务、观照社会各界群众普遍关心的问题的作用，但只是政协协商议题的一部分，而不是全部。如果政协协商仅仅限于这类议题，容易出现政协“自拉自唱”之类的问题。另一类是“外委性议题”，即由党委和政府交办的议题，由人大委托的议题。这类议题更能体现党和国家工作的全局、地方经济社会发展的难点重点任务，这是人民政协围绕中心服务大局发挥作为专门协商机构作用的重点所在。目前地方党委、人大、政府向政协提出协商议题的工作已经开展起来，但由于缺乏明确的规定，还存在可以提交也可以不提交、提交哪些不提交哪些的随意性问题。地方党委应对这项工作重视起来，建立党委同政府、政协重点协商议题会商机制，从制度上明确规定党委、人大、政府向政协提出协商议题的范围，如地方党委方面的党代会的工作报告，党委全会的重要文件，制定地方经济社会发展规划建议等；地方人大方面的地方性法规草案，重要事项的决定等；地方政府方面的政府工作报告，行政性规章，地方经济社会发展的重大事务等。

二是积极用好政协协商这个平台，鼓励各类协商主体在政协开展协商活动。术业有专攻，人民政协由于具有长期的协商经验，汇聚了社会各界各行各业的专门人才，具有专业化程度高的特点，开展协商活动得心应手，而且优质高效。与其他协商渠道相比，政协协商的这个优势是非常明显的。按照实现社会治理现代化的思路，要让最合适的部门做最合适的事，是一种最佳的选择。如地方政党协商，固然重要，但有些协商议题，如经济社会发展的长期战略、重大利益关系的调整、人民群众普遍关心的重大社会问题等，不是在小范围的政党协商可以解决的，需要在更大范围征求意见并形成共识，这就需要发挥政协协商更广泛的作用。地方党委可以就这些问题委托人民政协继续进行更深入的承接协商，从而使得政协协商对政党协商起到拓展延伸的作用。又如人大立法协商，就地方性法规草案，直接向社会公众征求意见并组织专家论证，是非常重要的。但人民政协设置有社会和法制委员会，集聚了法律方面的不少专家，并且对社会各界的立法意见有较为畅通的沟通渠道，参与立法协商有自身优势。地方人大主导的立法协商活动，有的就可以放在政协平台来进行，这对于提高地方立法质量、实现良法善治，只会有利而不会有害。再如政府协商，单独开展行政协商有一定的局限性，协商效果的社会反映不尽如人意。如近些年一些地方开展的价格听证会，“逢听必涨”，饱受诟病。其实，最好的方式就是充分利用人民政协协商平台，合作甚至委托人民政协开展政府协商事宜，形成政府协商和政协协商双赢的局面。至于人民团体协商，由于主要人民团体本身就是人民政协的组成单位，利用政协平台开展协商，更是顺理成章的事情。基层协商是近些年来出现的新事物，普遍面临的问题是缺乏经验，需要地方政协给予业务上的指导。地方政协协商促进基层协商，既可以采取组织化方式，建立街道乡镇政协组织形式或派出机构，与基层党组织和政府共同组织基层协商活动，也可以采取参与化方式，动员市县政协委员参与和指导基层协商民主工作。社会组织协商，尚处在一个探索的过程中，最大的担心是脱离党的领导而无序开展，成为被一些别有用心的人所利用向党和政府提出无理要求的工具。因此，需要加强对各类社会组织的规范，引导社会组织有序开展协商，更好为社会服务。在这方面，地方政协可以发挥重要的作用，探索新的社会组织等参加政协活动的方法途径。如在政协的有关界别中充实进社会组织的代表人士，使其将内部协商中反映社会组织成员的利益诉求带到政协进行协商。政协组织的各种协商活动特别是双周协商座谈会注意吸收社会组织的负责人参加，更为全面地反映社会各方面人民群众的意见。人民政协的各界别和专委会要加强与相关社会组织的联系，渗透其中并进行一定的协调，引导它们依法开展协商活动，凝聚力量、形成共识。

三是重视地方政协协商成果的采纳和使用，彰显人民政协话语权的力量。政协不是国家权力机关，没有决策权，有的只是话语权。由此也造成了一种不利的现象，形象地说，就是“不说白不说，说了也白说，白说也得说”。为了解决这个问题，就要形成和完善政协协商成果采纳、落实和反馈机制。地方党委要会同政府、政协制定协商成果采纳、落实和反馈办法，提出明确而具体的要求。如对政协协商后形成的视察报告、调研报告、政协信息、大会发言专报、重要提案摘报等成果，地方党政领导同志要作出批示，有的要明确有关部门落实。政协提出的重大协商意见和反映的重大问题，党委要及时研究并统筹解决。健全政协提案办理协商制度，在提案交办环节做好落实责任的协商，在提案办理环节建立健全联系沟通、办理询问、研讨交流机制，在提案督办环节建立健全跟踪督查和成果反馈机制，做好成果转化的协商。建立和完善台账制度，把提案办理纳入政府年度督查计划。完善提案办理考核评价机制，逐步将提案办理工作纳入绩效考核体系。提案办理结果要逐步向社会公开。这些机制的形成和完善，将会使人民政协发挥专门协商机构的作用得到切实保障。

（三）着力解决地方层面各类协商的突出问题，推进协商民主高质量发展

地方层面的各类协商已普遍开展起来，目前主要问题已不是协商民主搞

不搞的问题，而是协商民主搞得好不好的问题。为适应我国经济建设进入高质量发展阶段，协商民主也面临着从规模型向质量型转变的新课题。提高协商质量已经成为地方层面协商的迫切而紧要的任务。为此，需要深入分析和研究地方层面各类协商面临的突出问题，有针对性地加以解决。

地方政党协商，存在的主要问题是协商就要真协商、知情才能真协商的问题。虽然关于政党协商的主要内容，中共中央有关文件已有明确规定，但比较原则，地方层面执行起来会有一些变通。如在协商内容的选择上，会出现避重就轻的现象，已经基本拍板了才协商，甚至协商成了走过场，以通报代替协商。协商前让民主党派知情不够，如信息提供不全，协商准备时间过短。协商议题基本上是中国共产党党委拟定的，民主党派组织几乎没有主动提出过协商议题。政党协商过程几乎不公开，透明度不高。特别是民主党派究竟提了哪些意见建议，社会不知晓。为了解决这些问题，地方党委可根据自身实际，在中央精神指导下，制定较为具体的政党协商实施细则，在协商内容、协商形式、协商程序、各协商主体应承担的责任等方面，作出较为明细的具有可操作性的规定。特别是建立知情明政机制，进行充分的信息公开或信息通报，减少政党协商主体之间的信息不对称。在协商过程中要增强平等意识，保证各协商主体都以平等的政党身份进行协商，营造宽松民主的协商环境，鼓励不同意见交流和讨论。逐步实现政党协商过程和结果公开，发挥政党协商对社会广泛协商的示范和引领作用。

地方人大协商，存在的主要问题是对协商重视不够。较为普遍的认识是，认为人大就是实行选举民主或票决民主，协商可有可无，即便是有协商，也主要是在内部进行。由此导致不够重视发挥人民政协、民主党派、人民团体、社会组织参与人大主导的地方性法规立法协商。只有少数地方党委制定的有关文件明确要求，人大的地方性法规草案和重大决策在通过前应在人民政协进行协商，而绝大多数地方党委没有这样的规定，没有纳入人大立法或决策的程序，这就导致开展协商具有一定的随意性。为此，需要增强对人大协商重要意义的认识，将其看作社会主义协商民主建设的重要方面，把积极开展人大协商作为完善人民代表大会制度和推进人大工作的重要抓手和着力点。要建立健全地方立法协商制度，鼓励和支持地方党委会同地方人大、政府、政协制定立法协商规程，从制度上对立法协商的项目、重点以及运作形式等做出相应的规定，使立法协商步入制度化、程序化、规范化的轨道。地方人大在审议重大问题、作出重要决定时，应加强与社会团体的沟通和协商，特别是发挥专业性学术研究团体作为决策智囊和参谋的作用。要鼓励和支持人大基层组织和人大代表积极在联系选民活动中开展协商活动，依托"家"、"站"建设，为人大协商各项工作和各项活动创造良好条件，为选民提供优质服务。

地方政府协商，存在的主要问题是规范化程度还不是很高，尚未形成成体系的制度安排，各级政府协商水平参差不齐。从协商效果来看，重视协商形式而忽视协商效果，甚至在有些地方政府协商成了一种政治摆设。政府重管制、轻服务倾向比较明显，导致政府与公众在公共管理中的合作程序不高。有些地方政府决策，由于对通过广泛协商了解民意重视不够，决策出台后遭到民众反对，甚至诱发群体性抗议事件，决策被迫废止。为此，地方政府要提高对政府协商重要性的认识，将其作为政府施政的重要方式。特别是要加强政府协商制度建设。目前中央关于政党协商、政协协商已有明确的实施意见，而关于政府协商却没有类似的文件。这就迫切需要地方政府按照中央关于加强社会主义协商民主建设的基本精神，结合地方实际，建立健全地方政府协商的体制机制。具体来说，要重视政府信息公开，以公开为原则，不公开为例外，除涉及国家机密、商业秘密和个人隐私之外，政府保有的文件以及其他信息应当一律向社会公开，切实保障公民知情权，提高政府活动透明度，为社会民众广泛参与政府协商创造良好的条件。要完善行政听证制度，使听证活动常态化，争取做到所有涉及重大公共利益的问题都要举行听证，在听证代表的选取上注意公开性、随机性与专业性相结合，在听证意见的采纳上要坚持尊重多数和照顾少数相结合，找到最大公约数，形成广泛共识。要加强电子政务建设，通过各种信息服务设施包括电话、电视、互联网等，使政府与公众之间的对话更加直接、便利，发挥新闻媒体在行政协商中的平台作用。要建立政府工作评议机制，通过多种形式让社会公众对政府工作给予评议，促进政府转变作风，切实关注并解决群众所关心的问题，同时创造条件让人民监督政府，把民众满意作为评价政府履行职能的第一标准，加快建设人民满意的公共服务型政府。

地方政协协商，存在的主要问题是协商质量不高的问题。主要表现为，有些重大事项决策后以通报代替协商，重要问题不协商，细枝末节的事情反复协商，临时动议协商，协商程序不规范、不严谨，甚至流于形式。政协协商的内容太宽泛，对什么是"重要问题"、"共同性事务"、"重要事务"没有明确的界定，导致协商重点不突出，协商中各说各话，缺乏交流互动，"雷人"提案时有发生。协商成果的采纳也存在着很大的随意性，如提案办复率虽然很高，但存在着简单答复予以应付的问题，以致提案人不满意，连续多年提出类似提案。因此，人民政协要在提高协商质量上下功夫，真正发挥专门协商机构作用。具体来说，首先是要强化为党和国家工作大局服务的意识。就地方政协自身来讲，要聚焦党和国家中心任务，坚持以人民为中心的发展思想，围绕改革发展稳定重大问题，特别是事关人民群众切身利益问题进行广泛协商，做到政治协商聚焦大事、参政议政关注实事、民主监督紧盯难事，建真言、谋良策、出实招。就地方党委和政府来说，要把真正属于贯彻落实中央大政方针的地方重要举措、地方经济社会发展的重大决策事项、地方群众真正关心的重大问题等，放到人民政协进行协商，并且坚持不协商不决策的要求，强化政协话语权的作用。其次，政协要把好协商各个环节的质量关。如政协全体会议协商是政协最重要的协商活动，大会发言社会影响大、覆盖面广，要完善大会发言遴选机制，提高发言质量。提案办理协商是具有政协特色的协商方式，提案质量高低具有决定性意义，要严格立案标准，增加集体提案比重，提高提案质量，防止"雷人"提案发生。再次，政协要着力做好党委和政府委托政协开展的重大课题调研和邀请委员参与的重大项目研究论证，这也是一种协商活动，要集中优势资源，发挥委员主体作用，形成整体合力，提出高质量的意见建议。

地方人民团体协商和社会组织协商，存在的主要问题是尚未发挥应有的作用。地方人民团体除在政协等机构参与协商，很少在其他领域发挥协商主体作用。虽然在中央有关文件中对人民团体协商有一些规定，但并未形成人民团体协商制度，从而导致人民团体协商与谁协商、协商什么、怎么协商等都很模糊，以至于在实践中人民团体协商具有较大的随意性。人民团体即使参与其他协商渠道的协商，也往往是被动参与充当配角，缺乏自己特有的协商方式，协商能力不强。地方社会组织协商尚处于起步、探索阶段，其应有的优势并未得以发挥。党政部门普遍缺乏在重大决策前和决策中主动与社会组织协商的意识，即便协商也只是走过场，实际效果不明显。社会组织自身也缺乏协商意识，除涉及自身利益外，很少主动找党政部门协商。相对于其他协商渠道，社会组织协商明显缺乏制度和体制保障，中央曾计划制定关于社会组织协商的实施意见，但并未出台，使得社会组织开展协商缺乏遵循。社会组织所代表和联系的部分群众的利益诉求找不到正式的表达渠道，社会组织之间的矛盾也无法以理性协商的方式解决。为此，需要在理论和实践上加强对人民团体和社会组织协商的研究探索，提高对其在发展社会主义协商民主中的地位和作用的认识。要加强人民团体服务于人民的功能建设，减少其“政府”或“官办”色彩，使人民团体真正成为代表民意、吸纳民意、整合民意的人民性群体组织，发挥沟通党和政府与人民群众的桥梁纽带作用。在全国尚未形成统一的制度性文件的情况下，地方可探索建立人民团体协商的规章制度，明确人民团体协商的机制和程序，建立人民团体协商的评价机制，拓宽人民团体协商渠道，畅通人民团体参与其他协商的渠道，提高人民团体自身协商能力。要提高对社会组织协商的认识，转变观念，克服把社会组织看作是麻烦制造者和社会不稳定因素的错误观念，变被动适应为主动引导。地方可探索制定社会组织协商的规章制度，确定社会组织协商的地位，明确社会组织协商的事项，使社会组织协商制度化、规范化、程序化，把社会组织协商真正纳入社会主义协商民主的体系之内，确保社会组织协商有序开展。对社会组织协商形成的意见和建议，要通过建立协商成果转化机制而加以重视，积极采纳。要积极引导促进社会组织健康发展，完善社会组织内部结构，重视解决社会组织发展中存在的问题，推动社会组织参与社会治理，使社会组织在参与社会治理中发展壮大，促进社会和谐稳定。

第十三章　基层协商

基层协商，是党的基层组织和基层政府在城乡社区为更好解决人民群众的实际困难和问题，及时化解矛盾纠纷，促进社会和谐稳定而开展的民主协商。基层协商是社会主义协商民主的重要渠道之一。中共十八大报告提出“积极开展基层民主协商”，中共十八届三中全会《决定》强调“开展形式多样的基层民主协商，推进基层协商制度化”。特别是习近平总书记要求：“涉及人民群众利益的大量决策和工作，主要发生在基层。要按照协商于民、协商为民的要求，大力发展基层协商民主，重点在基层群众中开展协商。”① 由此，基层协商在全国各地普遍性地开展起来，从而成为中国式协商民主的一个突出亮点。

一、基层协商的特点

相对于中央和国家层面协商和地方基层协商，基层协商也具有四个鲜明的特点。

（一）具有明显的自治性

基层群众自治制度是我国的一项基本政治制度，也是我国基层协商的制度性依据。2015 年 7 月中办、国办印发的《关于加强城乡社区协商的意见》提出：“城乡社区协商是基层群众自治的生动实践，是社会主义协商民主建

① 《十八大以来重要文献选编》（中），中央文献出版社 2016 年版，第 78 页。

设的重要组成部分和有效实现形式。”城乡社区协商的基本原则之一是：“坚持基层群众自治制度，充分保障群众的知情权、参与权、表达权、监督权，促进群众依法自我管理、自我服务、自我教育、自我监督。”按照《中共中央关于加强社会主义协商民主建设的意见》，我国基层协商有两个层级，一是乡镇、街道的协商，二是行政村、社区的协商。前者虽然具有地方政府协商的性质，但负有对后者协商活动的指导和协调的责任，实际上是地方协商向基层协商的延伸。后者是真正意义上的基层协商，是基层协商的主要部分。因此，这两个层级的基层协商，都体现了基层群众自治的特点。

我国基层群众自治制度伴随着基层民主实践经历了一个长期的变化过程。农村基层民主始于新中国成立之初的民主建政。1950 年，国家颁布《乡（行政村）人民政府组织通则》和《乡（行政村）人民代表会议组织通则》，将乡与行政村一并列入基层政权的范畴。按照 1954 年《宪法》精神，行政村不再是基层政权，乡镇成为农村最基层政权单位。1958 年之后，在“政社合一”的思想指导下，农村普遍实行人民公社制度。1978 年党的十一届三中全会以后，一些地方农民自发地创造了自我管理的村民自治形式——“村民委员会”。1982 年《宪法》首次确认“村民委员会是基层群众性自治组织”。1987 年全国人大常委会通过的《中华人民共和国村民委员会组织法（试行）》首次从法律上对村民自治制度作出明确规范。1998 年和 2010 年两次修订的《村委会组织法》，在完善选举制度、规范民主管理、强化民主监督方面作出了更细致化的规定，推动了村民自治制度的发展。

城市基层民主始于新中国成立初期居民委员会的设立。1950 年天津市建立居委会。1951 年上海市人民政府将 2000 多个具有自治性质的联防服务队改为居民委员会。1954 年，一届全国人大常务委员会第四次会议通过《城市居民委员会组织条例》，规定居民委员会是群众自治性的居民组织。1980 年，国家重新公布《城市居民委员会组织条例》，使城市基层群众自治得以恢复。1989 年，七届全国人大常委会第十一次会议通过《中华人民共和国城市居民委员会组织法》，进一步明确了居民自治的各项内容。1999 年，民政部在 26 个城市的部分辖区开展了社区建设的试点工作。同年，民政部制定《全国社区建设实验区工作实施方案》，提出改革城市基础管理体制，推动城市社区居民自治制度的发展。总结我国群众自治实践的长期经验，2007年中共十七大报告提出“基层群众自治制度”，正式与人民代表大会制度、中国共产党领导的多党合作和政治协商制度、民族区域自治制度一起，纳入了中国特色政治制度范畴。

我国基层协商是适应基层群众自治的需要而产生的。村民自治制度历经30多年实践，推动了我国农村经济社会的发展，在乡村治理中发挥了重要作用。但近年来，随着农村经济社会的变迁，村民自治制度逐渐暴露出一些新问题。主要体现在选举上：如由于村民选举前的宣传动员不够，选举信息分配的不对称，再加上有些农民工常年在外对村集体的变化不了解、归属感减弱，村民在不知情的情况下被动参加选举，村民选举结果不能真正反映民意。如有的自然村人口多，村民居住分散，交通不便，村民参与选举的成本高，这些客观因素也导致村民对选举较为淡漠。如关于村民选举的法律制度尚需完善，对村民选举的过程和执行结果缺乏监督机制，非法选举和“村两委”暗箱操作侵吞集体资产等腐败现象时有发生，极大地伤害了村民的信任感和积极性。这些问题导致村民自治组织功能弱化，基层干群关系紧张，上访事件层出不穷，地方政府维稳压力加大，乡村治理面临新挑战。为了解决村民自治特别是村民选举中存在的这些突出问题，我国各地农村在乡村治理中以不同的方式进行新的探索，为完善基层民主、激活村民自治、推动县域治理和地方政府创新积累了宝贵经验。以广西贵港市为例，创造了屯级“一组两会”协商自治制度。根据其《“一组两会”协商自治章程》，“一组两会”协商自治制度，是以自然屯为基本单元开展的民主协商、互助自治制度。从组织架构上来讲，就是“党小组＋户主会＋理事会”；从工作方式上来讲，是党小组（支部）引领，户主会协议，理事会执行。户主会由自然屯户主或户主代表组成，是“一组两会”中的议事决策机构，根据党小组的提议，由户主会会长召集户主会议对屯级公共事务和公益事业进行协商决议并对执行情况进行监督。理事会是“一组两会”中的执行实施机构，对户主会负责，向户主会报告工作，主要负责执行落实理事会的决议，并接受党小组和户主会的监督。其特点是，原村两委化身为多个“一组两会”，村民自治组织直接建在屯上，更能突显小社群的优势，有利于民主协商机制的形成。协商无处不在，“一组两会”的协商不仅体现在户主会上，也体现在党小组和理事会中。这样一种运作方式，能够让村民坐下来以平等的姿态协商，在协商中达成理解、信任，为共同的利益相互妥协、让步、包容。2011 年 11 月，贵港市委组织部领导发现了覃塘区大岭乡良岭屯“一组两会”模式的价值，经调研及时总结提升为简便易行的“一组两会”制度。从 2013 年开始，贵港市着手在全市推行屯级“一组两会”协商自治制度。由此可见，“一组两会”既不是来自党委政府的主观臆想和行政指令，更不是来自学者的构思，而是来自群众在生产生活实践中的探索，是群众自发地在发现问题、提出问题、解决问题的过程中萌芽后，经过反复实践证明行得通，在此基础上才总结经验、形成章程并加以制度化，逐步推广，从而体现基层群众自治的鲜明特点。

（二）具有微观务实性

如果说中央和国家层面的协商是宏观性协商，地方层面的协商是中观性协商，那么，与其相比，基层协商显然就是微观性协商。在社会科学中，一般是把从大的方面、整体方面去研究把握的科学，叫做宏观科学，其研究方法叫做宏观方法；把从小的方面、局部方面去研究把握的科学，叫做微观科学，其研究方法叫做微观方法。但这并不意味着微观不重要，恰恰相反，微观是宏观的基础，没有微观也就无所谓宏观，宏观总量及其变动也是由微观个量及其变动构成的。在整个社会主义协商民主体系中，基层协商是基础。基层协商是直接协商，是人民群众能直接感受的民主形式，要作为协商民主的重点而推进。协商民主如果不从基层搞起来，就难显现出它的作用，获得广泛的民意基础，保持持久的生命力。协商民主在我国由来已久，但在相当长的时间里，它主要运用于上层精英之间，并不是发生在群众之中的事情，老百姓没有切身的体认。相反，基层选举却是很早就开展起来的，尽管存在着诸多的问题，但群众普遍认为是行使自己民主权利的主要方式甚至是唯一方式。正是由于这样一个原因，中共十八大报告总结改革开放以来我国基层民主政治建设新经验，提出“积极开展基层民主协商”。基层协商多种多样的形式，如民主恳谈会、民主协商会、公民评议会、听证会、公民陪审团、协商民意测验等，如雨后春笋般地生长起来。基层协商之所以是微观协商，在于它关注的是微观个体的小问题。但微观里面有宏观，小问题也能够做出大文章。宏观层面的重大突破，往往是在微观层面孕育出来的。对我国农村改革具有决定性意义的家庭联产承包责任制改革，不就是从安徽凤阳小岗村 18 户农民首创“大包干”开始的吗？邓小平总结说：“我们改革开放的成功，不是靠本本，而是靠实践，靠实事求是。农村搞家庭联产承包，这个发明权是农民的。农村改革中的好多东西，都是基层创造出来的，我们把它拿来加工提高作为全国的指导。”① 农村经济改革是这样，基层民主政治建设也是这样。基层协商民主往往都是起始于微观的小问题。浙江温岭市是我国基层协商民主搞的比较早的地方。1999 年 6 月以举办松门镇第一期“农业农村现代化教育论坛”开始，借鉴电视记者招待会做法，采取“与群众双向对话”的方式来举办论坛，吸引了 100 多名农民自发前来参加。到 2000 年 8 月，温岭市委整合各乡镇的类似基层协商对话活动，统一命名为“民主恳谈会”。广西贵港市的基层协商民主，起源于 2009 年覃塘区大岭乡金沙村良岭屯小学旁边一块荒芜已久的集体用地如何使用问题。屯党小组在充分掌握群众的意愿后，召集几个村民小组长碰头开会，决定收回该地建球场。在随后召开的屯村民大会上，在空地上建了简易杂物房的两家户主不同意。党小组长上门做工作，两户人家主动拆除了杂物房。两个月后，一个崭新球场出现在大家面前。在后来的旧房改造、建“牛的宿舍”过程中，党小组“如法炮制”，通过几次召开户主会，协商、再协商，有效地解决了集资难等问题。由此形成了具有当地特色的“一组两会”协商自治制度。

基层协商作为微观协商，必须务实，这主要表现在协商内容的确定上。以浙江慈溪市为例，2013 年 12 月 27 日，中共慈溪市委下发《关于进一步

① 《邓小平文选》第三卷，人民出版社 1993 年版，第 382 页。

推进基层协商民主机制建设的指导意见》，对镇（街道）、村（社区）两级协商的主要内容进行了明确规定。镇（街道）协商内容主要包括：政府年度工作报告和政府的其他重要文件，上级党委、政府重大政策和决策部署在本区域的执行落实方案；区域经济社会发展中长期规划、城乡建设总体规划、重大产业规划、重要基础设施建设规划、重要公共服务设施建设规划的编制和调整；涉及辖区公民、法人或者其他组织切身利益的征地拆迁、旧村旧城改造、社会保障、文化教育、医疗卫生、公共交通、社会治安、城乡管理等方面重大政策措施的制定和调整；重大政府投资项目、重要专项资金安排和重大国有集体资产资源处置方案；辖区群众普遍关注或反映强烈的重要事项。考虑到农村和城市的区别，村协商内容主要包括：村经济社会发展规划和年度计划，村庄建设整治和拆迁改造规划、计划的编制和调整；村民自治章程、村规民约和经济合作社章程的修订和修改；村级财务预决算、集体经济项目的立项、承包、招投标方案，集体经济大额资金的使用、集体举债、集体资产处置，村级收益分配方案；村级集体资产资源和经济项目发包出租，宅基地安排使用，村民承包土地、山林变更调整、征用征收补偿分配使用等方案制订；兴修道路、桥梁、水利等公益事业的一事一议筹资筹劳方案；国家和上级重大政策、重点工作部署在本村的落实方案；其他涉及本村或多数村民利益的村党组织认为需要协商的重大事项。社区协商的主要内容包括：社区自治章程、居民公约等居民自我管理服务章程、制度的制订和修改；社区公共事务和公益事业经费筹集方案的制定；住宅小区拆迁整治改造、物业管理、保障房分配以及居民其他权益的维护保障；社会救助、社区治安、环境卫生、社区文化、计划生育、文明建设和社区服务等公共事务管理；国家和上级重大政策、重点工作部署在本社区的落实方案；其他涉及本社区或多数居民利益的社区党组织认为需要进行协商的重大事项。文件规定的这些协商内容已经是详细而具体，但在协商实践中也发现，在协商议题的选择上“沉下去、接地气”不够，往往热衷于党政部门关心的热点问题，对那些党政部门还未想到或暂时无暇顾及但随着时间推移可能会变成“热点”的“冷点”问题关注不多。慈溪市总结胜山镇上蔡村的经验，又形成了协商议题提议制的新思路，即将群众反响强烈的事项，由协商小组成员提议，经党组织研究确定为协商议题，并纳入协商清单。2015 年 5 月出台的慈溪市委办公室、市政府办公室《关于在城市社区推行“居民议事”制度进一步加强基层民主自治建设的实施意见》，进而提出“广开言路、征集议题”，包括“一站式”服务大厅开设窗口，登记居民反映的问题；设置“议题征集箱”，发放“议题征集卡”，利用热线电话、社区网站等方式，公开征集议题；社区干部收集大事、难事等。对不能及时解决的大事、难事，也整理成议题，提交“居民议事”会议讨论。这一系列的措施，保证了协商议题来自群众，是群众反映强烈、迫切要求解决的实际困难问题，体现了基层协商民主的务实性特点。

（三）具有实际利益性

如果说中央和国家层面的协商主要是就大政方针政策形成广泛共识，地方层面的协商主要是实施贯彻国家大政方针的重要举措，那么，基层协商则主要是协调并保障基层群众的切身利益。习近平总书记说：“涉及人民群众利益的大量决策和工作，主要发生在基层。”[①] 这是一个非常重要的论断，实际上表明了基层协商要以处理人民群众的切身利益问题为重点。当前我国正处在社会矛盾的多发期，群体性事件频发多发，成为影响社会稳定的最大的不利因素。绝大多数的群体性事件，都是由于经济利益纠纷而引发的，都属于人民内部矛盾，也是可以通过协商解决的。基层是社会矛盾的突发地带。群众利益无小事，基层事务桩桩件件都关系到老百姓切身利益，解决不好，不仅影响基层政府的公信力，而且极易引发社会矛盾，甚至酿成群体性事件。基层协商，无论是基层经济社会发展的重大事项，还是民生问题的协商，都直接或间接涉及基层群众切身利益。因此，中办、国办《关于加强城乡社区协商的意见》明确把社区协商的内容首先确定为“城乡经济社会发展中涉及当地居民切身利益的公共事务、公益事业；当地居民反映强烈、迫切

---

① 《十八大以来重要文献选编》（中），中央文献出版社 2016 年版，第 78 页。

要求解决的实际困难问题和矛盾纠纷”，突出了利益协商这个重点。

既然大量矛盾积聚在基层，很多群体性事件也发生在基层，要化解社会矛盾、预防群体性事件，就需要在基层搭建起群众利益表达和诉求的平台，通过协商对话，解决矛盾分歧，从源头上维护社会和谐稳定。《中共中央关于加强社会主义协商民主建设的意见》明确提出：“要按照协商于民、协商为民的要求，建立健全基层协商民主建设协调联动机制，稳步开展基层协商，更好解决人民群众的实际困难和问题，及时化解矛盾纠纷，促进社会和谐稳定。”① 建立健全基层协商民主建设协调联动机制的一个重要方面，就是健全基层群众利益表达和诉求的机制，让群众的合理诉求能够通过正常的渠道来表达，通过对话协商来实现。近年来各地基层协商实践说明，基层协商突出利益协商这一重点，能够将大量的矛盾和问题消弭在协商对话中，在促进社会和谐稳定上取得明显实效。以慈溪市基层协商民主为例，市级重点项目上林青瓷文化传承园在匡堰镇倡隆村启动实施后，涉及土地征收、山林补偿、坟墓迁移、拆迁安置等多方面工作，关系到当地村民的切身利益。为此，倡隆村党总支决定在提交村民代表大会决议前先召开民主协商会议，并邀请具体涉事群众代表参加。协商会议就群众关心的土地征用价格、作物补偿认定标准等核心内容进行充分讨论协商，最终结合上级有关文件精神及本地实际，拟定补偿价格并提交村民代表大会决议通过。同时，各民主协商小组成员主动上门做好其他涉事群众的思想工作，顺利完成了坟墓迁移和政策处理工作。又如古塘街道在界牌区块综合改造拆迁安置房分配工作中，通过召开专题座谈会，开展民主协商广纳群言、广集民智，与会人员在充分调查研究的基础上，积极建言献策，提出了具有较强可操作性的意见建议 7 大类 35 条。街道积极应对，抓政策完善、工程整改及解释说明，较好地解决了界牌区综合改造拆迁安置房分配工作中居民所关心的选房顺序怎么排、抽不到好房怎么办、买不起房子怎么办等一系列涉及群众切身利益的难题，确保了分房工作顺利实施，得到了广大居民的认可。群众说：“千难万难，商量

① 《十八大以来重要文献选编》(中)，中央文献出版社 2016 年版，第 298 页。

着办事就不难。”

（四）具有广泛群众性

基层协商，相对于中央和地方层面的“精英性”协商而言，可以说是“草根式”协商，加上协商的内容大都是老百姓所关心的具体问题，可以实现人民群众的广泛参与，是典型的群众性协商。社会主义协商民主在我国有根、有源、有生命力，这根就在基层群众之中，这源就是中华民族的优秀协商文化传统，这生命力就是有广泛的民意支撑。中国人在遇到矛盾分歧时，经常爱说一句话“有事好商量”，这里面蕴藏着一种传统的政治智慧。我国乡村大都是一个在血缘和地缘关系纽带基础上长期形成的共同体，是“熟人”社会。在这个社会里，乡村是由家族共同构成的社群，村民之间有着深厚的情感纽带和彼此间的信任与默契。而这种信任关系又是能够坐下来商量问题、展开讨论与协商的前提。因此，协商民主一经在基层运用，就会以星火燎原之势普遍地开展起来。

既然基层协商民主具有广泛的群众性，开展基层协商就不能小打小闹，而应该顺势而为，大规模地推进。在这一点上，浙江省慈溪市有成功的经验。慈溪市 2013 年春开始基层协商民主试点，年底即下发《关于进一步推进基层协商民主机制建设的指导意见》，并召开全市统战工作会议，要求全市各镇（街道）、村（社区）都要建立基层协商民主制度，开展基层民主协商。在市委的领导下和统战部的牵头协调下，基层民主协商工作很快在全市普遍开展起来，形成全面覆盖的局面。2014 年一年累计举行镇（街道）民主协商会议 26 次，村（社区）民主协商会议 833 次，主题协商 682 件次。2015 年全年又累计举行协商活动 1087 次，协商事项达 1279 个。特别是实现了基层协商的广泛参与。2014 年全市参加协商达 17600 多人次，2015 年达 21320 人次。如此之多的参与人次，正是体现了通过协商民主实现公民广泛政治参与的要义。

既要保证基层协商群众参与的广泛性，又要保证基层群众参与的有序性，为此慈溪市探索创造了“2+X”模式。“2”为基层社团组织代表和社会各界人士代表，作为固定的民主协商小组成员，人数一般在10—20人之间，主要包括工青妇、商会、和谐促进会组织成员代表及非公有制经济人士、民族宗教界人士、党外知识分子、新市民代表、侨台界人士等；“X”为涉事群体代表，作为机动的民主协商小组成员，人数一般控制在固定成员的20%左右，一般以具体涉事对象或该方面的专家为主，具体包括镇村两级决策事项具体涉及的群众代表。这种设计不仅兼顾了一般与特殊、常任与临聘，具有操作上的合理性，而且将涉事群众代表纳入民主协商小组成员，也解决了协商的利益相关性和实效性问题。这体现了习近平总书记所要求的，“涉及一部分群众利益、特定群众利益的事情，要在这部分群众中广泛商量”①。

二、基层协商的不同模式及其经验

进入新世纪以来，特别是中共十八大以来，基层协商在全国各地都已广泛开展起来。较为普遍的做法，在基层政府层面，是将民主协商引入基层政府的决策过程。如河北省张家口市创立乡镇议事会制度，2010年在河北省全面推行，要求全省各乡镇和街道社区办事处“在对重要事项决策前，必须执行议事会制度，邀请社会各界代表参政议政，听取民意”。在城乡社区层面，是将民主协商引入村（居）民会议、村（居）民代表会议制度，采取议事会、理事会、决策听证、民主评议等形式，开展灵活多样的协商活动。这样的基层协商民主可以叫做嵌入式协商民主，是在全国各地都可以找到的。但在全国不少地方，把基层协商作为基层治理的基本方式，大规模地成建制地开展基层协商活动，并且形成了一整套基层协商民主的制度、体制、机制、程序，并且具有鲜明地方特色的基层协商模式，成为全国基层协商先进性典型。人民出版社2015年出版的《基层协商民主典型案例选编》收集了全国各地78个基层协商的典型案例，虽然不是基层协商的全部案例，但主要的具有创新性意义的基本上纳入进来。这些先进性典型共同的特征是地方

① 《习近平关于社会主义政治建设论述摘编》，中央文献出版社2017年版，第65页。

党委的高度重视，但在基层协商中起组织协调作用的主体又是不同的，有的是党政部门一体运作的，有的是统战部门牵头协调的，有的是政协向基层协商伸延的，有的是人大在基层协商的体现，有的是民政部门推进的，有的是人民团体承担组织责任的。据此，大体可以将基层协商分为以下六种模式，概括出其基本状况及其经验。

（一）党政群一体化运作基层协商模式

党政群一体化运作模式，是党组织发挥统筹引领作用，组织政府、社区、社会组织、社会单位、居民等各类社会治理主体，针对社区治理问题和需求，共同协商、共同参与、共同解决问题或提供服务的基层协商方式。实行这种模式的事例有很多，尤以北京市朝阳区"党政群共商共治工程"为典型。这一模式起源于朝阳麦子店街道问政议事。2012 年，麦子店街道开始试验问政议事协商模式，以群众代表提案、相互辩论协商、表决通过议题的方式，确定街道重点拨款解决的项目经费预算。其主要做法是建立"问需、问计、问政"的常态化议事平台。首先是问需，通过多种渠道征集民意，解决"干什么"的问题。社区召开居民代表会，社区党委召开党代表会，统一发放调查问卷、调查表，征集民意。在社区议事协商会上根据反映上来的需求表来进行协商，按照真实性、合法性、代表性、可行性的原则进行同类同项的合并和归纳，并将社区急需解决的公共事务形成项目制进行陈述和成文。同时街道办事处成立建议审核组，把社区议事会送上来的本社区的建议，通过社区报纸、网络、社会单位提出来的这些意见建议进行汇总，形成年度建议案的汇编说明。然后，筹备召开建议议案的初选协商会，街道办事处问政办公室负责具体操作。参加街道组织的初选协商会的人员，由社区议事会推选的议政代表、社会单位邀请的人士、办事处领导班子及科室负责人所组成。其次是问计。召开建议案的初选协商会，先由街道问政办把问需工作以及建议案的统计、审核情况进行说明，同时提出年度建议案的意见。接着进行协商发言，由议政代表发表对建议案的初选意见并说明理由，并结合各社区的实际和居民反映，对上述问政办报告的内容发表意见。再次是问政。街道邀请区政府相关职能部门座谈协商，是问政议事的压轴环节。增加问效于民和问责于民，在考核和评比之时让群众意见发挥作用，真正起到监督和制约的作用。

总结和推广麦子店街道问政议事经验，2013 年朝阳区开展了党政群共商共治工程。2014 年 5 月，朝阳区委区政府出台《关于统筹推进党政群共商共治工作的指导意见》，将以问政议事制度为核心的共商共治工作提升到区级层面。成立推进党政群共商共治工作领导小组，由区委书记牵头，负责统筹推进、规范指导全区党政群共商共治工程；负责统筹协调区级层面共商共治重要事项，研究解决需区级层面统筹协调的重点难点问题；负责研究解决党政群共商共治中的政策性、程序性重点难点问题；负责区级议事协商会组织实施工作。领导小组办公室设在区委办公室，负责领导小组日常工作。各街乡、社区（村）设立本辖区党政群共商共治工作议事协商平台，由街道工委、地区工委（乡党委）或社区（村）党组织主要负责人牵头组织。为明确工作程序，区委社会工委、区社会办印发《关于开展党政群共商共治工程的方案》和《街道系统党政群共商共治工程操作手册》，划分出“问政季”、“解忧季”、“收获季”三个阶段。为保证党政群共商共治工程顺利进行，将党政群共商共治区级层面项目列入区委、区政府督查范围，办理情况列入效能监察和班子年度千分制考核内容。通过建立党委、政府、社区及社会单位、居民群众之间互相合作协商的共商共治机制，实现了社会各方对社区建设的广泛参与。全区共有 35 个社会建设协调委员会、1200 多家成员单位、226 个居民事务协调委员会、11 个行业自律协会积极参与，43 个公益组织承接 56 个项目，有 5 万多名居民主动出谋划策，提出意见建议。这种党政群共商共治模式，实现了政府治理与社会自我调节、居民自治的良性互动，促进基层民主协商运用于社会治理之中，是一种具有重要意义的成功探索。

（二）统战部门牵头协调基层协商模式

协商民主与统一战线有着十分紧密的内在联系。究其原因在于，协商民主是实现党对统一战线广大成员的领导的重要方式。中共十八届三中全会明确要求“发挥统一战线在协商民主中的重要作用”。新形势下巩固和发展最广泛的爱国统一战线，需要加强基层统战工作。而基层协商民主建设又是基层统战工作的新领域、新抓手、新的生长点。为此，全国各地党委统战部以高度的自觉性，把推进基层协商民主建设作为自己义不容辞的责任，积极组织协调基层协商，从而形成了一种统战部门牵头协调的基层协商模式。特别是 2015 年颁布实施的《中国共产党统一战线工作条例（试行）》首次明确规定，市、县两级由同级党委常委担任或兼任统战部部长，更使得统战部门牵头协调基层协商工作具有了组织的优势。统战部门牵头协调的基层协商模式在全国各地都有，但在浙江省最为普遍，也最为典型。2014 年浙江省委统战部明确提出将“统一战线推进基层协商民主”作为年度工作重点之一，并在当年 5 月召开全省统一战线推进基层协商民主现场会予以全面促进。2015 年浙江省委进一步明确基层协商和社会组织协商建设的责任单位为省委统战部和省民政厅。目前，浙江省的基层协商“统战特色”越来越明显，成为一个突出的亮点。下面主要以慈溪市基层协商为例进行分析。

慈溪市的基层协商，在调研摸底、发现典型、总结推广、拟定文件、完善程序、督促检查、工作指导各个环节，都是由慈溪市委统战部组织并牵头协调推进的。慈溪市委统战部从 2013 年 4 月开始在镇（街道）、村（社区）层面进行基层协商民主实践探索，先是选择宗汉街道史家村这个党组织“五议两公开”制度落实得比较好的村进行村级协商民主试点工作，初步提炼出“三定五步”法的原始框架，并以该村文化宫征地、规划布局、资金筹措为主题开展了首次民主协商，在取得初步经验的基础上又组织各镇（街道）物色 3 个以上村（社区）开展先行先试，同时选择崇寿镇开展镇级协商民主试点工作。在试点取得成功的基础上，市委统战部向市委提交了《关于进一步推进基层协商民主机制建设的指导意见》，市委常委会进行专题研究，以市委文件下发。与此同时，将基层协商民主建设纳入市委市政府对各镇(街道)的年度目标管理绩效考核体系，纳入市委统战部对各村（社区）统战工作规范化建设考核之中。各镇（街道）均出台了开展协商民主工作的文件。经过基层协商民主实践的检验，“三定五步法”成为推进基层协商民主的制度性程序设计。“三定”是指敲定协商对象，明确与谁协商；拟定协商内容，明确协商什么；设定协商程序，明确怎么协商。“五步”是指“意见征询、民主协商、纳入决策、决议反馈、过程监督”等民主协商五步程序。为了使基层协商更加体现基层统战特色，市委统战部制定了《慈溪市基层民主协商小组成员管理办法》和《慈溪市关于建立基层协商民主工作成果评议制的实施意见》，由中共慈溪市委办公室转发。《办法》规定，基层民主协商小组固定成员的产生范围：党代表、人大代表、政协委员，也包括辖区内基层组织、企事业单位、社团组织成员（包括工青妇、商会、和谐促进会组织等）以及非公经济人士、民族宗教界人士、党外知识分子、新市民代表、侨台界人士。其中相当大比例是统一战线成员。为了把统战工作与基层协商民主工作有机结合起来，动员统一战线广大成员积极参与基层协商民主工作，慈溪市委统战部专门制定《关于成立慈溪党外专家民主协商陪议团的实施方案》，要求在镇（街道）、村（社区）等开展民主协商活动时，邀请陪议团以第三方身份参加协商活动，提出专业意见和建议，为基层开展民主协商、形成协商意见、作出决策决议提供参考。陪议团人选由各民主党派和市党外知识分子联谊会推荐，党外人士也可以直接向本党派或市委统战部自荐。陪议员在履行职责时，由市委统战部统一调配，各民主党派和市党外知识分子联谊会协助做好陪议员的管理工作。对热心陪议团工作、积极参与协商活动、受到协商活动组织者和基层群众好评的陪议员，市委统战部和各民主党派、市党外知识分子联谊会在年终评选先进时，给予优先考虑，并可作为政治安排的重要参考依据。这一举措进一步调动了党外人士参与基层协商的积极性，使慈溪市基层协商民主彰显出浓重的统战特色，也使得统一战线这一党的重要法宝在慈溪市基层协商民主实践中得到了生动而实在的体现。

四川省彭州市基层协商，统战部门也在其中发挥了重要作用，使之具有明显的统战特色。2013 年，彭州市成立了以市委书记为组长，市政协主席、市委副书记和统战部部长为副组长的工作领导小组。从领导小组的构成，就可以看出党委统战部门的重要作用。市委统战部先行启动试点工作，出台《彭州市委统战部〈关于构建社会协商对话制度试点工作的实施方案〉的通知》，先在 3 个乡镇和 1 个社区进行试点，取得成功后推广到全市 20 个镇。2014 年印发《彭州市委统战部关于开展社会协商对话双评工作（试行）的通知》，将社会协商对话工作纳入统战工作目标考核。镇社会协商会成员，包括民主党派、无党派、民族宗教、新社会阶层、农村乡土人才代表人士等统一战线成员。市社会协商对话联席会议办公室设在市委统战部，负责指导镇、村（社区）及市直部门做好社会协商对话工作，定期对工作开展情况进行督促检查，推动工作落实，协调解决工作推进中遇到的问题，建立完善各项制度。彭州市以统战部门为主导，运用统战思维和统战方法开展基层社会协商，延伸了新形势下基层统战工作手臂，为基层统战工作的有效开展提供了平台，解决了基层统战工作缺乏抓手的问题，使统战工作更广泛地深入乡村、深入基层，真正实现统战工作全面覆盖。

（三）人大基层协商模式

人大协商是我国社会主义协商民主的重要渠道之一。人大协商在国家和地方层面主要是立法协商，而在基层人大协商做什么，始终是一个有待探索的问题。为此，《中共中央关于加强社会主义协商民主建设的意见》提出："鼓励基层人大在履职过程中依法开展协商，探索协商形式，丰富协商内容。"① 这就为人大基层协商探索创新提供了很大的余地。目前，基层人大协商的典型事例不是很多。这里主要分析两个事例。

浙江温岭参与式预算协商。温岭的"民主恳谈"最初是由温岭市委宣传部指导的"农业农村现代化教育论坛"开始的，温岭市委宣传部承担了大量的指导和组织工作，是基层协商的主要推动者。从 2005 年开始，温岭把"民主恳谈"这一协商民主形式运用于基层人大财政预算审查，在新河、泽国两镇试点，创造了参与式预算协商。由此，基层人大也成了组织公众参与协商的平台。从 2010 年开始，温岭市 16 个镇（街道）全面推广参与式预算。从而形成了温岭基层协商的一个鲜明特色，成为基层人大协商的典型，在全国

① 《十八大以来重要文献选编》（中），中央文献出版社 2016 年版，第 295 页。

具有独树一帜的广泛影响。这种参与式预算协商，以民主恳谈为主要形式，包括公众参与预算草案编制、人大代表审查与批准财政预算草案、预算执行与监督三个环节，协商民主贯穿始终。在预算草案编制环节，镇政府主持召开预算编制民主恳谈会，组织自愿参与的民众代表和人大统一组织的部分人大代表，就政府预算进行对话、讨论、协商，提出预算草案编制的意见、建议，政府修改预算草案。在人大审查与批准预算草案环节，召开人民代表大会，镇政府向大会作预算草案报告，同时报告民主恳谈会情况和修改意见。在会议期间，专门安排日程，开展大会集中审议和集中询问，让人大代表与政府围绕预算进行互动对话、充分沟通，这实际上也是民主协商。人大代表5人以上可联名提出“预算修正方案”，经人大主席团审查后付诸投票表决。在预算执行与监督环节，在人大闭会期间，人大财经小组对镇政府预算执行情况开展经常性监督。预算执行中期，人大主席团主持召开预算执行情况民主恳谈会，组织部分人大代表和自愿参加的公民对半年来政府预算情况进行询问和审查。镇政府在预算执行过程中若提出预算调整案，则需召开人大会进行审查和批准。参与式预算，是充分激活人民代表作用的好抓手。人民代表大会制度是人民当家作主的重要制度载体和最高实现形式。在人大管好“钱袋子”的过程中引入协商民主的机理，有利于扩大公民对人大工作的参与，有利于人大了解真实的民意，推进人大工作公开化、民主化，同时也有利于人大加强对政府全口径预算决策的审查和监督，使得人大在监督预算时行使职权更加到位，激活了人民代表大会这一根本政治制度应有的活力。①

云南师宗县人大代表约见协商。从2011年开始，师宗县人大常委会率先在丹凤、高良、大五龙3个乡镇代表小组开展县人大代表约见政府机关负责人活动，形成了人大代表约见协商新平台。2012年后又将代表约见协商从3个乡镇代表小组推广到其他5个乡镇代表小组，扩大到县直机关代表小组。人大代表约见有明确的法律依据。《全国人民代表大会和地方各级人民

---

① 王建均：《参与式预算是深化基层协商民主的基石和突破口》，载张峰主编：《社会主义协商民主研究论文集（2015）》，中国言实出版社2015年版，第467—468页。

代表大会代表法》规定，代表进行视察时“可以提出约见本级或者下级有关国家机关负责人”。师宗县人大常委会按照这一规定，提高代表约见的组织化程度，并作为人大基层协商的重要方式。其主要做法是：首先明确代表约见协商的对象，主要是县人民政府及其所属工作部门、县人民法院、县人民检察院负责人和乡镇政府负责人，明确代表约见协商的事项，主要是县行政区域经济社会发展和关乎人民群众切身利益的一些重大问题，人民群众反映强烈的热点和难点问题，代表议案、建议办理中的一些问题。在代表视察、提出约见事项建议、审查确定约见协商事项等工作的基础上，组织召开代表约见协商会议，通过面对面的交流、探讨，达成解决问题的共识，增进代表与政府有关部门的相互了解。为确保代表约见协商事项得到认真办理和有效落实，成立督办工作小组，加强与约见协商代表及当地乡镇政府的沟通和联系，确保办理工作让代表满意、群众满意。县人大常委会会议对督办情况报告予以审议，对约见协商事项办理不满意的，责成有关部门重新办理。师宗县开展人大代表约见协商的 3 年里，组织开展代表约见协商 8 次，参加协商活动的县乡人大代表 230 余人次，部门 79 个（次），涉及议题 72 项，35 项已经得到解决，33 项正在解决过程中。① 师宗县人大代表约谈协商是基层人大开展自主性协商的一个典型案例，使基层人大与基层政府良性互动，使基层人大代表与基层群众密切联系，彰显了在基层协商中基层人大应有的作用。

（四）政协向基层协商延伸模式

人民政协是我国的专门协商机构，对其他协商渠道具有重要的带动和促进作用。人民政协虽然没有基层组织，但基层协商也需要具有长期丰富协商经验的人民政协给予必要的指导，人民政协也有工作向基层下沉“接地气”的需要。政协协商对基层协商的促进推动作用，主要表现为两个方面，既要探索参与党政部门共同组织基层协商活动，又要动员更多政协委员参与和指

① 《基层协商民主典型案例选编》，人民出版社 2015 年版，第 320—324 页。

导基层协商民主工作。其主要做法是，通过设立乡镇（街道）政协工委、政协联络室、政协委员（网上）工作室、社情民意联络点、民情信箱等多种形式，倾听民声、反映民意、协调关系、讨论问题。浙江地方政协普遍实行了这样的做法。如湖州安吉县 2009 年 3 月首个政协委员工作室——民进安吉县委会主委徐佰成委员工作室在递铺镇成立，不定期地召开群众代表座谈会，以提案、信息、报告等形式向政府及其有关部门提出意见建议，并及时反馈。嘉兴秀洲区政协 2013 年开始在基层建立联络室，以此为平台把专题协商延伸到乡镇一级，两年内全区各级联络室累计开展专题协商 64 次，向党委政府及其有关部门报送协商报告、社情民意 58 篇，助推了党委、政府中心工作，化解了社会矛盾，促进了基层群众关心的热点难点矛盾解决。宁波市政协 2015 年率先在鄞州、海曙两区试点建设政协委员工作室，推动政协履职向基层延伸、向群众延伸，组织市、区政协委员与居民代表面对面，就社区难事开展协商。政协协商向基层延伸主要表现为“四议”活动，即群众提议、民主商议、共同决议、公开评议四个步骤。浙江省各级政协的这些实践，将协商民主的精神带到基层，让事关老百姓切身利益的事情由老百姓自己商量着处理，同时也能够让政协委员更接地气，在服务基层服务群众中发挥更大的作用。

虽然政协向基层延伸模式在全国各地都有不少实例，但大规模地有组织地开展起来这项活动却是湖北省宜昌市政协，从而成为这一模式的典型。宜昌市政协 2012 年 3 月启动委员进社区、进乡村的“两进”活动，后来又升级为“委员进基层网格，群众进协商民主”活动。关于开展这一活动的初衷，宜昌市政协主席李亚隆说：“协商民主的探索风生水起，基层政协如何破题？我们的方向是继续向基层延伸，将政协的协商渠道与基层协商结合，看会产生怎样的聚合反应。”宜昌市政协开展委员进基层网格活动的做法是，将全市 2600 多名市、县（区）政协委员联合编组，每组联系一个社区或乡村，实现政协委员对城市社区和农村乡镇的“全覆盖”。要求委员小组每个季度都要到所联系的社区或村听取意见，其中两次是专题性的，带着题目去收集民智，还有两次则是纯粹听取民意。政协委员听取意见时发现问题，以社情民意的形式通过政协渠道报送给市委市政府，促使问题得到解决。数据显示，自从委员进网格活动开展以来，政协报送党政领导的《社情民意》期数同比增长近两倍，委员提案数量也激增40%，而且委员的提案和信息的质量大为提高。市委市政府领导对政协报送的信息高度重视，一年内市领导批示政协报送的《社情民意》达150余次，市长曾一个月内22次批示。为了促使政协向基层延伸，市政协还开展“春暖”助推扶贫行动。30位政协委员每人走进1个特困村，通过密集走访，精准帮扶10个贫困户。帮扶的方法也从家庭的实际出发，政协委员对有创业能力的实施金融帮扶，有务工能力的就近安排工作，还探索了政府、公司、农户协同创新的新型扶贫模式。把群众代表请进政协协商现场，也是宜昌市政协向基层延伸的重要举措。在宜昌市的政协全体会议、常委会议、专题协商会议、委员约谈会等会议现场，来自基层的群众代表已不鲜见。近年来，已有近200名群众代表参加了市政协各类会议。宜昌市政协的探索，打通委员与界别群众之间常态化通道，让政协成为群众有序政治参与的重要渠道的难题，实现政协协商与基层协商相互促进、相得益彰。基层协商碰到的许多问题，如城郊社区的自来水、断头路、供电，等等，显然不是在基层能够解决的问题。而政协协商通道的接通，许多在基层层面难以解决的问题，通过政协向上反映，能够得到有效解决。宜昌市政协的实践证明，政协协商和基层协商的结合，能够形成双赢的局面：政协协商获得了民意支撑，更显活泼生动；基层协商因为要对接政协协商而积极开展起来，更具有动力活力。宜昌市政协开展的委员进基层网格活动，之所以成为政协向基层协商延伸模式的典型，还在于已经形成了“1+6”的制度体系，即一个加强和改进群众工作的意见，委员进网格、界别群众参与政协、公开征集群众意见、接待群众来访制度、民意汇集工作、加强界别工作6项具体制度。

（五）民政部门牵头组织实施基层自治协商模式

改革开放以来，随着城乡社区普遍建立基层群众自治制度，城乡社区协商以不同形式普遍开展起来，逐步成为基层群众自治的重要途径。到2015

年7月，全国直接参与基层群众自治的农村人口达到6亿，城镇居民超过3亿，各地普遍建立了以村（居）民会议和村（居）民代表会议为主要载体的民主决策的组织形式，涉及村（居）民利益的重大事项，基本由村（居）民协商决定。同时全国各地还探索了民情恳谈会、乡村论坛、社区议事会和民主听证会等多种协商形式，搭建起城乡居民参与公共事务和公益决策的平台。民政部门负责制定城乡基层群众自治组织建设的政策规定并指导实施，指导村（居）民委员会民主选举、民主决策、民主管理和民主监督工作，推进村（居）民自治和基层民主政治建设，因而在发展基层协商民主中具有重要的作用。2015年中办、国办下发的《关于加强城乡社区协商的意见》，要求“民政部门要会同组织等有关部门认真做好协商工作的指导和督促落实”。2016年10月，中办、国办印发《关于以村民小组或自然村为基本单元的村民自治试点方案》的通知，明确“试点工作由民政部牵头组织实施”。

民政部门牵头组织实施的基层协商，主要是发挥以村民理事会为主要形式的群众自治组织的功能。近些年来，全国多地探索在保持现有村民委员会设置格局的前提下，在村民小组或自然村建立村民理事会、村民监事会、户主会等多种形式的自治组织载体。有的是在民政部门指导促进下发展起来的。较为典型的一例是广西资源县创建的农村社会理事会管理模式。2003年，资源县开始尝试在自然村(屯）成立理事会，探索农村社区建设新模式，2007年资源县被民政部批复列入全国农村社区建设实验县，广西壮族自治区民政厅下文确定资源县5个点为广西农村建设试点单位，当年全区农村社区建设试点工作现场会同时在资源县召开。资源县以此为契机，大胆试行以村民理事会为模式的村民自治新方法，完善村务公开民主管理。2009年，资源县被评为“全国村务公开民主管理示范单位”。资源县的村民理事会的主要经验有：一是建立了较为完善的村民理事会制度体系，包括《村民理事会章程》、《村民理事会制度》、《监事会职责》、《财务管理制度》等，并配之以《村规民约》、《文明卫生公约》等。二是明确了村民理事会与村委会的关系，并建立了“四培养”制度，即把村民小组长培养成理事会成员，把理事会成员培养成党员，把党员培养成理事长，把优秀理事长培养成村干部。三是全面提升村务公开民主管理工作水平，组织开展村务公开民主管理示范单位活动，树立典型，以点带面，全面推进，全县95%以上的村建立有标准的村务公开专栏，90%以上的村建立健全了村级公开民主管理制度。资源县农村社区理事会管理模式，取得了良好实效，深化了村民自治，改善了乡村生活环境，提高了农民组织化程度，树立了农村社会新风尚，形成了“路不拾遗、夜不闭户”的和谐局面。①

民政部门牵头组织实施的基层协商，还有的是围绕民政部门社会保障的工作而开展的，福建云霄县推行民主评议票决低保制度是其中的一个典型。2008年，云霄县开始推行以低保民主评议票决形式推荐纳保对象，县政府成立由分管民政工作的副县长任组长，县民政、监察、审计、财政局局长和各乡镇长、开发区主任为成员的低保工作领导小组，各乡镇、村也相应成立以乡镇长为组长的领导小组和村级工作组，建立起政府领导、民政牵头、部门配合、社会参与的城乡低保审核审批组织领导架构。县政府相继出台《进一步加强和改进最低生活保障工作实施意见》、《农村低保民主评议票决工作实施方案》等5份文件，形成了“户主申请—入户调查—公示—民主评议（票决）—公示—乡镇审核—救助申请家庭经济状况核对中心比对—民政局审批—张榜公示—发放低保证和银行存折”的“十步流程”。民主评议票决会由乡镇包村干部、村“两委”成员、村务监督委员会委员、村民政助理员、熟悉村民情况的党员代表、村民代表等参加，其中群众代表人数不得少于参加评议总人数的三分之二。票决采用无记名投票表决、当场公布结果的方式，对低保申请家庭经济状况进行民主评议，推荐纳保对象。为确保评议票决实效，建立了“一年一评议，两年一票决”的低保纳保制度和低保家庭收入及财产状况定期报告、核查制度，把生活确实存在困难却未能通过票决推荐、因故未能及时参加票决以及票决后因病因灾造成支出性贫困的申请对象，列为次年民主评议的三类重点对象，确保“低保对象有进有出、补助水平有升有降”的动态管理要求。加强票决结果监管，各村委会在村务公开栏

① 《基层协商民主典型案例选编》，人民出版社2015年版，第257—260页。

及时公示经票决后新增和撤销的推荐纳保对象名单，乡镇和县民政局公开低保咨询监督电话，推行专人负责、首问负责制度，健全投诉举措核查制度。民主评议票决低保制度的实行，使得全县低保工作程序公开透明、审批结果公正合理，实现应保尽保，提高了群众对低保政策的知晓率和对低保工作的满意度。同时也让广大群众充分参与到公共事务中，完善了基层群众自治机制，畅通了群众诉求通道，听民意、解民忧、惠民生，密切了干群关系，提高了政府公信力。①

（六）企事业劳动关系集体协商模式

企事业单位协商是我国基层协商民主的一个重要方面。企事业单位的民主管理始于新中国成立初期国营企业普遍建立的工厂管理委员会和职工代表会议制度。1957 年，中共中央要求把企业中的职工代表会议改为常任制的职工代表大会制度，作为职工群众参加企业管理和监督行政的权力机关。改革开放以来，职工代表大会制度获得新发展。1981 年，中共中央、国务院批准颁布《国营企业职工代表大会暂行条例》，这是第一个关于职工代表大会制度的专门性法规。1982 年《宪法》规定“国有企业依照法律规定，通过职工代表大会和其他形式，实行民主管理”。1986 年，国务院正式颁布《全民所有制工业企业职工代表大会条例》，对职工代表大会的性质、地位、职权及其与工会的关系作了明确的规定。因此，推进企事业单位协商，核心问题是健全以职工代表大会为基本形式的企事业单位民主管理制度。根据我国《工会法》有关规定，不管是国有或国有控股企业，还是集体、个体、私营企业，都必须建立和健全职工代表大会制度和其他民主管理制度，以保障与发挥工会组织和职工代表在审议企业重大决策、监督行政领导、维护职工合法权益等方面的权力和作用。近些年来，我国不少地方企事业单位在实行职工代表大会制度的过程中，积极引入协商民主方式，畅通职工表达合理诉求渠道，健全各层级职工沟通协商机制。比如实行民主对话会制度，企业职

---

① 《基层协商民主典型案例选编》，人民出版社 2015 年版，第 182—187 页。

工与企业行政或业主“面对面”进行民主对话，就企业发展过程中出现的问题、企业职工的利益要求展开讨论，形成企业劳资双方良性互动。设立“厂长信箱”、“厂情发布会”、“厂情公开栏”、“厂长、职工代表恳谈会”，鼓励企业职工通过投票、参加会议、私下接触等形式参与企业的民主管理。如河北衡丰发电有限责任公司，开展以职工代表提案落实质询会为载体的专题式协商，形成了“征集提案—答复落实—收集反馈意见—召开质询会—再启动答复落实—再反馈意见—网上公示答复落实情况”的多次闭环，做到了职工代表提案“件件有答复，事事有回音”，处置率100%，解决了有关公司安全生产、节能减排、经营管理、员工培训、改善员工生产生活环境、卫生等方面的问题。公司还开展了总经理联络员等简便易行的个体式协商，聘请总经理联络员收集员工关心的热点难点问题，经常性地召开总经理联络员座谈会，听取问题和建议，并落实解决。建立员工满意率测评机制，对员工关心的热点问题、利益问题开展满意率测评等调查，收集各种意见和建议。三年内员工共提出合理化建议、持续改善项目16028项，实施15676项，实施率达97.8%。①

在企事业协商中，最重要的是工会代表职工与企业就调整和规范劳动关系等重要决策事项进行集体协商，形成以劳动行政部门、工会组织为代表的劳动关系三方协商机制。由此也就产生了企事业劳动关系协商模式。这一模式是在全国总工会指导下产生的。1998年全国总工会对工会代表职工参加企业工资集体协商、签订集体合同工作提出了指导意见。深圳市作为我国改革开放先行地区，进行了成规模的探索试验。1999年初以来，深圳市在劳动部门、工会组织和企业家协会的共同努力下，逐步形成了“三方联席会议制度”、“三方协调会议制度”、“三方高峰会议制度”，建立了以3个会议制度为轴线的多层次的工作架构。2002年，深圳市劳动关系协调委员会成立，标志着深圳市劳动关系三方协调工作迈向规范化、常规化。2004年制定《深圳市劳动关系协调委员会协调重大劳动争议工作规则》，2005年制定《关于

① 《基层协商民主典型案例选编》，人民出版社2015年版，第38—40页。

进一步推进区域性行业性集体协商和集体合同制度的指导意见》，使得劳动关系集体协商进一步制度化、规范化、程序化。2011 年全国总工会制定印发《2011—2013 年深入推进工资集体协商工作规划》，提出到 2013 年底实现已建工会组织的企业工资集体协商建制率达到 80%的要求，从而大大推进了工资集体协商在全国范围内的进展。

工资集体协商模式在我国有众多的事例，这里主要以开展比较早的中铁宝桥集团公司为例进行分析。宝桥集团从 1996 年起推行集体协商、集体合同、工资集体协商。先是工会代表职工与企业每三年签订一次集体合同，从 2002 年开始每年签订工资集体协议，从 2013 年实行集体合同"一加三"制度，即每年签订集体合同的同时，签订工资、女职工权益保护和劳动安全卫生三个专项协议。其主要做法是：形成了规范的"四步化"工资集体协商工作程序。第一步，每年 11 月由工会代表向企业行政提出书面要约，集团人力资源部与工会调研协商、共同起草《集体合同》文本；第二步，岁末年初召开工资集体协商会议，行政方与职工代表方各 10 人出席，经双方协商代表讨论并通过提交职代会的《集体合同》和《工资集体协议》文本，包括集团工资总额计划及职工工资预期增长目标等内容；第三步，将《集体合同》和《工资集体协议》文本，提交职工代表大会讨论通过并举行签字仪式，并由工会主席把上年度集体合同和工资集体协议落实情况向职代会作详细报告，讨论审议后进行投票表决；第四步，报省劳动工资管理部门和上级工会审核备案，同时公布实施，并进行日常监督检查。确立了"双维护、双促进"的工资集体协商工作原则，坚持维护企业长远发展与职工具体利益相统一，谋求与实现劳动关系双方权益共赢。构建了工资集体协商工作的深化机制，把工资集体协商工作与职代会、厂务公开制度有机结合起来，增强了职工工资正常增长机制的影响力，把民主管理和公开制度落实与实现车间、班组收入分配公平公正结合起来，促进了劳动关系和谐和职工队伍稳定，把工资集体协商机制向子公司推进，构成了全集团工资集体协商工作体系化和规范化发展的大格局。宝桥集团实行工资集体协商以来，职工收入保持了逐步增长的态势，年均增长幅度达到 16.7%。集团职代会职工代表无记名投票表决满意度逐年提高，由最初70%的“满意”票增至98%。2011年宝桥集团获“全国模范劳动关系和谐企业”荣誉称号。集团工会多次在省、市会议上介绍工资集体协商经验，相继受到省、市和上级工会表彰，被中国中铁工会评选为“品牌”。①

民营企业的工资集体协商在全国也有不少先进的典型，这里主要分析制度化程度较高的浙江温岭的行业工资集体协商。2003年以来，浙江温岭市开始从新河镇羊毛衫行业探索行业工资集体协商，经过十几年的探索，建立了以企业、行业工会和行业协会为主体的工资集体协商制度，形成了“行业协商谈标准，区域协商谈底线，企业协商谈增幅”的工资协商模式。其主要做法是：从行业工资集体协商起步，逐步扩展到区域工资集体协商和企业内部工资集体协商。行业工资集体协商主要是达成行业工资（工价）标准，区域工资集体协商是以全镇（街道）或若干个行政村的联合为区域达成工资底线，企业工资集体协商是谈本企业工资的增长幅度。行业工资集体协商有一个三方协商机制，行业工会代表职工、行业协会代表企业主，政府介入居中协调，行业所属职工和企业主广泛参与，经过多次协商，反复博弈，最终协商达成双方认同的工资（工价）标准，并以此签订全行业集体劳动合同。整个过程分为三个阶段：筹备阶段、协商阶段和执行监督阶段。区域工资集体协商是由镇总会、村联合工会与商会、企业主委员会或者经营者代表来进行，主要是根据区域生产经营状况，就计时计件工价、工资水平、工资支付办法、福利补贴等进行协商。企业工资集体协商，由企业工会集中整理工资制度、工资水平、工资结构等相关资料数据，广泛征求各个岗位、各个工种对工资调整的要求，确定工种集体协商的重点内容，由协商谈判代表与企业行政方开展协商。协商主要内容是工资构成、最低工资标准、工资增长幅度、职工保险、福利待遇标准等。协商后由企业工会与企业行政方代表签订《工资集体协商协议书》，经过职工代表大会表决后实施执行。为保证工资集体协商的顺利开展，温岭市建立了工资集体协商工作领导小组，由市委主要

① 《基层协商民主典型案例选编》，人民出版社2015年版，第357—361页。

领导任组长，市委宣传部、总工会、人力社保局等多家部门负责人为成员；制定了规范的制度文件，如2004年转发《关于开展非公企业行业工资集体协商的实施意见》，2005年印发《中共温岭市委关于大力推广行业工资集体协商制度的实施意见》，2008年印发《中共温岭市委关于进一步完善和推进行业工资集体协商工作的意见》；强化考核监督，保证协商效果，如制定《镇（街道）工资集体协商考核细则》等对工资集体协商进行考核，设立欠薪应急周转金，以落实和巩固工资协商成果。这些工作，有力地保证了工资集体协商的成效。① 截至2014年4月，温岭市有2543家单建工会企业单独开展工资集体协商，在16个行业共计23个行业工会与行业协会开展了行业工资集体协商，16个镇（街道）全部开展了区域工资集体协商，覆盖8972家企业、惠及近50万人。②

三、基层协商的改进

中共十八大以来，基层协商在我国总体上已普遍开始起来，呈现出很好的发展势头。但发展的不平衡性也非常突出。能够成建制地大规模地开展基层协商的地方还不是很多，主要集中在北京、浙江、广东、四川等省市，一般来说都是经济相对发达的地方。而在全国大多数地方，基层协商基本是个别的典型。这远远不能适应推进协商民主多层发展的需要。总结基层协商的成功经验，研究解决基层协商存在的突出问题，基层协商的改进主要有以下几个方面。

（一）建立地方党委对基层协商的集中统一领导的体制机制

总结基层协商能够普遍开展起来而且成效显著的地方经验，最核心的一条就是地方党委加强对基层协商的集中统一领导。地方党委善于发现本地基

① 陈剑主编：《北京协商民主的理论与实践》，中国文史出版社2016年版，第224—225页。

② 《基层协商民主典型案例选编》，人民出版社2015年版，第140页。

层协商的新生事物，尊重基层党组织和群众的创造，及时提炼总结其实践经验，并适时上升为制度规范，在本辖区内加以推广，从而形成基层协商大面积推开的态势。以浙江慈溪市为例，在基层协商试点取得经验的基础上，2013 年 12 月中共慈溪市委下发《关于进一步推进基层协商民主机制建设的指导意见》，2015 年 5 月出台慈溪市委办公室、市政府办公室《关于在城市社区推行“居民议事”制度进一步加强基层民主自治建设的实施意见》。以四川彭州市为例，2013 年出台《彭州市委关于构建社会协商对话制度的意见（试行）》、《彭州市委办公室关于构建镇、村（社区）社会协商对话制度的实施方案》，2014 年印发《彭州市委办公室关于深入开展社会协商对话工作有关事项的通知》。实践证明，地方党委对基层协商的集中统一领导，不仅能够促进基层协商民主成规模地普遍开展起来，而且能够保证基层协商民主沿着正确的方向健康有序地深入推进。《中共中央关于加强社会主义协商民主建设的意见》提出“建立健全基层协商民主建设协调联动机制”，是一个很重要的要求。基层协商民主建设联动机制，不仅包括县（市、区）、乡镇（街道）、村（社区）三级上下要联动，也包括党委、人大、政府、政协、民政、基层自治组织、企事业单位等左右要联动。为此，就有必要在县(市、区)、乡镇（街道）建立党委协商民主建设领导小组，作为党委决策议事协调机构，负责基层协商民主建设的整体设计、总体布局、统筹协调、整体推进。

目前在基层协商建设中起牵头协调作用的责任主体不统一，有的是党委职能部门，如统战部、组织部，也有的是政府及其民政部门，还有的是政协组织、人民团体等。在基层协商民主初步开展的阶段，这样做有其积极意义，鼓励各地根据自身实际创新，不求一律。但基层协商民主发展到一定阶段，形成统一的规范化要求就是必要的。2015 年中办、国办印发的《关于加强城乡社区协商的意见》，就建立健全工作机制提出：“地方各级党委和政府要把城乡社区协商工作纳入重要议事日程，结合实际研究制定具体办法。”“民政部门要会同组织等有关部门认真做好协商工作的指导和督促落实。”“建立健全基层党组织领导、村（居）民委员会负责、各类协商主体共同参与的工作机制，定期研究协商中的重要问题。”这些规定仅就地方党委提出了笼统性的要求，并未涉及领导体制问题。蕴含着党委组织部门起主要作用，民政部门起配合性的指导和督促作用的要求。另外就党的领导作用也只是涉及基层党组织，也未涉及县乡两级党委。据基层协商民主开展比较好的地方的实践，如浙江省，明确基层协商的责任单位为统战部门，是一条很重要的经验，有推广价值。发挥统一战线在基层协商民主建设中的作用，一是具有制度的优势与渠道的优势。中国共产党领导的多党合作和政治协商制度是我国的一项基本政治制度，政党协商和政协协商是统一战线两个范围的政治协商，发挥统一战线的作用有利实现政治协商与基层协商的衔接联动，政治协商达成的共识可以通过统一战线渠道传递到基层群众中，而基层协商中提出和发现的一些事关更大范围的共性问题也可以通过统一战线渠道进入上级乃至中央党和政府的视野，进而对公共决策产生影响。二是具有组织与网络优势。统战工作是党特殊的群众工作，统一战线具有广泛的群众基础和社会基础，我国 8 个民主党派、无党派人士都有其广泛联系的社会成员。如党外知识分子占我国 1.7 亿知识分子总数的四分之三,五大宗教团体信众多达 2 亿多，基本上都是基层群众。随着统战工作的深入推进，已经从大中城市延伸到城镇，从中上层扩展至基层，从体制内深入到体制外，统战部门在基层的工作网络日益健全。以宗教工作为例，全国已经普遍建立县乡村三级宗教工作网络和乡镇、村两级责任制，形成上下联动、相互配合、协调有力的管理工作机制。三是经验与人才优势。统一战线范围内的政党协商和政协协商，在我国各协商渠道中是开展得比较早也比较好的协商，形成了相对稳定和成熟的制度安排和运行机制，积累了丰富的协商实践经验。统一战线可以将其开展政治协商的经验借鉴甚至移植到基层协商民主中，提高基层协商民主的制度化规范化程序化水平。统一战线拥有一大批专业上有成就、社会上有影响、参政议政水平高的代表人士，广泛分布于各城乡社区、各行各业和各种社会组织中，对基层协商民主建设来说是宝贵的资源，将其吸收到基层协商中，对提高基层协商质量具有非常重要的促进作用。正是因为统一战线的这些优势，相对于党委其他部门来说，地方党委统战部更能在基层协商民主建设中承担起牵头协调甚至组织作用。为此，地方党委设立的协商民主建设领导小组可将办公室设置在党委统战部，并明确其统筹推进基层协商的责任，使基层协商民主建设协调联动卓有成效地开展起来。

（二）实现基层群众自治与基层协商民主有机结合

基层群众自治制度是我国的一项基本政治制度，也是基层协商的制度基础。发展基层协商民主，不是要替代基层群众自治，而是丰富和完善基层群众自治制度，因此要在基层群众自治框架内来进行，从而实现基层群众自治与基层协商民主的有机结合。从目前我国已经开始的基层协商实践来看，大都照应到基层群众自治的制度安排，使之成为基层群众自治的生动体现。但也产生了基层协商与基层群众自治结合不够紧密，甚至脱离基层群众自治框架另搞一套的问题。因此，中办、国办《关于加强城乡社区协商的意见》强调的基本原则是："坚持基层群众自治制度，充分保障群众的知情权、参与权、表达权、监督权，促进群众依法自我管理、自我服务、自我教育、自我监督。坚持依法协商，保证协商活动有序进行，协商结果合法有效。"目的就是实现基层群众自治与基层协商民主的有机结合，形成既促进基层群众自治制度更加完善又大力促进基层协商民主发展的局面。

实现基层群众自治与基层协商民主的有机结合，首先要突出基层群众"自治"的特点，切实保障基层群众的合法权利。基层群众自治是人民群众在城乡社区治理、基层公共事务和公益事业中直接行使民主权利，依法进行自我管理、自我服务、自我教育、自我监督的主要形式，基层群众拥有知情权、参与权、表达权、监督权。发展基层协商民主也要切实保障基层群众的这些基本权利。中共十九大报告要求："巩固基层政权，完善基层民主制度，保障人民知情权、参与权、表达权、监督权。"[①] 明确了发展基层协商民主的重点。保障知情权是基层协商民主的前提条件，协商就要真协商，知情才能真协商，为此就是实行村务公开、居务公开、厂务公开等，增强基层协商的

① 《十九大以来重要文献选编》（上），中央文献出版社 2019 年版，第 26 页。

透明度。保障参与权是基层协商民主的目的，坚持有事好商量、遇事多商量，实现基层群众最广泛的参与，为此就要实现基层协商活动多样化、常规化、普遍化，使更多的基层群众能够以简便易行的方式参与协商。表达权是基层协商民主的基本方式，坚持知无不言、言无不尽，坚持和而不同、求同存异，最大限度地听取各方面的意见，包括不同意见，找到最大公约数，为此就要制定基层协商民主的规则，既尊重多数又照顾少数，善于把握民意、集中民智。保障监督权是基层协商民主的良好氛围，权力不受监督必然产生腐败，决策不受监督必然难以落实，为此就要对基层协商成果执行情况开展基层群众民主评议，对不称职的基层干部提出撤换、罢免建议，保证基层协商民主风清气正。

实现基层群众自治与基层协商民主的有机结合，还要以充实民主协商环节来完善基层群众自治运行机制。我国基层群众自治实行民主选举、民主决策、民主管理和民主监督，而且都有体制性的规定。以村民自治为例，民主选举主要是村民通过直接投票的方式定期地选举产生包括主任在内的村委会成员。民主决策主要是涉及村民利益的重要事项，必须提请村民会议或村民代表会议讨论，按多数人的意见作出决定。民主管理主要是由全体村民讨论制定或修改村民自治章程或村规民约以制治村。民主监督主要是村民直接通过村务监督委员会等形式监督村民委员会工作情况和村干部行为。这四个方面的民主，虽然都可以引入协商的方式来增强其实效，但民主协商的作用毕竟不突出，在实践中也容易出现重选举而轻协商简单“唯票取人”、决策之前不协商而盲目决策、管理过程不协商制度缺乏可行性、监督之中不协商使监督成了片面反对和对立等问题。为此，中共十九大报告提出，“扩大人民有序政治参与，保证人民依法实行民主选举、民主协商、民主决策、民主管理、民主监督”①，特意在过去的“四个民主”中插入“民主协商”。这对基层群众自治具有非常重要的意义。落实这一要求，就要把民主协商引入基层群众自治运行机制，其形式是在坚持村（居）民会议、村（居）民代表会议

① 《十九大以来重要文献选编》（上），中央文献出版社 2019 年版，第 26 页。

制度的基础上，设立村（居）民议事会、村（居）民理事会、村（居）民监事会等组织载体，使其专门履行民主协商职能，保障村（居）民能够在关系切身利益的问题上充分表达意愿、开展民主协商议事、参与监督管理等自治活动。中办、国办《关于加强城乡社区协商的意见》要求，“要坚持依法协商，保证协商活动有序进行，协商结果合法有效。”而村（居）民议事会、村（居）民理事会这样的组织形式，目前在我国有关法律法规中并未规定，为此就有必要修订和完善基层群众自治的法律法规，为基层协商实践提供法律支撑。村（居）民理事会建立起来后，还会碰到的一个现实问题，就是它和现行的村（居）民会议、村（居）代表会议的关系。协商民主不是万能的，协商也容易出现议而不决、决而不行的问题。因此，《中共中央关于加强社会主义协商民主建设的意见》提出：“通过协商无法解决或存在较大争议的问题或事项，应提交村（居）民会议或村（居）民代表会议决定。”① 这为处理好基层协商组织与基层群众自治组织的关系提供了一个重要的指导原则。

（三）进一步发挥基层协商化解矛盾纠纷、促进社会和谐稳定的作用

在我国，涉及人民群众利益的大量决策和工作主要发生在基层，这就决定了基层是各种社会矛盾纠纷的源头，是影响社会稳定的主要区域。因此，《中共中央关于加强社会主义协商民主建设的意见》明确要求：“稳步开展基层协商，更好解决人民群众的实际困难和问题，及时化解矛盾纠纷，促进社会和谐稳定。”② 这赋予了基层协商特殊的职能和作用。推进基层协商，可以最大限度吸纳群众的利益表达和诉求，更好解决人民群众的实际困难和问题，这无疑有利于社会稳定，有利于国家的长治久安。目前基层协商已在全国各地普遍开展起来，但其成效不是很理想。究其原因，有协商形式化的问题，拉低门槛、降低标准、浮于表面，把既有的基层常规性的实践活动稍加

① 《十八大以来重要文献选编》（中），中央文献出版社 2016 年版，第 298 页。

② 《十八大以来重要文献选编》（中），中央文献出版社 2016 年版，第 298 页。

包装就贴上协商民主的标签而宣扬。有确定协商议题的随意性问题，选取协商议题往往受到官方意志左右，而不是基层群众所关心的热点难点问题，已经不是问题的问题反复协商，而真正是问题的问题却得不到协商。有协商对象固态化的问题，不考虑群众协商代表能否代表其群体利益，只考虑其是否跟基层党组织和基层政权组织走得近，是否拥护既定决策，不提反对的意见，甚至协商议题的利益相关方被排除在外。有协商程序不规范的问题，操作规则模棱两可，协商议题不聚焦，各说各话，莫衷一是，难以形成共识。这些问题，说到底都是脱离基层群众的表现，没有把解决基层群众的实际困难和问题作为协商的根本目的，自然也就难以发挥基层协商化解矛盾纠纷、促进社会和谐稳定的作用。

发挥基层协商化解矛盾纠纷、促进社会和谐稳定的作用，关键是协商议题要聚焦到基层群众所关心的切身利益问题上。对于群众反映强烈的问题都要严肃认真对待，对于损害群众利益的行为都要坚决纠正，应当成为开展基层协商民主的一个重要原则。基层协商要合理确定协商内容，主要是城乡经济社会发展中涉及当地居民切身利益的公共事务、公益事业，当地居民反映强烈、迫切要求解决的实际困难问题和矛盾纠纷，以及各类协商主体提出协商需求的事项。而且要坚持一事一议，只有这样，才能避免协商不深不透、蜻蜓点水、浮光掠影的问题。

发挥基层协商化解矛盾纠纷、促进社会和谐稳定的作用，还要合理确定协商主体，尽可能做到全覆盖。既要有基层政府及其派出机关的代表，还要有村（社区）党组织、村（居）民委员会、村（居）务监督委员会的代表，也要有村（居）民小组、驻村（社区）单位、社区社会组织、业主委员会、农村集体经济组织、农民合作组织、物业服务企业等方面的代表。既要覆盖当地户籍居民，也要有非户籍居民代表。特别是要注意把利益相关方作为协商主体。在利益多元化格局下，任何人的利益诉求都应当受到公平的对待。协商民主，不是靠少数服从多数的票决来处理利益纠纷，而是靠统筹兼顾甚至妥协让步来行事，少数人的利益只要是正当的合理的，就应当予以考虑和关照，而不能将其湮没在多数人的利益之中。在基层治理中，少数人的利益得不到重视甚至被忽视，往往成为矛盾和冲突的焦点，出现少数人抗争的问题，影响社会稳定。因此，发展基层协商民主，应当照顾到每个利益相关者的诉求，使其在合理化组织化的平台上得以实现。平等是协商民主的重要原则，只有协商主体平等，才有民主协商，没有平等，也就没有协商。因此，在基层协商中，各协商主体的地位都是平等的，要以平等的精神相互尊重，坦诚沟通，对强势的主体来说不能以势压人，对弱势的主体也不能因人废言。只有这样，才能在宽松和谐的氛围中开展协商，真正取得成效。

（四）通过基层协商着力培养基层群众的民主协商意识，为协商民主全面发展准备肥沃土壤

在我国社会主义协商民主体系中，基层协商是基础性工程。基础不牢，地动山摇。没有基层协商的支撑，中央和国家层面协商、地方层面协商就会缺少必要的民意支撑，其他协商渠道也会缺少必要的社会支柱，整体协商民主体系也就很难建立和完善起来。更重要的是，基层协商是实现公众广泛政治参与的主要形式，能够覆盖我国绝大多数人口，缺少了它，具有中国特色的协商民主也就难以得到国际社会的认可，得到中国广大人民群众的认同。因此，大力发展基层协商民主的意义不可低估。

基层协商民主是适合我国国情的民主形式，有事好商量的优秀传统文化是其文化根源，以家庭为单元组成的宗族集聚方式是其组织纽带。因此，开展基层协商并不困难。但是，我们也应当看到，长期以来由于在基层民主建设中过分强调基层选举并强化基层政权组织的作用，也导致在民主问题上出现了误区，认为只有一人一票选举才是民主，以致忘记了协商也是民主，而且是更重要的民主。一段时期村级选举之所以出现严重的拉票贿选问题，与选举民主的砝码太重而协商民主的砝码太轻有关。其实，选举民主的缺陷，恰恰需要协商民主来弥补。只有坚持协商于决策之前和决策实施之中，才能有效防止“村官”擅自专权，一意孤行。因此，发展基层协商民主，不仅是重要的，而且是必需的。这是实现基层治理现代化的重要手段。但我们也要清醒地认识到，基层协商民主建设不是一日之功，也不可能一蹴而就。协商

民主是一种治理形式，更是一种思维方式，一种生活习惯。长期以来，基层群众缺乏民主意识是一个普遍的问题，期盼的是官员“为民做主”，而不是自己当家作主。开展基层协商民主，是增强基层群众民主意识的重要手段，就是要让老百姓认识到自己的权利并不只是一个投票权，还表现为决策之中的发言权，决策之后的监督权。要通过基层协商民主的制度性安排和规范化形式，激发基层群众参与协商的积极性，大规模地开展协商活动，使协商成为基层群众生活的一部分，逐渐培养成生活习惯、思维方式、价值追求。发展基层协商民主，将会使基层党政干部和普通群众，都经历着一场民主化变革的浪潮。特别是基层党员干部，更要发生深刻的转变，要努力成为加强协商民主建设的积极组织者、有力促进者、自觉实践者。

推进国家治理体系和治理能力的现代化，是全面深化改革的总目标，也是发展社会主义协商民主的重要目的。推进国家治理现代化，需要在各个层级来进行。其中，基层协商民主作为一种基础性的民主治理形式，在一定意义上说承担着民主启蒙的重要作用。民主的启蒙，意味着人民当家作主意识的觉醒。只有当基层群众在基层协商中增强了民主意识，提高了协商能力，能够自觉运用民主协商方式实行自我管理、自我服务、自我教育、自我监督，积极推进城乡社区治理现代化，整个国家治理的现代化也就有了坚实牢固的社会基础。

第四编　推进协商民主制度化发展

推进协商民主制度化发展，是搭建中国协商民主体系的四梁八柱，为社会主义协商民主提供制度保证。邓小平非常重视人民民主的制度化问题，指出："为了保障人民民主，必须加强法制。必须使民主制度化、法律化，使这种制度和法律不因领导人的改变而改变，不因领导人的看法和注意力的改变而改变。"① 对具有鲜明中国特色的协商民主来说，尤其需要加强制度化建设。中共十八大报告首次提出"健全社会主义协商民主制度"，要求"完善协商民主制度和工作机制，推进协商民主广泛、多层、制度化发展"②。习近平总书记进一步指出："我们要切实落实推进协商民主广泛多层制度化发展这一战略任务。""必须构建程序合理、环节完整的社会主义协商民主体系，确保协商民主有制可依、有规可守、有章可循、有序可遵。"③

协商民主制度化建设有两个层面：一是国家实体性制度，如中国共产党全面领导的制度、中国共产党领导的多党合作和政治协商制度、人民政协制度。二是程序性制度，涉及协商民主运行的体制机制的具体规则。两个层面的制度建设都很重要，但前者具有根本性，是需要重点加强并着力创新的。

---

① 《邓小平文选》第二卷，人民出版社 1994 年版，第 146 页。

② 《十八大以来重要文献选编》（上），中央文献出版社 2014 年版，第 21 页。

③ 《十八大以来重要文献选编》（中），中央文献出版社 2016 年版，第 77 页。

第十四章　坚持和完善党的领导制度体系

协商民主是中国共产党领导中国人民实现的伟大政治创造。党的领导是社会主义协商民主的根本保证。加强协商民主建设，必须坚持党的领导，充分发挥党总揽全局、协调各方的领导核心作用，把握正确方向，形成强大合力，确保有序高效开展。为此，就需要对中国共产党全面领导的制度有一个全面准确的认识。习近平总书记指出："党的领导制度是我国的根本领导制度。"① 中共十九届四中全会部署我国国家制度和治理体系的十三个方面，第一个方面就是"坚持和完善党的领导制度体系，提高党科学执政、民主执政、依法执政水平"。② 党的全面领导的制度，在我国协商民主产生和发展的历史进程中都有深刻体现，生动地说明只有坚持中国共产党的领导，才会创造和发展社会主义协商民主。

一、中国共产党在抗日根据地的全面领导

协商民主是中国共产党在新民主主义革命时期创造的人民当家作主新形式，从它产生之初就体现出中国共产党的领导作用。抗日战争时期，中国共产党创建了抗日根据地，实现了对工农群众的领导。毛泽东曾指出："所谓共产党对工农的领导，可以分为政治上的领导与组织上的领导两方面。像在陕甘宁边区和在华北八路军的游击区，这些地方的工人农民，共产党不但在

① 《习近平谈治国理政》第三卷，外文出版社 2020 年版，第 125 页。

② 《中共中央关于坚持和完善中国特色社会主义制度　推进国家治理体系和治理能力现代化若干重大问题的决定》，人民出版社 2019 年版，第 6 页。

政治上领导着，而且组织上也领导了。其他区域，在有共产党组织的地方，那些地方的工人农民，凡是赞成共产党的主张，他们就是接受了共产党的政治上的领导，如果已经组织起来了，那末，也已有了组织上的领导。”①

中国共产党在抗日根据地的领导，还表现为对具有协商民主特色的“三三制”政权的领导。1940年3月，毛泽东为中共中央起草的《抗日根据地的政权问题》党内指示，明确地提出以“三三制”原则作为实现抗日民族统一战线政权的具体措施，指出：“在抗日时期，我们所建立的政权的性质，是民族统一战线的。这种政权，是一切赞成抗日又赞成民主的人们的政权，是几个革命阶级联合起来对于汉奸和反动派的民主专政。它是和地主资产阶级的反革命专政区别的，也和土地革命时期的工农民主专政有区别。”②并且规定：“根据抗日民族统一战线政权的原则，在人员分配上，应规定为共产党员占三分之一，非党的左派进步分子占三分之一，不左不右的中间派占三分之一。”③边区政府是通过选举产生的，首先要在候选名单中确定共产党员只占三分之一，以便各党各派及无党派人士均能参加边区民意机关之活动与边区行政之管理。其次是在共产党员被选为某一行政机关之主管人员时，应保证该机关之职员有三分之二为党外人士充任。“三三制”原则不限于政权，也广泛运用于边区其他机构。“在各抗日根据地内，政府系统、参议会系统及民众团体的各级领导机关中，均应实行‘三三制’，共产党员只占三分之一，而使愿与我党合作的党外人员占三分之二。”④

在抗日根据地政权中，由于共产党员只占三分之一，如何能保证党对政权的领导成了一个突出的问题。为此，毛泽东创造性地提出两个重要思想。一是以共产党员质量占优发挥模范作用来实现党的领导。他指出：“必须保证共产党员在政权中占领导地位，因此，必须使占三分之一的共产党员在质量上具有优越的条件。只要有了这个条件，就可以保证党的领导权，不必有

① 《毛泽东文集》第二卷，人民出版社1996年版，第244—245页。
② 《毛泽东选集》第二卷，人民出版社1991年版，第741页。
③ 《毛泽东选集》第二卷，人民出版社1991年版，第742页。
④ 《毛泽东文集》第二卷，人民出版社1996年版，第395页。

更多的人数。所谓领导权，不是要一天到晚当作口号去高喊，也不是盛气凌人地要人家服从我们，而是以党的正确政策和自己的模范工作，说服和教育党外人士，使他们愿意接受我们的建议。”[①] 二是以民主协商的精神同党外人士商量办事来实现党的领导。他指出：“必须教育担任政权工作的党员，克服他们不愿和不惯同党外人士合作的狭隘性，提倡民主作风，遇事先和党外人士商量，取得多数同意，然后去做。同时，尽量地鼓励党外人士对各种问题提出意见，并倾听他们的意见。绝不能以为我们有军队和政权在手，一切都要无条件地照我们的决定去做，因而不注意去努力说服非党人士同意我们的意见，并心悦诚服地执行。”[②] 毛泽东这里实际上已经涉及党对协商民主领导的具体方式问题。

党在抗日根据地的全面领导，是一元化的领导。鉴于当时有些根据地闹独立，不应当由根据地自己发表的意见也发表了，应当听中央指挥的也不听，中共中央下发了两个重要文件。一是 1941 年 1 月 7 日下发《中共中央关于增强党性的决定》，二是 1942 年 9 月 1 日下发《中共中央关于统一根据地党的领导及调整各组织间关系的决定》。毛泽东后来回顾说，“于是中央作出了关于增强党性的决定、关于党的领导一元化的决定等来进行纠正。”[③]1943 年 10 月 1 日，毛泽东提出《抗日根据地的十大政策》，其中第三大政策就是统一领导。随后他明确指出：“统一领导。实行一元化的领导很重要，要建立领导核心，反对‘一国三公’。”[④] 这是毛泽东最早明确地讲党的一元化领导。正是党在抗日根据地实行的一元化领导，保证了全党服从中央，保证人民军队听从党的指挥，保证了全党的团结统一，不仅为夺取抗日战争的胜利进而取得新民主主义革命的胜利提供了根本的政治保证，而且也为新中国成立后全面实现党的领导积累了重要经验。

---

① 《毛泽东选集》第二卷，人民出版社 1991 年版，第 742 页。

② 《毛泽东选集》第二卷，人民出版社 1991 年版，第 742—743 页。

③ 《毛泽东文集》第七卷，人民出版社 1996 年版，第 51 页。

④ 《毛泽东文集》第三卷，人民出版社 1996 年版，第 69 页。

二、新中国成立后中国共产党的全面领导

新中国成立初期，中国共产党的领导主要表现为对统一战线政权的领导。新中国成立的政权，是以工人阶级为领导的工农联盟为基础的人民民主专政，是工人阶级、农民阶级、小资产阶级和民族资产阶级四个阶级的联盟。周恩来指出："我国的人民民主专政是共产党领导下的人民民主统一战线的政权，应该更重视统一战线问题。"① 中国共产党是中国工人阶级的先锋队，工人阶级在政权中的领导地位通过共产党的领导来实现。民主党派作为小资产阶级和民族资产阶级的代表，参加国家政权。因此，新中国的阶级关系表现为政党关系，协商民主主要是中国共产党同民主党派的政治协商。中国共产党是"领导党"，首先表现为对民主党派的领导。周恩来曾就统一战线问题说："这里包含参加党派的和无党派的群众之间的关系以及各党派之间的关系。中国共产党是处于领导地位的，应该主动地和各方面搞好关系。"② 为了处理好新中国的政党关系，经过好几年的酝酿，随着社会主义制度已基本建立，1956 年 4 月毛泽东正式提出了"八字方针"，指出："究竟是一个党好，还是几个党好？现在看来，恐怕是几个党好。不但过去如此，而且将来也可以如此，就是长期共存，互相监督。"③ 为什么要让资产阶级和小资产阶级的民主党派同工人阶级政党长期共存呢？毛泽东说："这是因为凡属一切确实致力于团结人民从事社会主义事业的、得到人民信任的党派，我们没有理由不对它们采取长期共存的方针。"④ 周恩来说："既然我们在民主革命时期和社会主义改造时期，都能各民族资产阶级、各民主党派共同合作，团结在一起，那么，怎么能够设想进入社会主义建设时期，就不能同民主党派、党外人士继续合作下去呢？这是说不出

① 《人民政协重要文献选编》(上)，中央文献出版社、中国文史出版社 2009 年版，第 111 页。
② 《人民政协重要文献选编》(上)，中央文献出版社、中国文史出版社 2009 年版，第 101 页。
③ 《毛泽东文集》第七卷，人民出版社 1996 年版，第 34 页。
④ 《毛泽东文集》第七卷，人民出版社 1996 年版，第 235 页。

道理的。”[1] 为什么要让民主党派监督共产党呢？毛泽东说：“这是因为一个党同一个人一样，耳边很需要听到不同的声音。大家知道，主要监督共产党的是劳动人民和党员群众。但是有了民主党派，对我们更为有益。”[2] 周恩来说：“多一个监督，做起事来总要小心一点，谨慎一点。”“民主党派参加了革命和建设，那么他就有一份功劳，他是人民的一分子，他就有权来说话。你要他监督，有什么不好。”[3] 但是毛泽东也认为，民主党派虽然认同中国共产党的领导，但不时地还会充当反对派的角色。他在提出“八字方针”的同时就指出：“中国现在既然还有阶级和阶级斗争，就不会没有各种形式的反对派。所有民主党派和无党派民主人士虽然都表示接受中国共产党的领导，但是他们中的许多人，实际上就是程度不同的反对派。在‘把革命进行到底’、抗美援朝、土地改革等等问题上，他们都是又反对又不反对。对于镇压反革命，他们一直到现在还有意见。他们说《共同纲领》好得不得了，不想搞社会主义类型的宪法，但是宪法起草出来了，他们又全都举手赞成。事物常常走到自己的反面，民主党派对许多问题的态度也是这样。他们是反对派，又不是反对派，常常由反对走到不反对。”[4] 他提出，共产党同各民主党派长期共存，这是我们的愿望，也是我们的方针。至于各民主党派是否能够长期存在下去，不是单由共产党一方面的愿望决定，还要看各民主党派自己的表现，要看它们是否取得人民的信任。共产党可以监督民主党派，民主党派也可以监督共产党，但必须合乎六条政治标准，其中最重要的是社会主义道路和党的领导两条。周恩来也认为：“民主党派在共产党领导下，在宪法赋予的权利义务范围内，有政治自由和组织独立性。这种政治自由，是适应社会历史发展规律的必然性的自由。如果把它理解为资产阶级的自由，超出‘六条政治标准’之外的自由，破坏了大多

---

① 《人民政协重要文献选编》(上)，中央文献出版社、中国文史出版社2009年版，第302页。

② 《毛泽东文集》第七卷，人民出版社1996年版，第235页。

③ 《人民政协重要文献选编》(上)，中央文献出版社、中国文史出版社2009年版，第304页。

④ 《毛泽东文集》第七卷，人民出版社1996年版，第35页。

数人利益的自由，那是我们所反对的。”[①] 坚持“六条政治标准”，既是在中国共产党领导下进行多党合作的政治基础，也是新中国成立初期发展协商民主的重要原则。

新中国成立后，中国共产党的领导也集中地表现为对政府的领导，处理好党政关系的问题也就提了出来。党政关系的问题过去在抗日根据地也碰到过，但主要是党的基层组织与行政的关系。毛泽东曾指出：“在各抗日根据地内，在政府、参议会及一切已有或应有党外人员工作的部门，党支部的任务是：对于党员进行党的教育，领导党员成为工作的模范，团结党外人员，保证该部门工作任务的完成。支部不得直接干预行政领导，更不得代替行政领导。在行政关系上，党员必须服从行政的领导。在党外人员担负行政领导责任的部门中，该地或该部门的党组织及党员对行政工作有不同意见时，应采取适当方式，与党外人员协商解决，不得直接处理。某些地方党政不分的现象，应该纠正。”[②] 但中国共产党掌握全国政权后，碰到的主要问题已不是党的基层组织与行政的关系，而是中共中央与中央人民政府的关系，具有更大的复杂性。如何实现保证中国共产党对人民政府的领导很重要。全国政协第一届会议代行全国人民代表大会职权选举产生中央人民政府之后不久，1949 年 11 月，中共中央就作出《关于在中央人民政府内组织中国共产党党委会的决定》和《关于在中央人民政府内建立中国共产党党组的决定》，在中央和地方各级政府部门均得到实行。起初形成的思路是党的领导通过政府来实现。周恩来曾就党政关系指出：“我们已经在全国范围内建立了国家政权，而我们党在政权中又居于领导地位。所以一切号令应该经政权机构发出。这点中央已经注意到，各地也应该注意。由于过去长期战争条件，使我们形成了一种习惯，常常以党的名义下达命令，尤其在军队中更是这样。现在进入和平时期，又建立了全国政权，就应当改变这种习惯。例如发行公债、增减税收都应由政府颁布

---

① 《人民政协重要文献选编》(上)，中央文献出版社、中国文史出版社 2009 年版，第 306 页。

② 《毛泽东文集》第二卷，人民出版社 1996 年版，第 396 页。

法令。当然，党员要起骨干作用，但必须团结非党群众才能把工作做好。党政有联系也有区别。党的方针、政策要组织实施，必须通过政府，党组织保证贯彻。”① 毛泽东也公开说：“现在全国人民在中央人民政府领导之下，正在进行巨大的工作，为克服困难，争取经济状况的好转而斗争。”② 但这种工作体制的变化也产生了新问题，即党如何领导政府问题。为此，1952 年 12 月毛泽东明确提出了党对政府工作的领导责任，指出：“党中央及各级党委对政府、对财经工作、对工业建设的领导责任是：（一）一切主要的和重要的方针、政策、计划都必须统一由党中央规定，制定党的决议、指示，或对各有关机关负责同志及党组的建议予以审查批准；各中央代表机关及各级党委则应坚决保证党中央及中央人民政府一切决议、指示和法令的执行，并于不抵触中央决议、指示和法令的范围内，制定自己的决议或指示，保证中央和上级所给任务的完成。（二）检查党的决议和指示的执行情况。”③ 根据毛泽东的这一指示，中共中央 1953 年 11 月 24 日下发《关于加强干部管理工作的决定》，提出逐步建立在中央及各级党委统一领导下，在中央及各级党委组织部统一管理下的分部分级管理干部的体制。

从新中国成立到 1954 年，中国共产党迅速地建立了党领导国家的基本制度，形成了中央集权的政治体制和经济体制。其主要特征是：执政党集中和控制国家政权；中央政府控制全国所有地区的人、财、物及经济管理权；军权集中于中央，真正控制人民解放军及其他武装力量；实行单一制政体，立法权从属于中央。

为保证中国共产党对国家和社会实施正确的领导，吸取苏联共产党的教训，中共中央确立了集体领导的原则，建立了集体领导体制。1955 年 3 月在中国共产党全国代表会议上，毛泽东指出：“鉴于种种历史教训，鉴于个人的智慧必须和集体的智慧相结合才能发挥较好的作用和使我们在工作中少

① 《人民政协重要文献选编》（上），中央文献出版社、中国文史出版社 2009 年版，第 111 页。
② 《人民政协重要文献选编》（上），中央文献出版社、中国文史出版社 2009 年版，第 116 页。
③ 《毛泽东文集》第六卷，人民出版社 1996 年版，第 252 页。

犯错误，中央和各级党委必须坚持集体领导的原则，继续反对个人独裁和分散主义两种倾向。必须懂得，集体领导和个人负责这样两个方面，不是互相对立的，而是互相结合的。而个人负责，则和违反集体领导原则的个人独裁，是完全不同的两件事。”①周恩来也向党外人士说：“党委领导是集体领导，不是书记个人领导。没有经过党委讨论的大事，书记不能随便决定。行政上的事由行政决定，书记也无必要去干涉。”②“共产党的领导是指党的集体领导，党的中央和党的各级领导机构（省、市、县委员会等）的领导。起着领导作用的，主要是党的方针政策，而不是个人。个人都是平等的，如果从工作上说，大家都是人民的勤务员，彼此平等地交换意见，决不能个人自居于领导地位。个人离开了集体，就无从起领导作用。个人的意见不能代表政策，必须制定成政策，才能算为集体的意见、领导的意见。”③实行集体领导在体制上的创新，是1956年毛泽东提出增设中央政治局常务委员会，并提议由党中央主席、副主席和中央书记处总书记一起组成该委员会，作为中央领导集体的核心。这一提议在党的八大得以实现。

1957年反右派斗争扩大化，造成了国内阶级关系的紧张。1958年经济工作中的“左”的错误，更加重了这种紧张关系。1959年到1961年，我国国民经济又发生严重困难。在这样的形势下，党的领导问题又一次突出起来，特别是在党外人士中对党领导一切的问题需要正确认识。1962年3月2日，周恩来就知识分子问题说：“首先谈一谈我们党能否领导一切。一九五七年以后，党对科学文化工作的领导进一步确立了。知识分子承认和接受党的领导，是党和人民的胜利，也是知识分子的光荣。必须肯定，党应该领导一切，党能够领导一切。现在的问题是如何领导一切？什么是一切？这个问题正在逐步解决。”④并且解释说：“我们说党领导一切，是说党要管大政方针、政策、计划，是说党对各部门都可以领导，不是说一切事情都要

① 《毛泽东文集》第六卷，人民出版社1996年版，第391—392页。

② 《人民政协重要文献选编》(上)，中央文献出版社、中国文史出版社2009年版，第326页。

③ 《人民政协重要文献选编》(上)，中央文献出版社、中国文史出版社2009年版，第339页。

④ 《人民政协重要文献选编》(上)，中央文献出版社、中国文史出版社2009年版，第325页。

党去管。至于具体业务，党不要干涉。人家熟悉，要信任他们。”① 就如何正确对待知识分子，他特别强调：“他们承认和接受党的领导，愿为社会主义服务，愿意自我改造，党就要信任他们。你信任他，他也就信任你，彼此有了信任，就可以团结在一起工作。”② 周恩来的这个讲话，对于恢复在反右派斗争中遭受挫折的党同党外人士的协商民主，起了非常重要的作用。

1963 年 1 月中共中央召开的扩大的中央工作会议，即七千人大会，是中国共产党历史上一次非常重要的发扬党内民主的大会。在这次会议上，毛泽东提出：“工、农、商、学、兵、政、党这七个方面，党是领导一切的。党要领导工业、农业、商业、文化教育、军队和政府。”③ 为此对各方面的工作都应当好好地总结经验，制定一整套的方针、政策和办法，在正确的轨道上前进。他特别强调实行民主集中制，指出：“不论党内党外，都要有充分的民主生活，就是说，都要认真实行民主集中制。”④ 并且对民主集中制作了深刻阐述：“我们的集中制，是建立在民主基础上的集中制。无产阶级的集中，是在广泛民主基础上的集中。各级党委是执行集中领导的机关。但是，党委的领导，是集体领导，不是第一书记个人独断。在党委会内部只应当实行民主集中制。第一书记同其他书记和委员之间的关系是少数服从多数。”⑤ 他明确要求，只要是大事，就得集体讨论，认真地听取不同的意见，认真地对于复杂的情况和不同的意见加以分析。他提出，要把党内、党外的先进分子、积极分子团结起来，把中间分子团结起来，带动落后分子。他指出：“要使全党、全民团结起来，就必须发扬民主，让人讲话，在党内是这样，在党外也是这样。”⑥ 并且指出了容许少数人保留不同意见的必要性。“在党内党外，容许少数人保留意见，是有好处的。错误的意见，让他暂时保

① 《人民政协重要文献选编》（上），中央文献出版社、中国文史出版社 2009 年版，第 325—326 页。

② 《人民政协重要文献选编》(上)，中央文献出版社、中国文史出版社 2009 年版，第 327 页。

③ 《毛泽东文集》第八卷，人民出版社 1996 年版，第 305 页。

④ 《毛泽东文集》第八卷，人民出版社 1996 年版，第 291 页。

⑤ 《毛泽东文集》第八卷，人民出版社 1996 年版，第 294 页。

⑥ 《毛泽东文集》第八卷，人民出版社 1996 年版，第 307 页。

留，将来他会改的。许多时候，少数人的意见，倒是正确的。历史上常常有这样的事实，起初，真理不是在多数人手里，而是在少数人手里。”① 针对有些同志习惯于拿帽子压人、一张口就是帽子满天飞的问题，他提出：“我们提倡不抓辫子、不戴帽子、不打棍子，目的就是要使人心里不怕，敢于讲意见。”② 毛泽东的这些思想，对于发展包括党内党外在内的协商民主精神，具有长远的指导意义。正是这次大会强调实行民主集中制，在党内外发挥民主，从而把党内外广大群众的积极性调动起来，使我国社会主义建设过程中遇到的困难较快地得到克服，在党的领导下准备进行同过去时代的斗争形式有着许多不同特点的伟大的斗争，保证了党和国家伟大事业的顺利进行。

三、改革开放以来党的领导体制改革

党的十一届三中全会后，与经济体制改革同时，我国开始了以改善党的领导为主要课题的政治体制改革。政治体制改革必然要涉及对党的领导的认识。邓小平认为，“我们要改善党的领导，除了改善党的组织状况以外，还要改善党的领导工作状况，改善党的领导制度。这是个复杂的问题。”③ 这里明确用了“党的领导制度”概念。这个问题为什么复杂呢？主要在于因思想僵化对党的领导问题存在三个误区：“加强党的领导，变成了党去包办一切、干预一切；实行一元化领导，变成了党政不分、以党代政；坚持中央的统一领导，变成了‘一切统一口径’。”④ 这是政治体制改革要解决的三个重点问题，即党领导什么的问题、党政关系问题、权力下放问题。

1980 年 8 月 18 日，邓小平在《党和国家领导制度的改革》中进一步指出了政治体制改革兴利除弊的针对性。他认为，“从党和国家的领导制度、干部制度方面来说，主要的弊端就是官僚主义现象，权力过分集中的现象，

① 《毛泽东文集》第八卷，人民出版社 1996 年版，第 308 页。
② 《毛泽东文集》第八卷，人民出版社 1996 年版，第 309 页。
③ 《邓小平文选》第二卷，人民出版社 1994 年版，第 269 页。
④ 《邓小平文选》第二卷，人民出版社 1994 年版，第 142 页。

家长制现象，干部领导职务终身制现象和形形色色的特权现象。"① 特别是权力过分集中的现象，是一个长期存在而未解决的问题。他认为，造成这种现象有历史的原因。这就是我们历史上多次强调党的集中统一，过分强调反对分散主义、闹独立性，很少强调必要的分权和自主权，很少反对个人过分集权。过去在中央和地方之间，分过几次权，但每次都没有涉及党同政府、经济组织、群众团体等等之间如何划分职权范围的问题，因而也都没有得到真正的解决。"对这个问题长期没有足够的认识，成为发生'文化大革命'的一个重要原因，使我们付出了沉重的代价。现在再也不能不解决了。"② 由此也涉及对党的一元化领导如何理解。邓小平指出："权力过分集中的现象，就是在加强党的一元化领导的口号下，不适当地、不加分析地把一切权力集中于党委，党委的权力又往往集中于几个书记，特别是集中于第一书记，什么事都要第一书记挂帅、拍板。党的一元化领导，往往因此而变成了个人领导。全国各级都不同程度地存在这个问题。"③ 显然，邓小平这里反对的不是党的一元化领导，而反对的是把党的一元化领导当作口号；反对的不是党的集中统一领导，而是权力过分集中。邓小平明确说："我不是说不要强调党的集中统一，不是说任何情况下强调集中统一都不对，也不是说不要反对分散主义、闹独立性，问题都在于'过分'，而且对什么是分散主义、闹独立性也没有搞得很清楚。"④

加强和改善党的领导的一个重要任务，是解决党政不分、以党代政的问题，实行党政分开。一个重要的措施是中央一部分主要领导同志不兼任政府职务，可以集中精力管党，管路线、方针、政策。邓小平认为，"这样做，有利于加强和改善中央的统一领导，有利于建立各级政府自上而下的强有力的工作系统，管好政府职权范围内的工作。"⑤ 他明确要求："真正建立从

---

① 《邓小平文选》第二卷，人民出版社 1994 年版，第 327 页。
② 《邓小平文选》第二卷，人民出版社 1994 年版，第 329 页。
③ 《邓小平文选》第二卷，人民出版社 1994 年版，第 328 页。
④ 《邓小平文选》第二卷，人民出版社 1994 年版，第 329 页。
⑤ 《邓小平文选》第二卷，人民出版社 1994 年版，第 321 页。

国务院到地方各级政府从上到下的强有力的工作系统。今后凡属政府职权范围内的工作，都由国务院和地方各级政府讨论、决定和发布文件，不再由党中央和地方各级党委发指示、作决定。政府工作当然是在党的政治领导下进行的，政府工作加强了，党的领导也加强了。”① 为什么要进行这样的改革，邓小平说：“中央认为，从原则上说，各级党组织应该把大量日常行政工作、业务工作，尽可能交给政府、业务部门承担，党的领导机关除了掌握方针政策和决定重要干部的使用以外，要腾出主要的时间和精力来做思想政治工作，做人的工作，做群众工作。如果一时还不能完全做到这一点，至少也必须把思想政治工作放在重要地位上，否则党的领导既不可能改善，也不可能加强。”② 后来邓小平又指出：“党管政府怎么办法，也需要总结经验。党政分开，从十一届三中全会以后就提出了这个问题。我们坚持党的领导，问题是党善于不善于领导。党要善于领导，不能干预太多，应该从中央开始。这样提不会削弱党的领导。干预太多，搞不好倒会削弱党的领导，恐怕是这样一个道理。”③“改革的内容，首先是党政要分开，解决党如何善于领导的问题。这是关键，要放在第一位。”④ 由此可见，邓小平提出的党政分开，是着眼于加强和改善党的领导的。他认为，党对政府的领导主要是三项，一是掌握方针政策，政治上实施领导，二是决定重要干部的使用，组织上实施领导，三是集中精力做思想政治工作，思想上实施领导。这标志着要建立一种适应社会主义现代化建设需要的新型的党政关系。

加强和改善党的领导，还需要解决党如何对企事业单位实行领导的问题。邓小平认为，我们历来都是工厂实行党委领导下的厂长负责制，学校是党委领导下的校长负责制。如果今后继续实行这个制度，那么就要明确工厂车间班组是否也要由党支部或者党小组领导，大学的系是否也要由党总支领

① 《邓小平文选》第二卷，人民出版社 1994 年版，第 339—340 页。

② 《邓小平文选》第二卷，人民出版社 1994 年版，第 365 页。

③ 《邓小平文选》第三卷，人民出版社 1993 年版，第 163—164 页。

④ 《邓小平文选》第三卷，人民出版社 1993 年版，第 177 页。

导？这样是不是有利于工厂和大学的工作？能不能体现党的领导作用？“如果这个问题解决得不好，可能损害党的领导，削弱党的领导，而不是加强党的领导。”[①] 他重申了党的一个优良传统，共产党在基层实现领导的手段，应当是发挥共产党员的模范作用，包括努力学习专业知识，成为各种专业的内行，并且吃苦在前，享受在后，比一般人负担更多的工作。“如果能够保证这些，就是党的领导有效、党的领导得力，这比东一件事情、西一件事情到处干预好得多，党的威信自然就会提高。”[②] 后来，他进一步提出：“实行党委领导下的厂长负责制，党委只管大的政治问题、原则问题，厂里的生产、行政方面的管理工作，就应该由厂长负责统一指挥，不能事无大小都由党委包起来。”[③] 党在企事业单位领导体制的改革的目标是适应经济体制改革的需要，通过下放权力来调动基层和工人、农民、知识分子的积极性。他指出：“农村改革是权力下放，城市经济体制改革也要权力下放，下放给企业，下放给基层，同时广泛调动工人和知识分子的积极性，让他们参与管理，实现管理民主化。”[④]

十一届三中全会后，我国多党合作事业得到恢复发展，中国共产党同民主党派的协商成为协商民主的主要方式。邓小平强调中国共产党的领导是我国多党合作制度的显著特点和优势。他认为，资本主义国家的多党制是由资产阶级互相倾轧的竞争状态所决定的，导致很大一部分力量相互牵制和抵消。“我们国家也是多党，但是，中国的其他党，是在承认共产党领导这个前提下面，服务于社会主义事业的。我们全国人民有共同的根本利益和崇高理想，即建设和发展社会主义，并在最后实现共产主义，所以我们能够在共产党的领导下团结一致。我们同其他几个党长期共存，互相监督，这个方针要坚持下来。但是，中国由共产党领导，中国的社会主义现代化建设事业由共产党领导，这个原则是不能动摇的；动摇了中国就要倒退到分裂和混乱，

---

① 《邓小平文选》第二卷，人民出版社 1994 年版，第 270 页。
② 《邓小平文选》第二卷，人民出版社 1994 年版，第 271 页。
③ 《邓小平文选》第二卷，人民出版社 1994 年版，第 282 页。
④ 《邓小平文选》第三卷，人民出版社 1993 年版，第 180 页。

就不可能实现现代化。”[①] 由此，坚持中国共产党的领导作为协商民主特别是政党协商的根本原则，牢固确立起来。

四、中共十八以来党的全面领导制度的完善

中共十八大以来，我国政治生活的一个深刻变化，就是中国共产党的领导全面加强，管党治党宽松软状况得到纠正，从而为我国改革开放和社会主义现代化建设取得全方位的、开创性成就，发生深层次的、根本性变革，提供了坚强政治保证。中共十九大报告，把坚持党对一切工作的领导列为新时代坚持和发展中国特色社会主义的基本方略第一条。总结改革开放 40 多年积累的宝贵经验，第一点是必须坚持党对一切工作的领导，不断加强和改善党的领导。中国共产党在长期的革命、建设、改革中形成的党的全面领导的制度进一步完善。

党的全面领导，来自于党的全面执政。习近平总书记指出：“我们党的执政是全面执政，从立法、执法到司法，从中央部委到地方基层，都在党的统一领导之下。”[②] 为了巩固党的全面执政地位，就要实行党的全面领导。“中国共产党是中国特色社会主义事业的领导核心，处在总揽全局、协调各方的地位。在当今中国，没有大于中国共产党的政治力量或其他什么力量。党政军民学，东西南北中，党是领导一切的，是最高的政治领导力量。中国共产党是执政党，党的领导是做好党和国家各项工作的根本保证，是我国政治稳定、经济发展、民族团结、社会稳定的根本点，绝对不能有丝毫动摇。”[③] 这不是简单重申毛泽东说过的“工、农、商、学、兵、政、党这七个方面，党是领导一切的。”更重要的是结合了邓小平提出的“中央要有权威”，“我们要定一个方针，就是要在中央统一领导下深化改革”，[④] 强调党中央的集中

① 《邓小平文选》第二卷，人民出版社 1994 年版，第 267—268 页。

② 《习近平关于全面从严治党论述摘编》，中央文献出版社 2016 年版，第 208 页。

③ 《习近平关于社会主义政治建设论述摘编》，中央文献出版社 2017 年版，第 30—31 页。

④ 《邓小平文选》第三卷，人民出版社 1993 年版，第 278 页。

统一领导。正如习近平总书记所指出的："党中央制定的理论和路线方针政策，是全党全国各族人民统一思想、统一意志、统一行动的依据和基础。只有党中央有权威，才能把全党牢固凝聚起来，进而把全国各族人民紧密团结起来，形成万众一心、无坚不摧的磅礴力量。如果党中央没有权威，党的理论和路线方针政策可以随意不执行，大家各自为政、各行其是，想干什么就干什么，想不干什么就不干什么，党就会变成一盘散沙，就会成为自行其是的'私人俱乐部'，党的领导就会成为一句空话。"① 正是由于"党政军民学，东西南北中，党是领导一切的"这句话历久弥新的意义，中共十九大通过的修改党章的决议，把这一重大政治原则写入了党章，从而为全党增强政治意识、大局意识、核心意识、看齐意识，坚决维护习近平总书记党中央的核心、全党的核心地位，坚决维护党中央权威和集中统一领导，实现全党思想上统一、政治上团结、行动上一致，确保党总揽全局、协调各方，奠定了坚实的政治基础。

新时代完善党的全面领导的制度，要放在国家治理体系的大棋局中来认识。习近平总书记指出："我们说要推进国家治理体系和治理能力现代化，国家治理体系是由众多子系统构成的复杂系统，这个系统的核心是中国共产党，人大、政府、政协、法院、检察院、军队、各民主党派和无党派人士，各企事业单位，工会、共青团、妇联等群团组织，都要坚持中国共产党领导。"② 形象地说，"在国家治理体系的大棋局中，党中央是坐镇中军帐的'帅'，车马炮各展其长，一盘棋大局分明。"③ 党中央作为领导决策核心，既要发挥统帅作用，加强党的集中统一领导，又要支持人大、政府、政协和监察机关、审判机关、检察机关、人民团体、企事业单位、社会组织等依法履行职能、开展工作、发挥作用。具体来说，在国家权力机关和政权机关，加强和改善党的领导，要善于使党的主张通过法定程序成为国家意志，善于使党组织推荐的人选通过法定程序成为国家政权机关的领导人员，善于通过国

① 《习近平关于社会主义政治建设论述摘编》，中央文献出版社 2017 年版，第 36 页。
② 《习近平关于社会主义政治建设论述摘编》，中央文献出版社 2017 年版，第 34 页。
③ 《习近平关于社会主义政治建设论述摘编》，中央文献出版社 2017 年版，第 31 页。

家政权机关实施党对国家和社会的领导，善于运用民主集中制原则维护党和国家权威、维护全党全国团结统一。在统一战线和人民政协方面，协商民主是实现党的领导的重要方式，通过发扬民主、广泛协商，使统一战线广大成员更加普遍地认同党的主张，更加自觉地团结在党的周围、跟党走。在法治方面，党领导人民制定宪法法律，党领导人民实施宪法法律，党自身必须在宪法法律范围内活动，是坚持党的领导的具体体现，要坚持党领导立法、保证执法、支持司法、带头守法。在群团工作方面，党需要建立旨在广泛联系各方面群众的群团组织来帮助党做群众工作，党组织要鼓励和引导群团组织充分发挥作用，群团组织要积极作为、敢于作为，通过自身努力把党的意志和主张落实到广大人民群众中去。

完善党的全面领导的制度，一个重要举措是实行各方面党组织向党委汇报工作制度。习近平总书记指出："各方面党组织应该对党委负责、向党委报告工作。有的同志习惯于把分管工作当成自己的禁脔，觉得既然分管就没有必要报告了，也不希望其他人来过问，有的甚至不愿意党委过问，不然就是党政不分了。这种想法是不正确的。党委是起领导核心作用的，各方面都应该自觉向党委报告重大工作和重大情况，在党委统一领导下尽心尽力做好自身职责范围内的工作。"① 为此，党中央作出全国人大常委会、国务院、全国政协、最高人民法院、最高人民检察院党组向中央政治局汇报工作的制度安排。从 2015 年开始，在每年年初的政治局常委会上，五大党组分别向中央政治局常委会汇报工作，中央政治局常委会听取和研究五大党组的工作汇报。中共十八届六中全会通过的《关于新形势下党内政治生活的若干准则》规定：全党必须严格执行重大问题请示报告制度。2019 年 2 月，中共中央印发《中国共产党重大事项请示报告条例》，对开展重大事项请示报告工作应当遵循的原则，党组织请示报告主体、事项、程序方式，以及党员、领导干部请示报告都作出了明确而严格的规定，对于执行民主集中制，维护党的政治纪律，完善党的全面领导的制度，具有重要意义。

---

① 《习近平关于社会主义政治建设论述摘编》，中央文献出版社 2017 年版，第 27 页。

完善坚持党的全面领导的制度，需要深化党的领导体制机制改革。习近平总书记指出："领导我们事业的核心力量是中国共产党。什么叫核心力量？一些同志没有搞得很清楚，或者说知道这个道理，但一到实际工作中就搞不清楚了。党的领导，体现在党的科学理论和正确路线方针政策上，体现在党的执政能力和执政水平上，同时也体现在党的严密组织体系和强大组织能力上。"① 组织体系和组织能力就涉及党的领导体制机制问题。为此，依据中共十九大报告提出的"完善坚持党的领导的体制机制"要求，中共十九届三中全会通过的《中共中央关于深化党和国家机构改革的决定》提出"完善坚持党的全面领导的制度"，"建立健全党对重大工作的领导体制机制"。习近平总书记指出："我们党在一个有着十三多亿人口的大国长期执政，要保证国家统一、法制统一、政令统一、市场统一，要实现经济发展、政治清明、文化昌盛、社会公正、生态良好，要顺利推进新时代中国特色社会主义各项事业，必须完善坚持党的领导的体制机制，更好发挥党的领导这一最大优势，担负好进行伟大斗争、建设伟大工程、推进伟大事业、实现伟大梦想的重大职责。"② 加强党对一切工作的领导，这一要求不是空洞的、抽象的，要在各方面各环节落实和体现。为此，"要通过深化党和国家机构改革，努力从机构职能上解决党对一切工作领导的体制机制问题，解决党长期执政条件下我国国家治理体系中党政军群的机构职能关系问题，为有效发挥中国共产党领导这一最大制度优势提供完善有力的体制机制保障、坚实的组织基础和有效的工作体系，确保党对国家和社会实施领导的制度得到加强和完善，更好担负起进行伟大斗争、建设伟大工程、推进伟大事业、实现伟大梦想的重大职责。"③ 深化党和国家机构改革是我国政治体制改革的关键性环节，加强党对各领域各方面工作的领导是首要任务。完善坚持党的全面领导的制度重要举措有：建立健全党对重大工作的领导体制机制，优化党中央决策议事协调机构；强化党的组织在同级组织中的领导地位；更好发挥党的职能部门作用，

---

① 《习近平关于全面从严治党论述摘编》，中央文献出版社 2016 年版，第 100 页。

② 习近平：《论坚持全面深化改革》，中央文献出版社 2018 年版，第 430—431 页。

③ 习近平：《论坚持全面深化改革》，中央文献出版社 2018 年版，第 449 页。

加强归口协调职能，统筹本系统本领域工作；统筹设置党政机构，党的有关机构可以同职能相近、联系紧密的其他部门统筹设置，实行合并设立或合署办公；推进党的纪律检查体制和国家监察体制改革。这些重要举措的落实，完善了保证党的全面领导的制度安排，形成了总揽全局、协调各方的党的领导体系，改进了党的领导方式和执政方式，提高了党“把方向、谋大局、定政策、促改革”的能力和定力，构建起系统完备、科学规范、运行高效的党和国家机构职能体系，朝着实现国家治理体系和治理能力现代化的宏伟目标迈出了坚实步伐。

党和国家机构改革的一个重大变化，是对职能相近的党政机关探索合并设立或合署办公，解决党政机构职责重叠、叠床架屋问题。如加强党中央职能部门的统一归口协调管理职能，由中央组织部统一管理公务员工作，统一管理中央编办；由中央宣传部统一管理新闻出版、电影工作，归口管理新组建的国家广播电视总局、中央广播电视总台；将国家宗教局、国务院侨务办公室并入中央统战部，统一管理宗教、侨务工作，由中央统战部统一领导国家民族事务委员会。由此引出了这样改是不是又成了“党政不分”的问题。社会主义国家的党政关系虽然要实行“党政分开”，但既不是西方国家的“党政分开”模式，更不是要把党和政绝对地“分开”来。是分还是合，要从是否有利于加强和改善党的领导来看。习近平总书记早在 2013 年 11 月的中共十八届三中全会上就指出：“我们党领导的改革历来是全面改革。问题的实质是改什么、不改什么，有些不能改的，再过多长时间也是不改，不能把这说成是不改革。我们不断推进改革，是为了推动党和人民事业更好发展，而不是为了迎合某些人的‘掌声’，不能把西方的理论、观点生搬硬套在自己身上。”① 邓小平当年提出的“党政分开”决不是西方政治制度模式的党政分开。习近平总书记指出：“在我国，党的坚强有力领导是政府发挥作用的根本保证。”②2017 年 3 月 5 日，王岐山参加在十二届全国人大五次会议北京代

① 习近平：《论坚持全面深化改革》，中央文献出版社 2018 年版，第 57 页。

② 习近平：《论坚持全面深化改革》，中央文献出版社 2018 年版，第 106 页。

表团审议政府工作报告时说：中国历史传统中，“政府”历来是广义的，承担着无限责任。党的机关、人大机关、行政机关、政协机关以及法院和检察院，在广大群众眼里都是政府。在党的领导下，只有党政分工、没有党政分开，对此必须旗帜鲜明、理直气壮，坚定中国特色社会主义道路自信、理论自信、制度自信、文化自信。深化党和国家改革的一个重要特点，是统筹设置党政机构，避免政出多门、责任不明、推诿扯皮，防止机构重叠、职能重复、工作重合。党的有关机构可以同职能相近、联系紧密的其他部门统筹设置，实行合并设立或合署办公，使党和国家机构职能更加优化、权责更加协同、运行更加高效。这有利于把缺位的职责补齐，让交叉的职责清晰起来，提高工作效能。有些中央决策议事协调机构，也可以设在国务院部门，有助于理顺党政机构职责关系，统筹调配资源，减少多头管理，减少职责分散交叉，使党政机构职能分工合理、责任明确、运转协调，形成统一高效的领导体制，保证党实施集中统一领导，保证其他机构协调联动。加强党中央职能部门的统一归口协调管理职能，有利于加强党的集中统一领导，这样的改革是必要的。

完善坚持党的全面领导的制度，是新时代的一个长期的艰巨任务，不可能毕其功于一役。邓小平曾经说，“现在提出改革并完善党和国家领导制度的任务，以适应现代化建设的需要，时机和条件都已成熟。这个任务，我们这一代人也许不能全部完成，但是，至少我们有责任为它的完成奠定巩固的基础，确立正确的方向。我相信，这一点是一定可以做到的。”① 坚持和完善党的全面领导的制度也是这样。习近平总书记认为，深化党和国家机构改革是一场系统性、整体性、重构性的变革，力度之大、涉及范围之广、触及利益之深前所未有。他明确要求，既要有当下“改”的举措，立足当前，聚焦实现第一个百年奋斗目标面临的突出矛盾和问题，抓重点、补短板、强弱项、防风险，从党和国家机构职能上为决胜全面建成小康社会提供保障；又要有长久“立”的设计，放眼未来、前瞻实现第二个百年奋斗目标需要构建什么

① 《邓小平文选》第二卷，人民出版社 1994 年版，第 342—343 页。

样的组织架构和管理体制，打基础、立支柱、定架构，注重解决事关长远的体制机制问题，为形成更加完善的中国特色社会主义制度创造有利条件。

五、继续推进党的领导制度化、法治化

2018年8月，在中央全面依法治国委员会第一次会议上，习近平指出："推进党的领导制度化、法治化，既是加强党的领导的应有之义，也是法治建设的重要任务。""我们要继续推进党的领导制度化、法治化，不断完善党的领导体制和工作机制，把党的领导贯彻到全面依法治国全过程和各方面。"①

"制度化、法治化"来源于邓小平在改革开放之初提出的"使民主制度化、法律化"。他讲的"两化"，虽然主要是就人民民主而言的，但实际上也是要解决人治还是法治这一在国际共产主义运动史上并没有很好地解决的问题。正如邓小平所指出的："现在的问题是法律很不完备，很多法律还没有制定出来。往往把领导人说的话当做'法'，不赞成领导人说的话就叫做'违法'，领导人的话改变了，'法'也就跟着改变。"②这种以言代法的问题，不仅不能保障人民民主，而且也不能保证党实行正确的集中统一领导。这是邓小平提出"制度化、法律化"任务的针对性所在。

依据中共十八大报告提出的"实现国家各项工作法治化"的新要求，习近平总书记把"制度化、法律化"确定为"制度化、法治化"，并且同加强党的领导紧密联系起来。2014年1月在中央政治工作会议上他指出："党的领导和社会主义法治是一致的，只有坚持党的领导，人民当家作主才能充分实现，国家和社会生活制度化、法治化才能有序推进。"③党的领导制度化、法治化在我国有着长期的实践，这就是把党的领导融入国家制度，并通过国家根本大法来体现。

习近平总书记认为，我国社会主义制度建设有两个半程："从形成更加

① 习近平:《论全面坚持依法治国》，中央文献出版社2020年版，第223页。

② 《邓小平文选》第二卷，人民出版社1994年版，第146页。

③ 《习近平关于全面依法治国论述摘编》，中央文献出版社2015年版，第19页。

成熟更加定型的制度看，我国社会主义实践的前半程已经走过了，前半程我们的主要历史任务是建立社会主义基本制度，并在这个基础上进行改革，现在已经有了很好的基础。后半程，我们的主要历史任务是完善和发展中国特色社会主义制度，为党和国家事业发展、为人民幸福安康、为社会和谐稳定、为国家长治久安提供一整套更完备、更稳定、更管用的制度体系。”①

（一）前半程主要历史任务是建立社会主义基本制度，并在这个基础上进行改革

在新民主主义革命时期，中国共产党就开始考虑新中国走内生性建构国家制度的道路，对国家制度进行设计。毛泽东依据当时中国国情，排除了三种国家制度选择，一是由大地主大资产阶级专政的、封建的、法西斯的、反人民的国家制度，二是纯粹民族资产阶级的旧式民主专政的国家制度，三是苏联式社会主义国家制度。他主张：“建立一个以全国绝大多数人民为基础而在工人阶级领导之下的统一战线的民主联盟的国家制度，我们把这样的国家制度称之为新民主主义的国家制度。”② 新民主主义政权是工人阶级（经过共产党）领导的以工农联盟为基础的人民民主专政。1949 年 9 月，中国人民政治协商会议第一届全体会议召开，中国共产党关于国家制度的设计付之于实践。会议通过的《中国人民政治协商会议共同纲领》正式明确国家的制度是新民主主义，确认了中国共产党领导全国人民进行革命斗争的成果。1954 年 9 月 15 日，一届全国人大一次会议召开，毛泽东庄严宣告：“领导我们事业的核心力量是中国共产党。”会议通过了毛泽东主持起草的新中国第一部宪法，在序言中明确了在中国共产党领导下取得的历史性成就，确认了中国共产党在人民民主统一战线中的领导地位。中国共产党的领导正式融入国家制度，并有了牢固的宪法依据。在中国共产党的领导下，取得了所有制社会主义改造的胜利，建立起社会主义基本制度，为中国共产党政治上的领

① 《习近平关于全面深化改革论述摘编》，中央文献出版社 2014 年版，第 27 页。

② 《毛泽东选集》第三卷，人民出版社 1991 年版，第 1056 页。

导地位奠定牢固的经济基础。1959年到1961年，我国国民经济发生严重困难，但在党的领导下很快得到了克服。在“文化大革命”期间，虽然民主和法制遭受严重破坏，但我国社会主义制度的根基仍然保存着，党的领导地位仍然存在着，我国国民经济仍然取得了进展。1975年1月四届全国人大会一次会议通过的“七五宪法”，不仅在序言中表明中国共产党的领导作用，而且在总纲第二条明确规定：“中国共产党是全中国人民的领导核心。工人阶级经过自己的先锋队中国共产党实现对国家的领导。”这对我们党依靠自身力量纠正“文化大革命”错误起了重要作用。

中共十一届三中全会后，以邓小平同志为核心的第二代中央领导集体，开启了党和国家领导制度改革。这个改革是把党的领导与国家制度结合在一起的改革。邓小平指出：“为了适应社会主义现代化建设的需要，为了适应党和国家政治生活民主化的需要，为了兴利除弊，党和国家领导制度以及其他制度，需要改革的很多。”① 他认为，“我们的党和人民浴血奋斗多年，建立了社会主义制度。尽管这个制度还不完善，又遭受了破坏，但是无论如何，社会主义制度总比弱肉强食、损人利己的资本主义制度好得多。”② 为此，中共中央向五届全国人大三次会议提出修改宪法的建议，目的是使我国的宪法更完备、周密、准确，能够切实保证人民真正享有管理国家各级组织和各项事业的权力，享有充分的公民权利，改善人民代表大会制度。邓小平提出，“关于不允许权力过分集中的原则，也将在宪法中表现出来。”③

1982年12月4日，第五届全国人民代表大会第五次会议通过“八二宪法”。“八二宪法”明确了国家性质和国家根本制度，在总纲第一条规定“中华人民共和国是工人阶级领导的、以工农联盟为基础的人民民主专政的社会主义国家。社会主义制度是中华人民共和国的根本制度”。在序言中有四处明确中国共产党的领导。其中前两处是表明在中国共产党领导下取得新民主主义革命的胜利和社会主义事业的成就。第三处是表明中国各族人民将继续

① 《邓小平文选》第二卷，人民出版社1994年版，第322页。

② 《邓小平文选》第二卷，人民出版社1994年版，第337页。

③ 《邓小平文选》第二卷，人民出版社1994年版，第339页。

在中国共产党领导下实现集中力量进行社会主义现代化建设的国家根本任务。第四处是表明中国共产党在广泛的爱国统一战线中的领导地位。由此，在历史中形成的中国共产党的领导地位通过宪法而牢固地确立起来，并且与国家的根本制度——社会主义制度联系起来。

改革开放以来，党的领导融入国家制度的一个成功范例是将中国共产党领导的多党合作和政治协商制度载入宪法。1949 年 9 月，中国人民政治协商会议第一届全体会议的成功召开，就标志着中国共产党领导的多党合作和政治协商制度正式确立。但在相当长的时间内，这一制度并未明确为我国的一项基本政治制度，并且也未在宪法中有表述。1989 年 12 月，中共中央颁发与各民主党派协商后形成的《中共中央关于坚持和完善中国共产党领导的多党合作和政治协商制度的意见》，正式提出“中国共产党领导的多党合作和政治协商制度”，并确立为中国的基本政治制度。在宪法修改的协商过程中，采取民建中央的建议，1993 年 3 月 14 日，中共中央向八届全国人大一次会议主席团提出《关于修改宪法部分内容的补充建议案》，其中第一条就是在宪法序言第十自然段增加“中国共产党领导的多党合作和政治协商制度将长期存在和发展”。3 月 29 日，八届全国人大一次会议通过《中华人民共和国宪法修正案》，将这句话写进宪法。中国共产党领导的多党合作和政治协商制度是我国各项政治制度中唯一在名称上标明“中国共产党领导”的政治制度，是从国家政治制度层面规定中国共产党领导的制度。这一政治制度载入宪法，加重了宪法序言体现中国共产党领导的分量。习近平总书记指出：“我们有符合国情的一套理论、一套制度，同时我们也抱着开放的态度，无论是传统的还是外来的，都要取其精华、去其糟粕，但基本的东西必须是我们自己的，我们只能走自己的路。我们是中国共产党执政，各民主党派参政，没有反对党，不是三权鼎立、多党轮流坐庄，我国法治体系要跟这个制度相配套。”①

我们通过与前苏联发生剧变的一件事情相比较，就更能懂得这一政治制

① 《习近平关于全面依法治国论述摘编》，中央文献出版社 2015 年版，第 34—35 页。

度入宪的重大意义。1988 年 6 月，苏联共产党总书记戈尔巴乔夫提出“要根本改变我们的政治体制”，实行“社会主义多元化”和“舆论多元化”，改变党的职能，把国家的“一切权力归苏维埃”。1989 年 11 月，他又提出实行议会民主和三权分立，需要修改宪法。由此引起苏联共产党内发生很大的争论，就是苏联宪法第六条要不要修改。因为苏联宪法第六条明确规定：“苏联共产党是苏联社会的领导力量和指导力量，是苏联社会政治制度以及国家和社会组织的核心。”当时苏共中央多数人不赞成修改这一条，但是戈尔巴乔夫赞成，说了一条冠冕堂皇的理由：共产党的执政地位应该由党以自己的行动来争取，而不应该由法律条文来保证。1990 年 3 月 14 日，第三次苏联（非常）人民代表大会修改宪法，将其中第六条进行了彻底修改，取消了苏共领导地位的宪法保障。结果使反对共产党、反对社会主义在苏联成了合法的行动，大肆泛滥起来了，坚持苏联共产党领导反倒成了“违宪”，最后只能解散，最终导致苏共亡党和苏联解体的悲剧。与此形成鲜明对照，中国共产党领导的多党合作和政治协商制度载入宪法，使得中国共产党的领导地位有了更加稳固的宪法保障，顶住了苏东剧变、苏联解体带来的国际环境的压力，在中国共产党坚强有力的领导下，巩固了社会主义制度，取得了改革开放和社会主义现代化建设的历史性成就。

2012 年 12 月 4 日，习近平在首都各界纪念现行宪法公布实施三十周年大会上的讲话中认为，中国特色社会主义政治发展道路的核心思想、主体内容、基本要求，都在宪法中得到了确认和体现。“国家的根本制度和根本任务，国家的领导核心和指导思想，工人阶级领导的、以工农联盟为基础的人民民主专政的国体、人民代表大会制度的政体，中国共产党领导的多党合作和政治协商制度、民族区域自治制度以及基层群众自治制度，爱国统一战线，社会主义法制原则，民主集中制原则，尊重和保障人权原则，等等，这些宪法确立的制度和原则，我们必须长期坚持、全面贯彻、不断发展。”①

① 《习近平关于社会主义政治建设论述摘编》，中央文献出版社 2017 年版，第 3—4 页。

（二）后半程主要历史任务是完善和发展中国特色社会主义制度，提供一整套更完备、更稳定、更管用的制度体系

中共十八大后，党的领导制度化、法治化实践呈现新局面。习近平总书记认为，中国特色社会主义制度是特色鲜明、富有效率的，但还不是尽善尽美、成熟定型的。邓小平 1992 年南方谈话提出的“再有三十年的时间，我们才会在各方面形成一整套更加成熟、更加定型的制度”①，是一个事关党和国家长治久安的制度现代化的重大战略构想，必须尽快落实下来。为此，党中央作出顶层设计，分别通过十八届三中全会和四中全会重点推进制度化、法治化建设。

中共十八届三中全会聚焦国家制度建设，把完善和发展中国特色社会主义制度，推进国家治理体系和治理能力现代化确立为全面深化改革的总目标。国家治理体系是在党领导下管理国家的制度体系，包括经济、政治、文化、社会、生态文明和党的建设等各领域体制机制、法律法规安排，也就是一整套紧密相连、相互协调的国家制度。推进国家治理体系和治理能力现代化，最重要的是坚持我们的根本。习近平总书记指出：“我们治国理政的本根，就是中国共产党领导和社会主义制度。我们思想上必须十分明确，推进国家治理体系和治理能力现代化，绝不是西方化、资本主义化！”② 中国特色社会主义制度的最大优势是党的领导。因此要紧紧围绕提高科学执政、民主执政、依法执政水平深化党的建设制度改革，加强民主集中制建设，完善党的领导体制和执政方式，保持党的先进性和纯洁性，为改革开放和社会主义现代化建设提供坚强政治保证。

中共十八届四中全会聚焦国家法治建设，把建设中国特色社会主义法治体系确立为全面推进依法治国的总目标。中国特色社会主义法治体系包括完备的法律规范体系、高效的法治实施体系、严密的法治监督体系、有力的法

---

① 《邓小平文选》第三卷，人民出版社 1993 年版，第 372 页。

② 《习近平关于社会主义政治建设论述摘编》，中央文献出版社 2017 年版，第 8 页。

治保障体系、完善的党内法规体系。习近平强调，党的领导是社会主义法治最根本的保证。坚持中国特色社会主义法治道路，最根本的是坚持中国共产党的领导。“全面推进依法治国，要有利于加强和改善党的领导，有利于巩固党的执政地位、完成党的执政使命，决不是要削弱党的领导。”① 因此要把党的领导贯彻到依法治国全过程和各方面，坚持党领导立法、保证执法、支持司法、带头守法。依法执政，既要求党依据宪法法律治国理政，也要求党依据党内法规管党治党。要健全党领导依法治国的制度和工作机制，加强党内法规制度建设。

把党的领导和依法治国有机结合起来的一个重大举措，是将党的领导载入宪法条文。2018 年 3 月 11 日，第十三届全国人民代表大会第一次会议通过宪法修正案，在宪法总纲第一条第二款“社会主义制度是中华人民共和国的根本制度”后增写“中国共产党领导是中国特色社会主义最本质的特征”。在宪法总纲这一条载入党的领导，显示了党的领导在中国特色社会主义的核心地位，实现了党的领导制度与国家根本制度的有机衔接，确认了党在国家政权结构中总揽全局、协调各方的领导地位，具有深远而重大的意义。宪法修改后各方面反响很好。但也碰到了一些诘难，如世界上大多数国家的宪法都没有写上要由哪一个政党来领导，为什么我们非要这样做？如何认识这一问题，习近平提出了一个重要的方法论原则：“在政治制度上，看到别的国家有而我们没有就简单认为有欠缺，要搬过来；或者，看到我们有而别的国家没有就简单认为是多余的，要去除掉。这两种观点都是简单化的、片面的，因而都是不正确的。”②

党的领导制度化、法治化的重大成果，为加强党对发展社会主义协商民主领导提供了重要的制度保证和宪法依据，使得我们更加旗帜鲜明地坚持中国共产党的领导地位，坚持依法依规广泛开展协商，把党的领导贯彻到全面推进社会主义协商民主建设的全过程和各方面。

---

① 《习近平关于社会主义政治建设论述摘编》，中央文献出版社 2017 年版，第 86 页。

② 《习近平关于社会主义政治建设论述摘编》，中央文献出版社 2017 年版，第 11 页。

第十五章　把我国新型政党制度坚持好、发展好、完善好

政治协商是我国各类协商中最重要的协商。政治协商，主要是中国共产党同民主党派协商。中国共产党领导的多党合作和政治协商制度，是政党协商的制度载体。推进协商民主制度化发展，必须坚持和完善中国共产党领导的多党合作和政治协商制度。习近平总书记指出："中国共产党领导的多党合作和政治协商制度是我国的一项基本政治制度。讲我们党、我们国家的制度优势和特点，中国共产党领导的多党合作和政治协商制度是很重要的一个方面。几十年的实践证明，这个制度是适合我国国情的，已植根于我国土壤，构成了中国特色社会主义制度的一个鲜明特色。"①2018年3月4日，习近平在看望参加政协会议的民盟、致公党、无党派人士、侨联界委员时发表重要讲话，明确把中国共产党领导的多党合作和政治协商制度称作"新型政党制度"，指出："中国共产党领导的多党合作和政治协商制度作为我国一项基本政治制度，是中国共产党、中国人民和各民主党派、无党派人士的伟大政治创造，是从中国土壤中生长出来的新型政党制度。"②并且要求："我们应该不忘多党合作建立之初心，坚定不移走中国特色社会主义政治发展道路，把我国社会主义政党制度坚持好、发展好、完善好。"③

---

① 《习近平关于社会主义政治建设论述摘编》，中央文献出版社2017年版，第74页。

② 习近平：《论坚持党对一切工作的领导》，中央文献出版社2019年版，第242页。

③ 习近平：《论坚持党对一切工作的领导》，中央文献出版社2019年版，第243页。

一、我国新型政党制度的产生及其同旧式政党制度的区别

1948 年，中共中央发布“五一口号”，得到了民主党派、无党派民主人士的热烈响应，开始筹备召开中国人民政治协商会议，孕育出中国共产党领导的多党合作和政治协商制度。1949 年 9 月，中国人民政治协商会议第一届全体会议，通过协商方式将各方力量凝聚在一起并建立新国家，标志着中国共产党领导的多党合作和政治协商制度正式形成。回顾这一历史过程，习近平用“三个新就新在”“三个有效避免”，揭示我国新型政党制度同旧式政党制度的区别、实现的深刻变革，使我们对我国政党制度的认识提高到了新的科学水平。

（一）实现了从利益纷争向利益整合的深刻变革

习近平总书记从政党制度的利益表达功能上揭示我国新型政党制度同旧式政党制度的区别，指出新型政党制度“新就新在它是马克思主义政党理论同中国实际相结合的产物，能够真实、广泛、持久代表和实现最广大人民根本利益、全国各族各界根本利益，有效避免了旧式政党制度代表少数人、少数利益集团的弊端”①。

按照马克思主义政党理论，政党总是阶级的组织，总是一定阶级利益的代表。中国共产党从来不回避自己的阶级属性，始终认为自己是中国工人阶级利益的忠实代表。但中国共产党也清醒地认识到，在中国这样的一个贫苦农民占绝对多数的国度里，农民阶级是工人阶级的天然同盟军，必须同时代表农民阶级的利益。无产阶级只有解放全人类，才能最终解放自己。中国共产党也认识到，在中国民族资产阶级、小资产阶级也受到帝国主义、封建主义、官僚资产阶级的压迫，具有革命和进步的性质，是需要

① 习近平：《论坚持党对一切工作的领导》，中央文献出版社 2019 年版，第 242 页。

争取的同盟者。因此，中国共产党始终主张代表最广大人民根本利益、兼顾包括民族资产阶级、小资产阶级在内的全国各族各界利益。这一点从中共中央发布的“五一口号”中可以看得出来。“五一口号”号召解放区“坚定不移地贯彻发展生产、繁荣经济、公私兼顾、劳资两利的工运政策和工业政策”，“与资本家建立劳资两利的合理关系，为共同发展国民经济而努力”。国民党统治区的职工“在解放军占领城市的时候，自动维持城市秩序，保护公私企业”，“联合被压迫的民族工商业者，打倒官僚资本家的统治，反对美帝国主义者的侵略。”特别是第四条：“全国劳动人民团结起来，联合全国知识分子、自由资产阶级、各民主党派、社会贤达和其他爱国分子，巩固与扩大反对帝国主义、反对封建主义、反对官僚资本主义的统一战线，为着打倒蒋介石，建立新中国而共同奋斗。”① 明确表明了中国共产党联合民族资产阶级、小资产阶级知识分子，结成统一战线，推翻“三座大山”，建立新中国的政治主张。中国共产党的这种具有巨大利益包容性的政治立场，理所当然地得到了当时作为民族资产阶级和城市小资产阶级政党的各民主党派的热烈响应和衷心拥护。②

我国新型政党制度为什么能够真实、广泛、持久代表和实现最广大人民根本利益，具有巨大的利益包容性和兼顾性，有效避免旧式政党制度中各种不同政治力量为自己的利益而固执己见、排斥异己的弊端，根本原因在于构成这一政党制度的各主体——中国共产党和各民主党派都秉持了中华民族一贯倡导的“天下为公”的政治理念。中国共产党成立之初，就把为中国人民谋幸福、为中华民族谋复兴作为自己的初心和使命，直到中共十九大报告依然响亮喊出“大道之行，天下为公”。各民主党派之所以放弃“第三条道路”的幻想，选择同共产党团结合作，一起推翻国民党独裁政权，也在于要回归和信守孙中山先生倡导的“天下为公”。早在抗日战争时期，毛泽东就指出：“国事是国家的公事，不是一党一派的私事。因此，共产党员只有对党外人

① 《人民政协重要文献选编》（上），中央文献出版社、中国文史出版社 2009 年版，第 1—3 页。

② 张峰：《新型政党制度——伟大的政治创造》，《人民政协报》2018 年 4 月 11 日。

士实行民主合作的义务，而无排斥别人、垄断一切的权利。”① 正是这种天下为公的情怀、立党为公的境界，成为中国共产党与各民主党派长期团结合作的首要政治理念。今天中国特色社会主义进入新时代，新型政党制度要发挥最大限度地代表最广大人民根本利益，统筹兼顾社会各阶层各方面具体利益的作用，最重要的就是要弘扬天下为公的政治理念。无论是中国共产党执政施政，还是民主党派参政监督，都必须秉持公心，坚持以人民为中心的发展思想，牢固树立人民利益至上原则，坚持真理、敢于担当，找到最大公约数，画出最大同心圆。

（二）实现了从政党恶斗向团结合作的深刻变革

习近平总书记从政党制度的运作方式上揭示我国新型政党制度同旧式政党制度的区别，指出新型政党制度“新就新在它把各个政党和无党派人士紧密团结起来、为着共同目标而奋斗，有效避免了一党缺乏监督或者多党轮流坐庄、恶性竞争的弊端”②。

中共中央发布“五一口号”之时，正值解放战争进入决战阶段。人民解放军转入战略进攻，在各个战场上相继取得胜利，夺取全国政权已成定局。国民党虽是强弩之末，仍然负于顽抗。国民党在南京召开伪国大，选举蒋介石为总统。此举目的在于表明国民党政权的正统性，抵制共产党即将建立的民主联合政府新政权。是要蒋介石的国民党一党专制的政府，还是要共产党倡导和致力于的民主联合政府，成了各民主党派面临的重大选择。中共中央的“五一口号”指出：“蒋介石做伪总统，就是他快要上断头台的预兆。”特别是毛泽东重新拟定的第五条号召：“各民主党派、各人民团体、各社会贤达，迅速召开政治协商会议，讨论并实现召集人民代表大会、成立民主联合政府！”这一口号迅即得到各民主党派、无党派民主人士热烈响应，是因为这一号召说出了他们的心声和共同愿望：建立一个独立、民主、和平、统一

---

① 《毛泽东选集》第三卷，人民出版社 1991 年版，第 809 页。

② 习近平：《论坚持党对一切工作的领导》，中央文献出版社 2019 年版，第 242 页。

的新中国。李济深、沈钧儒、马叙伦、郭沫若等55名各民主党派负责人和民主人士，在1949年1月22日联合发表的《我们对时局的意见》中明确表示了在中国共产党领导下早日实现“独立、自由、和平、幸福的新中国”的愿望。

辛亥革命推翻帝制后，中国就开始向西方人学习，进行过各种各样的尝试，其中就包括引进多党制的政党制度。民国初年在“议会制”的幻想下，中国各派政治力量纷纷以政党形式登上政治舞台，组党之风盛行，政党团体一度多达300多个。政党之间为了竞争议会席位拉票贿选、相互攻讦、乱象丛生，最终使得这种多党制昙花一现，以失败而告终。以致孙中山先生在评论实行多党制这段历史的时候都感慨地说：“不但是学不好，反而学坏了。”1927年国共合作破裂后，中国国民党一党独大，对中国共产党及中国的各民主党派始终采取排斥、限制甚至镇压的政策，甚至在抗日统一战线形成之后依然主张“一个政党、一个领袖、一个主义”，形成了事实上的一党专制的局面，必然遭到向往民主的全中国人民的反对。多党制、一党制在中国的破产，呼唤着一种新型政党制度的产生，这就是中国共产党领导的多党合作和政治协商制度。这一新型政党制度的鲜明特点是：共产党领导、多党派合作；共产党执政、多党派参政。只有坚持中国共产党的领导，巩固党的长期执政地位，才能避免多党轮流坐庄、相互竞争甚至相互倾轧的弊端。只有支持民主党派按照中国特色社会主义参政党要求更好履行职能，做中国共产党的挚友和诤友，才能避免一党缺乏监督犯了错误也浑然不知的弊端。中国特色社会主义进入新时代，坚持和完善我国新型政党制度，中国共产党担负着首要责任，要加强对政党协商的领导，营造宽松民主的协商环境，完善政党协商的内容和形式，建立健全知情和反馈机制。民主党派担负起参与者、实践者、推动者的政治责任，要认真搞好调查研究，努力提高政党协商能力，紧扣党和国家中心工作履职尽责。①

---

① 张峰：《新型政党制度——伟大的政治创造》，《人民政协报》2018年4月11日。

（三）实现了从专制政治向人民民主的深刻变革

习近平总书记从政党制度的决策机制上揭示我国新型政党制度同旧式政党制度的区别，指出新型政党制度“新就新在它通过制度化、程序化、规范化的安排集中各种意见和建议、推动决策科学化民主化，有效避免了旧式政党制度囿于党派利益、阶级利益、区域和集团利益决策施政导致社会撕裂的弊端。”①

人民民主是中国共产党始终高扬的旗帜，实现人民当家作主是中国共产党历来追求的目的。毛泽东曾坦言，缺乏民主是中国很大的缺点，认为只有通过民主，才能取得抗战的胜利，才能建设一个好的国家。我国各民主党派之所以叫做“民主”党派，也在于实现民主政治是其永恒不变的主题，曾不约而同地提出“民治实为其中心，必须政治民主，才是贯彻民有，才能实现民享”，“以发扬民主精神推进中国民主政治之实现为宗旨”，“实行民族革命，建立真正的民主共和国”，“促进民主政治之实现，争取人民之基本自由”，“建立独立、民主、幸福之新中国为最高理想”等主张。正是中国共产党实行人民民主的决心和诚意，与各民主党派追求和向往民主政治的愿望高度契合，使得各民主党派由衷地响应中共中央“五一口号”，共同创造了我国新型政党制度，推动实现了中国从几千年封建专制政治向人民民主的伟大飞跃。

实现人民民主，需要有适合中国国情的民主形式，这就是中国共产党在抗日民主根据地“三三制”政权建设中实行的协商民主。在发布“五一口号”过程中，中国共产党自觉地运用了这种协商议事的精神，十分注意听取和尊重民主党派的意见。在发布“五一口号”前后，毛泽东同民革和民盟负责人进行了充分协商。正是由于中国共产党同各民主党派的事先充分协商，才有了中国人民政治协商会议第一届全体会议的成功召开，完成建立新中国大业，同时也使得协商民主这一在中国有根有源有生命力的民

① 习近平：《论坚持党对一切工作的领导》，中央文献出版社2019年版，第242页。

主形式彰显出具有中国智慧的独特优势。我国新型政党制度及其组织载体人民政协，是具有中国特色的制度安排，其显著优势就在于通过制度化、程序化、规范化，形成决策科学化民主化的机制，广开言路，博采众谋，集思广益，增强合力。中国特色社会主义进入新时代，多党合作要有新气象，对坚持和完善我国新型政党制度提出新要求。习近平总书记指出：“中国共产党领导的多党合作和政治协商制度，既强调中国共产党的领导，也强调发扬社会主义民主。政治协商、参政议政、民主监督，就是这种民主最基本的体现。坚持中国共产党的领导，不是不要民主了，而是要形成更广泛、更有效的民主。”① 中国特色社会主义进入新时代，要认真贯彻落实这一重要思想，努力把中国共产党和各民主党派、无党派人士共同创造的新型政党制度坚持好、发展好、完善好，充分发挥社会主义协商民主的独特优势。

二、对我国民主党派性质的认识不断深化

我国是实行政党政治的国家，在我国政党格局中，除了唯一执政党中国共产党，还有 8 个民主党派是参政党。对民主党派性质的认识，始终是搞好多党合作、充分发挥民主党派作用的大问题。在这个问题上，我们既有成功的经验，也有失误的教训。2013 年 2 月 6 日，习近平在同党外人士共迎新春时指出：“实现我们的奋斗目标，需要全国上下共同努力，需要加强中国共产党同各民主党派和无党派人士的团结合作。各民主党派是同中国共产党通力合作的中国特色社会主义参政党，无党派人士是我国政治生活中的一支重要力量。”② 这是中共中央总书记第一次明确我国民主党派是中国特色社会主义参政党，实现了对民主党派性质认识的新飞跃。

---

① 习近平：《论坚持党对一切工作的领导》，中央文献出版社 2019 年版，第 243 页。

② 《习近平关于社会主义政治建设论述摘编》，中央文献出版社 2017 年版，第 53 页。

（一）我国民主党派性质变化的过程

我国民主党派的性质不是一成不变的，而是随着其社会基础的变化而变化的。社会基础是政党存在的前提和条件，我国的民主党派作为政党也不例外。我国民主党派的性质变化大体有三个阶段。

一是作为阶级联盟的政党。在新民主主义革命时期，我国民主党派是民族资产阶级、小资产阶级的政党。这并不是对民主党派的贬低，因为民族资产阶级、小资产阶级当时属于进步阶级、革命阶级。新中国成立后建立的人民民主专政，就是工人阶级、农民阶级、小资产阶级和民族资产阶级四个革命阶级的联合专政。针对当时有人认为民主党派对于新中国的建立只是“一根头发的功劳”，一根头发拔去不拔去都一样的说法，毛泽东说：要向大家说清楚，从长远和整体看，必须要民主党派。民主党派是联系小资产阶级和资产阶级的，政权中要有他们的代表才行。认为民主党派是“一根头发的功劳”的说法是不对的。从民主党派背后联系的人们看，就不是一根头发，而是一把头发，不可藐视。刘少奇更明确地说：“中国各民主党派的社会基础是民族资产阶级、上层小资产阶级和它们的知识分子。”①

新中国成立初期作为民族资产阶级、小资产阶级政治代表的民主党派，毛泽东认为其仍然具有两面性。当时的中国既然还有阶级和阶级斗争，就不会没有各种形式的反对派。民主党派和无党派人士中的许多人，实际上就是程度不同的反对派。在一些重大问题上，他们都是又反对又不反对。但他们也是会变的，常常是由反对走到不反对。为此，就要通过学习进行思想改造。

1956 年我国社会主义生产资料所有制改造基本完成，我国社会结构发生了很大变化，剩下了两大阶级，即工人阶级和农民阶级；还有一个阶层，即知识分子阶层。相应地，民主党派的性质也就发生了变化。刘少奇在党的

① 《人民政协重要文献选编》(上)，中央文献出版社、中国文史出版社 2009 年版，第 282 页。

八大政治报告中指出："在社会主义改造完成以后，民族资产阶级和上层小资产阶级的成员将变成社会主义劳动者的一部分。各民主党派就将变成这部分劳动者的政党。"① 应当说，这是一个正确的判断。但是，1957 年反右派斗争的扩大化，导致重新认为民主党派"过去和现在都是资产阶级政党"，要对其实行团结教育改造的方针。当然，进行自我改造的不单是民主党派，所有人包括共产党员在内都要自我改造。周恩来指出："改造要互相帮助，互相学习。没有人是专门改造别人的。自居于领导，自居于改造别人的人，其实自己首先需要改造。"因此，民主党派、知识分子的"自我改造是为了进步，是光荣的事情"②。

二是作为政治联盟的政党。改革开放后，邓小平根据我国社会阶级结构的深刻变化，将民主党派性质明确表述为"各自所联系的一部分社会主义劳动者和一部分拥护社会主义的爱国者的政治联盟，都是在中国共产党领导下为社会主义服务的政治力量"③。他认为，各民主党派同我们党有过长期合作、共同战斗的历史，是我们党的亲密朋友。在争取新民主主义革命胜利和建立中华人民共和国的斗争中，各民主党派都发挥了重要的作用。新中国成立以后，各民主党派和工商联推动和帮助各自的成员以及所联系的人们，接受社会主义改造，参加社会主义建设，参加反对国内外敌人的斗争，也都作出了宝贵的贡献。在"文化大革命"中，各民主党派绝大多数人经受住了严峻的政治考验，仍然坚信共产党的领导，没有动摇走社会主义道路的决心。各民主党派已经成为进一步为社会主义服务的政治力量。他指出："在中国共产党的领导下，实行多党派的合作，这是我国具体历史条件和现实条件所决定的，也是我国政治制度中的一个特点和优点。"④ 根据邓小平的指示，1989 年《中共中央关于坚持和完善中国共产党领导的多党合作和政治协商制度的意见》，提出各民主党派"是接受中国共产党领导的，同中共通力合

---

① 《人民政协重要文献选编》（上），中央文献出版社、中国文史出版社 2009 年版，第 282 页。

② 《人民政协重要文献选编》（上），中央文献出版社、中国文史出版社 2009 年版，第 329 页。

③ 《邓小平文选》第二卷，人民出版社 1994 年版，第 186 页。

④ 《邓小平文选》第二卷，人民出版社 1994 年版，第 205 页。

作、共同致力于社会主义事业的亲密友党，是参政党”①。

三是具有中国特色社会主义性质的政党。2005年《中共中央关于进一步加强中国共产党领导的多党合作和政治协商制度建设的意见》，将民主党派的性质表述为：“是接受中国共产党领导、同中国共产党通力合作的亲密友党，是进步性与广泛性相统一、致力于中国特色社会主义事业的参政党。”② 朝着认定民主党派是中国特色社会主义的参政党迈出了重要一步。在此基础上，习近平总书记首次提出：“各民主党派是同中国共产党通力合作的中国特色社会主义参政党”的重要论断。前者是做了扫清外围的工作，后者是突破了核心问题。

（二）提出“中国特色社会主义参政党”的创新性意义

习近平总书记提出“中国特色社会主义参政党”概念，含义深刻，意义重大。

一是揭示了民主党派具有中国特色社会主义性质，进一步打牢共同的政治基础。共产党与其他政党的根本区别在于“党的最高理想和最终目标是实现共产主义”。因此，中国共产党是中国工人阶级的先锋队，同时是中国人民和中华民族的先锋队。而民主党派是什么主义的政党呢？过去的民主党派曾经是新民主主义的政党，而新民主主义革命是我们已经完成的事情，再把民主党派叫做新民主主义的政党已不合适。如果把民主党派叫做共产主义的政党，又同共产党相混淆，也不合适。如何界定民主党派的主义性质，关键在于把握我国今天要干的事业，这就是社会主义。既区别于共产党的先进性，又能体现民主党派的进步性，民主党派只能定位于社会主义的政党。我们搞的社会主义，不是民主社会主义或者别的什么社会主义，而是中国特色社会主义。这既是中国共产党在现阶段的基本纲领，也是包括民主党派在内的全体中国人民的共同理想。坚持和发展中国特色社会主义是相当长的一

---

① 《人民政协重要文献选编》(中)，中央文献出版社、中国文史出版社2009年版，第480页。

② 《人民政协重要文献选编》(下)，中央文献出版社、中国文史出版社2009年版，第761页。

个时期中国共产党和民主党派共同的历史任务。把民主党派定位于“中国特色社会主义参政党”，有利于在共同思想政治基础之上加强中国共产党同各民主党派和无党派人士团结合作，共同致力实现中华民族伟大复兴的中国梦。①

二是明确了民主党派独具中国特色的参政党性质，有利于巩固中国共产党的长期执政地位。中国共产党从掌握全国政权后就已经成为事实上的中国执政党，并且周恩来、邓小平、刘少奇也先后使用过“执政党”概念，1956年9月中共八大通过的《中国共产党章程》对中国共产党的执政党地位予以确认：“中国共产党已经是执政的党，因此特别应当注意谦虚谨慎，戒骄戒躁。”在社会主义的中国，中国共产党既然是执政党，就需要明确与它相对应的其他类别的政党。民主党派是“参政党”概念的提出，标志着中国存在着一种独具中国特色的新的类型的政党。在我国，民主党派不是在野党，更不是反对党，而是中国共产党的亲密友党。民主党派这种类型的政党的出现，既是我国民主党派合乎历史逻辑发展的必然结果，也是中国共产党实现长期执政的必然要求。有人说，中国民主党派不以谋取执政为目的就不是真正意义上的政党。这是一种典型的谬论，说轻了是认识不到政党形式的多样性，说重了是唆使民主党派向反对党转变，是要提高警惕的。

三是解决了对民主党派更加信任的问题，有利于国家政治格局的稳定。当今世界并不太平，意识形态领域看不见硝烟的战争无处不在，政治领域没有枪炮的较量一直未停。从21世纪初开始，以美国为代表的西方国家在独联体国家和中亚地区策划了一系列以颜色命名的政权变更运动，即“颜色革命”。其实质是西方政治制度模式的输出、政治发展道路的改变。习近平总书记指出：“西方国家策划‘颜色革命’，往往从所针对的国家的政治制度特别是政党制度开始发难，大造舆论，大肆渲染，把不同于他们的政治制度和政党制度打入另类，煽动民众搞街头政治。”② 西方的这种图谋，对我国也产

① 张峰：《关于国家治理现代化与中国参政党建设的思考》，《湖北省社会主义学院学报》2015年第2期。

② 《习近平关于社会主义政治建设论述摘编》，中央文献出版社2017年版，第18页。

生了不小的影响。有的人总觉得“自家的肉不香，人家的菜有味”，一提到政党制度就“言必称希腊”，把西方两党制、多党制奉为圭臬，觉得不搞多党竞选、轮流执政不能算民主制度。事实上，我国有民主党派这样的跟执政党通力合作的政治力量，正是我国政党制度的一大特点和优势。习近平总书记指出：“我到一些国家访问时，不少发展中国家领导人羡慕我国的多党合作制度，说他们就缺少像中国民主党派这样跟执政党通力合作的政治力量，各政党相互争斗，不仅很难干成什么事，而且造成社会政治动荡不已。试想一下，如果民主党派等统一战线成员不是同我们党肝胆相照、荣辱与共，而是同我们党唱不一样的调，甚至跑到我们党的对立面去了，那我国政治生活会变成什么样子？就不会有政局稳定。没有政局稳定，什么事都做不成。”他从中引出了一个通俗的道理：“人们有的时候就是这样，对一些很重要的东西，拥有时不懂得珍惜，失去了方觉可贵。”① 现在我们有这样的民主党派，可能不觉得有什么了不起，但到没有民主党派，社会上出现了同中国共产党拼命争斗的反对派，那时我们就会后悔莫及。因此，今天要格外珍惜我国的多党合作，珍惜我们的亲密友党。2018 年 3 月 4 日，习近平在看望参加政协会议的民盟、致公党、无党派人士、侨联界委员时希望，“各民主党派和无党派人士要做中国共产党的好参谋、好帮手、好同事，增强责任和担当，共同把中国的事情办好。”②“三好”的提法，体现了中国共产党对民主党派作为亲密友党的高度信任，把对民主党派性质的认识提到了新的高度。

三、支持民主党派更好履行职能

习近平认为，更好体现我国新型政党制度的效能，着力点在发挥好民主党派和无党派人士的积极作用。为此，就要支持民主党派按照中国特色社会主义参政党要求更好履行职能。《中国共产党统一战线工作条例（试行）》规定：

① 《十八大以来重要文献选编》（中），中央文献出版社 2016 年版，第 557 页。

② 习近平：《论坚持党对一切工作的领导》，中央文献出版社 2019 年版，第 243 页。

民主党派的基本职能是参政议政、民主监督，参加中国共产党领导的政治协商。习近平关于支持民主党派更好履行职能的思想，主要有三点。

（一）开展政党协商，需要中国共产党和各民主党派共同努力

首先，习近平总书记明确了政党协商在政治协商中的首要地位。在我国，政治协商主要有两个范围，一是中国共产党同各民主党派的政治协商，二是中国共产党在人民政协同各民主党派和各界代表人士的协商。从广义来看，两个范围的政治协商都可以是政治协商。但从狭义的政治协商即围绕政治性议题而开展的协商来看，二者又是有区别的。政党协商完全是政治性议题，而政协协商只是有部分的政治性议题。前者是严格意义上的政治协商，后者是广义的政治协商或者说是社会协商。这是强调政治协商主要是政党协商的主要原因。

其次，习近平总书记强调中国共产党和民主党派共同努力搞好政党协商。2015 年《中共中央关于加强社会主义协商民主建设的意见》下发后不久，习近平在同党外人士共迎新春时就指出："要着力推动政党协商深入开展。中共中央制定了《关于加强社会主义协商民主建设的意见》，对指导和推进我国协商民主广泛多层制度化发展具有重要意义。搞好政党协商，需要中国共产党和各民主党派共同努力。民主党派在提高政党协商水平中担负着重要责任，但中国共产党担负着首要责任，因为我们是执政党，应该更加自觉地做到虚怀若谷、集思广益。"①2015 年 12 月 10 日，在中共中央召开的党外人士座谈会上，他又一次指出："开展政党协商，需要中国共产党和各民主党派共同努力。对中国共产党来讲，要加强对政党协商的领导，增强协商意识，更加善于协商。对民主党派而言，要努力提高政党协商能力，担负起政党协商参与者、实践者、推动者的政治责任。"② 明确各自的责任，发挥好各自的作用，才能把政党协商这一社会主义民主的重要形式坚持好、发展

① 《习近平关于社会主义政治建设论述摘编》，中央文献出版社 2017 年版，第 73—74 页。

② 《习近平关于社会主义政治建设论述摘编》，中央文献出版社 2017 年版，第 75—76 页。

好、运用好。

在政党协商中，中国共产党担负着首要责任。我国多党合作和政治协商制度是中国共产党领导的政治制度，加强党对政党协商的领导是题中应有之义。党对政党协商的领导主要是政治领导，即政治原则、政治方向、重大方针政策的领导，主要体现为把握正确方向，充分发扬民主，广泛集智聚力，确保政党协商规范有序、务实高效、充满活力。因此，必须坚持平等协商的原则。政党协商不同于一般的征求意见的过程，关键在于协商主体的平等地位。支持民主党派参加政党协商，要做到平等交流、坦诚沟通，关键在于平等。中国共产党在政党协商中的首要作用，还表现为营造良好的协商环境，鼓励不同意见交流和讨论。习近平总书记指出："我们将一如既往营造宽松民主的协商环境，鼓励不同意见交流和讨论，真正形成知无不言、言无不尽的氛围。我们将继续为党外人士搭建更多平台、创造更好条件，帮助大家了解有关情况，支持大家搞好调查研究。"①

在政党协商中，民主党派担负着参与者、实践者、推动者的政治责任。政党协商的效能能不能体现出来，在很大程度上取决于民主党派作用的发挥。因此，民主党派要更加积极主动地参加政党协商，以高质量的协商成果推动政党协商不断完善和发展。

再次，习近平总书记强调建立健全政党协商体制机制。他指出："协商就要诚心诚意、认认真真、满腔热情听取意见和建议，有事要商量、多商量，不能想起了、有空了、拖不过去了才协商。要完善政党协商的内容和形式，建立健全知情和反馈机制，增加讨论交流的平台和机会。协商前，党委和政府有关部门要向民主党派和无党派人士通报有关情况，让他们知情，知情才能真协商。协商中不要各说各话、流于形式，要有互动、有商量，使协商对凝聚共识、优化决策起到作用。"② 习近平总书记这里强调了三个问题。一是要有协商的诚意，不能把协商当作应景之作，当作党委主

① 《习近平关于社会主义政治建设论述摘编》，中央文献出版社 2017 年版，第 74 页。

② 《习近平关于社会主义政治建设论述摘编》，中央文献出版社 2017 年版，第 74 页。

要领导同志个人的随意行为，为此必须加强协商的计划性。每年年初党委要在广泛听取民主党派意见建议的基础上，研究提出全年会议协商计划，确定议题、时间、参加范围等，并严格组织实施，不得因个别领导同志而任意调整甚至取消。二是协商就要真协商，知情才能真协商，为此必须建立健全知情机制。知情才能出力，明政才能参政。知情明政关系到对民主党派的信任问题。民主党派是中国共产党的亲密友党，是自己人，没有什么不好讲的。如果共产党什么东西都藏着掖着，民主党派就会觉得你把他当外人，就不会跟你谈心交心，更不会在协商活动中起到诤友的作用。知情明政还关系到政党协商的质量。共产党如果把什么都捂得严严实实，民主党派不了解情况，哪能提出真知灼见，只能隔靴搔痒。因此，有些重要文件，可以在一定范围内向民主党派负责同志通报，让他们及时了解中央和党委的精神；相关部门要定期围绕重大问题举行通报会、报告会等，介绍情况、回应具体问题。三是要注意克服协商中的形式主义问题，为此必须加强协商活动的互动性。习近平指出："完善政党协商制度决不是搞花架子，要做到言之有据、言之有理、言之有度、言之有物，真诚协商、务实协商，道实情、建良言，参政参到要点上，议政议到关键处，努力在会协商、善议政上取得实效。"①

（二）探索开展民主监督的有效形式

2015 年 5 月 18 日，在中央统战工作会议上的讲话中，习近平总书记再次提及毛泽东和黄炎培先生在延安的"窑洞对"时指出："当年'窑洞对'的问题已经彻底解决了吗？恐怕还没有。一些领导干部怕监督、不愿意被监督，觉得老是有人监督不自在、干事不方便。古人说：'拒谏者塞，专己者孤。'如果把监督当成挑刺儿，或者当成摆设，就听不到真话、看不到真相，有了失误、犯了错误也浑然不知，那是十分危险的。"② 他要求，要从制度上

① 习近平：《论坚持党对一切工作的领导》，中央文献出版社 2019 年版，第 243 页。

② 《习近平关于全面从严治党论述摘编》，中央文献出版社 2016 年版，第 204 页。

保障和完善民主监督，探索开展民主监督的有效形式。纪检监察机关要多听取民主党派和无党派人士对我们党、对党员干部的意见建议。

“只有让人民来监督政府，政府才不敢松懈”①，是毛泽东在“窑洞对”中提出的一个非常重要的思想。新中国成立后，“让人民来监督政府”全面付之于实践。与过去不同的是，由于中国共产党所处的执政地位以及党对人民政府的领导地位，最需要受监督的是中国共产党。邓小平指出：“在中国来说，谁有资格犯大错误？就是中国共产党。犯了错误影响也最大。因此，我们党应该特别警惕。宪法上规定了党的领导，党要领导得好，就要不断地克服主观主义、官僚主义、宗派主义，就要受监督，就要扩大党和国家的民主生活。”② 由于新中国建立的政权是统一战线的政权，中国共产党和民主党派之间的相互监督就非常必要。毛泽东经过几年的酝酿，1956 年 4 月正式提出了“八字方针”：“长期共存，互相监督。”让民主党派监督共产党，因为一个党耳边很需要听到不同的声音。民主党派参加了革命和建设，有一份功劳，是人民的一分子，有权来说话，来监督。邓小平也说：“有监督比没有监督好，一部分人出主意不如大家出主意。共产党总是从一个角度看问题，民主党派就可以从另一个角度看问题，出主意。这样，反映的问题更多，处理问题会更全面，对下决心会更有利，制定的方针政策会比较恰当，即使发生了问题也比较容易纠正。”③

习近平对“窑洞对”提出的监督问题高度重视。他指出：“早在延安时期，毛泽东同志就提出跳出‘历史周期率’的课题，党的八大规定任何党员和党的组织都必须受到自上而下和自下而上的监督，现在我们不断完善党内监督体系，目的都是形成科学管用的防错纠错机制，不断增强党自我净化、自我完善、自我革新、自我提高能力。”④ 经过长期努力，我国形成了由党内

① 黄炎培：《八十年来》附《延安归来》，中国文史出版社 1982 年版，第 157 页。

② 《人民政协重要文献选编》(上)，中央文献出版社、中国文史出版社 2009 年版，第 296 页。

③ 《人民政协重要文献选编》(上)，中央文献出版社、中国文史出版社 2009 年版，第 298—299 页。

④ 《习近平关于全面从严治党论述摘编》，中央文献出版社 2016 年版，第 214 页。

监督、人大监督、民主监督、行政监督、司法监督、审计监督、社会监督、舆论监督构成的社会主义监督体系。在这个监督体系中，最重要的是党内监督。党的执政地位，决定了党内监督在党和国家各种监督形式中是最基本的、第一位的。只有以党内监督带动其他监督、完善监督体系，才能为全面从严治党提供有力制度保障。执政党的自我监督堪称是一道世界性难题，是国家治理的“哥德巴赫猜想”。我们要通过加强党内监督的实际行动回答当年的“窑洞之问”，练就中国共产党人自我净化的“绝世武功”。为此就要建立健全党中央统一领导，党委（党组）全面监督，纪律检查机关专责监督，党的工作部门职能监督，党的基层组织日常监督，党员民主监督的党内监督体系，织密党内监督之网，使积极开展监督、主动接受监督成为全党的自觉行动。

一个篱笆三个桩，一个好汉三个帮。单有党内监督是远远不够的。党内监督如果不同有关国家机关监督、民主党派监督、群众监督、舆论监督等结合起来，就不能形成监督合力。因此，中共十八届六中全会通过的新修订的《中国共产党党内监督条例》，专设第六章“党内监督和外部监督相结合”，把人大、政府、监察机关、司法机关监督，人民政协民主监督，审计机关监督，民主党派监督，社会监督和舆论监督都纳入进来，对各级党委提出了支持和保证、接受和加强这些监督的要求，特别是就支持民主党派履行监督职能还单设一条。

加强民主监督的关键是理解和把握民主监督是“协商式监督”这一新定位。“协商式监督”不仅是以协商方式进行的监督，而且还是成事性监督，而不是败事性监督，因而不同于多党制、两党制条件下的对抗性监督。中共十九大报告提出“协商民主是实现党的领导的重要方式”，这是着眼于坚持和巩固党的领导地位和执政地位，把民主监督定位为“协商式监督”的重要考虑。习近平总书记多次表示，希望各民主党派、无党派人士发挥好民主监督职能，继承和发扬优良作风，做中国共产党的诤友挚友。但是我们也必须清楚，我国民主党派是中国特色社会主义参政党，不是在野党，更不是反对党。民主党派对执政的中国共产党的监督，是亲密友党之间的监督，是善意的监督，是帮助中国共产党集中力量办大事、成大事的监督，是补台的监督，而不是拆台的监督。在某种意义上讲，真正的批评、善意的批评是建设性的，有利于团结的，而不是破坏性的，不利于团结的。正是在这种意义上，中国共产党把批评和自我批评作为党的优良传统和作风之一，把“团结——批评——团结”作为解决人民内部矛盾的基本原则，同时也是统一战线工作的基本方针。《中国共产党统一战线工作条例（试行）》明确把“在政协召开的各种会议、组织的视察调研中提出意见，或者以提案等形式提出批评和建议”作为民主党派和无党派人士民主监督的主要形式之一。民主监督要用好批评这个有力武器，发言说到点子上、批评点到关键处，设身处地多提建设性意见，真正显示出实效来。

（三）履职尽责要有新作为

2018 年 2 月 6 日，习近平同党外人士共迎新春时对民主党派工作提出了“四个新”的总要求，其中一个就是“履职尽责要有新作为”。首先，充分肯定民主党派和无党派人士履职尽责有所作为。他说，过去的一年，大家围绕深入推进“一带一路”建设和“大力振兴和提升实体经济”等关系国计民生的重大问题，深入考察调研，踊跃建言献策，提出意见和建议 150 多件，为中共中央科学决策和有效施策提供了重要参考。同志们深入开展脱贫攻坚民主监督，为打赢脱贫攻坚战作出了积极贡献。如此翔实的数据、如此之高的评价，是对民主党派和无党派人士的巨大鼓舞和鞭策。同时他也对民主党派和无党派人士履职尽责寄予厚望，主要是三点。①

一是把履职思路和重点统一到新时代中国特色社会主义战略部署上来，在服务大局中找准履职尽责的切入点。统一战线服务大局，是党对统一战线的一贯要求。大局是指整体，整个局势。服务大局，首先要理解大局、把握大局。大局体现在工作层面，就是布局。中国特色社会主义事业总体布局是“五位一体”。“坚持稳中求进工作总基调，统筹推进‘五位一体’总体布局”，

① 张峰：《深刻领会习近平总书记“四个新”总要求》，《团结报》2018 年 3 月 16 日。

是新时代坚持和发展中国特色社会主义的基本方略的第一条。统一战线服务大局，首先要服务于统筹推进“五位一体”总体布局。我国各民主党派一直都有自己的重点界别，经过不断调整已经大体覆盖经济、政治、文化、社会、生态等领域，并且汇聚了这些领域大量的专业性精英人才，如果根据自身特点和优势找准履职尽责的切入点，能够为我国物质文明、政治文明、精神文明、社会文明、生态文明的全面提升发挥不可或缺的重要作用。统一战线服务大局，还要紧紧围绕党和国家的重点难点问题建言献策。中共十九大报告指出，在全面建成小康社会决胜期，突出抓重点、补短板、强弱项，特别是要坚决打好防范化解重大风险、精准脱贫、污染防治的攻坚战。这“三大攻坚战”是当前一个时期民主党派和无党派人士履职尽责的重点，要按照习近平总书记的要求，深入一线开展调查研究，提出真知灼见，为中共中央决策提供参考。

二是要着力搞好脱贫攻坚民主监督，把民主监督这一弱项强起来。在民主党派的三项职能中，民主监督是个明显的弱项。习近平非常重视民主党派的民主监督，要求从制度上保障和完善民主监督，探索开展民主监督的有效形式。2015 年底中央扶贫开发工作会议后，中共中央明确 8 个民主党派中央分别对口 8 个中西部省区，重点就贫困人口精准识别、精准脱贫等情况开展民主监督。这是中共中央赋予各民主党派的一项新任务，是民主党派履行民主监督职能的新领域。民主党派及统一战线广大成员，要牢牢把握这一重要契机，按照民主监督是协商监督的新定位，深入开展调查研究，重点查找问题，积极反映新情况，向中共中央、国务院提出高质量的意见建议，在打赢脱贫攻坚战过程中使民主党派的民主监督彰显出应有作用。

三是协助党和政府做好矛盾化解工作。社会是在矛盾运动中前进的，社会矛盾和问题交织叠加仍然是我国面临的困难和挑战。中共十九大报告指出：“中国特色社会主义进入新时代，我国社会主要矛盾已经转化为人民日益增长的美好生活需要和不平衡不充分的发展之间的矛盾。”同时也指出：“加强预防和化解社会矛盾机制建设，正确处理人民内部矛盾。”“增强驾驭风险本领，健全各方面风险防控机制，善于处理各种复杂矛盾”①。统一战线化解矛盾，首先是认识到我国社会主要矛盾的变化是关系全局的历史性变化，履职尽责地助推解决新时代我国社会主要矛盾，同时清醒地观察和把握社会矛盾的全局，通过行之有效的思想政治工作，引导广大成员正确认识改革发展中遇到的各种困难和问题，协助党和政府促进各种社会矛盾的解决，为决胜全面建成小康社会营造良好社会环境。

四、加强中国特色社会主义参政党建设

搞好多党合作，要支持民主党派加强自身建设。2013 年 2 月 6 日在同党外人士座谈并共迎新春时，习近平明确要求“把中国特色社会主义参政党建设提高到新水平”。2017 年 1 月 23 日在同党外人士共迎新春时，他又说：“越是任务艰巨，越要全国上下团结一心、砥砺前行。中共各级党委要为民主党派、工商联和无党派人士履行职能提供支持，认真听取和积极采纳党外人士意见和建议，协助民主党派加强自身建设。”②

在我国政党政治的格局中，中国共产党是执政党，各民主党派是参政党。中共中央历来主张，坚持执政党建设和参政党建设互相促进。不仅执政党建设要搞好，参政党建设也要搞好。只有执政党建设和参政党建设在互相促进中都搞好，才能充分发挥我国社会主义政党制度的特点和优势。执政党建设与参政党建设，既有共性也有个性。共性是有共同的思想政治基础，即坚持和发展中国特色社会主义，这是执政党和参政党思想建设共同的主题。个性是各有各的突出问题。如果说执政党的问题主要是党要管党、从严治党，那么参政党的问题则主要是党要像党、树立形象。民主党派不是俱乐部，不能不加甄别、来者不拒。民主党派既然是政党，就要按照中国特色社会主义参政党的要求加强自身建设，切实履行起同中国共产党通力合作的挚

① 《十九大以来重要文献选编》（上），中央文献出版社 2019 年版，第 8、34、48 页。

② 《习近平关于社会主义政治建设论述摘编》，中央文献出版社 2017 年版，第 76 页。

友和诤友的政治责任。这是习近平总书记提出“参政党要有新面貌”的深刻寓意。

参政党如何展现新面貌，按照习近平总书记的新要求，主要加强两个方面的建设。一是加强参政本领建设。习近平总书记强调：“领导13亿多人的社会主义大国，中国共产党既要政治过硬，也要本领高强。执政本领建设是中国共产党自身建设的重要方面。同志们要把参政工作做好，也要不断提高本领。”“全面增强执政本领”，是十九大报告提出的执政党建设的新要求，并且概括了增强学习本领、政治领导本领、改革创新本领、科学发展本领、依法执政本领、群众工作本领、狠抓落实本领、驾驭风险本领等八个方面。这不仅是中国共产党的执政本领，也是参政党应当具备的参政本领。如果说“本领恐慌”是执政党的自觉的忧患意识，那么对于参政党来说更是一个明显的短板，尤其需要大力提升。二是加强参政党领导班子建设。在中共中央亲切关怀和大力支持下，各民主党派圆满完成换届工作，选举产生了新一届领导班子和领导机构，为多党合作事业长远发展注入了新的活力。但也要清醒地认识到，组织交接相对容易，实现政治交接尚需做出更大努力。特别是一大批专业技术干部、业务干部转移到民主党派的领导岗位上来，需要有一个重新学习新岗位历练的过程。因此，习近平总书记强调，“要加强民主党派思想、组织、制度特别是领导班子建设，建立健全民主集中制、民主生活会制度以及各项议事决策制度，增进班子成员团结”。制度建设更带有根本性、全局性、稳定性和长期性。有了以民主集中制为根本组织原则的健全的各项制度并且得到严格遵守，就能够集思广益、群策群力，形成既有集中又有民主，既有纪律又有自由，既有统一意志又有个人心情舒畅、生动活泼的政治局面，提高各级领导班子成员的政治把握能力、参政议政能力、组织领导能力、合作共事能力、解决自身问题能力，把中国特色社会主义参政党建设提高到新水平。①

2019年5月，中共中央出台《关于加强中国特色社会主义参政党建设

① 张峰：《深刻领会习近平总书记“四个新”总要求》，《团结报》2018年3月16日。

的意见》，提出了加强中国特色社会主义参政党建设的“三个有利于”重要意义：有利于坚持和完善我国基本政治制度，有利于推进国家治理体系和治理能力现代化，有利于实现社会主义现代化强国的目标。提出了加强中国特色社会主义参政党建设目标：高举中国特色社会主义伟大旗帜，以习近平新时代中国特色社会主义思想为指导，以思想政治建设为核心、组织建设为基础、履职能力建设为支撑、作风建设为抓手、制度建设为保障，建设政治坚定、组织坚实、履职有力、作风优良、制度健全的中国特色社会主义参政党，做自觉接受中国共产党领导、同中国共产党通力合作的亲密友党和好参谋、好帮手、好同事；提出了加强中国特色社会主义参政党建设的“四个坚持”的原则：坚持中国共产党领导，准确把握中国特色社会主义参政党定位，贯彻长期共存、互相监督、肝胆相照、荣辱与共方针，确保坚定正确政治方向；坚持民主党派自觉自主自为，尊重民主党派参政党地位，发挥民主党派主体作用；坚持问题导向，聚焦突出问题和薄弱环节，精准施策、讲求实效，注重自我教育、自我约束、自我提高；坚持照顾同盟者利益，帮助民主党派解决实际问题，提供支持保障。阐明了思想政治建设、组织建设、作风建设、履职能力建设和制度建设的工作重点，以及坚持和加强中国共产党对民主党派领导的具体要求。这个文件，是对习近平关于多党合作和参政党建设重要论述的贯彻落实，为新时代中国特色社会主义参政党建设指明了方向，是我国多党合作事业的又一个里程碑。

第十六章　把人民政协制度坚持好

在我国社会主义协商民主体系中，人民政协不仅是一个重要协商渠道，而且是专门协商机构。推进协商民主制度化发展，需要加强人民政协制度建设。2019 年 9 月 20 日，习近平总书记在中央政协工作会议暨庆祝中国人民政治协商会议成立 70 周年大会上的讲话中指出："实现民主政治的形式是丰富多彩的，不能拘泥于刻板的模式。实践充分证明，中国式民主在中国行得通、很管用。新形势下，我们必须把人民政协制度坚持好、把人民政协事业发展好，增强开展统一战线工作的责任担当，把更多的人团结在党的周围。"① 这里习近平总书记明确提出了"人民政协制度"概念。随后下发的《中共中央关于新时代加强和改进人民政协工作的意见》进一步明确："人民政协制度是中国特色社会主义制度的重要组成部分。"人民政协制度既是指人民政协的具体履职制度以及工作制度，更是指国家的政治制度。推动人民政协制度更加成熟更加定型，是作为人民政协的新方位提出来的，是一种更高的政治站位，要解决的是人民政协在历史的进程中现在处在什么样的位置，有什么样的趋势。显然这主要是指作为国家实体性制度的人民政协制度。为了把握这一重要论断所体现的重大制度创新意义，我们需要结合人民政协制度形成和发展的历程，深刻领会习近平总书记关于人民政协的三个创新性论断。②

---

① 《习近平谈治国理政》第三卷，外文出版社 2020 年版，第 294 页。

② 张峰：《论人民政协制度的国家制度性质》，《统一战线学研究》2019 年第 5 期。

一、人民政协是具有鲜明中国特色的制度安排

习近平总书记指出："中国特色社会主义制度的生命力，就在于这一制度是在中国的社会土壤中生长起来的，人民政协就是适合中国国情、具有鲜明中国特色的制度安排。"① 制度安排，又叫制度设计，就是制度的创制。一个国家走什么样的政治发展道路，核心的问题是对国家政治制度进行设计，作出安排。习近平总书记指出："设计和发展国家政治制度，必须注重历史和现实、理论和实践、形式和内容有机统一。要坚持从国情出发、从实际出发，既要把握长期形成的历史传承，又要把握走过的发展道路、积累的政治经验、形成的政治原则，还要把握现实要求、着眼解决现实问题，不能割断历史，不能想象突然就搬来一座政治制度上的'飞来峰'。"② 这里清楚地概括了中国政治制度设计或安排的基本规律，就是走制度内生性演化的道路。人民政协制度就是中国共产党适应中国国情创造出来的独具中国特色的政治制度。

（一）人民政协制度的产生

中国共产党关于国家政治制度的设计主要有两个，也就是习近平在中共十九大报告中所概括的"两个制度安排"：一是"人民代表大会制度是坚持党的领导、人民当家作主、依法治国有机统一的根本政治制度安排"。二是"人民政协是具有中国特色的制度安排"。两个制度安排，深刻揭示了人民代表大会制度和人民政协制度作为国家政治制度的内在联系，体现了中国共产党国家政治制度设计的高度政治智慧，是对人类政治文明的重大贡献。

人民代表大会制度是中国共产党最早的政治制度设计。1940 年 1 月毛泽东就国家政体问题提出："中国现在可以采取全国人民代表大会、省人民

---

① 《十八大以来重要文献选编》（中），中央文献出版社 2016 年版，第 69 页。

② 《习近平关于社会主义政治建设论述摘编》，中央文献出版社 2017 年版，第 10 页。

代表大会、县人民代表大会、区人民代表大会直到乡人民代表大会的系统，并由各级代表大会选举政府。”① 毛泽东设计的人民代表大会制度，有时也叫人民代表会议制度，属于苏维埃制度模式，但又与之有区别。毛泽东指出：“我们不采取资产阶级共和国的国会制度，而采取无产阶级共和国的苏维埃制度。代表会议就是苏维埃。自然，在内容上我们和苏联的无产阶级专政的苏维埃是有区别的，我们是以工农联盟为基础的人民苏维埃，‘苏维埃’这个外来语我们不用，而叫做人民代表会议。”② 我国人民代表大会制度与苏联苏维埃制度的不同，主要是在内容上原则上的不同。毛泽东曾明确说：“有些人怀疑共产党得势之后，是否会学俄国那样，来一个无产阶级专政和一党制度。我们的答复是：几个民主阶级联盟的新民主主义国家，和无产阶级专政的社会主义国家，是有原则上的不同的。毫无疑义，我们这个新民主主义制度是在无产阶级的领导之下，在共产党的领导之下建立起来的，但是中国在整个新民主主义制度期间，不可能、因此就不应该是一个阶级专政和一党独占政府机构的制度。” ③ 周恩来也说：“新民主主义的政权制度是民主集中制的人民代表大会的制度，它完全不同于旧民主主义的议会制度，而是属于以社会主义苏联为代表的代表大会制度的范畴之内的。但是也不完全同于苏联制度，苏联已经消灭了阶级，而我们则是各革命阶级的联盟。”④ 概括起来，苏联是无产阶级专政和一党制，我们是各革命阶级联盟的人民民主专政和中国共产党领导的多党合作制。正是中国共产党人对人民代表大会制度作出这样的适合中国国情的设计，为后来中国人民政治协商会议代行全国人民代表大会职权奠定了理论政治基础。

1948 年，随着人民解放战争的顺利推进，毛泽东认为，在目前形势下召集人民代表大会，成立民主联合政府，业已成为必要，时机亦已成熟。但为了实现这一步骤，必须先邀集各民主党派、各人民团体召开新的政治协商

① 《毛泽东选集》第二卷，人民出版社 1991 年版，第 677 页。

② 《毛泽东文集》第五卷，人民出版社 1996 年版，第 265 页。

③ 《毛泽东选集》第三卷，人民出版社 1991 年版，第 1061—1062 页。

④ 《人民政协重要文献选编》(上)，中央文献出版社、中国文史出版社 2009 年版，第 54 页。

会议。为此，1948年中共中央发布“五一口号”，号召迅速召开政治协商会议，得到了各民主党派和民主人士的响应。按照毛泽东的设想，新政协只是起过渡性的作用，新中国还是要通过人民代表大会来建立政府。1948年9月8日，毛泽东在中共中央政治局会议上的报告中指出：“人民民主专政的国家，是以人民代表会议产生的政府来代表它的。”“不必搞资产阶级的议会制和三权鼎立等。”① 并且提出开始准备政协今年下半年或明年上半年开一次会。

新政协的筹备工作开始后，在同民主人士的协商过程中，中国共产党形成了使人民政协代行全国人民代表大会职权，产生中央政府的新思路。1949年1月8日，毛泽东宣布：“一九四九年必须召集没有反动派代表参加的以完成中国人民革命任务为目标的各民主党派各人民团体的政治协商会议，宣告中华人民民主共和国的成立，组成共和国的中央政府，并通过共同纲领。”②1949年9月21日至30日，中国人民政治协商会议第一届全体会议在北京召开。毛泽东宣布：“现在的中国人民政治协商会议是在完全新的基础之上召开的，它具有代表全国人民的性质，它获得全国人民的信任和拥护。因此，中国人民政治协商会议宣布自己执行全国人民代表大会的职权。”③ 中国共产党选择运用“通过协商方式产生的”人民政治协商会议来建立新中国的政权，不仅是简便易行的，而且是具有鲜明中国特色的，是具有高度政治智慧的伟大创造。

人民政协的产生并在国家政治生活中发挥巨大作用，也就意味着人民政协制度的形成。而且这一制度初步具备了国家政治制度的性质，主要体现在人民政协的三个定位上。

一是人民政协是人民民主统一战线的组织形式，体现了人民民主专政的政权性质。新中国建立的国家制度是人民民主专政的国家制度。毛泽东指出：“一切事实都证明：我们的人民民主专政的制度，较之于资本主义国家的

---

① 《毛泽东文集》第五卷，人民出版社1996年版，第136页。

② 《毛泽东文集》第五卷，人民出版社1996年版，第234页。

③ 《毛泽东文集》第五卷，人民出版社1996年版，第343页。

政治制度具有极大的优越性。”[1]而人民民主专政又是统一战线的政权。具有临时宪法性质的《中国人民政治协商会议共同纲领》指出：“中国人民民主专政是中国工人阶级、农民阶级、小资产阶级、民族资产阶级及其他爱国民主分子的人民民主统一战线的政权，而以工农联盟为基础，以工人阶级为领导。”[2]并且规定：“中国人民政治协商会议为人民民主统一战线的组织形式。”[3]人民政协与人民民主统一战线有着内在的天然联系。只要统一战线存在，就需要有人民政协的组织形式。在讨论政协共同纲领草案时，周恩来指出：“大家认为在整个新民主主义时期，这样一个统一战线应当继续下去，而且需要在组织上形成起来，以推动它的发展。大家同意：中国人民政治协商会议，就是它的最好的组织形式。”[4]正是因为人民政协是统一战线的组织形式，一届全国政协代行全国人民代表大会职权结束后，人民政协作为人民民主统一战线的组织继续发挥它应有的作用。人民政协之所以有继续存留的必要，还在于它体现了人民民主专政的政权性质。1956 年 2 月 6 日，周恩来同志在二届全国政协常委会第十七次会议上就政协的性质问题指出：“我们的政权是人民民主专政，是以工人阶级为领导的工农联盟为基础的人民民主专政。这样的专政，包括了各民主阶级，统一战线也反映了我们政权的这一种性质。从开国以来，我们就决定了人民民主专政这样的性质，现在还是这个性质。这就是说，我们这个统一战线以及我们的政权，经过人大通过的宪法也还是这样的性质。”[5]因此，只要中国仍然实行人民民主专政的政权，我国人民民主统一战线及其组织形式人民政协就将继续发挥它的作用。

二是人民政协是各党派的协商机关，体现了多党合作的新型政党制度。中国人民政治协商会议第一届全体会议，是在中国共产党、各民主党派、各人民团体、各界民主人士的团结合作下成功召开的，标志着中国共产党领导

---

① 《毛泽东文集》第六卷，人民出版社 1996 年版，第 184 页。

② 《人民政协重要文献选编》（上），中央文献出版社、中国文史出版社 2009 年版，第 80 页。

③ 《人民政协重要文献选编》（上），中央文献出版社、中国文史出版社 2009 年版，第 82 页。

④ 《人民政协重要文献选编》（上），中央文献出版社、中国文史出版社 2009 年版，第 52 页。

⑤ 《人民政协重要文献选编》（上），中央文献出版社、中国文史出版社 2009 年版，第 264 页。

的多党合作和政治协商制度这一国家基本政治制度的确立。人民政协也因之而成为我国新型政党制度的载体，成为政党协商的基本组织形式。中国人民政协的第一届全体会议是政党协商的典范。各民主党派的代表纷纷为新中国的成立建言献策，贡献自己的政治智慧，一些重要意见建议得到了采纳。一届政协期间，许多后来被列为政党协商内容的事项在这一时期基本是在政协进行协商的。这是一届全国人大召开后中共中央作出保留人民政协的一个重要原因。毛泽东把它称之为“各党派的协商机关”，是人民政协在国家政治制度中一个重要定位，为后来把人民政协明确为中国共产党领导的多党合作和政治协商的重要机构，奠定了坚实的组织基础。

三是人民政协对政府的工作起协商、参谋和推动作用，体现了新民主主义的议事精神。中国人民政协第一届全体会议代行全国人民代表大会职权，选举产生中央人民政府。由此引出了一个问题，政协全国委员会同中央人民政府是什么样的关系？周恩来指出：“人民政协全国委员会，便是同中央人民政府协议事情的机构。一切大政方针，都先要经过全国委员会协议，然后建议政府施行。”[①] 也就是说，人民政协对人民政府具有建议权。这种建议权是人民政协的特殊性权利，虽然不具有刚性约束力，但仍然是非常重要的。毛泽东指出：“我们的会议在暂时还是建议性质的会议。但是在实际上，我们在这种会议上所做的决定，中央人民政府是当然会采纳并见之实行的，是应当采纳并见之实行的。”[②] 人民政协的这种建议权，不单是在一届政协代行全国人民代表大会期间具有，而且在不再代行全国人大职权之后仍然存在，“国家大政方针，仍要经过人民政协进行协商。”[③] 这是因为，中国共产党在创制人民政协之初，就不是把它当作一个临时性的组织，而是作为一个长期存在下去并发挥特殊作用的政治组织。周恩来针对当时出现的一个想法，即等到人民代表大会召开之后就不再需要人民政协这样的组织了，明确指出：“就是在普选的全国人民代表大会召开以后，政协会议还将对中央政府的工

① 《人民政协重要文献选编》（上），中央文献出版社、中国文史出版社 2009 年版，第 36 页。

② 《人民政协重要文献选编》（上），中央文献出版社、中国文史出版社 2009 年版，第 121 页。

③ 《人民政协重要文献选编》（上），中央文献出版社、中国文史出版社 2009 年版，第 36 页。

作起协商、参谋和推动作用。”[①] 事实上，人民政协对中央人民政府的工作确实起到了协商、参谋和推动作用。中央人民政府颁布重要政策法令都经过全国政协全体会议或常务委员会扩大会议协商，政府有关部门也经常把政策、法令、条例送到政协全国委员会有关各组进行研究讨论，甚至中央人民政府关于部门的变更增减也预先提到政协常委会协商。人民政协之所以能够对人民政府起这样的作用，其中一个重要原因是它体现了中国共产党一贯倡导的协商民主精神。周恩来指出：“新民主主义的议事精神不在于最后的表决，主要是在于事前的协商和反复的讨论。”[②] 毛泽东也把人民政府叫做“商量政府”。商量政府要有专门的商量机构来配合，这就是人民政协。

总之，人民政协这一具有鲜明中国特色的制度安排，是人民民主专政的国家制度以统一战线政权形式来体现的，是中国共产党领导的多党合作和政协协商制度这一国家基本政治制度的组织形式，是体现人民民主真谛的社会主义协商民主制度的重要实现形式。在这个意义上说，有了人民政协，就有了国家政治制度层面的人民政协制度。

二、人民政协是国家治理体系的重要组成部分

国家治理体系，就是国家的制度体系。习近平总书记指出：“国家治理体系是在党领导下管理国家的制度体系，包括经济、政治、文化、社会、生态文明和党的建设等各领域体制机制、法律法规安排，也就是一整套紧密相连、相互协调的国家制度。”[③] 中共十八届三中全会提出的“国家治理体系和治理能力现代化”，也就是国家制度和制度执行力的现代化。这个现代化起始于邓小平提出的党和国家领导制度的改革。邓小平考虑中国要实现的现代化，不仅有经济上的现代化，而且也有政治上的现代化，就是“在政治上创

---

① 《人民政协重要文献选编》(上)，中央文献出版社、中国文史出版社 2009 年版，第 52 页。

② 《人民政协重要文献选编》(上)，中央文献出版社、中国文史出版社 2009 年版，第 33 页。

③ 《十八大以来重要文献选编》(上)，中央文献出版社 2014 年版，第 547—548 页。

造比资本主义国家的民主更高更切实的民主”。① 不仅有器物层面的现代化，还要有制度层面的现代化。中共十八大以来，以习近平同志为核心的党中央继续推进国家制度现代化，十八届三中全会把完善和发展中国特色社会主义制度、推进国家治理体系和治理能力现代化确定为全面深化改革的总目标。

人民政协与国家治理体系是什么关系呢？习近平在庆祝人民政协成立65周年大会上的讲话中回答了这个问题，指出：“人民政协是国家治理体系的重要组成部分，要适应全面深化改革的要求，以改革思维、创新理念、务实举措大力推进履职能力建设，努力在推进国家治理体系和治理能力现代化中发挥更大作用。”② 这一重要论断实际上确立了人民政协制度作为国家制度体系重要组成部分的地位，表明了人民政协在推进国家制度现代化和制度执行力现代化中的重要作用。

首先，要把人民政协放在国家治理体系的大系统中来认识人民政协制度作为国家制度的地位。国家治理体系是由众多子系统构成的复杂系统。按照唯物辩证法的观点，所谓系统，是指一定范围内的相关事物按照一定的秩序和内部联系组合而成的整体，是不同子系统组成的有机统一体。系统具有非加和性，能够产生整体大于部分相加之和的放大效应。系统的构建，涉及系统内部各要素的整合，涉及各子系统的协调。在系统中能够起到统筹协商作用的是系统的核心，在中国国家治理体系这个大系统中能够起这样作用的是中国共产党。各个子系统都要坚持和维护中国共产党的集中统一领导。如果没有中国共产党这个领导核心，就会出现子系统各自为政、政出多门、自行其是的问题，国家治理体系的大系统就形成不起来，即便形成也不能很好地运行起来，会出现子系统相互掣肘、互相扯皮、内耗不断的严重低效率问题。实行多党制、两党制的国家大多会出现这样的问题，说到底就是国家治理体系形成不了一个领导核心。但是，在国家治理体系的大系统中，子系统也不是可有可无的，也都是必不可少的，否则也就不成其为系统。为此，习

① 《邓小平文选》第二卷，人民出版社 1993 年版，第 322 页。

② 《十八大以来重要文献选编》（中），中央文献出版社 2016 年版，第 71 页。

近平总书记在党的十九大报告中指出："在我国政治生活中，党是居于领导地位的，加强党的集中统一领导，支持人大、政府、政协和法院、检察院依法依章程履行职能、开展工作、发挥作用，这两个方面是统一的。"① 但各子系统发挥作用也不是杂乱无章的，而是各有各的职能，各有各的特殊作用。"坚持一类事项原则上由一个部门统筹、一件事情原则上由一个部门负责"，是党的十九届三中全会通过的《中共中央关于深化党和国家机构改革的决定》，为加强相关机构配合联动，避免政出多门、责任不明、推诿扯皮，而提出的一个重要原则，也是国家治理体系中各个子系统职能科学合理分工的基本思路。在我国国家治理层面，主要涉及在中共党委领导下人大、政府、政协三者的职能分工和协调。在这个问题上，改革开放以来已经形成了明确的思路。这就是通过人民政协进行协商、由人民代表大会行使国家权力进行决策、由人民政府执行实施这样一种政治体制。这是改革开放以后我国政治体制的一个重要创新。习近平进一步强调，人民政协大力推进履职能力建设，就是努力在推进国家治理体系和治理能力现代化中发挥更大作用。各级党委要重视和支持人民政协事业发展，把人民政协政治协商作为重要环节纳入决策程序，对明确规定需要协商的事项必须经协商后提交决策实施。显然，这是从国家治理体系的高度来明确人民政协制度的地位和作用。

其次，从中国特色社会主义制度发展和完善的全过程来理解人民政协制度更加成熟、更加定型。1992 年初在视察南方重要谈话中，邓小平同志提出了一个重大战略构想："恐怕再有三十年的时间，我们才会在各方面形成一整套更加成熟、更加定型的制度。在这个制度下的方针、政策，也将更加定型化。"② 由此，"更加成熟、更加定型"成了中国特色社会主义制度建设形象而具体的目标。经过长期的努力，2011 年胡锦涛在"七一"讲话中宣布，我们推进社会主义制度自我完善和发展，在经济、政治、文化、社会等各个领域形成一整套相互衔接、相互联系的制度体系。中国特色社会主义制度体

① 《十九大以来重要文献选编》（上），中央文献出版社 2019 年版，第 26 页。

② 《邓小平文选》第三卷，人民出版社 1993 年版，第 372 页。

系已经建立起来，并且是特色鲜明、富有效率的，但还不是尽善尽美、成熟定型的。下一步的任务是什么？习近平总书记提出：“我们的主要历史任务是完善和发展中国特色社会主义制度，为党和国家事业发展、为人民幸福安康、为社会和谐稳定、为国家长治久安提供一整套更完备、更稳定、更管用的制度体系。”① 更加成熟、更加定型是对整个中国特色社会主义制度体系的要求，当然也是对作为国家政治制度重要方面的人民政协制度的要求。通过依法选举、让人民的代表来参与国家生活和社会生活的管理是十分重要的，通过选举以外的制度和方式让人民参与国家生活和社会生活的管理也是十分重要的。而人民政协制度正是这样的选举以外的制度。人民代表大会制度所体现的人民通过选举、投票行使权利，人民政协制度所体现的人民内部各方面在重大决策之前进行充分协商，尽可能就共同性问题取得一致意见，是中国社会主义民主的两种重要形式。这两种民主形式不是相互替代、相互否定的，而是相互补充、相得益彰的，共同构成了中国社会主义民主政治的制度特点和优势。人民政协不仅要有理论创新，也要有制度创新，不断提高人民政协协商民主制度化、规范化、程序化水平。只有这样，人民政协制度才能更加成熟、更加定型。

三、人民政协是专门协商机构

一般说来，国家制度是实体性制度，要有特定的实体性组织来支撑。人民政协制度也不例外。人民政协是什么样的实体性政治组织呢？中共十八大报告提出“充分发挥人民政协作为协商民主重要渠道作用”，固然非常重要，但协商民主渠道是多种的，人民政协只是其中一种渠道，不足以作为人民政协这一实体性政治组织的定性。曾经有过把人民政协确定为协商民主主要渠道的考虑，尽管这也符合人民政协在协商民主中的作用的实际情况，但容易引发争议。因为承认了人民政协是主要渠道，也就意味着其他渠道成了

---

① 《习近平关于全面深化改革论述摘编》，中央文献出版社 2014 年版，第 27 页。

次要渠道。在这个问题上，习近平总书记显示出了卓越的政治智慧，指出："人民政协要发挥作为专门协商机构的作用，把协商民主贯穿履行职能全过程。"[①] 这是中共中央领导人首次提出人民政协是专门协商机构，深刻揭示了人民政协实体性政治组织的性质，从而为确立人民政协制度作为国家制度奠定了坚实基础，在中国国家制度发展史上具有开创性意义。中共十九届四中全会《决定》提出："完善人民政协专门协商机构制度，丰富协商形式，健全协商规则，优化界别设置，健全发扬民主和增进团结相互贯通、建言资政和凝聚共识双向发力的程序机制。"[②] 明确了人民政协制度的制度主干是人民政协专门协商机构制度，为新时代坚持和完善人民政协制度指明了努力方向和工作重点。

从国家层面来说，以实体性政治组织也就是通常所说的四大班子为支撑而形成的国家政治制度主要有四项。其一是以中国共产党为领导核心而形成的中国共产党领导的制度。其二是以人民代表大会为组织形式而形成的人民代表大会制度。其三是以人民政府为组织形式的人民政府行政管理制度。其四是以人民政协为组织形式而形成的人民政协制度。我国宪法序言中表明，"中国人民政治协商会议是有广泛代表性的统一战线组织，过去发挥了重要的历史作用，今后在国家政治生活、社会生活和对外友好活动中，在进行社会主义现代化建设、维护国家的统一和团结的斗争中，将进一步发挥它的重要作用。"这是人民政协制度存在的宪法依据。2018 年 3 月 15 日，中国人民政治协商会议第十三届全国委员会第一次会议修订的《中国人民政治协商会议章程》，依据宪法规定而明确："中国人民政治协商会议是中国人民爱国统一战线的组织，是中国共产党领导的多党合作和政治协商的重要机构，是我国政治生活中发扬社会主义民主的重要形式，是国家治理体系的重要组成部分，是具有中国特色的制度安排。""中国人民政治协商会议是社会主义协商民主的重要渠道和专门协商机构"。这实际上是确立了人民政协制度作为

---

① 《十八大以来重要文献选编》(中)，中央文献出版社 2016 年版，第 70 页。

② 《中共中央关于坚持和完善中国特色社会主义制度 推进国家治理体系和治理能力现代化若干重大问题的决定》，人民出版社 2019 年版，第 12 页。

国家制度的地位。

人民政协作为国家专门协商机构，必然要对国家其他机构形成一定的关系，从而显示出人民政协制度作为国家制度的作用。具体说来，主要是以下三种关系。

一是对实现中国共产党的领导起凝聚共识的作用。政治协商是人民政协的主要职能。人民政协的政治协商具有广泛性、常态化的特点。人民政协的政治协商是一个双向发力的过程，既是把中国共产党的政治主张转化为各民主党派、无党派人士、社会各界人士的共识的过程，也是听取各方面政协委员意见建议丰富和完善中国共产党政治主张的过程。通过协商巩固已有共识并不断形成新的共识，是人民政协政治协商的基础和前提，目的是画出最大同心圆。习近平总书记指出："什么是同心圆？就是在党的领导下，动员全国各族人民，调动各方面积极性，共同为实现中华民族伟大复兴的中国梦而奋斗。"① 人民政协政治协商的基本形式是行使建议权。建议权是一届全国政协代行人民代表大会职权时期对人民政府具有的权利，这种权利不因人民政协代行人大职权的结束而结束，实际上仍然存在。毛泽东曾就政协的性质和任务指出："政协的性质有别于国家权力机关——全国人民代表大会，它也不是国家的行政机关。有人说，政协全国委员会的职权要相等或大体相等于国家机关，才说明它是被重视的。如果这样说，那末共产党没有制宪之权，不能制定法律，不能下命令，只能提建议，是否也就不重要了呢？不能这样看。如果把政协全国委员会也搞成国家机关，那就会一国二公，是不行的。要区别各有各的职权。"② 这里清楚地表明政协的职权同中国共产党一样，就是提建议，也就是毛泽东所提出的政协五项任务的第三项"提意见"。在新的历史条件下，人民政协要发挥作为专门机构作用，就必须进一步明确人民政协的建议权，特别是把人民政协行使建议权纳入中国共产党对国家权力机关提出立法、规划等建议的大布局中通盘考虑，并且强化人民政协建议案的

---

① 《习近平关于社会主义政治建设论述摘编》，中央文献出版社 2017 年版，第 140—141 页。

② 《人民政协重要文献选编》(上)，中央文献出版社、中国文史出版社 2009 年版，第 200 页。

重要地位和作用，通过人民政协凝聚广泛共识，为巩固中国共产党总揽全局、协调各方的领导核心地位发挥应有的作用。

二是对人民代表大会行使国家权力起决策支持作用。在我国的政治架构中，人民代表大会和人民政治协商会议是两个相伴而生、相互配合的政治组织，被形象地称之为“两会”。“两会”的形成是中国共产党自觉的制度设计的结果。在人民政协成立之初周恩来就指出：“现在凡是通过普选方式产生出来的会，我们叫大会，例如人民代表大会。凡是通过协商方式产生的会，我们就叫做会议，例如人民政治协商会议。”①这里清楚地表明了“两会”所重点运用的人民民主的形式不同，一个是选举，一个是协商。实现人民当家作主，两种民主都需要，既要通过选举民主保证权为民所授，又要通过协商民主保证权为民所用。我国实行的是人民代表大会的一院制。我们坚持人民代表大会一院制的前提是政策正确、方向正确。而为了做到这一点，就必须实行协商民主。习近平总书记指出：“我们发展社会主义民主政治、加强社会主义协商民主建设，就是为了发扬民主、集思广益，避免发生大的失误。”②因此，就需要发挥人民政协这一最能体现社会主义协商民主的组织形式的作用，使其与人民代表大会相互补充、相得益彰。人民代表大会统一行使国家权力，其职权主要包括立法权、监督权、重大事项决定权、选举和决定任免权。这些职权是人民政协所不具有的，这是我国“两会”根本不同于西方国家两院制的地方。但人民政协又能够为人民代表大会行使其职权起支持配合作用，如政协委员参与人大主导的立法协商，人民政协对全国人大常委会、国务院及其有关部门委托政协讨论的法律、法规和有关问题进行研究讨论，提出修改意见和建议；人民政协履行民主监督职能，对人大的权力监督法律监督起有力配合作用；人民政协就人大的重大事项的决定，经过协商向全国人民代表大会及其常务委员会提交重要建议案；等等。事实证明，人民政协发挥这些重要作用，对人民代表大会行使国家权力只能是有好处，而不会是有

① 《人民政协重要文献选编》（上），中央文献出版社、中国文史出版社 2009 年版，第 38 页。
② 《十八大以来重要文献选编》（中），中央文献出版社 2016 年版，第 558 页。

坏处，从而共同体现中国社会主义民主政治的制度特点和优势。

三是对人民政府行政管理起建言资政作用。各级人民政府是国家的行政机关。我国宪法规定，国务院行使制定行政法规，发布决定和命令，编制和执行国民经济和社会发展计划和国家预算，领导和管理经济工作和城乡建设、生态文明建设，领导和管理教育、科学、文化、卫生、体育和计划生育工作，领导和管理民政、公安、司法行政等工作等项职权；县级以上地方各级人民政府行使管理本行政区域内的经济、教育、科学、文化、卫生、体育事业、城乡建设事业和财政、民政、公安、民族事务、司法行政、计划生育等行政工作等项职权。概括地说，人民政府行使职权就是施政。而施政就需要深刻把握社会主义协商民主是中国共产党的群众路线在政治领域的重要体现这一基本定性。习近平指出："无论是中国共产党执政，还是国家机关施政，都必须坚持贯彻群众路线，紧紧依靠人民。"[①] 就要重视和发挥人民政协作为专门协商机构的作用。行政决策是国家行政机关依照法定职权，对国家和地方关系经济社会发展全局，社会涉及面广，与公民、法人和其他组织利益密切相关的事项作出的决定。行政决策之前需要在人民政协进行协商，从政府的角度看主要形式有：参与制定政协年度协商计划，提出政府协商议题交由政协进行协商。政府在起草一些重要法律法规的过程中，视情在政协听取意见。政府领导同志出席政协全体会议、专题议政性常务委员会会议、专题协商会、双周协商座谈会等，通报情况，听取意见，参加讨论，与委员互动交流。政府委托政协开展重大课题调研和邀请委员参与重大项目研究论证。国务院或地方政府召开全体会议和有关会议，可视情邀请政协有关领导同志列席。政府有关部门召开的重要会议可视情邀请政协有关方面负责同志参加。从政协角度看主要形式有：通过调研报告、提案、建议案或其他形式，向人民政府提出意见和建议。政协各专门委员会与对口联系的政府有关部门以议题为纽带建立健全对口联系工作机制，开展对口协商。在政府重大决策形成过程中政协及时召开专题座谈会，政府有关方面负责同志到会听取

① 《十八大以来重要文献选编》（中），中央文献出版社 2016 年版，第 75 页。

意见建议。人民政府和人民政协的这种双向互动，不仅有助于人民政府转变职能，建设服务型政府，而且助于人民政协的协商扩大覆盖面，真正发挥出作为专门协商机构作用。

《中共中央关于新时代加强和改进人民政协工作的意见》不仅指出了人民政协制度在中国特色社会主义制度体系中的重要地位，而且对人民政协制度作出了科学的界定，这就是："要以宪法和相关政策为依据，建立健全以政协章程为基础，以协商制度为主干，覆盖政协党的建设、履职工作、组织管理、内部运行等各方面的制度，形成权责清晰、程序规范、运行有效的制度体系。"这里特别提出"以协商制度为主干"，这个协商制度就是中共十九届四中全会决定所提出的"人民政协专门协商机构制度"。

人民政协专门协商机构制度之所以成为人民政协制度的主干，根本原因在于专门协商机构承载政协性质定位。习近平总书记提出人民政协是专门协商机构的新论断，其创新性意义，不在于为人民政协增加了一项性质定位，而在于"是新时代赋予人民政协职能定位的新内涵"。也就是说，人民政协发挥爱国统一战线组织作用促进广泛团结，发挥作为新型政党制度重要政治形式和组织形式作用推进多党合作，发挥在国家政治生活中发扬社会主义民主的重要形式的作用实践人民民主，基础和前提都在于发挥专门协商机构作用，舍此别的都谈不上，都有可能落空。在这个意义上说，抓住了专门协商机构这个关键，也就抓住了人民政协性质定位的"牛鼻子"，能够产生牵一发而动全身的引领动能。另外，从人民政协履行政治协商、民主监督、参政议政三大职能来看，也都必须以人民政协专门协商机构为组织载体来进行。没有人民政协作为国家专门协商机构的支撑，何以开展政治协商，何能进行民主监督，何谈实施参政议政。在这个意义上说，抓住了专门协商机构这个定位，也就打通了人民政协履行职能的"主动脉"，能够起到贯通全身增强活力的统领作用。

一般来说，制度体系都有宏观、中观、微观三个层面。就人民政协来讲，人民政协制度是宏观性制度，人民政协专门协商机构制度是中观性制度，是人民政协制度的组成部分。但人民政协专门协商机构制度本身又是由微观性的具体制度所组成的。这就要求我们也要把人民政协专门协商机构制度作为一个体系，建立它所包含的各项具体制度，健全政协协商的工作机制。概括起来说，主要有五个方面的具体制度。

一是关于协商内容的制度。关于政协协商的内容，以往中央也出台过文件作出规定，但多是原则性的，内容不够具体，实操性不强。《中共中央关于新时代加强和改进人民政协工作的意见》指出："党委和政府有关部门就有关重要决策、重要法律法规等，在政协听取相关界别委员意见建议。"就是协商内容具体化的一个新要求。应以此为指导，形成协商事项目录，作出制度化规定。在确定协商事项时要加强明显的弱项，如民主监督议题应有一定比例，以使政协三项职能大体平衡。协商内容的具体化，还表现为协商议题的提出环节，为此也需要形成规范协商议题的具体制度，健全党委、人大、政府、民主党派、人民团体等提出议题的工作机制。

二是关于协商形式的制度。《中共中央关于新时代加强和改进人民政协工作的意见》提出："完善以全体会议为龙头，以专题议政性常务委员会会议和专题协商会、协商座谈会、远程协商等为重点的政协协商议政格局。"这一协商议政格局涉及多种协商形式。其中会议协商是政协协商最常见的形式，尤其全体会议协商是政协履职的最高形式，影响力大、覆盖面广，要作为重点来加强。要形成政协会议协商的制度，统筹安排各类会议协商，使之既突出各自的特点和优势，又能相互配合互为补充，发挥整体效应。除此之外，也要对专题协商（包括全国政协双周协商座谈会）、对口协商、提案办理协商、界别协商、远程协商等形式，作出明确的具体制度规定。

三是关于协商规则的制度。没有规矩，不成方圆。协商规则是协商得以顺利进行并取得成效的重要保证。协商规则是协商原则的体现，首先要坚持协商于决策之前和决策实施之中的原则，坚持和完善党委会同政府、政协制定年度协商计划制度，明确规定需要政协协商的事项必须经政协协商后提交决策实施。而且协商计划的执行要有刚性，避免协商的随意性。协商规则是落实协商成果的保证，为使政协协商成果能够真正运用于党委和政府决策，还要建立协商成果办理、采纳、反馈、督查、考核等环节的制度，做好协商成果转化工作。协商规则是协商程序运行的规范，为使政协协商的各个环节合理有序，需要制定关于政协协商工作规则的制度，对协商的参加范围、议事规则、基本程序、交流方式等作出规定。在这些环节中，特别要抓好协商互动环节。习近平总书记指出："协商中不要各说各话、流于形式，要有互动、有商量，使协商对凝聚共识、优化决策起到作用。"① 这一要求需要通过制定关于协商规则的制度来落实。

四是关于协商文化的制度。协商文化是协商活动的精神支柱，是协商氛围的精神动力。长期以来，人民政协传承中华民族天下为公、兼容并蓄、求同存异等优秀政治文化，弘扬我们党"团结—批评—团结"的优良传统，培育出与时代和任务相适应的中国特色社会主义协商文化。概括起来，主要是：相互尊重、平等协商，遵循规则、有序协商，体谅包容、真诚协商。为了使这种协商文化在政协协商中得以坚持和弘扬，有必要建立这方面的工作制度，营造既畅所欲言、各抒己见，又理性有度、合法依章的良好协商氛围。

五是关于协商能力的制度。协商能力是人民政协发挥专门协商机构作用的本领基础。要紧紧围绕习近平总书记提出的四种能力建立健全各项制度。政治把握能力的核心问题是坚定理想信念、增进政治共识，学会运用党的创新理论分析判断形势、研究解决问题。为此就需要建立人民政协学习制度体系，重点是习近平新时代中国特色社会主义思想学习座谈会制度。调查研究能力是人民政协行使话语权、提出高质量意见建议的前提。要按照习近平总书记所要求的，不搞"蜻蜓点水"式调研、"钦差"式调研、自主性差的"被调研"、"嫌贫爱富"式调研，而是要真正把功夫下到察实情、出实招、办实事、求实效上。为此就需要建立加强和改进政协调查研究工作制度，加强调研基地建设。联系群众能力，重在发挥人民政协作为党和政府联系各界群众的作用，畅通和拓宽各界群众的利益诉求表达渠道。为此就需要建立政协密切联系各界群众的工作制度，将群众多元化诉求表达纳入理性化程序化轨

① 《习近平关于社会主义政治建设论述摘编》，中央文献出版社 2017 年版，第 75 页。

道。合作共事能力的根本性问题是人民政协的作风建设，是民主协商、平等议事的工作原则的体现。为此就需要建立健全关于加强人民政协作风建设方面的制度，强化党员委员做好党的统战工作和群众工作的责任担当。提高协商能力，还要用好政协内外两种人才资源。为此就需要建立具有政协特色的应用型智库和参政议政人才库制度。

坚持党对人民政协工作的全面领导，是新时代做好人民政协工作、发挥人民政协专门协商机构作用的根本保证。为此，需要建立健全党对政协组织实施领导的制度，包括：政协党组、政协常务委员会定期向中共党委常委会会议汇报制度；严格执行重大问题向中共党委请示报告制度；每届党委召开一次政协工作会议制度；党委主要负责同志参加政协重要会议、带头做党的统战工作、带头广交深交党外朋友等制度。建立健全政协党的建设制度，包括：政协党组工作制度，政协党组、机关党组和专门委员会分党组工作规则，党员委员参加双重组织生活制度，党组成员联系界别、党员委员联系党外委员制度，党员常委履职建言点评制度，党的建设工作专题会议制度等。①

① 张峰：《论完善人民政协专门协商机构制度》，《中国政协理论研究》2019 年第 4 期。

第十七章　建立健全社会主义协商民主的领导体制和工作机制

推进协商民主制度化发展，单有实体性制度是不够的，还必须有相应的程序性制度来运作，这就涉及建立健全协商民主的体制和机制问题。中共十八大报告提出："要完善协商民主制度和工作机制，推进协商民主广泛、多层、制度化发展。"[①]"体制"指的是有关组织形式的制度，如各层级的国家机关、企事业单位等之间的领导隶属关系和管理权限划分等方面的体系、方法、形式等，一般是指领导体制。"机制"是一套结构化的规则，是经过实践检验有效的方式方法，一般是指工作机制。社会主义协商民主建设涉及到的体制是中国共产党统一领导的体制，涉及到的机制是各协商渠道发挥自身特点和优势的工作机制。协商民主的制度优势，是通过体制和机制体现出来的。习近平总书记指出："在中国共产党统一领导下，通过多种形式的协商，广泛听取意见和建议，广泛接受批评和监督，可以广泛达成决策和工作的最大共识，有效克服党派和利益集团为自己的利益相互竞争甚至相互倾轧的弊端；可以广泛畅通各种利益要求和诉求进入决策程序的渠道，有效克服不同政治力量为了维护和争取自己的利益固执己见、排斥异己的弊端；可以广泛形成发现和改正失误和错误的机制，有效克服决策中情况不明、自以为是的弊端；可以广泛形成人民群众参与各层次管理和治理的机制，有效克服人民群众在国家政治生活和社会治理中无法表达、难以参与的弊端；可以广泛凝聚全社会推进改革发展的智慧和力量，有效克服各项政策和工作共识不

① 《十八大以来重要文献选编》（上），中央文献出版社 2014 年版，第 21 页。

高、无以落实的弊端。这就是中国社会主义协商民主的独特优势所在。”① 这里不仅表达了中国共产党对协商民主统一领导的体制，而且表明了协商民主的民主决策机制、利益表达机制、改错纠错机制、参与治理机制、凝心聚力机制，为建立健全社会主义协商民主的体制机制指明了努力方向。

一、建立健全中国共产党党委对社会主义协商民主的领导体制

中国共产党的领导是中国特色社会主义最本质的特征，也是社会主义协商民主建设的根本保证。只有坚持党的领导，充分发挥党总揽全局、协调各方的领导核心作用，才能把握协商民主发展的正确方向，形成广泛发展协商民主的强大合力，确保协商民主有序高效开展起来。为此，《中共中央关于加强社会主义协商民主建设的意见》提出：“建立党委统一领导、各方分工负责、公众积极参与的领导体制和工作机制。”这是社会主义协商民主最根本的体制。建立健全这一体制，需要抓好三个环节。

（一）党委统一领导

中国共产党的领导是中国特色社会主义事业的定海神针。社会主义协商民主能不能搞好，关键取决于中国共产党各级党委是否高度重视，是否切实加强领导。首先，中国共产党各级党委要充分认识新时代加强协商民主建设的重大意义。中国特色社会主义进入新时代，我国社会主要矛盾已经转化为人民日益增长的美好生活需要和不平衡不充分的发展之间的矛盾。人民需求范围进一步扩大，在民主方面的要求也日益增长。发展社会主义民主政治，有一个民主形式的重点选择的问题。中共十九大报告使用“选举”一词仅一处，而使用“协商”一词多达 24 处。孰轻孰重，清清楚楚。协商民主体现人民民主的真谛，是中国社会主义民主政治中独特的、独有的、独到的民主

① 《十八大以来重要文献选编》（中），中央文献出版社 2016 年版，第 76 页。

形式，是深化政治体制改革的重要内容，是中国能够为人类政治文明贡献的中国智慧和中国方案。党委领导同志要以身作则，带头学习掌握协商民主理论，熟悉协商民主工作方法，把握协商民主工作规律，努力成为加强协商民主建设的积极组织者、有力促进者、自觉实践者，通过推进协商民主改善党的领导、加强党的领导、巩固党的执政地位。其次，中国共产党各级党委把协商民主建设纳入总体工作部署和重要议事日程，定期研究协商民主建设的情况和问题，认真研究制定协商规划，并且严格执行。坚决改变习近平总书记所批评的“不能想起了、有空了、拖不过去了才协商”的情况。特别是党委进行重大决策，要做到协商于决策之前和决策实施之中，根据各方面的意见和建议来决定和调整决策和工作，并且要从制度上保障协商成果落地，使决策和工作更好地顺乎民意、合乎实际。再次，中国共产党各级党委对职责范围内各类协商民主活动进行统一领导、统一规划、统一部署。民主集中制是党和国家的组织原则，也是社会主义协商民主的原则。在协商过程由于协商主体和协商范围的不同，会出现不同的甚至相互反对的协商意见，甚至出现议而不决、决而不行的情况，这就需要中国共产党党委按照民主集中制原则，坚持民主基础上的集中和集中指导下的民主相统一，加强统筹协调，做好求同化异的工作，确保协商依法开展、有序进行。可以通过建立统筹各协商渠道的联席会议制度，来着力解决好协商民主建设碰到的重大问题。

（二）各方分工负责

社会主义协商民主建设不是中国共产党党委一家的事情，需要各协商渠道共同发挥作用。因此，中国共产党党委要支持人大、政府、政协、党派团体、基层组织和社会组织依照法律法规和各自章程开展协商，有计划有步骤地推进协商活动。政党协商是中国共产党同民主党派、无党派人士进行的政治协商，是中国共产党党委直接开展的协商。政党协商的着力点在于发挥民主党派的作用，为此就需要中国共产党党委特别是领导干部带头发扬民主，形成知无不言、言无不尽的协商氛围。坚持真诚协商、务实协商，鼓励和支持民主党派讲真话、建诤言。坚持求同存异、体谅包容，提倡在协商中加强互动交流，允许不同意见表达，在各种观点交融互鉴中凝聚最大共识。支持民主党派加强协商能力建设，提高履职能力和协商水平。人大协商是国家政权机关在重大决策之前根据需要进行的协商，重点是立法协商。党对立法工作的领导主要实行政治领导，即方针政策领导，而不是立法技术操作层面上的领导，更不是事无巨细的包办代替。中国共产党党委要支持和保证人民通过人民代表大会行使国家权力，健全有立法权的人大主导立法工作的体制机制，充分发挥人大及其常委会在立法中的主导作用，积极探索立法协商，建立健全基层立法联系点和立法联系单位，完善立法研究评估与咨询服务基地和立法咨询专家制度等，广泛吸纳社会各方面的意见建议，不断提高立法精细化水平，提高立法质量。政府协商是围绕科学民主依法决策而开展的行政协商，协商的重点是人民最关心最直接最现实的利益问题。中国共产党党委要支持人民政府把转变政府职能作为深化行政体制改革的核心，支持人民政府探索制定并公布协商事项目录，增强协商的广泛性针对性，完善政府协商机制，围绕经济社会发展重大问题、重大公共利益或重大民生问题在全社会开展广泛协商，听取社会各方面的意见和建议，提高政府治理能力和水平。政协协商是中国共产党在人民政协同各民主党派和社会各界人士开展的政治协商。中国共产党党委要重视人民政协发挥协商民主重要渠道和专门协商机构的作用，支持人民政协依照宪法法律和政协章程独立负责、协调一致地开展工作，建立健全党领导人民政协协商民主建设的工作制度，营造畅所欲言、各抒己见、理性有度、合法依章的良好协商氛围，完善协商成果采纳、落实和反馈机制。人民团体协商是围绕做好新形势下党的群众工作开展的社会协商。中国共产党党委要重视发挥人民团体作为党和政府联系人民群众的桥梁和纽带作用，支持人民团体健全直接联系群众工作机制，及时围绕涉及所联系群众切身利益的问题特别是事关特定群体权益保障的问题开展协商，增强协商的广泛性和代表性。基层协商是党的基层组织和基层政府就涉及人民群众利益的决策和工作而开展的民主协商。地方各级党委和政府要把城乡社区协商工作纳入重要议事日程，建立健全基层党组织领导、村（居）民委员会负责、各类协商主体共同参与的工作机制，突出基层群众“自治”的特点，完善基层民主制度，保障人民知情权、参与权、表达权、监督权。社会组织协商是具有民间性、公益性、志愿性等特征的社会群体开展的社会协商，在我国是一个新事物，处在进行探索的过程。中国共产党党委要加强领导和依法管理，健全与相关社会组织联系的工作机制和沟通渠道，引导社会组织有序开展协商，更好为社会服务。

（三）公众积极参与

社会主义协商民主是中国共产党的群众路线在政治领域的重要体现。这一基本定性决定了协商民主要实现公众积极参与。协商活动在我国早已有之，但无论是在古代还是在近现代主要是在上层精英人士中进行的，这是相当多的群众并不将其视为一种“民主”的一个重要原因。协商要成为民主，就必须实现人民群众最广泛的政治参与。协商民主体现了人民民主的真谛，涉及人民的利益。因此，习近平总书记强调：“我们要坚持有事多商量，遇事多商量，做事多商量，商量得越多越深入越好。涉及全国各族人民利益的事情，要在全体人民和全社会中广泛商量；涉及一个地方人民群众利益的事情，要在这个地方的人民群众中广泛商量；涉及一部分群众利益、特定群众利益的事情，要在这部分群众中广泛商量；涉及基层群众利益的事情，要在基层群众中广泛商量。”[①] 这里表明了各个层级的协商和各个协商渠道的协商都有实现公众广泛而积极参与的要求。政党协商，无论是会议协商还是约谈协商、书面协商，虽然是在中国共产党党委负责同志和民主党派组织负责同志之间进行的，但不是领导者个人的事情，而是民主党派集体的大事。因此，民主党派要发挥整体优势，建立多方参与、资源共享的集智聚力机制，探索建立适应履职需要、符合民主党派特色的智库，协商前充分发扬民主，多方听取意见，调动民主党派各级组织和广大成员积极性、创造性，对有关协商议题经集体研究后提出意见和建议，显示出民主党派群策群力的集体智慧，体现出人才荟萃、智力密集的特点。人大协商，主要是涉及公众广泛参

① 《十八大以来重要文献选编》（中），中央文献出版社 2016 年版，第 73 页。

与的立法协商，要坚持科学立法、民主立法，除重视发挥专家学者在立法中的论证咨询作用，为了更好汇聚民智、听取民意，还需要拓宽公民有序参与立法途径，健全法律法规草案公开征求意见和公众意见采纳情况反馈机制，建立健全代表联络机构、网络平台等形式，密切代表同人民群众的联系，努力使每一项立法都符合宪法精神、反映人民意愿、得到人民拥护。政府协商，是关系到人民最关心最直接最现实的利益问题的协商，增强决策透明度和公众参与度是最重要的要求，要坚持社会公众广泛参与，涉及经济社会发展重大问题、重大公共利益或重大民生的，要重视听取社会各方面的意见和建议，吸纳社会公众特别是利益相关方参与协商；涉及特定群体利益的，要加强与相关人民团体、社会组织以及群众代表的沟通协商。政协协商，是就政治经济社会发展重大问题、关系人民群众切身利益实际问题、统一战线内部共同性问题等开展的广泛协商，人民政协要提高联系群众能力，创新群众工作方法，畅通和拓宽各界群众的利益诉求表达渠道，发挥好桥梁和纽带作用，适应经济社会发展和统一战线内部结构变化，深入研究更好发挥政协界别作用的思路和办法，探索新的社会组织等参加政协活动的方法途径，扩大团结面、增强包容性，拓展公民有序政治参与空间。人民团体协商，是围绕做好新形势下党的群众工作开展协商，组织引导群众开展协商是最基本的要求，要更好地组织和代表所联系群众参与公共事务，有效反映群众意愿和利益诉求，及时围绕涉及所联系群众切身利益的问题开展协商，发挥作为党和政府联系人民群众的桥梁和纽带作用。基层协商，是公众人人都可参与的协商，因此是社会主义协商民主的重点。要按照协商于民、协商为民的要求，大力发展基层协商民主，重点在基层群众中开展协商。凡是涉及群众切身利益的决策都要充分听取群众意见，通过各种方式同群众进行协商。协商民主只有在基层广泛开展起来，实现公众广泛而积极的参与，才能使人民群众切实感受到这是实现人民当家作主的最好形式，协商民主才能获得最广泛的民意基础。社会组织协商，是涉及特定社会群体利益的协商，是公众参与协商的新途径。积极加以引导，能够促进全社会的有序政治参与，为协商民主奠定广泛的社会基础。

二、建立健全各协商渠道的工作机制

健全的协商民主工作机制，是社会主义协商民主健康运行的具体方式，是推进协商民主制度化发展的重要内容。《中共中央关于加强社会主义协商民主建设的意见》和有关配套性文件，对各协商渠道的工作机制提出了明确要求，作出了具体规定。

（一）政党协商工作机制

一般来说，关于政党协商的形式和程序的规定都属于政党协商的工作机制，但除此之外，专门作为政党协商机制主要内容的是政党协商保障机制。《中共中央关于加强社会主义协商民主建设的意见》明确提出："加强政党协商保障机制建设"。中共中央办公厅《关于加强政党协商的实施意见》将政党协商的保障机制细化为"四个机制"，并分别作出明确规定。

一是知情明政机制。知情明政关系到政党协商的质量。民主党派参加政治协商，只有知情才能提出真知灼见，只有明政才能积极参政议政。因此，中共党委的一些重要文件，应在一定范围内向民主党派负责同志通报，让他们及时了解中央和党委的精神；相关部门要定期围绕重大问题举行通报会、报告会等，介绍情况、回应具体问题。《关于加强政党协商的实施意见》就中央层面知情明政机制规定：有关部门应适时向民主党派中央直接提供有关材料。中共中央统战部定期组织专题报告会和情况通报会，邀请有关部门介绍情况。

二是考察调研机制。调研协商座谈会是政党会议协商的一种形式，民主党派为履行好参加政治协商的职能，就要完善考察调研制度，规范选题论证、组织实施、成果会商等关键环节。民主党派领导班子成员只有深入调查研究，深入基层一线，掌握一手材料，了解真实情况，分析形成正确认识，才能在政党协商中提出有分量的意见建议。中央层面的考察调研机制的具体要求是：中共中央每年委托民主党派中央就经济社会发展重大问题开展重点考察调研，由中共中央统战部组织实施。中共中央统战部每年召开选题介绍会，协助民主党派中央确定调研题目，协调有关部门参与调研，做好组织保障工作。支持民主党派中央结合自身特色开展经常性考察调研。地方党委和政府应予以积极支持配合。

三是工作联系机制。为了搞好政党协商，需要加强党委和政府有关部门、司法机关与民主党派的联系，视情邀请民主党派列席有关会议、参加专项调研和检查督导工作。中央层面的工作联系机制主要有：中共中央政治局常委、委员开展的国内考察调研以及重要外事、内事活动，可根据需要、经统一安排邀请民主党派中央负责同志参加。最高人民法院、最高人民检察院和国务院有关部门应加强同民主党派中央的联系，视情邀请民主党派列席有关工作会议、参加专项调研和检查督导工作。

四是协商反馈机制。中国共产党党委应将协商意见交付有关部门办理，有关部门应及时反馈落实情况。中央层面的协商反馈机制是，需要办理的协商意见由中共中央办公厅会同中共中央统战部交付有关部门，办理情况一般在 3 个月内向中共中央办公厅报告，并抄送中共中央统战部，由中共中央统战部反馈民主党派中央。

除了上述四项政党协商的保障机制，搞好政党协商还涉及民主党派参政议政工作机制，因为参政议政也是民主党派的一项基本职能，属于多党合作和政治协商的范围。参政议政工作机制主要涉及培养民主党派参政议政骨干队伍，完善课题审定、考察调研、集体研究、成果报送、评比奖励等工作流程。

（二）人大协商工作机制

人大协商的工作机制主要体现在人大立法的各个环节的协商规定。《中共中央关于加强社会主义协商民主建设的意见》提出了人大立法协商的“三个机制”，2015 年 3 月 15 日修改的《中华人民共和国立法法》作出明确的具体规定。

一是法律法规起草协调机制。这是法律法规起草环节的协商机制。《中共中央关于加强社会主义协商民主建设的意见》要求："健全法律法规起草协调机制，加强人大专门委员会、工作委员会与相关方面的沟通协商。"《立法法》规定，专门委员会审议人大代表联名提出法律案的时候，"可以邀请提案人列席会议，发表意见。""专门委员会审议法律案时，应当召开全体会议审议，根据需要，可以要求有关机关、组织派有关负责人说明情况。"

二是立法论证、听证、评估机制。这是法律法规形成过程中的协商机制。《中共中央关于加强社会主义协商民主建设的意见》要求："健全立法论证、听证、评估机制，探索建立有关国家机关、社会团体、专家学者等对立法中涉及的重大利益调整论证咨询机制。"这一要求在《立法法》中规定为："列入常务委员会会议议程的法律案，法律委员会、有关的专门委员会和常务委员会工作机构应当听取各方面的意见。听取意见可以采取座谈会、论证会、听证会等多种形式。""专业性较强的法律草案，可以吸收相关领域的专家参与起草工作，或者委托有关专家、教学科研单位、社会组织起草。""拟提请常务委员会会议审议通过的法律案，在法律委员会提出审议结果报告前，常务委员会工作机构可以对法律草案中主要制度规范的可行性、法律出台时机、法律实施的社会效果和可能出现的问题等进行评估。评估情况由法律委员会在审议结果报告中予以说明。"

三是法律法规草案公开征求意见和公众意见采纳情况反馈机制。《中共中央关于加强社会主义协商民主建设的意见》要求："拓宽公民有序参与立法途径，健全法律法规草案公开征求意见和公众意见采纳情况反馈机制。"《立法法》规定："列入常务委员会会议议程的法律案，应当在常务委员会会议后将法律草案及其起草、修改的说明等向社会公布，征求意见，但是经委员长会议决定不公布的除外。向社会公布征求意见的时间一般不少于三十日。征求意见的情况应当向社会通报。"

（三）政府协商工作机制

按照《中共中央关于加强社会主义协商民主建设的意见》要求，政府协商的工作机制主要是四个机制。

一是意见征集和反馈机制。《中共中央关于加强社会主义协商民主建设的意见》要求："完善意见征集和反馈机制，在立法、设定决策议题、进行决策时广泛听取意见，及时反馈意见采纳情况。"政府在起草法律法规、设定行政决策议题、进行决策的过程中，除依法保密的事项外，属于协商范围内的事项都应当通过各种途径听取公众意见。对于公众提出的意见建议，应当认真研究吸纳，并及时反馈意见采纳情况。对于社会公众反映比较集中的重大事项，要及时准确公布意见采纳情况说明理由，并向社会通报。

二是听证机制。《中共中央关于加强社会主义协商民主建设的意见》要求："规范听证机制，听证会依法公开举行，及时公开相关信息。"听证是政府进行行政决策的一种重要的协商方式。行政机关在作出影响行政相对人合法权益的决定前，由行政机关告知决定理由和听证权利，举行听证会，行政相对人表达意见、提供证据，行政机关听取意见、接纳证据。进一步规范听证机制，主要是保证听证会依法公开举行，明确听证范围、完善听证代表的遴选程序，推进信息公开，规范听证结果运用和反馈。

三是决策咨询机制。《中共中央关于加强社会主义协商民主建设的意见》要求："建立健全决策咨询机制，完善咨询程序，提高咨询质量和公信力。"决策咨询机制主要涉及发挥由专家学者所组成的政府决策智库的作用，规范专家参与咨询论证的方式和程序，建立专家咨询论证评估制度，明确咨询专家参与咨询论证活动的责任，保证其在决策咨询过程中能够客观、尽责、中立地发挥专业能力，提高专家咨询质量和公信力。

四是人大代表议案建议和政协提案办理联系机制。《中共中央关于加强社会主义协商民主建设的意见》要求："完善人大代表议案建议和政协提案办理联系机制，建立和完善台账制度，将建议和提案办理纳入政府年度督查工作计划，办理结果逐步向社会公开。"人大代表在人大会议期间提出的议案建议，政协委员在政协会议期间提出提案，相当多的要由政府及其部门来办理。政府及其部门要以对人民高度负责的态度做好办理工作，按照积极稳妥、逐步深化的原则，不断推进建议和提案办理结果公开。建立建议和提案办理复文与公开同步审查的工作机制，稳妥处理建议和提案办理结果公开过程中遇到的问题，确保公开效果。

（四）政协协商工作机制

人民政协要发挥专门协商机构作用，必须高度重视政协协商工作机制建设。习近平总书记明确要求，人民政协“建立健全协商议题提出、活动组织、成果采纳落实和反馈机制”，“完善参政议政成果采纳落实机制”等。《中共中央关于加强社会主义协商民主建设的意见》对政协协商的工作机制作出初步规定，中共中央办公厅《关于加强人民政协协商民主建设的实施意见》作出了明确而具体的规定，主要涉及六个方面的机制。

一是制定年度协商计划工作机制。政协年度协商计划是由党委会同政府、政协共同制定的。为此，就要建立健全制定年度协商计划的工作机制，由政协办公厅（室）在广泛征求政协参加单位、政协委员和有关部门意见的基础上，形成年度协商计划草案，由党委办公厅(室）会同政府办公厅(室)、政协办公厅（室）修改完善年度协商计划草案，经政协主席会议审议后，报党委常委会会议确定。

二是协商议题提出机制。这是为落实由党委、人大、政府、民主党派、人民团体等提出议题的规定而形成的工作机制。根据协商议题的来源，涉及两个具体的机制：首先是建立党委同政府、政协重点协商议题会商机制，议题可由党委和政府交办，可由党委召开的秘书长联席会议研究提出，可由政协与党委和政府及有关部门沟通协商提出。其次是建立政协内部选题机制，通过常务委员会会议、专门委员会会议以及座谈会、发函等形式征集议题，积极探索由界别、委员联名、委员小组提出议题。

三是协商会议活动机制。政协全体会议协商是政协最重要的协商活动，特别是大会发言即时向全社会公开，影响力大、覆盖面广，党委和政府有关领导同志也要到会听取大会发言。因此，要完善大会发言遴选机制，提高发言质量。

四是对口协商和界别协商机制。对口协商是政协各专委会与政府各部门之间“对口”开展的横向协商。为此，政协各专门委员会与对口联系的有关部门就要以议题为纽带建立健全对口联系工作机制。同时，也要加强走访交流，建立信息共享机制，以便确定对口协商议题。对口部门根据情况可邀请政协相关专门委员会参加重要工作会议或重要活动，政协组织的视察和调研活动亦可邀请对口部门参加。人民政协由各政党、团体、民族和社会各界等不同界别组成是其显著特征。界别协商是政协专门委员会根据工作整体部署组织界别委员开展的协商活动，如专题调研、界别协商会、座谈会等。为此，需要健全政协办公厅（室）和专门委员会服务界别协商的工作机制和保障机制。

五是提案办理协商机制。提案办理协商也是人民政协协商民主的一种具体形式。开展提案办理协商，除做好严格立案标准、提高提案质量，加大专门委员会和界别提交提案力度、增加集体提案比重的基础性工作之外，需要建立交办、办理、督办提案协商机制，涉及四个环节的具体机制：在提案交办环节，建立共同交办机制，召开提案交办会，做好落实责任的协商；在提案办理环节，建立健全联系沟通、办理询问、研讨交流机制，把沟通协商作为提案办理的必经环节；在提案督办环节，建立健全跟踪督查和成果反馈机制，做好成果转化的协商；在提案办理后环节，完善提案办理考核评价机制，逐步将提案办理工作纳入绩效考核体系。

六是协商成果采纳、落实和反馈机制。为保证政协协商成果落地并对党和政府决策发挥应有作用，党委要会同政府、政协制定协商成果采纳、落实和反馈办法，形成机制。具体包括，政协协商后形成的视察报告、调研报告、政协信息、大会发言专报、重要提案摘报等成果，应报送党政领导同志。党政领导同志作出批示的，应及时告知政协办公厅（室）；对领导同志要求有关部门落实的，应将落实情况抄送政协办公厅（室）。

（五）人民团体协商工作机制

依据《中共中央关于加强社会主义协商民主建设的意见》，人民团体协商的工作机制主要是“两个机制”。

一是人民团体参与各渠道协商的工作机制。人民团体协商作为社会主义协商民主的重要渠道之一，自身需要开展协商活动。但由于人民团体协商的主要内容是涉及群众切身利益的实际问题，特别是事关特定群体权益保障的问题，这是单靠人民团体内部协商所解决不了的，为此就需要形成人民团体参与各渠道协商的工作机制，参与党委、人大、政府及有关部门协商，有关部门也要加强与相关人民团体协商。人民团体是人民政协的组成单位，这决定了人民团体主要是参与政协协商。政协要充分发挥人民团体及界别委员的作用，积极组织人民团体参与协商、视察、调研等活动，密切各专门委员会和人民团体的联系。

二是人民团体直接联系群众的工作机制。人民团体作为党和政府联系人民群众的桥梁和纽带，决定了要健全直接联系群众工作机制，及时围绕涉及所联系群众切身利益的问题开展协商，在维护全国人民总体利益的同时更好地维护各自所联系群众的具体利益。同时要拓展联系渠道，扩大协商覆盖面，把联系服务新兴社会群体纳入工作范围，增强协商的广泛性和代表性。人民团体与社会组织有着十分紧密的关系，要积极发挥对相关领域社会组织的联系服务引领作用，搭建相关社会组织与党委和政府沟通交流的平台。

（六）基层协商工作机制

《中共中央关于加强社会主义协商民主建设的意见》就基层协商提出了一个总的机制，即基层协商民主建设协调联动机制。中共中央办公厅、国务院办公厅《关于加强城乡社区协商的意见》有所细化。由于基层协商包括企事业单位的协商，《中共中央关于加强社会主义协商民主建设的意见》还就此提出两个机制：各层级职工沟通协商机制，劳动关系三方协商机制。

一是基层协商民主建设协调联动机制。与各个领域的协商渠道有所不同，基层协商民主建设是一个综合性建设，加强协调、实现联动很重要。基层协商民主建设联动机制，不仅包括县（市、区）、乡镇（街道）、村（社区）三级上下要联动，也包括党委、人大、政府、政协、民政、基层自治组织、企事业单位等左右要联动。为此，就有必要建立健全工作机制。地方各级党委和政府要把城乡社区协商工作纳入重要议事日程，加强分类指导，设计协商方案，提高乡镇、街道指导行政村、社区协商活动的能力和水平。建立健全基层党组织领导、村（居）民委员会负责、各类协商主体共同参与的工作机制，建立健全乡镇、街道协商与行政村、社区协商的联动机制，推动协商工作深入开展。发挥各级党代表、人大代表、政协委员密切联系群众的积极作用，引导基层群众开展协商活动。建立协商成果采纳、落实和反馈机制。需要村（社区）落实的事项，村（社区）党组织、村（居）民委员会应当及时组织实施，落实情况要在规定期限内通过村（居）务公开栏、社区刊物、村（社区）网络论坛等渠道公开，接受群众监督。

二是企事业单位各层级职工沟通协商机制。推进企事业单位协商，最根本的是健全以职工代表大会为基本形式的企事业单位民主管理制度。为此，就需要畅通职工表达合理诉求渠道，健全各层级职工沟通协商机制，如企事业职工与企业行政或业主"面对面"进行民主对话，设立"厂长信箱"、"厂情发布会"、"厂情公开栏"、"厂长、职工代表恳谈会"等。在企事业单位协商中，最重要的是工会代表职工与企业就调整和规范劳动关系等重要决策事项进行集体协商，签订集体合同，切实维护和保障职工合法权益。

三是以劳动行政部门、工会组织为代表的劳动关系三方协商机制。三方协商机制主要用于非公有制企业，是劳动行政部门、工会组织和企业家协会（行业协会）就劳动关系特别是行业工资开展的协商。在政府劳动行政部门协调下，行业职工和企业主经过协商达成双方认同的工资（工价）标准，签订全行业集体劳动合同，达到劳资双方共赢的效果。

（七）社会组织协商工作机制

根据《中共中央关于加强社会主义协商民主建设的意见》，社会组织协商工作机制主要是党和政府与相关社会组织联系的工作机制。社会组织具有自治性的特点，这就需要坚持党的领导和政府依法管理，健全与相关社会组织联系的工作机制和沟通渠道。如各级党政部门在作出重大决策之前举行的协商活动，注意吸收相关社会组织的代表参加，直接听取其意见建议。党政有关部门还可以就某些政治、经济、社会事务直接向相关社会组织听取意见和建议，并且注意发挥社会组织的人大代表和委员在人大协商、政协协商中的重要作用。在各级党组织的领导下，以制度化、法治化的方式规范社会组织发展，明确社会组织协商的主要内容，规范社会组织协商程序，确保社会组织协商民主有序推进。

三、完善政协民主监督机制

中共十九大报告提出："加强人民政协民主监督，重点监督党和国家重大方针政策和重要决策部署的贯彻落实。"[①] 之所以强调这一点，是因为人民政协民主监督是社会主义协商民主的重要实现形式。人民政协协商民主是通过履行政治协商、民主监督、参政议政三项职能而实现的。中共中央办公厅《关于加强和改进人民政协民主监督工作的意见》指出："人民政协民主监督是在坚持中国共产党的领导、坚持中国特色社会主义基础上，参加人民政协的各党派团体和各族各界人士在政协组织的各种活动中，依据政协章程，以提出意见、批评、建议的方式进行的协商式监督。""协商式监督"这一新定位，明确了人民政协民主监督在发展政协协商民主乃至整个社会主义协商民主中的重要地位。人民政协民主监督也是政治监督，是执政的中国共产党和参政的各民主党派之间在人民政协这一多党合作和政治协商重要机构中进行的相互监督。因此，推进协商民主制度化发展，需要完善民主监督机制。习近平总书记指出："要加强人民政协民主监督，完善民主监督的组织领导、权益保障、知情反馈、沟通协调机制。"[②] 将过去的"三个环节"（知情环节、沟通环节、反馈环节）丰富拓展为"四个机制"。根据这一要求，中共中央办公厅《关于加强人民政协协商民主建设的实施意见》提出："适时制定民主监督的专项规定，完善民主监督的组织领导、权益保障、知情反馈、沟通协调机制。"这一专项规定以中共中央办公厅《关于加强和改进人民政协民

---

① 《十九大以来重要文献选编》（上），中央文献出版社 2019 年版，第 27 页。

② 《十八大以来重要文献选编》（中），中央文献出版社 2016 年版，第 71 页。

主监督工作的意见》形式出台，并对民主监督的工作机制进行具体化指导。

（一）组织领导机制

民主监督是一种严肃的政治监督，组织性是其鲜明的特点和优势。如果将民主监督仅仅理解为政协委员、民主党派成员和无党派人士的个人监督，缺乏必要的组织行为，组织监督的优越性就不能得到充分体现，监督的实效性也就难以提高。与个人监督相比，组织监督更能统筹全局、协调各方，更容易形成监督合力，更能增强监督力度。因此，要在发挥个人监督灵活性优势的基础上加强组织领导。民主监督的组织领导要做到开展监督有计划、有题目、有载体、有成效。在机制建设上，一是各级党委高度重视人民政协民主监督工作，把加强和改进人民政协民主监督工作作为提高执政能力和领导水平、推动和改进工作的重要举措，纳入党委工作总体部署，党委和政府与政协共同制定开展民主监督的年度计划并严格实施。二是民主监督题目可由党委、人大、政府、民主党派、人民团体等提出，亦可由界别和委员联名提出，还可受党委委托就有关重大问题进行专项监督。三是着力打造会议、调研、视察、提案、信息、大会发言、新闻报道等多种载体，并使之协调配合，一体化运作。四是各级党委和政府负责同志要自觉接受、积极支持和保证人民政协依章程进行民主监督，认真倾听批评和建议，并督促有关方面办理监督意见。

（二）权益保障机制

权益保障主要是政协委员的表达权或话语权问题。中共十八大报告指出："保障人民知情权、参与权、表达权、监督权，是权力正确运行的重要保证。"① 这里提到的"四权"直接关系到人民政协的民主监督。人民政协不是权力机关，也不是决策机构，而是各党派团体和各族各界人士发扬民主、参与国是、团结合作的重要平台，具有话语权、影响力，是不可替代的。政

① 《十八大以来重要文献选编》（上），中央文献出版社 2014 年版，第 22 页。

协是实现公民有效政治参与的重要渠道，不同的利益群体可以通过政协按照正常的程序、途径表达和反映自身的利益诉求。充分保障政协委员的表达权，有利于形成共识、增强团结。《关于加强和改进人民政协民主监督工作的意见》明确规定："尊重和保障政协委员在参加民主监督工作中的知情权、参与权、表达权、监督权，维护政协委员对国家机关及其工作人员的工作提出意见、批评、建议的权利，以及对违纪违法行为检举揭发的权利，发挥政协委员在民主监督中的积极作用。"在权益保障机制建设上，主要做好两方面的工作。一是要求党委和政府切实尊重和保护政协委员履行民主监督职能的权利，正确对待政协各参加单位和委员提出的意见、批评和建议，做到不打棍子、不扣帽子、不抓辫子。在民主评议党政机关及其主要领导的工作时，允许政协委员在政协会议上或在给党政机关的报告中提出批评性意见，任何人不得打击报复。对于阻挠政协委员参加民主监督，甚至进行压制、打击和报复的，应依纪依法追究责任。二是要求政协委员以维护国家和人民的利益为己任，增强责任感和使命感，敢于说真话、道实情、谏诤言、献良策，提倡热烈而不对立的讨论，开展真诚而不敷衍的交流，鼓励尖锐而不极端的批评，努力营造既畅所欲言、各抒己见，又理性有度、合法依章的良好氛围。

（三）知情反馈机制

知情和反馈是政协民主监督的首尾两端，民主监督要提高实效，就必须有始有终，就要建立健全知情反馈机制。《关于加强和改进人民政协民主监督工作的意见》将这一机制细化为"两个机制"。

一是知情明政机制。在我国的民主监督实践过程中，监督主体与监督客体的信息不对称致使民主监督的知情渠道不宽不畅，政协委员获取相关信息的方法单一、渠道有限、时效滞后。扩大政协的知情权，取决于作为监督客体的党和政府以及作为监督主体的政协的共同努力。从监督客体的角度看，保障政协的知情权的主要途径是进一步做好党务和政务信息公开工作，增强信息的透明度。从监督主体的角度看，保证政协的知情权就要按照有关规定，通过各种途径和形式推动党和政府加大信息发布力度和范围，促使党和政府向政协披露相关信息成为常态化的例行工作制度。比如党委、政府定期向政协通报经济社会发展情况和重要工作。党政有关部门和司法机关定期向政协组织和委员通报相关情况。政协组织开展多种形式的学习教育和政情通报活动，为政协委员知情明政创造良好条件。《关于加强和改进人民政协民主监督工作的意见》要求："党委和政府及有关方面召开的重要会议，视情邀请政协有关负责同志、政协委员列席。围绕监督议题，政协应组织相关委员认真学习党和国家重大决策部署，了解情况、把握形势、掌握政策。根据监督工作安排，有关方面应认真做好情况通报，重点通报工作中存在的问题、主要困难和薄弱环节，提前将有关材料送达政协委员，并为政协委员查阅资料、了解情况提供便利。"

二是办理反馈机制。民主监督实效性不强的一个重要原因，是监督主体对自己的监督意见采纳和办理情况不了解，因此就有了"不说白不说，说了也白说"的提法。这就需要强化对监督意见督办情况的反馈环节。比如对政协以《民主监督报告》、《民主评议报告》、《民主监督建议书》提出的重要监督意见，党政主要领导、分管领导应阅批，被监督部门（单位）主要负责人要向政协党组或主席会议专题汇报办理情况。对一些重要监督意见未能及时反馈的，政协可通过视察、调研、约谈等形式进行跟踪督办；对因办理不力造成不良后果和影响的，政协可向党委、政府提出责任追究建议，党委、政府要及时检查处理并作反馈。政协要将民主监督办理落实情况及时告知有关参加单位或委员。政协要建立民主监督情况发布制度，每隔一段时间，就社会比较关注的重点、热点、难点等问题进行民主监督的结果公诸于众，接受社会的监督，增进社会对政协民主监督的了解和理解。《关于加强和改进人民政协民主监督工作的意见》要求："办理单位应及时以书面、会议通报等形式反馈政协民主监督意见办理、采纳和落实情况。政协主席会议或常务委员会会议根据需要，听取重点监督意见办理情况通报。政协应将办理回复情况通报参加监督的有关单位和政协委员。政协常务委员会向全体会议报告工作时，应将全年民主监督工作开展情况和监督意见办理回复情况作为重要内容。"

（四）沟通协调机制

沟通和协调是提高政协民主监督实效性的重要方式，涉及两个环节。一是完善沟通环节，主要是与监督客体的沟通。党委、政府及其部门的重要会议和活动应邀请政协领导和专委会负责人参加，包括列席与民主监督议题相关性较强的党委常委会议。建立和完善党政部门与政协专委会、民主党派、界别的对口联系制度。党政部门作出重大工作决策和部署、召开重要会议时应视情邀请本单位、本系统政协委员及特约监督员参加。党委、政府领导及有关部门负责人应积极参加政协的民主监督活动，加强互动，听取意见。二是完善协调环节，主要是与其他监督形式的协调配合。包括与党内监督的协调，组织政协委员参加党委及其部门组织的重大事项调研督查活动，邀请政协委员参与纪检监察机关党风廉政建设和反腐败工作的监督检查，健全委员来信举报通道；与人大监督的协调，探索人大与政协围绕经济社会发展的重大问题和重要工作联合开展协商监督活动；与行政监督的协调，组织政协委员参加政府及其部门组织的重大事项调查、检查、听证和联合执法等活动，政协委员应邀担任政府部门特约监督人员；与司法监督的协调，政协委员应邀参加法院、检察院相关重要会议活动，旁听重大案件的办理庭审，转交群众举报、控告、申诉，应邀担任司法部门特约监督人员；与舆论监督的协调，在新闻媒体开设政协民主监督专题栏目，利用新媒体开展网络民意调查，设立委员论坛、网上工作室等，扩大民主监督的影响。《关于加强和改进人民政协民主监督工作的意见》将沟通协调机制明确为“协调落实机制”，要求：“加强人民政协民主监督与党委和政府工作的有效衔接，由党委办公厅（室）、政府办公厅（室）、政协办公厅（室）会商，统筹协调政协民主监督议题、工作安排等重要问题。政协办公厅（室）应及时将重点监督活动具体安排提前告知有关方面，加强协调配合，认真组织实施，积极跟进落实。政协专门委员会应就有关监督工作加强同党政部门等的对口联系。”

健全政协民主监督的工作机制，还有一个实际问题要解决，就是建立相对独立的民主监督渠道问题。中央的系列文件和政协章程明确规定了政协三项职能的基本内容和主要形式，但是存在界定不清、交叉重合的问题，进而导致了实践的偏差，造成了职能的相互代替和弱化。按照现行的履职方式，很容易把政治协商和参政议政中的民主监督成分等同于履行民主监督职能，把民主监督过程中的讨论建议等同于政治协商和参政议政，难以充分体现民主监督是以提出意见、批评、建议的方式进行的政治监督的性质。民主监督或者依赖于政协的其他两项职能，或者依赖于其他形式发挥作用，这种依赖固然重要，但缺乏相对独立的民主监督必然出现被动和弱化的问题。因此，探索一条新型的民主监督渠道刻不容缓，可以探索在人民政协设立民主监督的专职机构“监督委员会”。也有必要对提案、大会发言等进行分类，单独设置民主监督类，以突出民主监督的作用，真正树立起人民政协民主监督有所作为的良好形象。

结语：新时代协商民主发展的广阔前景

中国特色社会主义进入新时代，健全人民当家作主制度体系、发展社会主义民主政治是中共十九大部署的重大任务。为了落实这一重大任务，除了深入开展政治协商、立法协商、行政协商、民主协商、社会协商、基层协商等多种协商之外，还要注意发挥民主协商在扩大党内民主、促进祖国和平统一大业、促进现代国际治理等方面的重要作用，让协商民主这一在我国有根、有源、有生命力的民主形式彰显其巨大优势和旺盛活力，展现出广阔的发展前景。

一、以党内协商民主促进社会协商民主

《中共中央关于加强社会主义协商民主建设的意见》提出："健全党内民主制度，以党内民主带动和促进协商民主发展。"① 这里虽然没有出现"党内协商"的字样，但就党内民主是直接带动和促进协商民主的内在因素而言，无疑是包含党内民主协商的。习近平总书记在庆祝中国人民政协成立65周年大会上的讲话中指出："要拓宽中国共产党、人民代表大会、人民政府、人民政协、民主党派、人民团体、基层组织、企事业单位、社会组织、各类智库等的协商渠道"②。其中中国共产党是排第一位的渠道，表明了中国共产党党内民主协商的重要性。中共中央有关协商民主的重要文献，目前还

① 《十八大以来重要文献选编》（中），中央文献出版社2016年版，第300页。

② 《十八大以来重要文献选编》（中），中央文献出版社2016年版，第77—78页。

没有使用“党内协商”的概念。主要原因在于，按照一般的理解，协商民主是不同利益主体之间的协商，而中国共产党不仅没有自己的特殊利益，而且在党内也不存在不同的利益主体，因此不可将党内协商与其他各种协商相提并论。这样理解有其道理。但广义地讲，协商也是不同意见的表达，协商民主的本意是商量着办事，是一个求同化异寻求共识的过程，就此而言，党内也有协商，也要商量着办事，而且更为重要。习近平总书记曾就深化改革的共识问题指出：“有一种观点认为，现阶段深化改革不可能形成共识，甚至把形成改革共识说成是伪命题。不错，现在党内外对深化改革思想认识上有较大差异，但越是思想认识不统一就越要善于寻求最大公约数。在坚持改革这个重大问题上全党全社会是有广泛认知的。只要加强思想引导，把党内外一切可以团结的力量广泛团结起来，把国内外一切可以调动的积极因素充分调动起来，是完全可以形成共识的。”① 关于如何形成共识，习近平总书记指出：“同时，我们也要看到，不同地方、不同阶层、不同领域、不同方面，大家会有不同想法。那就要考虑，哪些是可以‘求同’的？哪些是可以经过做工作形成或转化为共识的？哪些是可以继续‘存异’的？把最大公约数找出来，在改革开放上形成聚焦，做事就能事半而功倍。”② 显然，这些都涉及党内协商。

党内协商之所以重要，在于它能够对社会协商民主起示范和带动作用。中国共产党是中国唯一的执政党，执政党内的民主状况会对全社会的民主状况产生极大的影响。党内民主生活正常，党员领导干部有民主意识、民主习惯和民主作风，以身作则，就会影响和带动自己所在的工作领域形成良好的民主风气。相反，如果党内民主生活不正常，领导干部搞一言堂、个人决定重大问题、家长制，势必处理不好与党外干部和群众的关系，更谈不上保证和发扬人民民主的问题。从这个意义上说，党内民主是发展人民民主的关键。党内协商的实质是党内民主问题。2016 年 10 月中共十八

① 习近平：《论坚持全面深化改革》，中央文献出版社 2018 年版，第 62 页。

② 《习近平关于全面深化改革论述摘编》，中央文献出版社 2014 年版，第 31 页。

届六中全会通过的《关于新形势下党内政治生活的若干准则》强调：“党内民主是党的生命，是党内政治生活积极健康的重要基础。要坚持和完善党内民主各项制度，提高党内民主质量，党内决策、执行、监督等工作必须执行党章党规确定的民主原则和程序，任何党组织和个人都不得压制党内民主、破坏党内民主。”并且规定：“畅通党员参与讨论党内事务的途径，拓宽党员表达意见渠道，营造党内民主讨论的政治氛围。健全党内重大决策论证评估和征求意见等制度。”① 这些规定可以视之为关于党内协商的明确要求，对于发展党内协商进而促进其他各类协商健康发展具有非常重要的指导意义。

党内协商，主要表现为党中央作出的重大决定都有在党内反复征求意见的过程。2017 年 2 月 13 日，习近平总书记在省部级主要领导干部学习贯彻中共十八届六中全会精神专题研讨班上的讲话中指出：“我们党历来高度重视发展党内民主。党的代表大会报告、党的全会文件、党的重要文件和重大决策、政府工作报告、重大改革发展举措、部门重要工作文件，都要在党内一定范围征求意见，有的不止征求一次，还要征求两次、三次，部门的重要文件，有的要征求全部省区市的意见和建议，有的要征求几十家中央和国家部门的意见。而且，这些都是必须过的程序，党中央审议重要文件时，都要求报告征求意见的情况，同意的要报告，不同意的也要报告。”② 事实正是如此。以十八届三中全会通过的《中共中央关于全面深化改革若干重大问题的决定》为例。2013 年 4 月，中央发出《关于对党的十八届三中全会研究全面深化改革问题征求意见的通知》，广泛征求各地区各部门的意见。文件起草组成立后，在将近七个月的时间里，广泛征求意见，开展专题论证，进行调查研究，反复讨论修改。《决定》征求意见稿还下发党内一定范围征求意见，征求党内老同志意见。在征求意见的过程中，各方面提出了许多好的意见和建议。文件起草组按照中央要求认真整理研

① 《十八大以来重要文献选编》（下），中央文献出版社 2018 年版，第 430—431 页。

② 《十八大以来重要文献选编》（下），中央文献出版社 2018 年版，第 586 页。

究，并对全会决定作出重要修改。十八届三中全会决定中的一个最大创新是提出“使市场在资源配置中起决定性作用”。这是党内充分协商的结果。习近平总书记就此说明：“在这次讨论和征求意见过程中，许多方面提出，应该从理论上对政府和市场关系进一步作出定位，这对全面深化改革具有十分重大的作用。考虑各方面意见和现实发展要求，经过反复讨论和研究，中央认为对这个问题从理论上作出新的表述条件已经成熟，应该把市场在资源配置中的‘基础性作用’修改为‘决定性作用’。”① 又如中共十八届六中全会通过的《关于新形势下党内政治生活的若干准则》和《中国共产党党内监督条例》，也同样有一个在党内征求意见的过程。习近平总书记在十八届六中全会上关于这两个文件的说明中指出：“党中央就两个文件稿在党内一定范围征求意见，是充分发扬党内民主、集中全党智慧的体现，是我们党解放思想、实事求是优良作风的体现。”② 并且专门说明了各地区各部门各方面的意见和建议情况：据统计共提出1955条修改意见，扣除重复意见后为1582条，其中原则性意见354条、具体意见1228条。党中央责成文件起草组认真梳理和研究这些意见和建议。文件起草组对两个文件稿作出重要修改。

党内协商，包括座谈、调研、讨论等多种形式。习近平总书记指出：“我们中央领导同志也经常通过召开座谈会、下去调研、找人谈话、研究调研材料等多种形式，听取各方面意见和建议。党中央作出重大决策都是很慎重的，重大方案要经过部门讨论、各有关中央领导小组讨论、国务院讨论，然后才拿到中央政治局常委会会议、中央政治局会议上审议。如果审议通不过，还要拿回去重新研究，研究修改好了以后再上会讨论。这些环节都有制度性规定，不是可有可无的。”③ 由此可见，党中央的重大决策在通过代表大会或全会票决之前，是要经过反复协商的。较之于其他协商渠道，党内协商不是少一点，而是更多。为什么要不厌其烦地经过五六道关进行反复协商

① 习近平：《论坚持全面深化改革》，中央文献出版社2018年版，第30页。

② 《十八大以来重要文献选编》（下），中央文献出版社2018年版，第412页。

③ 《十八大以来重要文献选编》（下），中央文献出版社2018年版，第586—587页。

呢？习近平总书记明确指出："看上去有些繁琐，但这样做的目的，就是为了充分发扬民主，广泛听取意见和建议，做到兼听则明、防止偏信则暗，做到科学决策、民主决策、依法决策。"①

党内协商，较之于其他协商，有一个明显的特点，就是在酝酿讨论阶段可以充分发表意见，包括不同意见，甚至批评性意见，但一旦形成决定，就必须无条件坚决执行，而不能以"存异"为理由各行其是。这是中国共产党作为马克思主义执政党的严明政治纪律的要求。习近平总书记明确要求要处理好这两方面的关系。他指出："在酝酿和讨论过程中，大家可以充分发表意见，畅所欲言，可以提修改意见，可以批评，甚至可以反对，言者无罪。古代尚有尧舜谏鼓谤木、大禹揭器求言、唐太宗兼听兼信等故事，我们共产党人更要有这样的理念和原则、气度和气魄。在酝酿和讨论阶段，要多听意见，让人家多讲话，天塌不下来！闭目塞听、闭门造车，不会有好的决策。但是，一旦党中央作出决定，各方就要坚决贯彻执行，不能某个决策不符合自己的意见、不对自己的胃口就不执行。而且，执行起来还要全心全意，不能三心二意、半心半意。在坚决执行的条件下，有意见、有问题还可以通过党内程序反映，直至向党中央反映，这都是允许的。有关反映党中央采纳了，那很好，如果没有采纳也不要牢骚满腹，心里不愉快，行动上打埋伏。个人有见解是好事，但个人的认识毕竟有其局限性，党中央决策要从全局出发，集中各方面智慧，综合考虑各方面条件。我们这么大一个党、这么大一个国家，如果没有党中央定于一尊的权威，公说公有理，婆说婆有理，争论不休，不仅会误事，而且要乱套！"②按照习近平总书记的这一要求，党内协商就能够健康有序地开展起来，形成又有集中又有民主、又有纪律又有自由、又有统一意志又有个人心情舒畅生动活泼的政治局面，从而对促进社会协商民主产生巨大的示范和引领作用。

---

① 《十八大以来重要文献选编》（下），中央文献出版社 2018 年版，第 587 页。

② 《十八大以来重要文献选编》（下），中央文献出版社 2018 年版，第 587 页。

二、运用民主协商促进实现祖国和平统一大业

协商民主具有广泛性意义，不仅适用于中国大陆的国家治理和社会治理，而且还是实现祖国和平统一的好办法。解决台湾问题，无非是两种方式，一是武力统一，二是和平统一。邓小平提出了中国大陆和台湾和平统一的设想，即“一个国家，两种制度”。通过平等协商解决台湾问题，是邓小平在提出“一国两制”构想时就考虑到的。1983 年 6 月 26 日，他指出：“要实现统一，就要有个适当方式，所以我们建议举行两党平等会谈，实行第三次合作，而不提中央与地方谈判。双方达成协议后，可以正式宣布。但万万不可让外国插手，那样只能意味着中国还未独立，后患无穷。”① 邓小平的这一设想付诸了实践。取得的最重要的成果是“九二共识”。1992 年 11 月，经两岸有关方面明确授权认可，大陆的海峡两岸关系协会与台湾的海峡交流基金会，就解决两会事务性商谈中如何表明坚持一个中国原则的问题，达成了以口头方式表述“海峡两岸均坚持一个中国原则”的共识。正因为有了“九二共识”，两岸在隔绝 40 多年后举行了“汪辜会谈”。

2005 年 4 月 29 日，中共中央总书记胡锦涛同中国国民党主席连战举行历史性会谈，共同发布“两岸和平发展共同愿景”。胡锦涛在会谈时提出：“开展平等协商，加强沟通，扩大共识。两岸对话协商，是双方加深了解、增进互信、扩大共识、解决问题的重要方式和途径。两岸相互尊重、平等协商、求同存异，就发展两岸关系中共同关心和各自关心的问题广泛交换意见，务实解决问题，有利于两岸关系和平稳定发展。”②2008 年 6 月，两岸双方恢复两会制度性协商，先后达成 ECFA 等 18 项协议和多项共识，从而形成全方位、宽领域、多层次的大交流态势。

中共十八大以来，习近平总书记进一步将协商民主运用于解决台湾问

---

① 《邓小平文选》第三卷，人民出版社 1993 年版，第 31 页。

② 《人民政协重要文献选编》(下)，中央文献出版社、中国文史出版社 2009 年版，第 778 页。

题，形成了平等协商、共议统一的思路。2013 年 6 月 13 日，他向中国国民党荣誉主席吴伯雄提出增进互信、良性互动、求同存异、务实进取，指出：“良性互动，就是要加强沟通、平等协商、相向而行，相互释放善意，维护两岸关系来之不易的和平发展局面，合情合理解决彼此间的问题。求同存异，就是要本着同舟共济的精神，发挥政治智慧，聚集和扩大推动两岸关系发展的共识，妥善处理和管控分歧。”①2013 年 10 月 6 日，他又一次向台湾同胞提出：“两岸长期存在的政治分歧问题终归要逐步解决，总不能将这些问题一代一代传下去。我们已经多次表示，愿意在一个中国框架内就两岸政治问题同台湾方面进行平等协商，作出合情合理安排。”②2014 年 2 月 18 日，习近平总书记在会见中国国民党荣誉主席连战一行时说，“至于两岸之间长期存在的政治分歧问题，我们愿在一个中国框架内，同台湾方面进行平等协商，作出合情合理安排。有什么想法都可以交流。世界上的很多问题，解决起来都不可能毕其功于一役，但只要谈着就有希望。精诚所至，金石为开。我相信，两岸中国人有智慧找出解决问题的钥匙来。”③ 这把钥匙就是协商民主。

2015 年 11 月 7 日，国家主席习近平同台湾方面领导人马英九在新加坡举行 1949 年以来两岸领导人首次会晤，两岸政治关系实现历史性突破。习近平主席认为，7 年来两岸关系能够实现和平发展，关键在于双方确立了坚持“九二共识”、反对“台独”的共同政治基础。没有这个定海神针，和平发展之舟就会遭遇惊涛骇浪，甚至彻底倾覆。他指出：“‘九二共识’之所以重要，在于它体现了一个中国原则，明确界定了两岸关系的根本性质。它表明大陆与台湾同属一个中国，两岸关系不是国与国的关系，也不是‘一中一台’。虽然两岸迄今尚未统一，但中国的主权和领土完整从未分裂。两岸同属一个国家、两岸同胞同属一个民族，这一历史事实和法理基础从未改变，

① 《习近平谈治国理政》第一卷，外文出版社 2018 年版，第 234 页。

② 《习近平谈治国理政》第一卷，外文出版社 2018 年版，第 232 页。

③ 《习近平谈治国理政》第一卷，外文出版社 2018 年版，第 239 页。

也不可能改变。”① 马英九也表示，巩固“九二共识”，维持和平现状。在这次会晤中，习近平向马英九再次提出：“两岸双方应该加强交流对话，增进政治互信，通过平等协商、积极研讨，推动解决两岸之间长期存在的各种难题，同时管控好矛盾和分歧。”②

2019 年 1 月 2 日在《告台湾同胞书》发表 40 周年纪念会上的讲话中，习近平提出“探索‘两制’台湾方案，丰富和平统一实践”，认为“和平统一、一国两制”是实现国家统一的最佳方式，体现了海纳百川、有容乃大的中华智慧，既充分考虑台湾现实情况，又有利于统一后台湾长治久安。“一国两制”在台湾的具体实现形式会充分考虑台湾现实情况，会充分吸收两岸各界意见和建议，会充分照顾到台湾同胞利益和感情。他郑重倡议：“在坚持‘九二共识’、反对‘台独’的共同政治基础上，两岸各政党、各界别推举代表性人士，就两岸关系和民族未来开展广泛深入的民主协商，就推动两岸关系和平发展达成制度性安排。”③ 运用民主协商方式解决台湾问题，以对话取代对抗、以合作取代争斗、以双赢取代零和，寻求社会共识，进行政治谈判，必将有力推进祖国和平统一进程，同时也彰显出协商民主这一在中国有根、有源、有生命力的民主形式的广阔应用前景。

香港、澳门回归祖国并重新纳入中国国家治理体系，标志着“一国两制”构想取得巨大成功。但回归后也不可避免地会遇到一些新情况新问题。如香港维护国家主权、安全、发展利益的制度还需完善，对国家历史、民族文化的教育宣传有待加强，社会在一些重大政治法律问题上还缺乏共识，经济发展也面临不少挑战，传统优势相对减弱，新的经济增长点尚未形成，住房等民生问题比较突出等。解决这些问题，也需要运用民主协商的方式。习近平总书记指出：“香港是一个多元社会，对一些具体问题存在不同意见甚至重大分歧并不奇怪，但如果陷入‘泛政治化’的旋涡，人为制造对立、对抗，那就不仅于事无补，而且会严重阻碍经济社会发展。只有凡事都着眼大局，

① 《习近平谈治国理政》第二卷，外文出版社 2017 年版，第 429 页。

② 《习近平谈治国理政》第二卷，外文出版社 2017 年版，第 430 页。

③ 《十九大以来重要文献选编》（上），中央文献出版社 2019 年版，第 745 页。

理性沟通，凝聚共识，才能逐步解决问题。从中央来说，只要爱国爱港，诚心诚意拥护‘一国两制’方针和香港特别行政区基本法，不论持什么政见或主张，我们都愿意与之沟通。”① 这里表达了一种诚意，只要不逾越“一国两制”方针和香港特别行政区基本法的底线，爱国爱港，不管持什么意见，都可以通过沟通协商来解决。这实际上也是邓小平的主张。邓小平曾指出：“港人治港有个界线和标准，就是必须由以爱国者为主体的港人来治理香港。未来香港特区政府的主要成分是爱国者，当然也要容纳别的人，还可以聘请外国人当顾问。什么叫爱国者？爱国者的标准是，尊重自己民族，诚心诚意拥护祖国恢复行使对香港的主权，不损害香港的繁荣和稳定。只要具备这些条件，不管他们相信资本主义，还是相信封建主义，甚至相信奴隶主义，都是爱国者。我们不要求他们都赞成中国的社会主义制度，只要求他们爱祖国，爱香港。”②

协商民主是以理服人的民主方式，教育引导是一个重要的手段。赢得青年才能赢得未来。在香港、澳门相继发生的一些事件中，充当重要角色的不少是青年。港澳不少青年对祖国和内地并不了解，容易受误导、被利用。青年人可塑性强，他们成长为什么样的人，关键在给以什么样的引导。要实现爱国爱港爱澳光荣传统代代相传，保证“一国两制”事业后继有人，就要加强对青少年的教育培养。要高度重视和关心爱护青年一代，为他们成长、成才、成功创造条件。鉴于港澳同胞长期生活在资本主义制度环境下，耳濡目染西方价值观，进行历史文化和国情教育就显得非常必要。习近平总书记指出：“要把我国历史文化和国情教育摆在青少年教育的突出位置，让青少年更多领略中华文明的博大精深，更多感悟近代以来中华民族救亡图存、发愤图强的光辉历程，更多认识新中国走过的不平凡道路和取得的巨大成就，更多理解‘一国两制’与坚持和发展中国特色社会主义、实现中华民族伟大复兴中国梦的内在联系。”③ 要为青年发展多搭台、多搭梯，创造有利于成就人

① 《习近平谈治国理政》第二卷，外文出版社2017年版，第437页。

② 《邓小平文选》第三卷，人民出版社1993年版，第61页。

③ 《习近平谈治国理政》第二卷，外文出版社2017年版，第426页。

生梦想的社会环境。

三、使协商民主成为现代国际治理的重要方法

协商民主产生于中国，源自中华民族长期形成的天下为公、兼容并蓄、求同存异等优秀政治文化，但也汲取了人类政治文明的成果。在民主问题上，西方政治思想最重要的成果是“deliberative democracy”（直译“审慎民主”），中央编译局将其翻译为“协商民主”，并于2006年出版了俞可平主编的《协商民主译丛》第一批四本译著：《协商民主：论理性与政治》、《作为公共协商的民主：新的视角》、《公共协商：多元主义、复杂性与民主》、《协商民主及其超越：自由与批判的视角》。2009年又出版第二批四本译著：《协商民主：挑战与反思》、《民主与差异》、《协商民主论争》、《美国民主的未来》。这套丛书的翻译出版在我国产生了不小的影响，正面作用是对我国学术的协商民主研究产生了积极的推动作用，负面作用是引起了对“协商民主是中国社会主义民主政治的特有形式”这一判断的质疑。争论的一个焦点是将“deliberative democracy”翻译成“协商民主”是否合适。张平主编的《社会主义协商民主研究》认为：“必须强调，把deliberative democracy译为‘协商民主’，是一种误译。该术语应译为‘审慎民主’或‘慎议民主’，主要意指民主制度、规则、程序的设计和实施要更加审慎、更加合理，民主决策要兼容共识规则与多数原则，并且共识规则优先于多数原则（即先通过平等的协商寻求共识，实在不能达成共识时再通过少数服从多数的投票来做出决定），以避免虚假多数和多数暴政。”[①] 指出这一点是有道理的。西方左翼学者提出“审慎民主”是为了弥补西方代议制民主存在的弊端，而非创造出一种新的民主形式来取而代之。但英语deliberative的确又具有审议、商议的含义，将其翻译为“协商的”，也并不错。特别是在外来词翻译成中文词的过程中，需要易于为中国的受众所接受，协商的实践是我国早已有之的，将

---

① 张平主编：《社会主义协商民主研究》，群言出版社2015年版，第24页。

deliberative democracy 翻译成“协商民主”可能比翻译成“审慎民主”更有助于国人理解。但是也要注意，这里的“协商的”与我国通常使用的“协商的”的英语词 consultative 在词义上又是有所不同的，如中国人民政治协商会议的英语翻译是 the Chinese People’s Consultative Conference，使用的就是 consultative 一词，其含义是咨询的、磋商的、顾问的，用来表达“协商民主”更为准确。关于“协商民主”的词语之争只是形式之争，更重要的问题是协商民主产生于中国还是西方。俞可平在其主编的《协商民主研究丛书》总序中注意到了这个问题，并且给予了回答。他认为，关于协商民主的争议是：“协商民主的理论与实践，究竟来源于西方还是在我国土生土长。一种观点认为，协商民主来源于西方的理论，最初是从西方引进的。另一种观点则相反，认为协商民主植根于我国的政治现实，跟西方的协商民主无关。其实，正像民主是人类政治文明的共同成果一样，作为民主政治重要内容的协商民主当然也是人类文明的共同成果。无论是东方还是西方，只要推行民主政治，必然包括协商民主的共同要素，例如对话、商谈、审议、沟通、辩论等等。但每个国家的协商民主又势必打上自己民族的烙印，各有自己的特色。我国的协商民主一方面深深植根于我国的政治传统和现实，如政治协商和政策磋商，同时又广泛吸取其他文明的优秀成果，例如现代的政策听证和决策咨询。”① 协商民主是人类政治文明的共同成果，这是没有问题的。协商作为与选举（票决）相对应的民主形式，无论是在中国还是在西方都是早已有之，我们不能说只有中国人才协商，而西方人不会协商。例如，美国制宪会议从 1787 年 5 月 25 日至 9 月 17 日历时 116 天，来自 12 个州的 55 名代表在许多问题上存在意见分歧，几乎每一天都在争论辩论，实际上也是一个漫长的协商过程。会议期间在建立两院制还是一院制立法机构、各州在其中是否有同等数量的代表名额等问题上产生了很大分歧，最后两派各自让步，通过了一个妥协的方案，即成立两院制立法机构，参议院议员名额在各州平均分配，众议院议员名额按人口比例分配。后经各州批准，产生了美国宪

① 马奔主编：《协商民主的方法》，中央文献出版社 2015 年版，第 2 页。

法，也是人类历史上第一部成文宪法。又如在我国行政协商中普遍采取的听证会形式，也是产生于西方国家。因此，说西方国家也有协商民主，并不为错。但是，也需要指出的是，协商民主作为一种制度性的规定，而不是个别的协商实践活动，却是我们中国独有的。总揽世界各国宪法，只有中国宪法有关于协商民主的政治制度规定，在宪法序言中载明“中国共产党领导的多党合作和政治协商制度将长期存在和发展”，并且我国设有国家专门协商机构，这就是人民政协。

另外，从20世纪80年代开始出现的西方国家的“审慎民主”或“协商民主”研究，主要是一种理论上的探讨，远未达到付诸实践的程度，更未形成制度性的规定。《协商民主译丛》执行主编陈家刚认为：“协商民主是指这样一种观念：合法的立法必须源自公民的公共协商。作为对民主的规范描述，协商民主唤起了理性立法、参与政治和公民自治的理想。简而言之，它呈现的是一种基于公民实践推理的政治自治的理想。”① 对西方协商民主的这一评价，是非常准确的。因此，它和我国大力发展的社会主义协商民主不可同日而语。当然，我们也要看到，西方“审慎民主”理论热的出现，客观上展现了协商民主作为一种新型民主潮流而出现的趋势。另外，西方学者关于“审慎民主”的许多研究成果，特别是程序性设计方面，对于我国加强协商民主建设有一定的借鉴价值。在这个意义上说，也为我国社会主义协商民主走向世界并产生影响作了理论的准备。

当今世界正处于百年未有之大变局，推进全球治理体系变革是大势所趋。随着时代发展，现行全球治理体系不适应的地方越来越多，国际社会对变革全球治理体系的呼声越来越高。习近平总书记认为，“推动全球治理体系变革是国际社会大家的事，要坚持共商共建共享原则，使关于全球治理体系变革的主张转化为各方共识，形成一致行动。”② 为此就要坚持国际关系民主化。国际关系民主化，不是“一国独霸”或“几方共治”，而是世界命运

① 陈家刚：《协商民主：论理性与政治》“译后记”，中央编译出版社2006年版，第324页。

② 《习近平谈治国理政》第二卷，外文出版社2017年版，第449页。

应该由各国共同掌握，国际规则应该由各国共同书写，全球事务应该由各国共同治理，发展成果应该由各国共同分享。国际关系民主化，这个民主就是协商民主。协商民主体现了和平、发展、公平、正义、民主、自由等全人类的共同价值，因而具有跨越时空、超越国度的世界性意义。2015 年 9 月 28 日，习近平主席在第七十届联合国大会一般性辩论时的讲话中指出："协商是民主的重要形式，也应该成为现代国际治理的重要方法，要倡导以对话解争端、以协商化分歧。"[①]2017 年 1 月 18 日，习近平主席在联合国日内瓦总部演讲时又一次指出："历史和现实给我们的启迪是：沟通协商是化解分歧的有效之策，政治谈判是解决冲突的根本之道。只要怀有真诚愿望，秉持足够善意，展现政治智慧，再大的冲突都能化解，再厚的坚冰都能打破。"[②] 只有靠国际关系中的协商民主，才能走出一条"对话而不对抗、结伴而不结盟"的国与国交往新路，构建起以合作共赢为核心的新型国际关系，与各国人民同心协力，打造人类命运共同体。

协商民主运用于处理国际关系，一个很重要的方面就是避免大国陷入"修昔底德陷阱"。"修昔底德陷阱"是以古希腊著名历史学家修昔底德的名字命名的国际关系的陷阱。修昔底德在阐述公元前 5 世纪雅典和斯巴达两个城邦国家发生的伯罗奔尼撒战争时认为，战争的原因是雅典的快速崛起引起了原有强国斯巴达的恐惧，导致各自结盟展开激烈竞争和对抗，最后以战争而告终。美国哈佛大学肯尼迪学院首任院长格雷厄姆·艾利森教授概括修昔底德的观点，提出"修昔底德陷阱"概念，认为：当一个崛起的大国与既有的守成大国竞争时，战争不可避免。有人统计，自 1500 年以来，一个新崛起的大国挑战现存大国的案例一共有 15 例，其中发生战争的就有 11 例。最典型的就是德国，两次世界大战都是因德国的崛起而爆发。

习近平总书记多次谈到过"修昔底德陷阱"。最早是 2014 年 1 月，美国《赫芬顿邮报》旗下《世界邮报》创刊号刊登了对习近平的专访，文中披露：

① 《习近平谈治国理政》第二卷，外文出版社 2017 年版，第 523 页。

② 《习近平谈治国理政》第二卷，外文出版社 2017 年版，第 539—540 页。

针对一些人对中国迅速崛起后必将与美国发生冲突的担忧，习近平指出，我们都应该努力避免陷入“修昔底德陷阱”，强国只能追求霸权的主张不适用于中国，中国没有实施这种行动的基因。2015年9月，习近平主席访美时在华盛顿州当地政府和美国友好团体联合举行的欢迎晚宴上的演讲中指出：“世界上本无‘修昔底德陷阱’，但大国之间一再发生战略误判，就可能自己给自己造成‘修昔底德陷阱’。”① 并且表示，愿同美方加深对彼此战略走向、发展道路的了解，多一些理解、少一些隔阂，多一些信任、少一些猜忌，防止战略误判。2017年1月28日，习近平主席在联合国日内瓦总部演讲中指出：“大国要尊重彼此核心利益和重大关切，管控矛盾分歧，努力构建不冲突不对抗、相互尊重、合作共赢的新型关系。只要坚持沟通、真诚相处，‘修昔底德陷阱’就可以避免。”②

在当今世界，最有可能陷入“修昔底德陷阱”是中国和美国的关系。习近平总书记指出：“我多次讲，我们要注意跨越‘修昔底德陷阱’、‘中等收入陷阱’。前一个是政治层面的，就是要处理好同美国等大国的关系。”③ 改革开放以来，中国迅速发展起来，已经成为仅次于美国的世界第二大经济体，是对世界经济增长贡献最大的国家，还是世界最大的贸易国，并且在国际事务中发挥越来越重要的作用。这必然会引发美国的恐惧和担忧，使一些人认为中美关系可能掉进“修昔底德陷阱”，甚至必有一战。针对这个问题，习近平总书记提出构建新型大国关系，包括中美新型大国关系。2013年6月7日，习近平主席同美国总统奥巴马在安纳伯格庄园会晤，就构建中美新型大国关系达成共识，认为“中美应该也可以走出一条不同于历史上大国冲突对抗的新路”④，“中美需要在加强对话、增加互信、发展合作、管控分歧的过程中，不断推进新型大国关系建设。”⑤ 这条新路就是通过对话协商破

① 《十八大以来重要文献选编》（中），中央文献出版社2016年版，第689页。

② 《习近平谈治国理政》第二卷，外文出版社2017年版，第541页。

③ 《十八大以来重要文献选编》（下），中央文献出版社2018年版，第73页。

④ 《习近平谈治国理政》第一卷，外文出版社2018年版，第279页。

⑤ 《习近平谈治国理政》第一卷，外文出版社2018年版，第280页。

解“修昔底德陷阱”之路。2017 年 4 月 6 日，习近平主席在同美国总统特朗普会晤时，指出：“中美两国关系好，不仅对两国和两国人民有利，对世界也有利。我们有一千条理由把中美关系搞好，没有一条理由把中美关系搞坏。”① 进一步表明了搞好中美关系的重要性。当然，中美关系具有特殊的复杂性，出现摩擦也在所难免，“打贸易战的结果只能是两败俱伤”②。只有坚持以对话解决争端、以协商化解分歧，才会有光明的前景。

协商民主是中国民主政治的品牌，不能长在深山无人知。当今国际舆论格局仍是西强我弱。2016 年 2 月 19 日，习近平总书记在党的新闻舆论工作座谈会上指出：“我国综合国力和国际地位不断上升，国际社会对我国的关注前所未有，但中国在世界上的形象很大程度上仍是‘他塑’而非‘自塑’，我们在国际上有时还处于有理说不出、说了传不开的境地，存在着信息流进流出的‘逆差’、中国真实形象和西方主观印象的‘反差’、软实力和硬实力的‘落差’。要下大气力加强国际传播能力建设，加快提升中国话语的国际影响力，让全世界都能听到并听清中国声音。”③ 西强我弱的国际舆论格局不是不可改变、不可扭转的，关键看我们如何做对外宣传工作。为此，就要讲好中国故事，传播好中国声音。在对外宣传中，最难的事情莫过于让世界理解中国的民主。我们强调中国必须由共产党来领导，这在西方不少人的心目中，中国似乎不是一个民主国家，民主比起西方国家来总显得少了那么一点，因为他们可以一人一票选总统。其实这是一种误解。2014 年 9 月，习近平总书记在庆祝人大成立 60 周年大会上和政协成立 65 周年大会上的讲话中，之所以花了很大篇幅阐述中国特色社会主义政治发展道路、中国特色社会主义政治制度、中国特色社会主义协商民主的来龙去脉、科学内涵、基本特征，目的就是要让人们更加深入了解中国特色社会主义民主政治。2014 年 11 月 11 日晚上，习近平在与美国总统奥巴马于中南海会晤时，特意阐述了中国的协商民主：我们讲究的民主未必仅仅体现在“一人一票”的直选上。

① 《习近平谈治国理政》第二卷，外文出版社 2017 年版，第 488 页。

② 《习近平关于社会主义经济建设论述摘编》，中央文献出版社 2017 年版，第 310 页。

③ 《习近平关于社会主义文化建设论述摘编》，中央文献出版社 2017 年版，第 212 页。

我们在追求民意方面，不仅不比西方国家少，甚至还要更多。西方某个政党往往是某个阶层或某个方面的代表，而我们必须代表全体人民。为此，我们要有广泛的民主协商过程，而且要几上几下。习近平这些推心置腹的坦诚交谈，对于让世界了解中国，特别是了解中国的社会主义协商民主，产生了巨大的示范效应。

讲好中国故事，既要解决有理说不出的问题，也要解决说了传不开的问题。讲好中国故事不容易，如何讲的问题也很重要。如果是用一套抽象晦涩、只有自己能够理解而别的国家难以懂得的概念，再好的故事内容也会显得枯燥乏味，难以引起共鸣。这就涉及创新对外话语表达方式。为此，习近平总书记在2013年全国宣传思想工作会议上提出“着力打造融通中外的新概念新范畴新表述”①，2016年在党的新闻舆论工作座谈会上又作进一步的阐述，指出：“要创新对外话语表达方式，研究国外不同受众的习惯和特点，采用融通中外的概念、范畴、表述，把我们想讲的和国外受众想听的结合起来，把‘陈情’和‘说理’结合起来，把‘自己讲’和‘别人讲’结合起来，使故事更多为国际社会和海外受众所认同。”② 善于借用国际上通用的概念范畴表述，并赋予其新的内涵，是讲好中国故事的一个重要手段。西方的deliberative democracy，不管在我国翻译成“协商民主”还是“审慎民主”，事实上都已经在西方政治学界成了研究的热点，并且在推进公民政治参与方面产生了重要影响。我们可以借用这一概念，在对外宣传中要大力宣传中国协商民主的理论成果和实践成就，使世界理解协商民主在中国有根、有源、有生命力，是维护人民根本利益的最广泛、最真实、最管用的民主形式。只有这样，我国社会主义协商民主才能走出国门、走向世界，为人类政治文明进步作出充满中国智慧的贡献。

---

① 《习近平关于社会主义文化建设论述摘编》，中央文献出版社2017年版，第197—198页。

② 《习近平关于社会主义文化建设论述摘编》，中央文献出版社2017年版，第213页。

后　记

这部著作是我在担任中央社会主义学院副院长期间于2014年主持的国家社会科学基金重点项目《推进协商民主广泛多层制度化发展研究》（批准号14AZZ004）的最终成果。课题组的主要成员有：魏晓东、何霜梅、王建均、冯海波、于铭松、王彩玲、刘英凤等。

全书主要是我执笔完成的，课题组的一些成员参与部分章节的撰写，其中于铭松参与第一编第一章的撰写，王彩玲参与了第二编第一章、第三编第一章的撰写，何霜梅参与了第三编第三章的撰写。本课题的研究过程得到了时任中央社会主义学院党组书记、第一副院长叶小文的指导和支持，他和我共同撰写的发表于《光明日报》等报刊的有关重要文章的内容在本书中得以使用。

本课题有两个阶段性成果。一是由我主编《社会主义协商民主研究论文集（2015）》，中国言实出版社2015年出版，收入包括课题组成员撰写的44篇论文。二是由我所著《协商民主与人民政协理论研究》，人民出版社2017年出版，收录40篇文章。

本课题调研活动得到了北京市社会主义学院、湖北省社会主义学院、浙江省社会主义学院、四川省社会主义学院陈剑、黄利鸣、隗斌贤、刘仁勇等同志以及当地统战部门和政协的帮助和支持，有关调研成果在本书中充分使用。

本课题的一些研究成果受到中国人民政协理论研究会和北京市人民政协理论与实践研究会的关注和重视，多次安排在其组织的理论研讨会上作为重点发言。

对于上述同仁为本课题的研究和本著作的完成所作重要贡献，借此表示诚挚的谢意！

张　峰

2020年9月30日

责任编辑：毕于慧
封面设计：王欢欢
版式设计：严淑芬
责任校对：徐林香

图书在版编目（CIP）数据

推进协商民主广泛多层制度化发展研究 / 张峰 等著 . — 北京：
人民出版社，2021.5
ISBN 978 – 7 – 01 – 022951 – 5

I. ①推… II. ①张… III. ①社会主义民主 – 民主协商 – 研究 – 中国
IV. ① D621

中国版本图书馆 CIP 数据核字（2020）第 264604 号

推进协商民主广泛多层制度化发展研究
TUIJIN XIESHANGMINZHU GUANGFAN DUOCENG ZHIDUHUA FAZHAN YANJIU

张 峰 等 著

人民出版社 出版发行
（100706 北京市东城区隆福寺街 99 号）

中煤（北京）印务有限公司印刷 新华书店经销

2021 年 5 月第 1 版 2021 年 5 月北京第 1 次印刷
开本：710 毫米 ×1000 毫米 1/16 印张：30.25
字数：448 千字

ISBN 978 – 7 – 01 – 022951 – 5 定价：99.00 元

邮购地址 100706 北京市东城区隆福寺街 99 号
人民东方图书销售中心 电话（010）65250042 65289539